Theory & Practice: Local Studies and Local Culture Research

International Conference Proceedings for 2016

地方学与地方文化研究理论与实践

国际学术研讨会论文集 2016

◆主　编　张宝秀

◆副主编　成志芬　孟斌

知识产权出版社

全国百佳图书出版单位

图书在版编目（CIP）数据

地方学与地方文化研究理论与实践：国际学术研讨会论文集．2016/张宝秀主编．—北京：知识产权出版社，2017.10

ISBN 978-7-5130-5207-8

Ⅰ.①地…　Ⅱ.①张…　Ⅲ.①地方文化—对比研究—中国、日本、韩国—国际学术会议—文集　Ⅳ.①G127-53②G131.37-53③G131.267-53

中国版本图书馆 CIP 数据核字（2017）第 254232 号

内容提要

“中日韩地方学研究理论与实践学术研讨会”于 2016 年 8 月在北京联合大学举办。本论文集遴选部分会议论文结集出版，作者来自中国、韩国、日本、加拿大四个国家，论文内容主要围绕地方学的基本内涵、研究对象、学科性质、研究现状、传承与创新、地方文脉传承、中日韩地方学比较及经验分享等方面展开。论文集可以为关注地方学与地方文化研究的学者提供参考，也可以为地方的经济社会发展和文化建设决策提供借鉴。

责任编辑：张水华　　**责任出版**：孙婷婷

地方学与地方文化研究理论与实践

——国际学术研讨会论文集 2016

主编：张宝秀

出版发行：	知识产权出版社有限责任公司	**网　址**：	http://www.ipph.cn
社　址：	北京市海淀区气象路 50 号院	**邮　编**：	100081
责编电话：	010-82000860 转 8389	**责编邮箱**：	46816202@qq.com
发行电话：	010-82000860 转 8101/8102	**发行传真**：	010-82000893/82005070/82000270
印　刷：	北京中献拓方科技发展有限公司	**经　销**：	各大网上书店、新华书店及相关专业书店
开　本：	720mm×1000mm　1/16	**印　张**：	20.5
版　次：	2017 年 10 月第 1 版	**印　次**：	2017 年 10 月第 1 次印刷
字　数：	340 千字	**定　价**：	58.00 元

ISBN 978-7-5130-5207-8

编 委 会

主　编：张宝秀

副主编：成志芬　孟　斌

编委会成员：（按音序排序）

刘同彪　李建平　苑焕乔

张　艳　朱永杰

前　言

《地方学与地方文化研究理论与实践——国际学术研讨会论文集2016》遴选“中日韩地方学研究理论与实践学术研讨会”部分论文结集出版。会议于2016年8月在北京联合大学召开，由北京市哲学社会科学北京学研究基地与中国地方学研究联席会联合主办，由北京联合大学北京学研究所与应用文理学院承办，由北京联合大学学报编辑部与北京永定河文化研究会协办。

本论文集共收录论文29篇。作者来自中国、韩国、日本、加拿大，四国学者的论文分别为20篇、5篇、3篇、1篇。论文集的内容涉及地方学的基本内涵、研究对象、学科性质、研究现状、传承与创新、地方文脉传承、中日韩地方学比较及经验分享等，可以为国内外关注地方学与地方文化研究的学者提供参考，也可以为地方的经济社会发展和文化建设决策提供借鉴。

论文集在编印过程中，得到了各位作者的支持和配合，得到了知识产权出版社编辑的关心和帮助，在此一并表示感谢。若有不妥当之处，敬请读者批评指正。

北京联合大学北京学研究所

目录

中国地方学发展历程、趋势与北京学研究概况

张宝秀*

摘　要：中国很早就出现了地方学，如敦煌学、徽学、藏学“三大显学”。20世纪80年代以后，尤其是近些年，现代中国地方学研究方兴未艾，相关机构如雨后春笋般纷纷出现，各地的地方学已经取得了很多研究成果。对地方学学科的理论认识也在不断深化，认为现代地方学是跨自然科学和人文社会科学的综合性学科，是多学科之间的一个交叉学科，提出现代地方学的使命应是：研究地方、挖掘文化、传承文脉、服务发展。中国地方学研究机构之一、中国地方学现任轮值主席单位“北京学研究所”，以“立足北京，研究北京，服务北京”为宗旨，经过近20年的发展，取得了较为明显的进步和成绩。

关键词：中国；地方学；学科理论；地方文化；北京学

Abstract: Local studies appeared very early in China, such as Dunhuang Studies, Hui Studies and Tibet Studies. After the reform and opening up to the outside world, in 1980's, especially in recent years, local studies in China have been flourishing rapidly and many institutes of local studies have been constructed. Our understanding on the discipline theories of local studies continues to deepen.

* 张宝秀（1964—），女，山东即墨人，博士，教授，毕业于北京大学历史地理研究中心，北京联合大学应用文理学院院长、北京学研究基地主任、北京学研究所所长。研究方向：历史地理、人文地理、北京学。

We think that the modern localogy (local studies) is a comprehensive discipline of natural sciences and social sciences and a cross discipline between multiple subjects. We put forward the mission of the modern localogy should be: to research local places, excavate local cultures, inherit local cultural tradition, and promote the development of local places. The Institute of Beijing Studies in Beijing Union University, the present term chair of the Association for Chinese Local Studies (ACLS), aims at "focusing Beijing, studying Beijing, and Serving Beijing". With the development over the past 20 years, the Institute of Beijing Studies has made great progress and academic achievements

Key Words: China; Local Studies; Localogy; Discipline Theories; Local Culture; Beijing Studies

地方，即地域，是指地球表面的某一特定地域。地方学，是因地名学，以地名学，用地方名称命名学问，以某一地区为研究范围。现代地方学是研究地方的综合性学科，多学科参与，把某个具有典型性、代表性的城市、区域甚至国家作为专门的研究对象和人文、自然要素共同构成的地域综合体进行研究，研究这类地域综合体各种组成要素的地方性特色、演变过程及其相互关系，探究其发生发展的规律，并预测未来发展趋势。世界上很多城市和地区都出现了关于本地的地方学研究，如首尔学、济州学、京都学、山口学、伦敦学、罗马学等。近些年，中国的地方学研究非常活跃，相关研究机构越来越多，取得了丰硕的学科理论研究和实践应用成果。

一、中国地方学发展历程与已有研究机构

在中国，研究地方、地域的学问，历史悠久，古已有之。如全面记载某一时期某一地域的自然、社会、政治、经济、文化等方面情况的地理志、地方志，就已有2000多年的历史。但是，以地名学，对地方的研究冠以“学”之称谓，出现“某某学”，是近百年的事情。起初，清末民初出现了以地域划分经学流派的观点，如国学大师廖平把经学主张的不同化为地域的差异，其弟子蒙文通在发表于1923年的《经学导言》中进一步明确阐述：“我辨别齐

流促进。地方学研究人员也积极参加相关国际学术会议，进行学术交流。

四是把科学研究、人才培养、社会服务、文化传承创新结合起来，更加重视人才培养，将更有利于地方学事业的传承。

五是全国各地越来越多不同空间尺度的地方提出了建设地方学的计划。

三、北京学研究概况

（一）发展历程

“北京学”概念的出现是在20年前。后来，北京联合大学受到友好姊妹学校韩国首尔市立大学1993年建立了“汉城学研究所”的启发，经北京市批准，于1998年1月正式成立了北京学研究所（Institute of Beijing Studies）。北京学研究所是北京联合大学的一个研究实体，有5位专职研究人员和一位专职办公室主任，聘有北京联合大学校内数十位教师作为兼职研究人员，还从国内外有关教育科研机构、行政部门和少量文化企业聘请了一批专家作为特邀研究员参加研究工作。

2004年，以北京学研究所为核心的北京学研究基地（The Research Base for Beijing Studies）成为北京市哲学社会科学规划办公室与北京市教委联合设立的首批北京市哲学社会科学研究基地之一，北京学研究得到了政府部门更大力度的支持，基地已完成两期建设任务，初步建成为研究北京的综合性、开放性学术平台，侧重调查研究和应用研究，既注重学术研究，又努力为市委、市政府提供咨询服务，同时面向学生和社会各界进行信息交流与文化科普。2014年4月，北京学研究基地接受三期建设（2011—2013年）验收，被评为优秀基地。基地每三年为一个建设周期，现已进入四期建设。2008年11月，开始接替鄂尔多斯学研究会担任中国地方学研究联席会轮值主席单位。

北京学研究基地建立了“北京学研究基地”网站（http://www.bjstudy.com.cn）、“北京学研究”微信群和“北京学基地”微信公众号，不断加强信息传播与交流。

（二）研究定位

北京学的研究对象是北京城市综合体，北京学不仅仅研究北京的某个方面，也不是将各个方面简单地进行罗列，而是研究北京城市各个要素及其环境共同组成的城市综合体。

北京学以“立足北京、研究北京、服务北京”为宗旨，以中观到微观层次的调查研究为重点，时、空、人相结合，过去、现在、未来相结合，理论与实际相结合，定性与定量研究相结合，自然科学与人文社会科学相结合，科研与教学相结合，学术队伍专兼职相结合、校内外相结合、国内外相结合，积极开展北京城乡地域综合体及地方文化的综合研究、应用研究和人才培养工作，具体定位为建设“三个平台”，即为政府部门提供学术支持的综合研究北京历史文化、文化遗产保护和首都城市发展的开放性研究平台，面向社会各界开放的北京学相关领域学术交流和信息交流平台，普及北京历史文化和城市建设知识、提升广大市民文明素质的科普教育平台。

北京学重点研究方向包括（1）北京文化遗产保护与利用研究；（2）北京城市空间格局与发展动力研究；（3）北京文化特征与文脉传承研究。关于北京的各个传统研究领域、研究要素都要强化北京地域文化的视角、综合的视角和历史发展的视角，各个领域的研究都力求注意寻找发展的渊源、动力机制和特点。

北京学研究具有区域性、综合性、系统性和应用性的特点，既包括应用理论研究，也包括应用实践研究，关键是要理论联系实际，其研究成果主要是为北京城市的经济、社会与文化建设服务。开展北京学研究的目的在于为制定北京这一特殊城市的政治、经济、文化以及社会的发展战略提供理论支持。说得确切一些，是要通过我们的研究对北京的“未来”做出判断，这应是我们这门学问责无旁贷的责任。[1]

（三）主要成果

北京联合大学北京学研究所成立之后，自 1999 年开始每年召开一次北京学学术研讨会，出版一部文集，汇集校内外、京内外以及国内外专家学者的北京学、地方学理论与实践研究成果。1999—2003 年，北京学研究所与《北京联合大学学报》编辑部合作，每次年会后都将会议论文择优选编出版一辑《北京联合大学学报》“北京学研究专辑”，连续出版了五期专辑。自 2004 年年会开始，北京学学术年会论文集定名为《北京学研究文集》，先后出版了《北京学研究文集 2004》至《北京学研究文集 2010》，共 7 期文集。2011 年《北京学研究文集》更名为《北京学研究》，以每年的北京学学术年会论文为

[1] 王晓沙. 对开展北京学研究的几点思考. 北京联合大学学报，2000（1）：147.

主体，同时收录当年北京学研究的其他代表性论文，每年结集出版一部《北京学研究》。自《北京学研究 2014》开始栏目基本固定，主要有理论探索、专题研究、比较研究、地方案例、学术评论、北京学人等。

近几年，北京学研究基地还每年召开一次全国性学术会议或国际学术会议，汇聚北京地区一批研究北京城市历史文化、北京城市建设的专家学者，以及全国各地 30 多家地方学及地方文化研究机构和首尔学研究所、加拿大文化更新研究中心等国内外专家、同行，共同探讨北京及其他城市、地区的史地研究和文化建设问题。

北京学研究基地每年出版一部《北京学研究报告》，总结、分析一年的研究项目、著作、论文、报告等研究成果和学术活动，并负责《北京社科年鉴》“北京研究”有关栏目的编写。与北京联合大学学报编辑部共同为《北京联合大学学报（人文社会科学版）》每期的“北京学专栏”组织稿源和撰写稿件。2011 年 12 月“北京学研究”特色栏目入选教育部高校哲学社会科学学报名栏建设第二批栏目名单。

已在北京历史文化遗产保护与传承、北京文化史、北京宗教史与宗教文化、北京民俗文化、北京城市空间结构等研究领域取得了一批代表性研究成果，除了出版年度《北京学研究》、年度《北京学研究报告》、年度蓝皮书《中国城乡一体化发展报告・北京卷》以外，还组织出版了“北京文化史丛书”、“北京宗教史丛书”、“北京学丛书”等系列文集、报告集、著作近 100 部，发表论文数百篇，撰写调研报告数十份。北京学依据基地经常接受政府有关部门委托，配合完成一些调研课题和规划项目，发挥文化智库作用，为政府部门决策提供服务。

（四）人才培养

北京学研究基地坚持科研与教学相结合，利用研究成果为教学服务。北京学研究所专职科研人员在校内开设北京地域文化、北京历史地理、文化遗产管理、名人故居与北京城、古典园林赏析、民俗学等多门课程，研究人员将研究成果大量融入课程中。

研究基地还在校内定期举办“北京学讲堂”，邀请部分校内外、国（境）内外专家学者前来做学术讲座，营造校园学术氛围，提高学生的人文素养。同时，积极参与首都图书馆“首图讲坛・乡土课堂”周末系列讲座等社会科普文化讲座活动，将研究成果与市民分享。

（五）未来发展

北京学学科正在谋划新的突破：一是研究范畴适当延伸到京津冀地区，以及扩展到首都在全国发展和世界关系中的影响和作用发挥方面；二是加强地理信息技术、空间关系分析、文化动力解读等方面理论和方法的应用；三是组织撰写、出版北京学和地方学理论研究成果。

北京学研究的规划目标，是在北京市社科规划办公室、北京市教委和学校的领导下，坚持"立足北京、研究北京、服务北京"的宗旨，坚持"地域性、综合性、应用性、开放性"的研究特色，充分发挥北京学研究基地链接学术与应用，链接高校、科研院所与政府部门、实际工作单位的作用，坚定不移地走服务政府、社会和广大市民的应用性科研道路，继续坚持规范管理，不断优化队伍结构、提高队伍水平，提升基地的咨询服务能力、辐射能力和影响力，提高学术研究水平，力争在首都北京历史文化名城整体保护和各类文化遗产保护与传承，首都文化建设理论探索和北京历史文化要素分类研究，以及首都北京城市空间结构演变、城市功能定位、城乡统筹发展模式和中国特色世界城市建设途径等领域取得高水平的标志性研究成果，积极为首都北京城乡发展、文化建设、社会进步提供决策咨询参考意见，发挥首都文化智库作用，为北京老城区和长城、大运河、西山永定河文化带建设，城乡可持续发展和京津冀协同发展服务，为首都发挥全国文化中心示范作用做出更大贡献。

对地方学基本内涵的再认识[1]

刘开美*

摘　要：这些年来，随着诸多地域文化学科的出现，学界对学科基本内涵理解上的差异日益显现。出现各执一端问题的关键，在于对地方学基本内涵的狭义理解上。学界包括笔者本人以往对地方学基本内涵的狭义理解都属于具体表述。因此，只要将地方学基本内涵的狭义理解由具体表述向抽象概括深化，问题便会迎刃而解。通过对地方学基本内涵狭义理解的抽象概括表明，地方学应该是以特定地域里的人类形成发展过程中的活动，以及所创造的物质性与非物质性成果中的某个方面作为研究对象的学科。

关键词：地方学；狭义内涵；具体表述；抽象概括

Abstract: Over the years, with the emergence of many subjects on local studies, scholars' understandings on these subjects' basic connotations show many differences. The key of the extreme differences mainly lies in the narrow understanding on local studies' basic connotations which were previously understood by scholars (including the author) as concrete descriptions. Therefore, as long as the understanding on local studies is put further from concrete description to abstract generalization, the problems will be readily solved. The abstract generalization of

---

[1] 论题所以称《对地方学基本内涵的再认识》，是因此前笔者曾对这个问题进行过探讨，这次是在以往研究基础上所形成的某些新的看法，因此算是对以往研究的再认识。

* 作者简介：刘开美（1947—），男，宜昌市人，双大学专科，研究员，三峡文化研究会副会长。主要研究方向为地域文化与地方学。

narrow understandings on basic connotations of local studies shows that local studies should be a subject which takes activities as well as aspects of either tangible or intangible achievements in human development in a given area as research focus.

Key Words: Local Studies; Narrow Connotations; Concrete Description; Abstract Generalization

地方学是当今学林中的热门学科，学界对此热情很高，研究之势方兴未艾，体系构建广为关注。而构建地方学首先需要界定地方学的研究对象，明确地方学的基本内涵，把握地方学的体系架构。但是这些年来，围绕地方学的概念问题，学界表现出诸多异议，一时难以形成共识。深究其因盖出于对地方学基本内涵理解上缺乏一致的见解。对此，笔者进行了较为深入的思考，写作本文旨在就此谈谈自己的认识和看法，以期与学界同人交流。

一、以往笔者对地方学基本内涵的理解

早在2006年，北京联合大学北京学研究所筹办了“全国地方学与地方文化学术研讨会”，笔者参加了这次会议，并撰写了学术论文《论地方学的构建》。就是在这篇论文中，阐述了对地方学基本内涵的认识和理解。在笔者看来，地方学的基本内涵可以从广义、狭义两个层面来理解。从广义上讲，地方学是以特定地域里的人类形成发展过程中的活动，以及所创造的物质性与非物质性成果作为研究对象的文化学科。而从狭义上讲，地方学则是以特定地域里的人类形成发展历史中的活动及创造成果所表现出的精神因素作为研究对象的文化学科。[1] 在地方学基本内涵的广义、狭义两个层面中，无论是“特定地域里的人类形成发展过程中的活动，以及所创造的物质性与非物质性成果”，还是“特定地域里的人类形成发展历史中的活动及创造成果所表现出的精神因素”，都属于地域文化的基本内涵，只不过在内容上有整体与局部的区别罢了，前者表现为地域文化全部内容的表述，后者则表现为地域文化部分内容的界定。

关于地方学与地域文化概念内涵的这一界定，是由文化概念的本质内涵

[1] 刘开美. 论地方学的构建. 北京：同心出版社，2007：169-170.

决定的。文化是人类社会实践活动及其成果的总称。[1] 它表明，只要人类一旦进入实践，其“活动”便都打上了“文化”的烙印，而属于“文化”的范畴。人类社会实践的形式，决定其活动及其成果的形式，表现为文化的结构形式。从文化的属性划分来说，文化包括物质性文化和精神性文化，制度和组织机构被列入物质和精神两类文化之中。按照这种划分，人类社会实践活动及其成果的总称，便构成广义文化；而人类社会实践活动及其精神成果，则构成狭义文化。[2] 正是文化的这一本质内涵，决定了地域文化乃至地方学基本内涵的界定。

由此看来，对于以上关于地方学基本内涵的认识，应该说还是有其一定依据的。然而在地方学基本内涵的广义、狭义两个层面中，笔者却更趋向于狭义上的理解。道理很简单，根据对地方学基本内涵的广义理解，从时间上讲，地方学涉及的内容是特定地域里的古往今来；从空间上讲，地方学涉及的内容是特定地域里的无所不包。形象地说，根据这一理解，地方学就成为一只筐，什么东西都可以往里装。对地方学基本内涵的这种理解从理论上讲固然是无可厚非的，但是作为一门学科，其基本内涵应该是有严格界定的。界定的标准，归根结底取决于学科的社会功能，也就是创立该学科所要达到的目的。正是学科创立的这一价值取向，决定着该学科的基本内涵。笔者认为，地方学是当今中国文化产业地域化的产物。换句话说，构建地方学，是为中国文化产业地域化服务的。既然如此，地方学的基本内涵就不应按照广义的角度去理解。否则，且不说无所不包的基本内涵在学科创立中难以把握，即便达到无所不包的程度，势必也会造成学科内容的杂乱无章，结果带来学科功能的无济于事，从而失去学科构建的意义。再说，目前学界从地域角度所构建的学科不少，诸如“地区学”“区域经济学”“流域经济学”“城市经济学”“集镇经济学”“民族经济学”“布局经济学”“经济地理学”“旅游地理学”等，不胜枚举。其中，“地区学”与“地方学”从表面上看就十分相似。“地区学”是 20 世纪 60 年代发展起来的一门新兴学科，美国学者马纳斯·查特杰是其创始人。它是一门研究人与物质环境如何不断相互作用以及人如何适应物质环境等问题的学科。其探讨的中心问题是空间（地区），即从政治、社会、经济的角度来研究地区的结构、职能和活动，并从中找出变化的规律，以不断推动一个地区社会和经济的发展。显然，“地区学”究其内涵

[1] 刘开美. 地域文化与地方学研究. 北京：学苑出版社，2015：1.
[2] 刘开美. 地域文化与地方学研究. 北京：学苑出版社，2015：1-9.

而言，也不是无所不包的。因此，“地方学”既不能趋同“地区学”，也不能超越“地区学”。因为再从“地区学”的角度去理解和构建“地方学”，是毫无意义的；同样，再将“地区学”“区域经济学”“流域经济学”“城市经济学”“集镇经济学”“民族经济学”“布局经济学”“经济地理学”“旅游地理学”等学科综合起来理解和构建“地方学”，也是毫无意义的。因此，笔者认为，对地方学基本内涵的理解应该从狭义的角度去把握。从狭义角度对地方学基本内涵的理解与广义理解相比，学科具有的地域性、应用性和综合交叉性等特征都是相同的，但根本的区别则在于历史文化性上。就是说，从狭义角度理解地方学的基本内涵，要从地域性的历史文化上去把握。从这个意义上讲，地方学是一门以特定地域为特征的、以历史文化研究为主线的、应用性的、诸多学科交叉的文化学科。一句话，地方学就是地域文化学。按照这种理解界定地方学的基本内涵，表明构建地方学就是要立足特定地域，挖掘历史文化资源，运用多学科的理论进行综合交叉研究的系统成果，为发展文化产业尤其是旅游文化产业服务。当然，作为特定地域理解地方学基本内涵，应从各自的具体实际出发。既不能机械照搬，更不能贪大求全。要立足地域发展实际，明确地方学基本内涵，注重特色研究，运用研究的成果来为促进地域发展服务。[1]

上述这一切，就是以往笔者对地方学与地域文化基本内涵的认识和理解。

二、学界在地方学基本内涵方面的异议

地方学与地域文化的概念内涵看似简单，但在学界具体研究中的认识却并不简单。先就地域文化的概念而言，仅从称谓上就有“地方文化”“区域文化”和“地域文化”几种。就人类在特定空间所创造的文化而言，这几种称谓都具有明确的抽象概括性，无论使用哪种表述都无可厚非。但就地方学构建来说，学界应逐渐达成共识，以形成规范的概念、范畴。就这几种称谓而言，其间还是有某些区别的。地方文化、区域文化两种称谓，都容易使人产生与行政区划的对应和联想，使人类在特定空间中所创造的文化被局限在行政区划之内，这样容易切断与同类地理范围间的文化联系。而地域文化称谓则立足地理走势，体现自然与人文间的联系，将地域与空域、海域等概念相对应，因此空间概念更为明确。目前学界对这一称谓的认知日益趋同，不能

---

[1] 刘开美．地域文化与地方学研究．北京：学苑出版社，2015：312-314.

说与此没有关系。

至于地方学概念在学界中的反映则更为复杂。这种反映集中表现在对地方学基本内涵的狭义理解上。如上所述，自20世纪初以来，国内外从地域角度构建的学科不少，诸如“地区学”“区域经济学”“流域经济学”“城市经济学”“集镇经济学”“民族经济学”“布局经济学”“经济地理学”“旅游地理学”等。[1] 进入改革开放新时期，全国地方学学科如雨后春笋般不断涌现。随着诸多地域文化学科的出现，学界对学科内涵理解上的差异日益显现，尤其是这些年来更是如此。有的将所建立的城市学，与地方学相提并论；有的将以地域某种文化现象为研究对象所建立的学科游离于地方学之外。即便将所建学科称为地方学，但学科研究的对象也各不一样，有的提出学科以地域文化和城市建设为研究对象；有的提出学科以地域某个时期的历史现象为研究对象。如上所述，笔者在以往研究中也提出学科以特定地域里的人类形成发展历史中的活动及创造成果所表现出的精神因素为研究对象。于是学界在地方学基本内涵界定上便显得有些各执一端。这样，科学把握地方学基本内涵的问题就显得十分重要。它不仅有关学界认识上的统一，更重要的是影响着学科在学理上的成熟和体系上的架构。显然，这一切都会有碍学科的健康发展。

其实，出现这种情况实属正常，它是地方学研究迅速发展中的反映。古人云，“欲穷千里目，更上一层楼”。只要深入分析造成学界异议地方学基本内涵的原因，找寻化解异议的途径，就一定可以登上消除各执一端、达成见解共识的那层“楼”。

三、地方学基本内涵狭义性的抽象概括

学界之所以会出现上述各执一端的问题，关键就在于对地方学基本内涵狭义理解上的具体表述。只要将学界在理解地方学基本内涵上所存异议加以分析就不难看出这一点。

在学界中，有人之所以将建立的城市学与地方学相提并论，就在于不认为城市学概念与地方学概念之间是“属种”关系，也就是从属关系，具体来说不认为地方学是“属”概念，城市学是“种”概念，城市学概念从属于地

[1] 金哲，姚永抗，陈燮君. 世界新学科总览. 重庆：重庆出版社，1987：802-838，1517-1563.

方学概念，地方学概念的外延包括城市学概念的全部外延。[1] 简言之，就是不认为城市学是地方学的组成部分，而认为城市学是游离于地方学之外的另一类型的学科。同样，有人之所以将以地域某种文化现象为研究对象所建立的学科游离于地方学之外，也是这个道理，不认为以地域某种文化现象为研究对象所建立的学科是地方学的组成部分，而认为是不同于地方学的另一类型的学科。即便将所建学科称为地方学，但因学科研究对象的不同，有的所建学科的研究对象包括狭义的地域文化与城市建设等；有的所建学科的研究对象仅为该地域某个时期的历史现象。如上所述，笔者在以往研究中认为学科研究对象是以特定地域里的人类形成发展历史中的活动及创造成果所表现出的精神因素。造成这种情形的原因，从形式逻辑的层面上讲，就是对地方学基本内涵狭义理解中的“种差”[2] 缺乏统一表述，换句话说，学界中各自所建学科在研究对象上的表述过于具体，因此掩盖了同地方学之间的从属关系，形成彼此间的各执一端。因此，只要将地方学基本内涵的狭义理解由具体表述向抽象概括深化，问题就会迎刃而解。

而要将地方学基本内涵的理解由具体表述向抽象概括深化，就要站在更高的层面上对地方学狭义内涵做出新的理论概括。以上所述学界对地方学狭义内涵的理解都是从具体层面把握的，而笔者关于地方学狭义内涵的见解同样也是如此。只要稍加比较就不难看出，这些具体层面的内容归纳起来都是“特定地域里的人类形成发展过程中的活动，以及所创造的物质性与非物质性成果”中某个方面的具体现象。换句话说，到目前为止，全国各个地域文化学科，都是以其特定地域某个方面的具体现象作为研究对象而建立起来的。既然如此，这些学科与地方学之间的关系，就既不是并列的，也不是游离其外的，而是属于同一范畴整体与局部之间的关系。一句话，这些学科都是地方学不同类型的表现。由此可见，只要从更高层面对地方学研究对象加以概括，形成地方学狭义内涵的抽象表述，即“地方学是以特定地域里的人类形成发展过程中的活动，以及所创造的物质性与非物质性成果中的某个方面作为研究对象的学科”，那么学界在理解地方学基本内涵问题上的各执一端，便会即刻归于一统。诸如“地方学”与“地区学”，从表面上看似乎十分相似，都是以特定地域作为研究对象的学科。其实彼此之间也是有区别的。如前所说“地区学”是20世纪60年代由美国学者马纳斯·查特杰创立而发展起来

[1][2] 辞书编辑委员会. 辞海·哲学分册. 上海：上海辞书出版社，1980：435.

的一门新兴学科，它是一门研究人与物质环境如何不断相互作用以及人如何适应物质环境等问题的学科。其探讨的中心问题是空间（地区），即从政治、社会、经济的角度来研究地区的结构、职能和活动，并从中找出变化的规律，以不断推动一个地区社会和经济的发展。[1] 可见，“地区学”是以特定地域中的空间这一具体现象作为研究对象所形成的学科，这与具有广义内涵的“地方学”，仅是局部与整体的关系罢了。也就是说，尽管地区学与地方学表面上相似，但地区学只是地方学的组成部分，而并非等同于地方学。“地方学”与“地区学”的关系明确了，那么“地方学”与全国各地所建立起来的地域文化学科间的关系也就不言而喻了。

总而言之，通过以上论述可以看出，学界是从具体层面把握地方学狭义内涵的，而并非是从抽象层面把握地方学狭义内涵的，包括笔者关于地方学狭义内涵的见解也仅是对地方学基本内涵狭义理解的具体表述，而并非是对地方学基本内涵狭义理解的抽象概括。应该看到，这种理解不仅是可以的，而且是必需的。因为从各地不同情形出发，具体界定各地地域文化学科的研究对象，形成各地地域文化学科的体系构建，才能反映全国地域文化学科发展中的特色优势，展示全国地域文化学科的千姿百态，激发全国地域经济文化发展的蓬勃活力。这对地方学研究发展来说，无疑具有重要意义和深远影响。但是在认识地方学与全国地域文化学科间的关系层面，有必要将地方学基本内涵的狭义理解由具体表述向抽象概括深化。这样才能有利于把握地方学与全国地域文化学科间的关系，推动地方学与全国地域文化学科的联系和发展。地方学基本内涵狭义理解的抽象概括应该是，地方学是以特定地域里的人类形成发展过程中的活动，以及所创造的物质性与非物质性成果中的某个方面作为研究对象的学科。正是这种抽象概括，构成了对地方学基本内涵的狭义理解。笔者对地方学基本内涵的再认识便在于此。

[1] 金哲，姚永抗，陈燮君. 世界新学科总览. 重庆：重庆出版社，1987：847-848.

浅谈地方学和地域文化研究现状与展望

徐进昌　谷海峰　李建文*

摘　要：地方学是一项研究特定地域总体属性的综合学问，通观这一地方的历史与文化的根脉，也关注当今的经济社会发展独具的特性和总体趋势。地域文化是地方学的经脉和血液。地方学的各项研究方向都从地域文化的视觉角度来审视和探讨；而地域文化研究要在地方学总体框架下立论和探究，以使这项文化研究规范在地方学的范畴内。

地域文化是表现为地域性的文化现象，是通过特定地域的人们在继承和发展中创造的。地域文化研究就是专门考察和分析某一地区独特的地理人文环境、经济形态、政治状况、文化教育、社会习俗、文化心理等方面的特质。

地域文化首先在地域范围上必须有确定的指向，有个核心的区域。其次，必须有独特的历史文化特性，是某种草根文化、乡土文化的发祥地，并且有着足够的影响力和延续力。再次，这种文化形成一定的体系，有相对完整的学术理论框架和一定数量的研究人群。最后，这种文化在历史上或当今地区的经济社会发展中发挥过或发挥着重大的影响力。

建立在北京联合大学的北京学研究所是一个重要的启示。建立在内蒙古鄂尔多斯市的鄂尔多斯学研究会也带动了一个学科的发展。近十年来，以地域文化研究和地方学建设为对象的学术机构相继成立，开启了地域文化研究和地方学建设的新篇章。

---

* 作者简介：徐进昌（1948—），男，元上都历史文化研究会理事长。主要研究方向：上都文化、蒙元文化、锡林郭勒文化；谷海峰（1964—），男，任职锡林郭勒盟文化局，主要研究方向：草原文化、上都文化、锡林郭勒文化；李建文（1966—），男，任职内蒙古锡林郭勒盟史志办副主任，元上都历史文化研究会副秘书长。主要研究方向：地方史志、上都文化、锡林郭勒文化。

地方学建设和地域文化研究机构大体呈现学院和草根两种形态。以北京学为代表的属于学院派，以高等学府或科研所为依托，起点高，影响面广，实力强，成为地方学建设的旗帜。以鄂尔多斯学为代表的属于草根派，以故土的民间社团和文化人为依托，扎根当地，基础稳固，面对故土和乡亲，爱家乡与爱文化同在，成为地方学建设的根基。

地方学建设与地域文化研究需要建立完整的框架结构规范和学术体系。全国的地方学建设和地域文化研究需要形成高架构的合力。在中国地方学研究联席会的基础上，进一步联络国内外相关学术团体，搭建地方学建设与地域文化研究的高端学术平台。草根派要走进学府，学院派要走进社会，共同构建深深植根于社会的地方学建设与地域文化研究的学科体系。

关键词：地方学建设与地域文化研究；现状与展望；草根派走进学府；学院派走进社会；合力构建地方学与地域文化学科体系

Abstract: Local studies is an interdisciplinary subject focusing on general attributes of a particular area. It keeps a close watch on the historical and cultural origins as well as unique characteristics and general trends of social and economic development in modern society. Regional cultures are major contents of local studies. All research directions of local studies develop from the perspective of regional cultures; the research projects of local studies shall be proposed and explored under the general framework of local studies so as to enable cultural studies to fit in the boundaries of local studies.

Regional culture as cultural phenomenon is created, inherited and developed by people in a given area. Research on regional culture is focused examination and analysis on features of a given area in geographical and human environment, economic pattern, political situation, culture and education, social customs, cultural psychology, and etc.

Above all, regional culture must be confined to a particular geographical place with a core area. Second, as birth place of grassroots culture, the place must have unique historical and cultural characteristics with far-reaching influence. Thirdly, regional culture thus formed shall be based on a certain system within a relatively complete academic framework and a reasonable scale of scholars. Fourth, the regional culture shall have played or be playing a significant role in social and economic development of a particular area.

Beijing Studies Research Institute affiliated to Beijing Union University offers scholars key enlightenment. Erdos Studies Society in the city of Erdos, Inner Mongolia pushed the development of a subject. In recent decades, academic societies taking local cultural study and enhancement in local studies are set up one after another, thus ushering in a new chapter in local cultural study and local studies.

Research Institutions on local studies and regional culture studies mainly take two forms: grassroots and academic. Beijing Studies Institute belongs to the latter. It serves as a model in local studies. Supported by civil societies and scholars, Erdos Studies coexists with local people and culture, and as an example from the grassroots, it has become the foundation for local studies development.

Development of local studies and research on regional culture demand a complete academic system based on a framework of norms. Development of local studies and regional culture research nationwide need joint efforts of great minds. Based on the establishment of Joint Committee of Local Studies in China, we shall set up a high-end academic platform by getting more academic societies from home and abroad involved. Meanwhile, grassroots research societies shall joint hands with higher learning institutions, and vice versa so as to push the development of a subject of local studies and regional culture research.

Key Words: Development of Local Studies and Regional Culture Research; Status Quo and Prospects; Grassroots into Higher Learning Institutions; Higher learning Institutions into the Grassroots; Forging a Research System of Local Studies and Regional Culture Research

一、地方学和地域文化的学科概念

文化是人类的共同记忆，沉淀和结晶了人类生存与发展的实践和智慧。一种独具特色的地方文化，区域或大或小，小到几村几乡，一城一地，大到毗邻的几地几域，属于一个特定属性的文化发祥地，特定人群的生存发展的集聚地，积淀了独特风情的社会生活境况。这种文化，这种地域，作为一个专门的学科进行挖掘、研究、阐释，继往开来，发扬光大，无疑是对人类走过的历史的追寻与弘扬，也是对人类前行道路的探寻与开拓。

地方学作为一个学科还处在拓展与探寻的阶段。多年来，我们在研究上都文化与上都文化学的过程中，追溯和延伸了对地方学与地域文化的理论探讨。我们的地方学与地域文化的理念是：把地区作为特定的范畴进行综合研究，作为一个学术体系，探索地区特有的属性和衍变的过程，预测和推动地区的良性发展。地方学框架下的地方历史文化、社会经济、社会发展、地理风情都应该从地域文化的视角切入，展示地区独特的属性和风采。国内外的地方学和地域文化研究，凸显了这门新兴学科的重大意义和巨大的发展潜力。

地方对于一个更大的整体，它只是一部分，它的特殊性的奇异光彩，正是大整体辉煌的有机组成部分。在迅速发展的现代社会，每个地区都在独自焕发着特有的活力，地方学和地域文化研究正是为这种各具特点的发展提供文化的营养和历史的动力。

在国外，地方学被称为“地区学”。它是20世纪60年代兴起的一门新兴学科。其奠基之作是美国学者马纳斯·查特杰于1963年出版的《经济发展的管理与地区学》一书。在该书中，地方学被认为是“研究人与物质环境的相互作用的过程和形态，以及适应物质环境的方式和能力的学科。它探讨的核心问题是空间或地区，即从政治、社会化经济的角度来研究地区的结构、职能和活动，并从中找出变化的规律，以不断地推动一个地区的社会化经济的发展”，“把地区（空间）作为一个固定的范围进行具体研究，以探索地区演变的过程，并预测未来发展的趋势”。地区学兴起之后，国外的一些大学设立了地区学专业和地区学研究所，并招收研究生。

我国历来有撰写地方志的传统，留存了大量的有关地域文化的珍贵资料。几千年间的丰厚的人文资料，佐证了地方生存发展和地域文化的面貌。但是，一般来说，多属一些人物和文化的片段，缺乏系统和规范，还算不上现代意义上的地域文化。近代对于敦煌学、藏学方面的研究取得了令世人瞩目的成果，但作为地方学的一个学科，我们一直还缺少一个学科框架和学术体系，缺少对地域文化和地方学研究的学科理论的构建。

二、地方学建设与地域文化研究现状管窥

客观地说，对国内外地方学建设与地域文化研究的现状，我们掌握得还很不够。在此，仅就我们所知，做一个简要的分析，提出我们的见解，以供学界商讨。根据我们多年的上都文化研究的实践和参加各地的地方学建设学术研讨，

我们认为近十年来，地域文化研究开启了一个新的阶段。地方学建设初露端倪，值得下功夫认真探讨和推动。21 世纪初，鄂尔多斯学研究会、北京学研究所、温州学研究会、扬州学研究会、西口文化研究会、三晋文化研究会、元上都历史文化研究会、三峡学研究会、敕勒川文化研究会、燕赵文化研究中心、珠江文化研究中心等以地域文化研究和地方学建设为对象的学术机构相继成立，开启了地域文化研究和地方学建设的新篇章。中国地方学研究联席会 2005 年正式成立，由鄂尔多斯学研究会发起，首批 12 个会员单位，至今有会员单位 28 个。鄂尔多斯学研究会和北京学研究所先后担任轮值主席单位，每季出版一期《地方学研究信息》，每年有相关的学术研讨会召开。与此同时，还有徽学、上海学、齐鲁学、楚学等国内外许多地域文化研究和地方学建设的学术机构，在不约而同地大力开展着地域文化研究和地方学建设工作。

地域文化研究与地方学建设是近十年来社科人文领域一件突出的大事。有研究表明，十年以前几乎难以见到地方学与地域文化为专题的学术论著，近十年来这方面的课题不断见诸学术报刊，数量和质量呈不断上升的趋势。根据北京学文化学者张宝秀、包书月的统计，1979 年至 2011 年 10 月以地方学为题目公开发表的中文文章总共 8 篇，其中 2003 年以后的 6 篇。以地域文化为题发表的文章 1979 年至 2003 年总共有 536 篇，其中 2003 年以前的有 75 篇，而 2003 年至 2011 年 10 月发表文章 461 篇，后 8 年发表文章数量是之前 22 年的 6 倍多。地方学建设与地域文研究化越来越得到广泛的关注，逐步向成为一个显学科前进。

地域文化作为一个研究领域和新兴的学科总体上处于初始阶段。内蒙古各地的地域文化研究正规的起步多在近几年内，起步距今十多年的有三五个。2013 年 9 月内蒙古地域文化研讨会聚集了 14 家各盟市的学术团体，交流了近年来内蒙古地域文化研究的成果，决定成立内蒙古地域文化研究联席会。敕勒川文化研究涵盖呼和浩特、包头地区和乌兰察布、巴彦诺尔、鄂尔多斯部分地区，起点高，影响大，聚拢了内蒙古多地的地域文化研究，形成了综合影响。鄂尔多斯学提出的比较早，并且与区外的地域文化研究团体长期坚持交流，取得了丰硕的成果，在成吉思汗文化的研究和宣传方面有了长足的进展。包头的西口文化，立足包头和内蒙古西部，牵动山西、陕西，所办《西口文化》双月刊，已办 36 期，产生了广泛影响。科尔沁历史文化研究会暨孝庄研究会立足本土，追溯科尔沁部落和孝庄皇后的渊源，探究历史，服务现代，主办《科尔沁历史文化研究》期刊，产生了广泛影响。赤峰地区的红山文化，以中华第一龙的出土闻名天下，成为中华文明起源和形成的核心地区。巴彦淖尔一带的河套文化，岩画文化国内外闻名。乌兰察布一带的察哈尔文化，追溯察哈尔部落文化，探究当地历史文化渊源，崭露头角。锡林郭勒草原的上都文化，以百年帝都孕育的历史文化内涵为切入点，揭示蒙元帝国文化本源和中华文明史的百年精华，把游牧文明与农耕文明交汇融合的独特历史文化蕴含呈现的历史文化意义和在人类文明进程中的价值纳入学术研究的视野。一座上都城，半部元朝史。百年帝都成就了灿烂的上都文化。以元代首都——上都为标识的上都文化体现了游牧文明和农耕文明交融的独特的文化，彰显了13世纪中华文明达到的高度。联合国通过了上都遗址作为世界文化遗产，佐证了上都遗址和上都文化的世界意义与历史文化地位。

近年来，特别是近十年来的实践，积累了地域文化研究和地方学建设的丰硕成果。毋庸置疑，北京学作为地方学首席地位和首都学引人注目，鄂尔多斯学紧随鄂尔多斯现象和成吉思汗研究声名鹊起，上都文化学也伴随上都遗址获准为世界文化遗产大张名气。中国地方学联席会作为跨地区的全国性地方学研究机构正成为地方学研究的一面旗帜。鄂尔多斯学研究会、北京学研究所作为中国地方学联席会的轮值方做出了有目共睹的贡献。建立在北京联合大学的北京学研究所是一个重要的启示，各地的高等学府把地方学作为一个学科开展深入持久的研究，应该是可行的，也是必要的。建立在内蒙古鄂尔多斯市的鄂尔多斯学研究会带动了一个学科并走进了学府，建立在包头市的西口文化研究会也创立了西口文化学，都是有深远意义的尝试，值得认真总结和探讨，以求提升到学术的层面，并不断得到推广和发扬。

地域文化作为一个研究领域和新的学科，得到越来越多的关注。地域文化研究经历了初始阶段的摸索探寻之后，已经取得了一批初步的研究成果，达到了一定的学术水准。面对地域文化领域的诸多学术课题，需要大量的专项研究，做深入探究和学术归纳，以求不断深化地域文化的探寻和学科领域的拓展。现在该是对地域文化研究和地方学建设整体梳理、深化探讨的时候了。纲举目张，只有提纲挈领地打好地域文化研究和地方学建设的理论基础，确立地方学建设与地域文化研究的理论框架规范和学术体系，才会有助于这项新的学科和学术领域的深入广阔地健康发展。

三、地方学建设与地域文化研究的基本形态

不同区域和地方形成自己特有的文化和地方学体系，是文化的多样性和

多元化的客观现实。在一个幅员辽阔的国度，不同的地域，由于历史发展和地域环境的差异，在生活、风俗、语言、文化、经济、科技和学派等诸多方面都存在着差异和特殊性。这种文化的多样性和多元性，极大地丰富了人类的精神文化生活，异彩纷呈，光芒四射，展示了人类文明的多姿多彩和祥瑞、辉煌。不同民族、不同区域的地域文化研究和地方学建设，是一个国家大文化建设的分支，也是一个国家大文化建设的基石。从大文化的范畴来讲，它涵盖物质之外的属于精神领域的一切方面。文化是社会和历史发展的积淀和结晶，是人类和社会发展的活化石。地方学建设与地域文化研究，在我国有着悠久的历史。各地古来已久的地方志，留下了多方面的大量地区地理和人文状况的文献。但一般都是某区某地一项或几项内容作为研究对象的居多，冠之以"学"的系统综合研究尚欠明确。

近年来我国各地的地方学和地域文化的研究机构不断涌现，顺应了经济社会发展对文化提出的新要求。地域文化的挖掘，实现了对经济社会发展的应有贡献，体现了文化作为社会发展的软实力的重大作用。纵观地方学和地域文化发展的情势，可以总结出以下几种情况。第一，地方学与地域文化研究需要经济社会的发展作为依托，快速发展、具有较强实力的地区有着开拓地方学和地域文化研究的先机。比如，北京学、鄂尔多斯学、温州学等都有经济社会迅速发展的背景。第二，深厚的历史文化底蕴是地方学与地域文化研究的基础和潜力。比如，上都学和上都文化。锡林郭勒草原是欠发达地区，经济社会相对落后，但是大元帝国的都城"上都"在锡林郭勒，百年帝都成就了上都文化，这成为上都学和上都文化研究得天独厚的条件。第三，有传统的文化氛围和一支有学术功底的文化队伍。比如，晋学、齐鲁学、徽学等。这三个条件只要实现一个，地方学和地域文化研究就能兴起，达到的条件越多，学术研究的发展就会越快越好。一些经济社会发展较好、实力较强的地区，如果缺乏历史文化的渊源，又没有特殊的筹划和关注，也难以有地方学与地域文化研究的兴起。深厚的历史和浓厚的文化传统是地方学与地域文化研究的基础，对地方学和地域文化的明智的认知与高度的重视是后发的条件。但愿我们的地方学与地域文化研究更快地走出初始阶段，有条件的地方和个人都积极开启这项工作，有条件的大学和研究机构都设立相关部门，使地方学与地域文化研究一步步地走向成熟和辉煌。

一个特定区域的历史文化积淀是一份宝贵的财富，彰显了这个地区的历史色彩和文化特性，以鲜明的区域特点标识着这一地方区别于其他地域的特殊属性，显示着独特的风采。它属于国家整体和民族整体的一部分，它的独特性显示了整体的丰富多彩和华丽辉煌。作为一个子科目，地方学与地域文化研究对于一个国家和一个民族的历史文化传承和经济社会发展有着不可或缺的支撑作用。

四、地方学建设与地方文化研究展望

对于地方学建设与地域文化研究的长足发展，我们充满信心。对于地方学建设与地域文化研究队伍的壮大，我们充满期待。根据我们多年的研究和实践，我们认为，地方学与地域文化走进学府和走进社会两个方面应该着力推进。

目前的地方学与地域文化学术队伍，大体可以分为学院派与草根派两大体系。以北京学为代表的属于学院派，以高等学府或科研所为依托，起点高，影响面广，实力强，成为地方学建设的旗帜。学院派有温州学、晋学、扬州学、三峡学、红山文化、敕勒川文化等。以鄂尔多斯学为代表的属于草根派，以故土的民间社团和文化人为依托，扎根当地，基础稳固，面对故土和乡亲，爱家乡与爱文化同在，成为地方学建设的根基。草根派有上都文化、西口文化、科尔沁文化、察哈尔文化等。

学院派的优势是在学术体制内，有得天独厚的成长条件。但因为还不是一个显学科，不是一个热门学科，有后发的优势，也有后发的弱势，不被其他学科的精英看重。一个创新和成长的学科，学界的名分也可能让一些人瞻前顾后，裹足不前。也可能会有一些业界的条条框框必须遵循，必须顾及。

草根派的优势是本乡本土，根基牢固，不仅是做一门学问，也是一份情感的寄托。甘愿为故土奉献一份赤诚，不计名望得失。有开拓的足够勇气和活力，从无到有，从小到大。敢想敢干，意气风发，开拓创新，没有顾虑和羁绊。但因为在体制外，根底不足，创业艰难，势单力薄，人微言轻。

两派的长足发展和密切地结合，应该可以相得弥彰、共筑辉煌。全国如果出现几个到十几个北京学与几个到十几个鄂尔多斯学一样规模和影响力的地方学研究机构，就会有大的改观。当前地方学研究机构规模偏小，资金不足，名望不够，理论体系欠缺，严重制约着学科的发展进程。

地方学建设与地域文化研究作为一个学科，应该成为各地高等学府的一门专修课，作为一个专业，培养具有地方学与地域文化修养的专业人才势在必行。北京联合大学 1998 年设立北京学研究所是一个大手笔，北京学已经进了学府，首都学已经进了学府。北京学研究所2004年拓展为北京市社科部门的北京学研究基地，走出了课堂，成了一个社会场所。以“立足北京，研究北京，服务北京”为宗旨，成为“地域性、综合性、应用性、开放性”为特色的跨学科综合性平台。已完成各项科研项目400余项，出版著作近50部。该校可以培养专业人才，开放可以面向社会，这应该成为各地的范例和旗帜。北京学已经走出了学府。各地的高等学府，有名望的高等学府，应该以开设地方学建设与地域文化研究专业为荣，把当地的地方学与地域文化引入院校，并从院校推向社会，以助力当地的文化软实力的提升与经济社会的健康发展。

鄂尔多斯学研究会十年磨一剑，创立了鄂尔多斯学科。成立近14年，出版专著《鄂尔多斯学概论》《比较研究与集成创新——鄂尔多斯学学科建设探索》，论文集《鄂尔多斯学研究》《论地方学建设与发展——中国地方学建设与发展研讨会文集》《地方学的应用与创新座谈会专辑》等学科建设方面的成果上百万字。鄂尔多斯学研究会已经和当地的鄂尔多斯学院达成协议，鄂尔多斯学作为一门专业课程进入鄂尔多斯学院课堂。从群团民间学术机构登上了大学学术殿堂，完成了华丽转身，为锤炼和发展地方学与地域文化学科迈出了坚实的一步，也为地方经济社会的发展注入了文化的活力。

地方学与地域文化研究走进社会，走进课堂，必将使这门新兴的学科不断成长和成熟，以造福于我们的每一个地方和整个社会。我们期盼地方学建设与地域文化研究的兴旺期早日到来！

参考文献

[1] 张宝秀，包书月. 对地方学与地方文化理论建设和人才培养的思考——以北京学为例［C］//张妙弟. 地方学理论建设与人才培养学术研讨会文集. 北京：同心出版社，2011.

[2] 林少川，吴镇国. 地方学研究新探索——以泉州学研究为例［C］//张妙弟. 地方学理论建设与人才培养学术研讨会文集. 北京：同心出版社，2011.

[3] 徐进昌. 地域文化研究和地方学建设的实践与思考［C］//论地方学建设与发展——中国地方学建设与发展研讨会文集. 呼和浩特：内蒙古人民出版社，2014：5.

汉字的地方学意蕴与其在地方学研究中的重要地位

钟昌斌*

摘　要：汉字是以描绘不同地方不同事物的象形文字，它的产生与发展，与汉字所描绘的地方的自然、社会、经济等地方学研究的要素有着十分紧密的关联性。本文从汉字产生与地方学萌芽的出现，汉字的演化与地方学的发展与丰富，以及从汉字起源发展入手开展中国地方学研究、地方学学科建设的影响的角度，论述了汉字在地方学产生发展过程中的地位问题。

关键词：汉字；地方学；关联性；地位

Abstract: Chinese characters are hieroglyphic designed to describe different things in varied places. Its origin and development is closely related to natural, social and economic elements in local studies. This article described the origin of Chinese characters and emergence of local studies, evolution of Chinese characters and the development and enrichment of Local Studies. It expounds the significance of Chinese Characters in the origin and development of Local Studies.

Key Words: Chinese Characters; Local Studies; Connectivity; Significance

"文字是语言的载体，文化的符号。"❶汉字作为象形文字，每一个字都是特定地域特定事物的一种描述，它"字形藏理、字音通意、同形同宗、同音通意"的艺术构建，将正确处理人与自然、人与人关系的准则完整地包藏

* 作者简介：钟昌斌（1968—），男，中国巴山文化研究会会长，主要研究方向地方文化。

❶ 祝孝先，祝振媛，祝振东. 汉字溯源. 北京：中国书籍出版社，2003.

在汉字当中；汉字摩写着宇宙万物的物名及事理，负载着科学知识和文化观念的全息符号，是中华文化的根。象形文字的汉字，承载着记录古人社会活动的符号功能，每一个汉字都是一幅袖珍版的古代社会不同地域的风俗画，包含着丰富的古代文化信息，破译汉字就能够复原古代社会，反过来，只有了解古代社会，也才能破译汉字。《易·系辞下》说，“古者包牺（伏羲）氏之王天下也，仰则观象于天，俯则观法于地，观鸟兽之文，与地之宜。近取诸身，远取诸物，于是始作八卦，以通神明之德，以类万物之情”。这不仅演绎了《易》的易理，阐述了创造汉字的原理，更重要的是，它同时蕴含着汉字与中国地方学产生、发展的关系以及它在地方学中的地位问题。

一、汉字作为描绘特定地域的象形文字，它的出现标志着地方学萌芽思想的最早产生

象形文字是利用图形来做文字使用，用文字的线条或笔画，把要表达特定区域特定物体的外形特征，具体地勾画出来，这些文字与它所代表的某一地方的实体事物在形状上很相像，解读一个字往往就能让人了解一个地域的文化发展史。汉字的深邃与学问字字如经，意蕴万千，奥妙无穷。[1] 因此，汉字从它产生的自然环境、社会环境，以及最早研究汉字的区域，都与地方学的萌生有着直接的关联。

（一）象形文字产生的自然环境属于地方学研究的范畴

关于汉字的起源，不少人认为汉字起源于结绳，这一观点虽然有不少人持有异议，认为结绳是上古用以记事的方法，差不多一切原始民族都曾用过，不能算是文字。但是，自从出现了结绳记事的文化现象，这说明具有特定地方自然生态文化思想的“绳”的生产和在这样的自然生态文化背景下“结”的文化思想的出现，它标志着当地地方自然经济资源开始利用以及人类文明的进一步发展，这不是任何地方都能够产生的社会现象，也就是说“结绳”具有显著的地域性特征，从那个时候起，中国制造的地方文化思想出现了。当然，也有人认为中国的文字源始于八卦，还有认为是河图、洛书演进为文字之说，这些关于中国汉字起源于演进的说法，虽然说的是汉字起源问题，但这并不影响汉字与地方学紧密关系的程度，也就是说，中国地方学思想的

[1] 高深．汉字的魅力及命运．中国纪检监察报，2015-08-07．

出现往往与汉字的形成相伴随。

一般而言，象形文字是最早产生的图画文字，作为一种最原始的造字方法，它最早展现出某一地域的自然、经济、社会和文化等各方面的信息。汉字属于象形文字，我们的祖先最初采用描绘事物形状的方法创造了象形字。以“燕”字为例，在甲骨文中写成，在篆文里写成，从这些古文字能明显地看出小燕子向上飞行时的形象，这个字演变为楷书燕，从“燕”字的字形比拟这个动物的基本形态：“廿”是小燕子的头部，“丬”和“匕”是小燕子的两只翅膀，“口”像是小燕子的身体，“灬”则是小燕子尾巴的变形。再看“鼠”字，它的底部是“𠂭”，前两个竖提都有两点，后一个斜钩没有两点，这是因为“鼠”在甲骨文中是，在金文中是，在篆文里是。从“鼠”的古文字中能够发现，它的上部“臼”，像老鼠张大嘴时露出牙齿的样子，下部的“𠂭”，前两个竖提是老鼠竖起来的两只脚，两点是爪子，后一个斜钩是老鼠的身子和尾巴[1]。如“虎”字写作、“鱼”字写作、“龟”字写作等，也十分鲜明地体现了汉字的图画特点。汉字的这种形象描述，不仅反映出这种动物外在是什么样的形态，更重要的是在这种象形文字里蕴藏着这些动物生活在什么样的自然环境里、成长在什么样的地理条件下，属于哪一类型的动物等内容，这些文化信息都与当今开展的地方学的研究息息相关。

（二）汉字产生的社会条件包含地方学研究的基本思想

汉字作为象形文字，它源自特定的自然环境，它的发展又与当时的社会条件紧密关联。一些汉字最早反映出不同地方的自然文化现象，同时也蕴含着社会发展的印迹。表示生产生活用具名称的文字如“席”字像席子中间有席纹、“网”字像渔猎之网形、“田”字像田地之阡陌形，它们不仅反映出特定的自然环境特征，同时还具有农耕文明的印迹，具有显著的中原地方文化色彩。以“男”字和“妇”字为例。“男”在甲骨文中为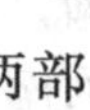，金文中为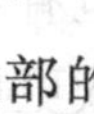，篆文中为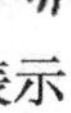，隶书为男。“男”由“田”和“力”两部分组成。上部的“田”，表示的是耕种的田地；下部的“力”是古代的一种农具，因为使用这

[1] 李万里. 汉字的奥秘. 汉字网.

种农具耕地要花费很大的力气，所以就用这种农具的样子来表示力气的“力”。在田地里种庄稼，是重体力活，是成年男子的任务，用“田”和“力”合在一起表示“男”。再看“妇”字，在甲骨文中为，在金文中为，在篆文中为，发展到楷书写成婦，“妇（婦）”由“女”和“帚”组成，“帚”指的是打扫卫生的笤帚、扫帚等工具，古代的女子多数情况下是干一些打扫卫生之类的家务活。这两个字不仅全面地反映出中原地区的农耕文明，同时还记载着古代男女在社会经济发展中的社会分工，是中华文化思想中“男主外，女主内”的最早体现，这些内容应该是中原农耕文明地区比较成熟的地方学思想了。

（三）汉字研究具有浓烈的地方化色彩

在我国，古代最通行之说是仓颉造字。相传，汉字是黄帝时期一个叫仓颉的人创造的，仓颉是陕西关中人，生有四只眼睛，且总是放射出异样的光芒。仓颉平日里披着长发，留着长须，身穿兽皮，坐在一张凶猛野兽的皮上，手里经常拿着一支土笔，与坐在他对面的人交谈，他的头顶高高地隆起，显得特别聪颖过人。仓颉经常骑着毛驴在黄土高原上四处奔波，跋山涉水，了解民间风俗习惯，收集民间流行的语言符号，把收集的资料写在芦苇的叶子上装进口袋里，日积月累，收集的不少语言信息装了好多袋，毛驴走到现在的陕西省岐山县累死了。仓颉带着这些资料，没有毛驴不能再往前行走了，就索性找了一间草棚住下来。仓颉不断观察天象，抬头仔细看月亮时圆时弯的变化，还观察山水风雨演变的现象，辨识鸟兽的各式各样的脚印，或野兽、车辆经过后留下的痕迹，分清和区别各种纹理的异同，并开始创造文字。这一汉字起源的故事，表明汉字是社会经济发展到一定程度的产物，每一个汉字都蕴含着一定的社会经济的文化密码，展现出仓颉出生地的汉字文化，同时也证明汉字与农耕文明之间的较高关联度，这说明，汉字是一种饱含着丰富的地方文化元素的文字。

关于汉字的起源，中国史学界有一种较普遍的说法是中国汉字始于殷商，也有不少学者认为，殷商时代的甲骨文已很成熟，汉字的起源应该比这个时候更早些，仅在河南贾湖发现的一些刻在龟甲上的符号距今已有 8000 年，因此，关于中国文字的发生始年可以前移。中国文字的演变经历了甲骨文、金文、大篆、小篆、隶书、草书、楷书、行书等这样的历程，这种汉字发展由繁到简、由不规范到规范的过程，实际上是由不同的人在不同的地方逐步开始并不断规范的过程，也就是说它也是从一个地方逐步发展不断推广的过程，反映了一个地方的地方学发展演进的历史。

由此可见，文字是最具有典型意义的地方学内容，象形文字从一定程度上讲则更全面地承载了地方文化内涵，并让地方文化更为丰富，也正是这个原因，由象形文字的汉字为基本元素创造出的文明在世界上能够历久弥新。

二、汉字日臻成熟的过程，伴随着中国的地方学思想不断发展和丰富

经过几千年的发展，作为中华文化重要载体的每一个汉字，都蕴含着十分丰富的地方学思想，这是由汉字产生与发展的性质决定的，因此我们毫不夸张地说，中华汉字字字都是一部浓缩的地方学。

（一）汉字是一个最早源于某一特定地方的图画，它的演进蕴含着地方学内涵的丰富与发展

汉字是象形文字，也就是说它是比照特定地方和特定事物描绘出的一幅图画。每一个汉字的产生与演变，都蕴含着一个又一个十分精彩的故事，在这个过程中，汉字的演变实际上是这个地方的文化发展在文字上的一个展现。例如，木、本、朱、末是一组相关字，“木”是象形字，甲骨文字形为，象枝叶、茎干和根俱全的树形。从字形看，“本”与“末”显然都与“木”（树）有关。“本”的本义是树根，所以在“木”根部加上一短横，作为指事性符号，表示所指的是根部。“末”则是在“木”顶部加上一长横，作为指事性符号，强调所指的是树梢。“未”从字形看也与“木”有关。“未”是象形字，甲骨文字形为，像树木枝叶层层重叠繁茂形。树木的枝叶当然是越往上越收缩，因此，“未”字上横短些。这种现象表明树木枝叶繁茂，树下因遮蔽而昏暗不明，可以引申表示“没有”“不曾”；未来当然也是不明、看不清的，又可表示将来。后来为了表义更明显，昏暗不明之义便另加“日”组成“昧”来表示。❶ 从象形字“木”字的形成以及它的相关字的出现，这不仅表明产生这个字的地域生态、社会、经济等方方面面的地方学知识，同时，它的发展史也是一部十分丰厚的地方文化学思想。

❶ 萧启宏. 汉字世界. 北京：军事谊文出版社，2007.

汉字产生于不同的自然、社会经济环境，不同地方的社会经济文化恰恰是地方学研究的重要领域，因此，地方学的产生与每一个汉字都息息相关，也就是说，汉字与地方学的关联性相当密切。

（二）汉字在传承中华文化过程中担负起构筑东方文化思想系统的基础作用

汉字是世界上最古老的文字，具有表音、表意、象形等特征，其自身的结构包含着丰富而深刻的文化元素，反映了汉民族的文化特质。汉字作为中华文明的起源和重要标志，它在辉煌灿烂的中国古代文明中扮演着十分重要的角色，可以说，“文化之根在文字，字中有乾坤，字中有古今，字中有大道，字中有人生”。汉字首先是汉民族地区的文化呈现。象形字“巴”字篆文写作“”，原意为能吞大象的大蛇，以“蛇”为图腾崇拜的民族有巴族，据古代文献记载，巴人的远祖是兴起于西北高原黄帝部落的一支，且与黄帝同为姬姓。据《山海经》记载，在炎、黄二帝时期，巴族便出现在长江三峡地区。大约在夏、商之际，巴人先祖逐渐迁至今陕西南部的古沔水（汉水上游）流域，建立了巴国，巴国是华夏民族最早的诸侯国，也属于地方学研究的范畴。“羌”字篆文写作“”，这是甲骨文中唯一一个关于民族（或氏族、部落）称号的文字，“羌，西戎牧羊人也，从人从羊，羊亦声”（《说文·羊部》），是当时中原部落对西部（陕西、甘肃、宁夏、新疆、青海、西藏、四川）游牧民族的泛称，可见，羌人与“羊”有着深厚的情感。《诗地理考》说：“羌本姜姓，三苗之后，居三危，今叠、宕、松诸州皆羌地。”《史记·五帝本纪》讲：“迁三苗于三危，以变西戎。”《后汉书·西羌传》说：“西羌之本出自三苗，姜姓之别也。其国近南岳。及舜流四凶，徙之三危，河关之西羌地是也。”以上这些告诉我们，“羌”本身就是一个具有很强地方学蕴含的汉字。其实，以“羊”为图腾的游牧民族“羌族”对中华文化的形成产生了十分深刻的影响，翻阅古代中国有关“羊”的文献，可以发现它被赋予了丰富、深刻的文化内涵，在语言文字方面也打下了深深的烙印，义、善、美、吉祥和榜样就是体现。在中国人的哲学里，“义”（繁体为“義”）中之“羊”象征崇高，“善”中之“羊”象征道德，“美”中之“羊”代表美；“样”中之“羊”象征楷模，“祥”中之“羊”象征吉祥。可见“羌”字在地方学中的重要意义。“秦”字篆文写作“”，表示两只手捂着杵舂，说明是一个长谷子的地方，朱骏声说："地宜禾，在今甘肃秦州清水县。"到了周代，在今陕西省和甘肃省一带建立了"秦"诸侯国。这也说明"秦"字本身就蕴含着地方学内涵。

随着汉字在中华文化中影响的逐渐扩大，汉文化不断向周边延伸，以汉文化为代表的地方文化逐渐成为东方文化的重要体现，汉字是中华文化的重要标志，因此有人认为，中华民族的四大发明都是汉字的衍生物，汉字可谓中华儿女在历史长河中创造的五大发明之一，是一切中华文明存在的基石。所有这些可以看出，每一个汉字本身都蕴含着的极为丰富的地方文化含义，它们共同构筑起博大精深的中华文化，从而使中华文化成为世界文化中最为灿烂的文化之一，可以说，汉字在世界四大文明系统中的地位十分突出。其实，代表着东方文明的《诗经》《楚辞》和唐诗宋词，都依赖汉字才传承至今。国学大师陈寅恪曾说："依照今日训诂学之标准，凡解释一字即是作一部文化史。"❶ 在世界文明史上，埃及的象形文字、两河流域的苏美尔楔形文字、古印度文等，它们与中国的古文字一样，都从原始社会最简单的图画和花纹中产生，并创造出辉煌的地域文明。

（三）汉字的发现与研究也具有典型的地方色彩

关于汉字考古，中国文字之源始研究呈现不同的观点，甚至是存在分歧，这些意见和分歧，实际上是依据不同地方不同的发现表现出来的，也就是说，这些不同的思想，都是依赖不同地方出土的实物做支撑的产物。郭沫若在他的《古代文字之辩证的发展》一文中指出："汉字究竟源始于何时呢？我认为，这可以从西安半坡村遗址距今的年代为指标。""半坡遗址年代距今有六千年左右。""半坡遗址是新石器时代仰韶文化的典型"，"半坡彩陶上每每有一些类似文字的简单刻画，和器上的花纹判然不同。""虽然刻画的意义至今尚未阐明，但无疑是具有文字性质的符号。""可以肯定地说就是中国文字的起源，或者中国原始文字的孑遗。"❷ 这种汉字源于半坡的思想，实际上就是典型的地方学思想。

---

❶ 桑兵. 解释一词即是作一部文化史——本期栏目解说. 学术研究，2009（12）：90-92.

❷ 郭沫若. 古代文字之辩证的发展. 考古学报，1972（1）.

三、从汉字起源的发展历史入手研究中国的地方学，将有利于推进地方学的深入研究

汉字承载着地方学的原始思想，从汉字研究入手不断推进地方学研究，将会引导我国地方学研究更加深入发展。

（一）从汉字的起源开展地方学研究，会大大延展地方学产生的历史

关于地方、地域的研究，在我国具有悠久历史，以地方志、地理志的形式记载某一时期某一地域的自然、经济、社会、政治、文化等各方面情况已有2000多年的历史。到了清末民初，以地域划分的经学流派就出现了鲁学、齐学、晋学等；20世纪20年代至50年代，先后出现敦煌学、徽学、藏学等地方学，改革开放以后，地方学研究蓬勃发展，相关机构如雨后春笋般纷纷出现。然而，我们从汉字的产生过程可以十分清楚地认识到，自从产生了汉字，这就表明一个地方的思想文化等方面均体现在汉字之中，也标志着一个地方的地方学的诞生。根据这个观点，在中国，半坡“可以肯定地说就是中国文字的起源，或者中国原始文字的孑遗”，这个时候应该是地方学产生的时期，如按此说，中国文明则应算成近6000年。中国文字之源始究竟产生于什么时代，分别代表什么含义，至今还尚在百家争鸣中，还有待于大量的材料来佐证说明！目前世界上公认的最早的文字，是距今5000~6000年出现在古代中东地区的楔形文字，然而，在河南贾湖发现的一些刻在龟甲上的符号，距今却达8000年，这种发现，也把中国地方学历史带到了更加久远的历史时期。

（二）从汉字的发展过程开展地方学研究，能有效地增强地方学研究的科学性

地方学的宗旨，就是要研究某一空间变为某一地方的过程，深入挖掘其地方性及这种地方性形成的过程、发展规律、地域特点和动力机制等，在彰显地域文化特色的基础上对地方的“未来”做出判断，从而为地方的文化、社会、经济、政治、生态发展等提供理论支持。[1] 美国著名的文化地理学家段义孚也认为，空间被赋予文化意义的过程就是空间变为地方的过程，而汉字

[1] 张宝秀. 地方学的设立标准和学科内涵. 中国社会科学报，2014（4）.

作为象形文字，它既记录着特定时空下的事物，同时还反映出不同时期社会、经济等各个方面的自然规律，因此，从汉字的发展过程来深入揭示它所展现出的地方学思想，不仅能够更加准确地探讨一个地域的历史文化发展脉络，更重要的是还能准确地反映一个地方的社会经济的缘由，对深入推进地方学研究具有十分重要的意义。以“册”为例，在甲骨文中为、金文为、篆文中为、隶书为，从图形可以看出，“册”字像是用绳子串编起来的竹简，这表明在纸还没有发明以前，我们的祖先在龟甲、器皿、木片、竹片等物体上面刻字记事，这种现象说明记录汉字发展历史什么地域对它产生重大影响的问题，这还可以从与“册”相关联的“删（）”的造字思维进一步证明。甲骨文“殷”字像一手持针于人身纹刺形，生动反映殷人文身的习俗，甚至有学者猜测殷族的得名就与文身有关，“我国的古代商王朝又称殷，殷商人是一个文身的民族，所以称殷”。[1] 文身作为一种极端的身体装饰艺术，体现出殷商时期特定的文化现象，“原始民族的画身，主要目的是为美观，它是一种装饰，并非像有些人所说的，是一种原始的衣着。所以我们先从美学的观点去研究画身是完全合理的”[2]。更值得注意的是，“文”字由其“文身”的本义可以引申为“纹饰”“文明”“文化”等一系列文化义项，这似乎也暗示了人类审美意识的萌发正来源于主体自身。

（三）庞大的汉字系统成为中国地方学研究的核心资源

汉字源于象形文字，其数量很多，到现在没有人能说出它的准确数字。但是，我们从古今字典中知道它的大概数目。东汉许慎著述的《说文解字》收字9353个，曹魏时李登著述的《声类》收字11520个，南梁顾野王的《玉篇》共收字22721个，唐朝时颜真卿著述的《韵海镜源》收字26911个，宋朝时丁度等所著的《集韵》收字53525个，清朝张玉书等所著的《康熙字典》收字47035个，当代的《汉语大字典》收字54678个[3]，如果说每一个汉字都是某一个地方具体事物的描绘和演进发展的过程的话，那么，中国的地方学也就拥有这样一个十分庞大的资源群体了。

---

[1] 董来运. 汉字的文化解析. 上海：上海古籍出版社，2002：94.

[2] 格罗塞. 艺术的起源. 北京：商务印书馆，1984：47.

[3] 我国传统文化汉字的由来和发展. http://wenhua.qulishi.com/news/201403/11135.html，2015-07-16.

城市“文化层”

——地方文化遗产认知与认同

张　雯*

摘　要：地方文化遗产是区域身份的独特标志，也是现代城市自身定位、追溯历史脉络的宝贵物证。提高和改进地方文化遗产的认知及认同程度，有效利用本地文化财富，是地方凸显个性、自我提升的必由之路。本文将在阐述以城市为聚合的地理空间与地方文化遗产密不可分的关系基础上，借用考古学“文化层”的概念，提出整合文化遗产资源、重构城市“文化层”的观点，主张逐“层”观察，梳理、还原地方历史文化脉络，突出、强调地方文化特色亮点，将这一理念运用到地方文化遗产保护与传播实践中，并以数字化手段探索、表现“文化层”，灵活展示推广文化遗产。

关键词：地方；城市；文化遗产；“文化层”

Abstract: Local cultural heritage is not only a unique symbol of the identity of one region, but also the valuable evidence of historical development for one modern city to position itself. Enhancing and improving the awareness and recognition of the extent of local cultural heritage is an important way to highlight identity and achieve self-improvement. In fact, we did not form systematic and complete awareness about these non-renewable and different types of cultural heritage, which is limited to one-sided in the research and promotion practices. This paper

* 作者简介：张雯（1982—），女，山东济南人，博士，北京联合大学文化遗产传承应用虚拟仿真教学中心讲师。主要研究方向为文化遗产学。

will give an overview on the current cognition status of cultural heritage first, and then introduce the concept of “cultural layer” in archeology. It aims to propose the method of “point”, “line” expansion and layers laminated for the sake of restoring the heavy sense of historical and cultural heritage and applying the idea in urban cultural heritage protection and dissemination practice. Finally, it suggests the exploration of cultural layer display by digital means to make cultural heritage exhibitions more flexible.

Key Words: Local Region; Urban; Cultural Heritage; Cultural Layer

无论古今，城市都意味着特定区域内人口、资源、公共设施、工商业及文娱活动的汇聚，或历史悠久，或新兴勃发，城市的形成既需要政治、经济力量对地方秩序的集中推动与维护，也离不开承载城市灵魂的地域文化的典型集聚与传承。一座城市因何而形成，如何走向繁盛，经历了怎样的起伏，在古往今来地理交通及政治经济军事中的地位和历史影响等，都是这座城市正视自身定位、评估自身价值、实现持续发展所必须首先并一直思考的问题。某城某地几经朝代更迭、地转人迁，但文化却在一方水土贯穿始终，寄托在市井街巷、碑亭桥堡之上，也维系于风俗言传、技艺曲乐之中，成为城市历史特殊的记忆片段、线索。植根于王朝旧都、边塞驿站、商贸集镇等不同城市类型的文化特色，是用来区别仅有高楼、广场、公路等标准配备的现代城市的唯一依据。

因此，科学、深入地认知城市与文化遗产的关系，寻找更有效、合理的地方文化遗产认知、认同甚至推广的新途径，深度契合信息时代背景，探索挖掘、展示、开发地方文化遗产的新思路，是推动地方社会持续发展的重要内容。

一、相承相依——城市与地方文化遗产的关系

文化遗产，记录着一个地方的生命轨迹。城市，是地方生命轨迹的多样呈现。“城市是在人类历史活动的时空框架中，在文明与人类社会的发展进程中历史地生成的，从某种意义上说，城市本身就是文化遗产。”[1] 城市不只是建筑物的集合，更是不断变化以适应时代和居民需求动态的复杂集合，同时

[1] 单霁翔. 留住城市文化的根与魂——中国文化遗产保护的探索与实践. 北京：科学出版社，2010：3.

贮存、演化着与之匹配的文化。本质的属性和偶然的因素，以及民族、地理、气候等各种内外影响的相互作用，造就了文化以城市为载体，城市靠文化延续的特殊、紧密关系。

文化遗产是城市身份的唯一说明，能够唤起城市过去的记忆，但同时也是无法再生、无法复制的记忆片段。仅有极少数建筑、道路、水井等古代设施还伴随着我们今天的生活，更多的历史已经停留在过去的某一时刻。所以，我们要倍加珍视幸存下来的历史馈赠，对其有深层全面的认知、科学合理的保护、有效有度的利用，这是对地方的尊重，对古人的尊重，也是对今天当事者的尊重。

二、孤立失重——地方文化遗产认知现状

近年来，文化遗产开始得到重视，国家财政加大了投入，民间的保护意识也日益高涨。截至2016年，随着湖北神农架和广西左江花山岩画正式列入《世界遗产名录》，中国已拥有世界遗产50项，名列世界第二[1]。一个本就历史悠久文化灿烂的地方，因少数学者对其的认知、挖掘及展示，而得此“殊荣”，重回公众视野。事实上，这些一时间门庭若市的“世界遗产”，相比于千年浩瀚留给这个泱泱大国的宝贵财富来说，实在是凤毛麟角。更多地默守在村郊巷里而价值非凡的文化遗迹、遗物、非物质文化遗产，或许已经濒危甚至消失。当我们总是关注有限的几处遗产并乐于开发，不究其相关背景、内涵，割裂了它们与其所属时空的关系，以至于出现拆掉真古迹再造假“老街”的荒唐现象（见图1），也就是说，文化遗产曾经依附的基本语境，在漠视、忽略以及拆除、重建过程中，被一点点删除。

由于文化遗产面貌及性质多样，现存状况大都不尽如人意，一些遗址、遗物的确切时代在学术界仍有争议，这些问题都给深入了解、研究及保护工作带来一定困难。同时，由于自然灾害、垦殖改造、战乱破坏，以及近年来对城市规模和经济利益的片面追求，遗迹损毁、遗物散失现象严重，文化遗产遭受到了不可挽回的损失。

---

[1] 第40届世界遗产委员会会议闭幕. http://www.ccrnews.com.cn/index.php/Xinwenzixun/content/id/61387.html，2016-07-08.

图 1　空荡荡的重建“古”城

许多文化遗产、遗迹遗物又各自孤立，缺乏联系，推广和传播手段也多有片面、局限之处，使得人们难以对城市历史文化产生系统、完整的认知。前人留存下来的物质财富和精神财富，同现在我们所处的环境一样，曾经隶属于不同历史时期文化形态整体，遗留给下一个时期的内容，虽表现出不同的性质、规模、形式，但共存于同一时代的文化遗产之间有着密不可分的内在联系。如宫廷官舍建筑与礼仪制度、民居商肆与风俗传统、戏台场院与曲艺排演等，都具有物质与非物质、动态与静态的复杂联系。显然，这种联系随时代的远去、资料的流失而被渐渐忽视。

这就需要从提升城市文化遗产的认知度，优化文化推广和传播的角度及途径等方面着手，整合文化资源，转变展示理念。

三、层层堆叠——文化遗产的认知中“文化层”概念的引入

提升文化遗产的认知度，优化文化推广和传播角度及途径，首先要从科学整合文化资源，转变认知理念开始。我们要传达给文化遗产继承者的，不仅仅是美轮美奂的建筑、巧夺天工的工艺，更重要的是饱含智慧与沧桑的时代精神。唐长安城、唐墓壁画、唐诗，展现着唐的豪情气魄；宋临安城、宋画、宋词，抒发着宋的雅致含蓄；明清楼阁、家具陈设、小说，也诉说着明清的市井谦逊。如何更清晰地表达文化遗产的物化特征和时代性格，考古学

范畴中“文化层”概念或许可以给予我们一种思路借鉴。

考古学中取得资料的重要理论基础之一，就是以研究因人为力量而形成的各种文化堆积的形成过程及原因为目的的地层学，含有不同性质文化堆积的地层，形成了不同文化层，“文化层是人类在某个地点生存、活动时遗留下来的各种物品的堆积的总和”“不同层次的文化层和遗迹单位是人们在这个地点生存、活动过程的一种记录”，下层早于上层，是地层学原理中最基本的一条定律[1]（见图 2）。虽然文化层多在地下发掘时用来标志地层堆积，但其下层早于上层，被上层叠压、打破的特征，仍使得我们容易联想到地上不同时代遗存的彼此关系。在同一文化层中包含的同时代堆积，如今天所见、所知的文化遗产一样，曾存在于同一时代层位。不同的是，地下考古发掘时，各种堆积依然处于各自层位的土壤之中，我们可以推知当时的聚落、路面、房址、器具甚至食谱，而今天的文化遗产的继承者们，只能看到斑驳的遗迹遗物寥若辰星，散落在广袤的时空之中。缺少了地层土壤般的黏合力和凝聚力，如何再将这些被打散而变得单薄、凌乱的“文化堆积”重新归纳到它们原属的“文化层”中呢？这就需要我们通过寻找文化遗产间的关联，去构建它们所共存的“文化层”，进而更加接近特定区域内文化遗产原属时空的原貌。

图 2　金沙遗址地层堆积及对应时代（金沙遗址博物馆）

---

[1] 俞伟超. 考古学是什么. 北京：中国社会科学出版社，1996：13.

四、“点”“线”到“层”——还原地方文化遗产的厚重感

在“文化层”的认知理念下，要更加细致地探究各类文化遗产间的横向联系，分析与非物质文化遗产传承的联系，以探知同“层”文化形态下的各种表象与内在特征。那么，横向联系的寻求，首先就要依靠“点”“线”的拓展，并在此基础上汇聚成“层”。

在梳理名胜古迹、文物、名人事迹的线索的同时，还要注意各种遗迹、遗物的横向关联，探索某一时间层面中，以既定地理范畴内人的活动为轴心的生活状态，如行为、思想、文化艺术、技术工艺以及物质发展水平等，令现存的文化遗产由“点”“线”扩展、延伸成“面”“空间”，而不仅仅停留在各自的线索上。按城市所经历的时代为单位，把看似零乱分布却曾经共存的文化遗产，还原到同一个时空层面中，形成城市“文化层”。若干“文化层”经过累积叠压，成为厚重的发展脉络，而非各自独立成线。

因此，想要让地方文化遗产对城市的说明更加直观、生动，让包括旅行者、研究者以及每一位本地居民在内的体验者感受到城市变迁，以时空共存的观念，代替纯年代线索的观念，即以时间为标尺，探索涉及社会各阶层、包括衣食住用行各方面的遗迹遗物之共存空间，以非物质文化遗产及文字记载充实其中，将过去某一时代的生活面层层平铺在观者眼前，以还原当时所呈现的文化景观。城市层层积累而成的厚重历史，回溯也需要层层剥开，而不能简单地抽取某事某物。以文化遗产串联、联结起来的时代相续、层层积蓄的城市文化积淀，可以更加直观、生动地道出城市往事，让包括旅行者、研究者以及每一位本地居民在内的体验者在浓厚的文化氛围中感受到城市变迁与文化的演进。

在各种时间层次中，以遗迹、遗物为代表的物质文化与风俗技艺等非物质文化得到有机关联，观者也可以在这些以人的活动为轴心的“文化层”中得到更加合理的文化氛围，甚至会因主动带入角色而大大提高文化认知度。分散文化资源的科学组合，并以地方为单位整体流传、传承，有利于保存城市更加完整、系统的身份特征。

五、多层汇聚——地方文化遗产的多维与整体

对文化遗产丰富的城市，如古代都城，每一朝代都留下了一系列富有时

代特色的文化遗产，作为这座城市的各个单元，汇聚成城市整体。西安为“十三朝古都”，特别是秦、汉、南北朝、隋唐时期都留下了大量的遗迹遗物，这也意味着西安的城市“文化层”尤其厚重，尽管有的文化遗产历代相承，但也有许多分别属于不同的时代层面上，随着整个“文化层”的变化而变迁。如阿房宫、兵马俑，属于秦咸阳城一“层”，未央宫、汉阳陵、茂陵同属汉代长安城“层”，大明宫、法门寺、乾陵又属唐长安城“层”（见图3），如此剥开，加之各时期遗迹遗物、人物事迹记载、传说等各类内容，每一层都形成一套体系、一套时空范畴，将文化遗产化零为整，呈现在观者眼前。

图3　汉长安城与隋唐长安城

又如孔子故里山东曲阜，位于今曲阜市旧城及其以东和以北地区，考古工作者发现并探明了周代和汉代鲁国都城的遗址。遗址的年代始于西周初期，两汉时期，这里还曾作为汉朝鲁国的都城。曲阜作为周代和汉代鲁国的都城有千年之久，汉以后，成为历代的县级城市，县城并不在鲁国故城原址。经过数次考古发现和发掘，周代、汉代鲁国故城的夯土城墙及城内手工业作坊、居住区基址还保留着多处遗迹，出土遗物也十分丰富。而我们所熟知的孔府、孔庙，虽在今天曲阜城中，但已经是宋以后屡经修建。那么，这座与先哲孔子紧密联系的城市，在孔子生活的时代是怎样的情形，孔子和他的弟子们吃穿住用的是什么，怎样出行，孔子的经典言论和思想在怎样的情况下诞生的，这些生动的问题，较炮制祭孔典礼更能引人入胜。将故城遗迹、出土文物与人们所熟知的人物相联系（见图4），还原当时当地真切的生活、文化环境，会比单说任何一项更加生动、全面。

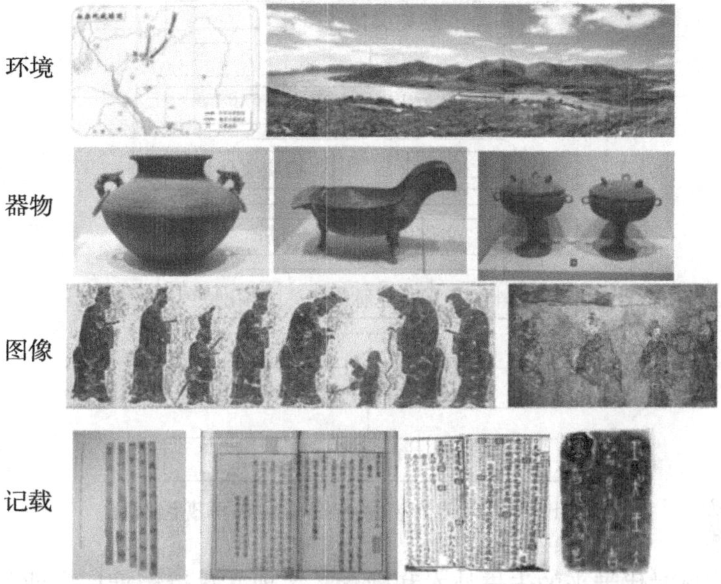

图4　曲阜鲁古城遗迹遗物与相关文字、图像资料整理

六、虚拟再现——地方文化遗产认知与推广手段的探索

目前，关于地方历史及城市变迁的记述、研究与展示，已经取得了一些成就，但我们仍感受到丰富大量的城市文化遗产的信息与现有的认知水平、有限的展示推广状态之间的矛盾和局限。

数字化新媒体的介入，可以在一定程度上缓解这一窘境。数字化手段很早就在文化遗产研究和保护领域应用开来，如文献资料的数字化整合、整理，便于检索、保存；遗址、遗物的3D扫描、复原，采集了精确、全面的信息数据，以便在不损伤文物的情况下，长期进行研究、修复等工作。数字化手段在为学术研究和资料保存提供便利的同时，借助数字虚拟技术的文化遗产展示与推广在近些年也方兴未艾、蓬勃发展，如文博类电子读物、景区、博物馆导览软件、相关互动游戏等，相当一部分是基于便携设备的软件和应用，在互联网的推动下，参与性、普及性、互动性都大大提高（见图5）。

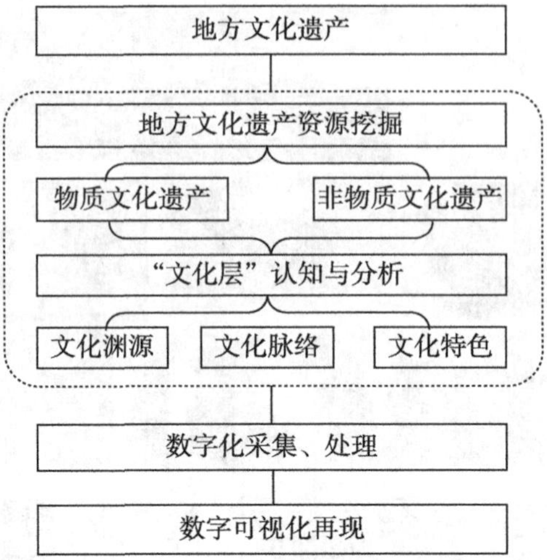

图 5　地方文化遗产资源挖掘与数字再现路线图

利用信息时代带来的先进技术和理念，实现文化遗产推广事业的新发展，架设以文化遗产构成的“文化层”概念上的数字化媒体，能够在更多方面显示其高效能与集成性，将地方文化遗产推广、文化旅游、娱乐体验、文化形象提升、经济效益创造等目标连成一体，依次展开，科学经营，持续发展。新理念下数字手段的广泛应用，不仅能全面且有重点地展示不同“文化层”的物质文化遗产，对非物质文化遗产也有非常灵活、贴切的表现方式；不仅适用于文化遗产丰富的古城，对文化遗产类型较单一、“文化层”较单薄的地方也具有实践价值。地方文化遗产对于地方身份的自我辨识、城市文化特色的树立以及产业融合发展具有非常重要的意义；对地方文化遗产认知与推广理念的转变以及手段的创新，将提高公众对本地文化遗产的认同程度和参与性，能有效推动地方文化发展。

参考文献

［1］俞伟超. 考古学是什么［M］. 北京：中国社会科学出版社，1996.

［2］曲英杰. 古代城市［M］. 北京：文物出版社，2003.

［3］山东省文物考古研究所. 曲阜鲁国故城［M］. 济南：齐鲁书社，1982.

［4］郑巨欣，陈峰. 文化遗产保护的数字化展示与传播［M］. 北京：学苑出版社，2011.

徽学的研究对象及学科性质

卞　利*

摘　要：作为一门新兴的学科和研究领域，徽学已经走过了近百年历程。关于其研究对象和学科性质，学界向来存在较大争议。论文追溯了“徽学”一词的源起，列举并分析了学界对徽学研究对象和学科性质的不同观点，并逐一进行商榷，提出了自己的看法。认为：徽学主要是以徽州社会经济史特别是明清社会经济史研究为主体，综合研究徽州整体历史文化以及徽人在外地活动的一门新兴学科。徽学是一门以历史学科为主体、多学科交叉的学科和研究领域。

关键词：徽学；研究对象；学科性质；地方史学；综合学科

Abstract: As a newly-emerging research subject, Hui Studies has undergone a history of nearly a hundred years. However, regarding its research object and subject attributes, there have long been heated arguments in the academic circle. This article traced back to the origin of the term "Hui Studies" by enumerating and analyzing different opinions on the research object and subject attributes of Hui Studies in the academia. By sorting out the varied opinions, the author put forward his own perceptions. He holds that Hui Studies is a newly-arising subject that takes

* 作者简介：卞利（1964—），男，安徽泗县人，南开大学历史学院教授，博士生导师，历史学博士，安徽省学科与技术带头人，安徽省宣传文化领域拔尖人才，台湾东吴大学客座教授。兼任中国社会史学会副会长、安徽省徽学研究会副会长、安徽省法史研究会副会长等学术职务。主要从事明清村规民约、徽商、徽州暨区域社会经济史等领域的教学与研究。

Hui Zhou's social and economic history, in particular, the social and economic history of Hui Zhou during Ming and Qing dynasty as the research subject, focusing on comprehensive research of overall history and culture of Hui Zhou and Hui Zhou people's activities outside. In a word, Hui Studies is a multi-disciplinary research field that takes history as the main research object.

Key Words: Hui Studies; Research Ojbect; Subject Attributes; Local Studies History; Comprehensive Subject

一、"徽学"一词溯源

作为一个专用复合名词，"徽学"一词起源很早。根据资料记载，"徽学"在明代中叶已经出现。不过，最初的"徽学"一词，并非现代学术和学科意义上的"徽学"，而是专指当时徽州府的官办学校，即"徽州府儒学"或"徽州府学"❶之简称。

我们还发现，除了作为徽州府官办学校的简称之外，历史上还有一种被称为"徽学"的概念，这就是"新安理学"。❷它是专指由理学之集大成者朱熹所开创的徽州地域理学流派——新安理学。

可见，我们这里所指的学术和学科意义上的"徽学"，同徽州历史上的"徽学"一词的概念有着较大的差异。严格来说，作为一门专门的学术和学科研究领域，"徽学"一词最早是由黄宾虹提出的。1932年，黄宾虹在致许承尧的一封信函中，率先提出了具有学术和学科意义上的"徽学"概念。❸此后，致力于家乡文献、文化和书画、篆刻艺术抢救与整理的两位徽州歙县的乡贤——黄宾虹与许承尧在此后的通信中，还分别提出了"歙学"❹和"宣

---

❶ 据弘治《徽州府志》卷7《人物一·文苑·洪焱祖传》云：洪焱祖"著有《新安后续志》十卷、《尔雅翼音注》三十二卷，已刊于徽学"。同书卷4《名宦传·舒麟传》又云：舒麟卒，"谥文靖，徽学立祠祀之"。

❷ 赵吉士在《寄园寄所寄》卷11《泛叶寄·故老杂记》中指出，"文公为徽学正传，至今讲学，遂成风尚"。

❸ 据卢辅圣、曹锦炎主编的《黄宾虹文集·书信编·与许承尧》中记载，1932年黄宾虹在给许承尧的一封信函中指出："遇有歙人墨迹，仍当留意收入，以备采择。歙中他姓族谱记载轶闻，往往有所见。如见书画篆刻之人，能分类录存，亦徽学之关系于国粹者。"上海书画出版社1999年版，第162页。

❹ 1936年，黄宾虹在《与许承尧》的书信中云："歙学盛时，正以藏弆之富，磋磨者众。"见卢辅圣、曹锦炎主编：《黄宾虹文集·书信编·与许承尧》，上海书画出版社1999年版，第151页。

歙国学”[1]的概念，而许承尧所指的“歙”并非指“歙县”，而是指唐宋时期的“歙州”，故“歙学”实际上指的是“徽学”。对此，个别研究者认为：许承尧大量收集徽州乡邦文献和文物，并全力进行整理和研究，其所整理和编纂的《歙事闲谭》，是“徽学研究的开山之作”[2]。许承尧、黄宾虹等人是“徽学研究的早期代表”[3]。

随着20世纪40年代后期特别是50年代初以来，自宋至民国近百万件徽州各类原始契约文书的大规模发现和流传，利用徽州文书契约，结合其他相关文献资料，以徽州社会经济史特别是明清徽州社会经济史研究为主体，综合研究整体徽州历史文化和徽州人活动（含徽州本土和域外）为对象的一个专门的学术研究领域——徽学逐渐成为海内外学界研究的热门领域。一批知名学者相继推出了一系列极具特色和高水平的研究成果，如傅衣凌对明清时期商业舞台上最大的地域性商帮——徽商的开拓性研究之作《明代徽商考——中国商业资本集团史初稿之一》[4]，开启明清徽州佃仆制度研究先河的《明代徽州庄仆文约辑存——明代徽州庄仆制度之侧面研究》[5]，日本学者藤井宏的《新安商人的研究》[6]，多贺秋五郎的《关于〈新安名族志〉》[7]，美国学者居蜜的《1600—1800年皖南的土地占有和宗法制度》，荷兰学者宋汉理的《〈新安大族志〉与中国士绅阶层的发展（800—1600年）》[8]和《徽州地区的发展与当地的宗族——徽州休宁范氏宗族的个案研究》[9]，章有义的《明清徽州土地关系研究》[10]，特别是叶显恩的综合性研究明清徽州农村社会与佃仆制的力作——《明清徽州农村社会与佃仆制》[11]的问世，为徽学作为一门独立研究领域的成熟与发展，奠定了极为扎实、广阔的学术基础。

---

[1] 1937年，黄宾虹在《与许承尧》的书信中云：“宣歙国学占中邦最高地位。”见卢辅圣、曹锦炎主编：《黄宾虹文集·书信编·与许承尧》，上海书画出版社1999年版，第154页。

[2][3] 诸伟奇.《歙事闲谭》考述. 文献，2001（4）.

[4] 《福建省研究院研究汇报》1947年第2期。

[5] 《文物》1960年第2期。

[6] 原文载日本《东洋学报》第36卷第一、二、三、四期，译文分别载《安徽历史学报》1958年第2期、《安徽史学通讯》1959年第1期。

[7] 原文载日本《中央大学文学部纪要》1956年第6期，译文见刘淼辑译：《徽州社会经济史研究译文集》，黄山书社1988年版。

[8] 译文载《中国社会经济史研究》1983年第2~3期。

[9] 原文载荷兰《莱顿大学通报》1984年，译文载：《徽州社会经济史研究译文集》（刘淼辑译），黄山书社1988年版。

[10] 中国社会科学出版社1984年版。

[11] 安徽人民出版社1983年版。

20世纪80年代中叶以降，徽州文书、徽商、徽州宗族、徽州社会、经济与文化等研究领域的研究不断深入，中外学者之间的交流日益频繁，一批学者敏锐地意识到徽州研究的特殊意义，并提出了“徽学”“徽州学”的概念，同时自觉地开展对徽学基本理论的探讨。徽学日益成为海内外学界关注的新的学术增长点。

二、徽学的研究对象

作为一门独立的学科和新兴的研究领域，徽学研究的对象是什么？

20世纪80年代中期前后，随着安徽省及徽州地区徽学学术团体的成立及徽学学术活动的展开，这些徽学研究的基本理论问题逐渐被提出，并受到了学者们的高度关注。

“徽学”亦称“徽州学”。叶显恩撰写于1984年7月、发表于1985年第1期《江淮论坛》期刊上的《徽州学在海外》一文，简要综述了日本、美国、加拿大、荷兰等海外研究徽州历史的论文之后，在学术界率先提出了“徽州学”的概念。1985年5月和6月，安徽省徽州学学会和徽州地区徽学研究会等徽学研究的学术团体先后建立，并分别出版《徽州学丛刊》（1985年11月、1987年12月，共出版2期）和《徽学通讯》（迄今已出版26期，从27期开始，更名为《徽学研究》）作为各自学会的会刊。除此之外，徽州地区徽学研究会还在1986年5月和1990年7月出版了两期《徽学》杂志。可见，在徽学最初的发展阶段，关于“徽学”和“徽州学”的概念及内涵基本是没有多大区别的。正如《徽州文化知识读本》所言，“徽学即徽州学，徽学是徽州学的简称”。[1]

作为一门严格意义上的专门学术和学科研究领域，徽学肇始于20世纪之初，20世纪中期及其以后，随着近百万件徽州原始契约文书的大规模发现和流传，徽学的核心问题——徽商、徽州宗族、徽州契约文书和新安理学等问题逐渐受到了海内外史学界的关注。

徽学的研究对象是什么？这是徽学研究最基本的理论问题。围绕这一问题，学术界展开了热烈的讨论和争鸣，形成了几种较有代表性的观点。归纳起来，这些观点主要有以下七个方面。

一是徽州历史文化说。安徽省徽州学学会第一任会长郑家琪和一批徽学

---

[1] 叶如强. 徽州文化知识读本. 黄山：黄山书社，2002：3.

研究者持这种看法。郑家琪认为："徽州学是以徽州历史文化为研究对象的。其内容主要是徽州地方经济史（包括徽州土地经济、商人和商业经济、手工业以及具有地方特色的家族经济等）、文化艺术（包括学术思想、书画篆刻、工艺美术、戏曲、版画、建筑艺术、新安医学、徽菜等），以及宗法制度、礼义风俗、徽州方言、风景名胜，等等。"❶ 创办于1985年的《徽州学丛刊》在其《发刊辞》中明确指出，"徽州学就是一门专以徽州历史文化为研究对象的综合性学科"❷。早先力主社会经济史说的叶显恩也主张徽州历史文化说，他在为姚邦藻主编的《徽州学概论》撰写的《序言》中指出，"正由于徽州民间契约文书的大量发现，传世的明清族谱及其他文献资料的异常丰富，又有大量明清历史文物被保存下来，从此可窥见徽州多彩多姿的历史文化。所以，自20世纪80年代以来，一个以徽州历史文化为研究对象的新学科——'徽学'（或称'徽州学'），才勃然兴起"❸。王钰欣、周绍泉也认为，徽学的研究对象为徽州历史文化，他们在其主编的《徽州千年契约文书》的《前言》中指出，"自徽州文书发现以来，一个以研究徽州历史文化为对象的新学科——徽学（又称'徽州学'）在学术界逐渐形成，并日益为国内外学者所瞩目"。❹ 赵华富在1993年发表的《论徽州学的研究对象和意义》一文中认为："徽州学是研究中国封建社会后期——特别是封建社会衰落时期，在徽州这个封闭、落后、贫困的山区出现的一种具有丰富性、辉煌性、独特性、典型性、全国性五大特点的徽州文化产生、繁荣、衰落的规律的学问。"❺ 1999年，赵华富在《两驿集》的《自序》中明确提出了"以徽州社会历史文化作为研究对象的徽学（又称'徽州学'）是一个极具学术研究价值的领域"❻。2004年，赵华富又发表了《论当代徽学》一文，进一步明确阐释了上述观点，指出："今天我们所谓的徽学，是利用历史文书档案和其他历史资料，研究宋代以来徽州社会、经济、文化发展变化规律，阐明徽州人在异地他乡的活动和徽州文化在周围地区的发展，探讨中国封建社会后期社会运动问题的

---

❶ 郑家琪. 徽州学的研究对象和学会的工作任务. 安徽省徽州学学会，徽州学丛刊（创刊号），1985（11）.

❷ 安徽省徽州学学会. 徽州学丛刊·发刊辞（创刊号），1985（11）.

❸ 叶显恩. 序一//姚邦藻. 徽州学概论. 北京：中国社会科学出版社，2000：2.

❹ 王钰欣，周绍泉. 徽州千年契约书（宋元明编）. 第1卷. 石家庄：花山文艺出版社，1993：1.

❺ 赵华富. 论徽州学的研究对象和意义//张脉贤. 徽学研究论文集（一），1994：21.

❻ 赵华富. 两驿集·自序. 黄山：黄山书社，1999：6.

学问。"❶ 栾成显也主张徽州历史文化说，他认为，"所谓徽学，乃是以徽州文书及徽州的历史文化为研究对象，以揭示中国封建社会后期的各方面社会实态和发展规律为研究目的的一门历史学科"。❷

二是徽州文化说。认为徽学即是徽州文化。张海鹏在《徽学漫议》一文中指出，"徽学即徽州学，或曰徽州文化。它是在原徽州（府）下属六县（歙、黟、休宁、祁门、绩溪、婺源）所出现的既有普遍性又有典型性并且具有一定学术含量的各种文化现象的整合。它根植于徽州本土，伸展于各地，即由'小徽州'和'大徽州'文化融合形成的内容丰富、品位较高的一座文化宝藏"。张海鹏进一步论述了徽学即徽州文化的范围、基因和催化剂，指出，徽学"包含了多种学科，属于地域文化。……中原文化在徽州的长期积淀，从而生成这一地域文化亦即'徽学'。同时，在社会历史演变过程中，又不断吸收融化了外界的文化'因子'，这更为徽学的形成加厚了底蕴。关于'徽学'发展的'催化剂'则是这一地域的商帮所创造的大量财富。……徽商的兴盛之日，也正是徽学发展之时"❸。显然，这里的徽州文化所指的范围系徽州的历史文化。

三是徽州社会史说。张海鹏、王廷元在其主编的《明清徽商资料选编》之《前言》中认为："近几十年来，国内外学者在致力研究徽州社会史的过程中，形成了一门具有地域特色的徽州学。它既说明徽州社会史值得研究，也反映对徽州社会史的研究已取得了一定的成果。"❹

四是徽州社会经济史说。早先持徽学研究对象为徽州社会经济史者不少，其中包括叶显恩、卞利等，但后来随着徽学研究的不断深入，更多的学者则强调，徽学在主要以徽州社会经济史为研究对象的同时，还要关注当地的社会历史与文化。目前，单纯主张徽学以徽州社会经济史为唯一研究对象的学者已经不多。正如叶显恩所指出那样，"在（20 世纪）80 年代中期，基于当时的情况，我曾提出徽学的研究对象是徽州社会经济史。重新审视，此说显然过于狭窄"❺。

---

❶ 赵华富. 论当代徽学. 安徽大学学报（哲学社会科学版），2004（5）；又见：朱万曙. 论徽学·下编. 合肥：安徽大学出版社，2004：27.

❷ 栾成显. 元末明初祁门谢氏家族及其遗存文书//赵华富. 国际徽学学术讨论会文集 1995. 黄山：黄山书社，1997：43.

❸ 张海鹏. 徽学漫议. 光明日报，2000-03-24.

❹ 张海鹏，王廷元. 明清徽商资料选编. 黄山：黄山书社，1985：2.

❺ 叶显恩. 序一//姚邦藻. 徽州学概论. 北京：中国社会科学出版社，2000：4.

五是徽州契约文书说。认为徽学研究对象是徽州契约文书的学者主要是基于徽学的形成主要在于徽州近百万件原始契约文书的发现。但是，徽学并不仅仅是以徽州契约文书为研究对象，这在目前的学术界业已形成了共识。因此，早先提出以徽州契约文书为研究对象的学者后来也纷纷改变了看法。

六是理念和学说的总和。随着徽学研究特别是徽学学科理论探讨的不断发展，对徽学概念的讨论也逐渐走向深入。张立文一改徽学为“徽州历史文化”或“地方史学”的看法，从哲学的高度，对徽学的研究对象和学科内涵进行了深刻的思考，他认为，“所谓徽学，是指以徽州社会、经济、文化、思想、艺术、科技、工艺等为研究对象的，具有徽州特色的一种理念和学说的总和。徽学作为‘学’它是一种能正确地、合理地呈现客观性社会历史文化的现实文化的系统和知识的学问、学理和学说。这种学问、学理和学说不仅是对历史文化等的平面的表象的叙述，而且必须是对历史文化等立体的透视，即其历史现实合理性的事实中所透露出来的一种理念、学说和精神。如果不做这一层研究，徽学也就不称其为徽学了”。[1]

七是徽州整体历史说。近年来，由于徽学研究领域范围广阔且意义非凡，人们逐渐认识到，单一强调徽学的研究对象已远远满足不了徽学研究发展的需要。因而，一些学者开始尝试着从整体史视野来审视徽学的研究对象和深刻内涵。唐力行发表于2004年的《徽学研究的对象、价值、内容与方法》，除对原载于《史林》1999年第3期的《徽州学研究的对象、价值、内容与方法》一文“徽州学”的提法进行更名和修订，将原文中所有“徽州学”的用词悉数更之为“徽学”之外，还从整体史角度对徽学的研究对象进行了界定，指出：“徽学是以徽州区域整体历史作为自己的研究对象的，因而举凡该区域曾经出现过的以及有人的活动所造成的经济、文化、社会等各种事物均属徽学研究的范畴。”[2] 卞利也认为，徽学在以徽州社会经济史为主要研究对象的同时，还要综合研究徽州的整体历史文化。卞利指出：“学科的研究对象是一门学科特定的研究方面、部分、环节或层面、过程和功能等，学科研究对象有唯一性和特定性。徽学研究对象应当是发生或根植于徽州社会的具有唯一性、典型性、代表性和特定性的历史事象。……徽学主要是以徽州社会经济史特别是明清社会经济史研究为主体，综合研究徽州整体历史文化以及徽人

[1] 张立文. 徽学的界定及其研究方法. 光明日报，2000-09-12.

[2] 唐力行. 徽学研究的对象、价值、内容与方法//朱万曙. 论徽学·下编. 合肥：安徽大学出版社，2004：72.

在外地活动的一门新兴学科。”❶

客观地说，作为一门新兴的学科或学术研究领域，徽学研究对象有一个逐渐被人们讨论、认识和接受的过程。徽学研究对象的讨论和分歧，并不是徽学作为一门独立学科或研究领域不能成立的理由，相反，它恰恰表明徽学研究的发展和繁荣，表明徽学作为一门独立学科或研究领域有着无限的发展前景。随着徽学研究的不断深入和发展，关于徽学研究对象的争论可能还会长久地继续下去，分歧也依然在所难免。因为只有通过讨论和争鸣，才能得到提高，才能最终达成共识，并促使徽学这门新兴的学科真正走向成熟和完善。

三、徽学的学科性质

徽学作为一门新兴的学科或专门研究领域，在最初被提出来时，其学科性质基本是没有争议的，即绝大多数学者认为徽学的学科性质为历史学。至于分歧的焦点，主要是其属于历史学中的具体分支和归属问题，即徽学属于历史学中的中国古代史、地方史还是专门史的研究领域问题。

近年来，在徽学研究繁荣和研究队伍扩大的背景下，关于徽学的学科性质及学科归属问题也出现了一个新的说法，那就是徽学不是属于历史学，而是属于综合学科。

（一）徽学作为历史学学科性质的分歧

无论是主张徽学研究对象是徽州历史文化、社会史、社会经济史、契约文书，还是徽州整体历史，其研究的主要区域还是徽州，或者说是与徽州有关的人和事。“徽州，是徽学研究对象中最本质的东西，是徽学赖以存在的命脉。离开徽州，徽学必将丧其命。……徽州是徽学的灵魂，离开徽州，徽学必将丢其魂。”❷ 那么，徽州的区域史是不是等同于徽州的地方史？徽学的性质是区域史学还是地方史学呢？

较早明确提出徽学或徽州学为地方史学的是王德琪，他在安徽省徽州学学会成立时的讲话中提出，“徽州不仅以秀丽的山水吸引着海内外游客，而且以其灿烂的历史文化受到国内外学者的瞩目，形成了一门以徽州历史文化为

---

❶ 卞利. 唯物史观与徽学研究的发展. 合肥学院学报（社会科学版），2004（3）.

❷ 汪柏树. 徽学与徽州//朱万曙. 论徽学·下编. 合肥：安徽大学出版社，2004：143-144.

研究对象的地方史学——徽学”[1]。张脉贤在为《徽学研究论文集》所撰写的代前言《迎接徽学研究新时代》一文中，也提出了徽学是地方学的观点。他指出，“作为与久负盛名的敦煌学、藏学齐名的中国三大地方学之一的徽学，半个世纪以来，一直引人注目”[2]。刘伯山进一步强调了作为徽学系地方学的观点，他指出：“徽州文化是一个极具地方特色的区域文化，其内容广博、深邃，有整体系列性等特点。徽州文化深切透露了东方社会与文化之迹，全息包容了中国后期封建社会民间经济、社会、生活与文化的基本内容，被誉为是后期中国封建社会的典型标本。学术界对其的研究，至少经历了大半个世纪，20世纪80年代以后更趋火热，逐渐形成了一门相对独立的地方学——徽学，被誉为是并列于敦煌学和藏学的中国三大走向世界的地方显学之一。”[3]

事实上，徽学的研究对象的确离不开“小徽州”和“大徽州”这一空间地域的范畴，但徽学研究对象是不是就是徽州地方史？徽学是不是就是地方学呢？对此，绝大部分学者是不赞同的。事实上，早在1987年，郑力民就从多个方面论述了徽（州）学和徽州史志的区别与联系，认为徽（州）学不是徽州史，徽（州）学不是地方学的问题。[4]针对把徽学与敦煌学、藏学并列，称为“三大地方显学”的观点，栾成显专门撰写《徽学的界定与构建》一文，对其进行商榷，指出：“藏学、敦煌学、徽学虽都以地名学，其研究对象也都有一定的区域性限制，但它们的内涵却远远超出地方学的范畴，显然皆不宜成为地方学。如果徽学仅仅是一种地方学，仅是阐释徽州地方历史文化的一门学问，那么它的研究价值就很有限了。如同甲骨学、简帛学、敦煌学等对说明其同时期的历史文化都有重大价值一样，徽学在阐释整个明清历史文化乃至中国传统方面亦有特殊的重要价值，我们应努力将它发掘出来，而不能埋没它。这正是徽学研究的一个根本宗旨。”[5]随后，栾成显又在《再论徽学的界定与构建》一文中，系统阐释敦煌学和藏学的性质，并重申“敦煌学、藏学都不是将自己称作地方学的，而是定为‘一门综合学科’。所谓‘三大地方显学’，只是某些徽学研究者中间的一种流行说法而已，并无什么根据”[6]。陈学文则更是明确地指出，“徽学亦称徽州学，它不是地方史学、地

---

[1] 歙县县委常委王德琪同志讲话．安徽省徽州学学会．徽州学丛刊（创刊号），1985（11）．

[2] 张脉贤．迎接徽学研究新时代//张脉贤．徽学研究论文集，皖内部图书94-058号：1．

[3] 刘伯山．全面观照中国后期封建社会的徽州文化．探索与争鸣，1997（11）．

[4] 郑力民．谈徽州建设的有关问题．徽州学丛刊（总第二辑），1987（12）．

[5] 栾成显．徽学的界定与构建．探索与争鸣，2004（7）．

[6] 栾成显．再论徽学的界定与构建//朱万曙．论徽学·下编．合肥：安徽大学出版社，2004：17．

域文化学，不是以徽州文书为中心的历史文化学或历史文献学，也不是徽州社会经济史。徽学是以徽州为中心，积淀和融汇于徽州土地上的中华传统文化之精华。既是区域文化，也是中华文化"❶。

显然，在徽州历史发展的长河中，由于徽州传统居民山越人在三国时被孙吴征服以后，随着中原地区动乱的加剧，自东汉末年至西晋永嘉之乱以来，历经唐末黄巢领导农民大起义和随后的两宋之际，大批中原地区的世家大族为躲避战乱和兵燹，纷纷携家挈口，向南方迁移，其中不少最后来到了历来鲜罹兵火、相对封闭的徽州山区，生息繁衍，逐步开发了徽州，使徽州山区走向了经济富裕、社会稳定和教育文化昌盛的局面。南宋以来特别是明代中叶，徽州教育和科第的兴盛，宗族社会的繁荣，徽商的异军突起，形成了商人、宗族、社会、经济与文化互动的局面，"山峭水厉，燹火弗惊。巨室名族，或晋唐封勋，或宦游宣化，览形胜而居者，恒多也。其故家遗俗、流风善政，宛然具在。以言乎派，则如江淮河汉，汪汪千顷，会于海而不乱；以言乎宗，则如泰华之松，枝叶繁茂，归一本而无二；言乎世次，则尊卑有定，族居则闾阎辐辏，商贾则云河通津；言乎才德，则或信义征于乡闾，或友爱达于中外，或恬退著述，或忠孝赫烈。至于州里之镇定，六州之保障，诸儒之大成，宗庙血食，千载不磨"❷。徽州显然已成为明清时代中国封建社会经济与文化发展的典范，因此，徽学研究虽然立足于徽州的空间区域，但其意义已远远超过了徽州区域的界限，尤其是徽商经营遍天下，形成"无徽不成镇"❸之局面，以及20世纪40年代后期以来近百万件自南宋至民国各类原始契约文书、1000种文献和近12000处地面文化遗存等，为我们开展徽学研究提供了最为坚实的资料支撑，它使我们通过徽州区域的社会、经济、思想、文化、学术和科技等的研究，进而深化对中国封建社会后期社会、经济和文化等的认识成为可能。因此，徽学研究的任务显然非徽州地方史学所能承担，徽学研究的性质亦非徽州地方学，更遑论敦煌学与藏学从未称自身为地方学。徽学实际上是以更宏大的学科背景、更广阔的学术视野，从整体史的角度，来考量和审视中国封建社会后期社会经济、历史与文化发展的典型范本。

（二）徽学作为综合学科观点的提出

1999年12月底，安徽大学徽学研究中心作为综合学科研究机构，被教育

---

❶ 陈学文. 徽商与徽学. 北京：方志出版社，2003：101.

❷ 新安名族志：卷首《胡晓序》. 明嘉靖刻本.

❸ 歙县志：卷1《舆地志・风土》. 民国二十六年铅印本.

部列为首批人文社会科学重点研究基地，标志着作为一门新兴学科的徽学得到了国家的确认。以此为契机，徽学研究也驶入迅速发展的快车道。与此同时，以往关于徽学学科性质是历史学中的地方史还是专门史，抑或中国古代史的争论，也开始转变成为是历史学还是综合学科性质的争论，而且，综合学科的性质大有取代历史学科性质而后来居上的趋势。

事实上，关于徽学作为综合学科的性质，早在20世纪八九十年代，学界即有人提出。1985年创刊的《徽州学丛刊》的《发刊辞》就已明确提出“徽州学就是一门专以徽州历史为研究对象的综合学科”[1]。1987年，郑力民在《谈徽州学建设的有关问题》一文中也指出，徽州学“不是单一的学科，而是综合性的学科”[2]。进入21世纪后，关于徽学为综合学科性质的观点明显增多。朱万曙在安徽大学徽学研究中心创办的《徽学》（2000年卷）的《发刊词》中，认为：徽学“是以大量的徽州文献与文书以及文化遗存为基础的，以历史上的徽州文化为主要研究对象，并进而认识中国传统文化的综合学科”[3]。黄德宽指出，由于研究范围的广泛性，徽学才因此形成一门综合性学科。[4]

在徽学研究新资料的不断公布、研究领域逐渐深入拓展的情况下，原先主张徽学为历史学科性质的一些学者逐渐转变了看法。认为徽学为社会经济史说的叶显恩，就在21世纪之初，对原来的观点进行了深刻反思和重新修正，认为徽学“是一个有张力的、弹性的概念，往往根据不同的时期、不同的条件以及学者自身的视角与理解，做出概述。一般地说，总是从简到繁，从粗糙到精细，且不断地扩大范围。在（20世纪）80年代中期，基于当时的情况，我曾提出徽学的研究对象是徽州社会经济史。重新审视，此说显然过于狭窄，当时是从自身专业的角度考虑的。近日，徽学界的同人主张对徽学的研究对象加以扩展，是完全必要的。徽学是一个千秋万代的事业，随着文物和文献资料发掘的增多，认识水平的提高和思维方式的变化，未来徽学的含义必将更加扩展，必将包含更多新的内容。一门学科，需要日新而日日新，这是学术的生机所在。因循守旧，囿于陈说而故步自封，必将僵化而终归消亡”[5]。栾成显也一改徽学为历史学科的传统看法，转而在《徽学的界定与构建》一文中，对徽学的研究对象和学科性质进行了界定，提出“徽学是以徽

[1] 安徽省徽州学学会. 徽州学丛刊·发刊辞（创刊号），1985（11）.
[2] 郑力民. 谈徽州建设的有关问题. 徽州学丛刊（总第二辑），1987（12）.
[3] 朱万曙. 徽学·发刊词. 合肥：安徽大学出版社，2001.
[4] 黄德宽. 徽学研究的学术价值和现实意义. 光明日报，2001-05-22.
[5] 叶显恩. 序一//姚邦藻. 徽州学概论. 北京：中国社会科学出版社，2000：4.

州文书档案、徽州典籍文献、徽州文化遗存为基本资料，以徽州历史文化为对象，进而研究中国传统文化的一门综合性学科”❶。刘伯山也修正了自己的观点，在《徽学研究的多学科价值》一文中，提出了徽学“不仅仅是一门地方学，也不仅仅是属于历史学”，而是属于“一门综合性学科”的新看法。❷王振忠基于新发现的徽州文书和徽学研究繁荣的现状，也提出了徽学“由以传统历史学领域中的明清社会经济史范畴转变而为一门全方位综合性的独立学科”的观点。❸

（三）徽学应归属于历史学科

那么，徽学作为一门综合学科是否就成为定论了呢？回答是否定的。赵华富始终坚持徽学是历史学科的观点，他在《论当代徽学》一文中，进一步从历史上的徽学与当代徽学的区别与联系的视角，系统深入地论证了徽学属于历史学科而不是综合学科的观点。他指出，“徽学的主体是徽州的社会史、经济史、文化史，是历史上徽州人在异地他乡的活动和徽州文化在周围地区的发展。徽学研究的领域——哪一门不属于历史学？当然，徽州的社会史研究又属于社会学，经济史研究又属于经济学，法制史研究又属于法学，文化史研究又属于文化学，哲学史研究又属于哲学，艺术史研究又属于艺术学，科技史研究又属于自然科学，工艺史研究又属于工艺学，文学史研究又属于文学。但是，徽学不属于这些学科，因为这些学科研究的不但只是徽学的个别子目，更重要的是这些研究都不是这些学科研究的主体。我们认为，就徽学研究的总体而言，徽学属于历史学科；就徽学研究的子目而言，所属学科具有二重性或三重性。这些观点与徽学是一门综合学科不同，是不言而喻的。”他进一步反问到：“世界史学科定位同样具有这个特点，中国史学科定位也同样存在这一问题，因此，难道说世界史和中国史都不属于历史学科而是综合学科吗？”❹

的确，作为一门新兴的学科，徽学从萌芽到产生、形成和繁荣发展，不过仅仅经历区区不到百年的时间。因此，对徽学这门学科的归属和性质引起争论和发生分歧是不足为怪的，是十分正常的。无论是将徽学定位为历史学

❶ 栾成显．徽学的界定与构建．探索与争鸣，2004（7）．
❷ 刘伯山．徽学研究的多学科价值．探索与争鸣，2004（7）．
❸ 王振忠．新发现的徽州文书与徽学研究的新进展．探索与争鸣，2004（12）．
❹ 赵华富．论当代徽学．安徽大学学报（哲学社会科学版），2004（5）．

科还是综合学科的范畴，都有一定的道理。把徽学定为综合学科的理由，不外乎是由于徽学所研究的对象和领域具有跨学科的综合性等特点，即徽学不仅研究徽州整体历史文化、社会经济、教育科技、思想文化、文学艺术，而且还要研究徽州的现实，如徽州历史文化遗产的保护与开发等问题。但是，我们认为，研究领域广泛并不足以构成和说明徽学是综合学科的理由。事实上，历史学无论是中国史还是世界史，其所研究的领域都极为广泛，举凡历史上的王朝兴衰、制度变迁、经济发展、社会生活、人口迁移、思想文化、科学技术和军事战争等，都在历史学的研究范围之列。历史学的这一性质和特点，决定了其研究对象和领域是极为广阔的，确实带有很强的综合性特点。但仅凭这点理由，我们难道就据以判定中国史或世界史为综合学科而不是历史学科吗？回答是否定的。对此，马克思主义经典作家早就指出，“我们仅仅知道一门唯一的科学，即历史科学。历史可以从两个方面来考察，可以把它划分为自然史和人类史”❶。既然徽学主要研究的核心是以徽州社会经济史特别是明清社会经济史为主体的整体徽州历史文化，其构成一门独立学科的基础也是近百万件自南宋至民国各类原始契约文书，那么，徽学的学科性质当然也只能属于历史学。客观地说，徽学研究的领域和范围极为广阔，这是事实。同传统的历史学科一样，徽学也的确具有很强的综合性，但具有综合性的特点并不能说明徽学本身就是综合学科。正如我们不能把历史学科说成是综合学科一样，徽学同样不能因为其研究领域具有综合性特点而被界定为综合学科。显然，徽学研究的历史表明，徽学是历史学的一个学科分支，其具体的二级学科归属应当属于历史学中的专门史范畴。

徽学是20世纪新兴的学科和专门的研究领域，徽州是中国区域文化发展的杰出代表。如何科学地确定徽学的研究对象，定位其学科性质研究，不仅关系到徽学可持续发展问题，而且还直接涉及区域学和中国区域文化研究理论与范式问题，是徽学融入全球化视野，与国际接轨、开展国际交流合作和构建徽学学科平台的重要基石。因此，对徽学研究对象和学科性质进行系统探讨和研究，并以整体史的视野，构建严密、科学的徽学研究理论体系，是徽学健康发展的基本前提。因此，我们认为，徽学是一门以历史学科为主体、多学科交叉的专门学科或研究领域。

❶ 马克思，恩格斯．德意志意识形态//马克思恩格斯全集：第3卷．北京：人民出版社，1957：20.

关于地方学课题设立的思考
——以鄂尔多斯学为例

包海山*

摘　要： 课题研究是学科建设的重要内容和具体路径。可以说，跨多学科、多行业、多领域的地方学学科知识体系，是通过一个个具体的课题研究来构建的。因此，鄂尔多斯学学科知识体系的构建，注重在一个基本框架和综合系统内，有规划、分阶段、按步骤来设立和开展具体课题研究。例如，我们近期开展和推进的“鄂尔多斯传奇故事”“中国地方学研究理论与实践调查报告”“中国学视野下的地方学研究”三个课题，就是在一个更大的系统内，把鄂尔多斯学、中国地方学以及中国学，作为具有千丝万缕的内在必然联系的一个有机整体，通过具体的课题研究，来促进中国地方学研究的协同发展，努力达到中国学学科知识体系的同创共享境界。

关键词： 跨学科；系统性；地方学；课题研究；学科建设；本质规律

Abstract: Research Projects are important contents and tangible pathway in construction and development of a subject. It can be safely said that the knowledge system of local studies featuring multiple subjects, industries and fields is set up by the accumulation of specific research projects. Therefore, the formation of knowledge system of Ordos Studies as a subject should focus on the establishment and execution of specific research projects within a basic framework and a comprehen-

---

* 作者简介：包海山（1960—），男，蒙古族，鄂尔多斯学研究会副会长、专家委员会副主任兼秘书长，草野思想库理事会副理事长、草根网团体博客“地方学研究”负责人。主要致力于鄂尔多斯学研究。

sive system in a phase-by-phase, step-by-step manner according to specific plans. For instance, the three research projects, namely Legends in Ordos, Investigation Report on Theory and Practice of Local Studies in China and Local Studies under the Perspective of China Studies, put Ordos Studies, Local Studies in China and China Studies into a larger system and become an intertwined integrated system. Specific research projects contribute to the coordinated development of Local Studies in China so as to create a shared atmosphere for the knowledge system for China Studies as a subject.

Key Words: Interdisciplinary; Systematic; Local Studies; Research Projects; Subject Construction; Innate Laws

一般事物的发展过程都可以分为不同层次、不同阶段。对于一个地方或一个城市来说，地方学或城市学是一个系统性的学科知识体系；而对于一个区域或城市群的一体化融合发展来说，地方学或城市学不再是一个独立的体系，而是一个更大系统的组成部分。

学者认为，文化交融是不同学科所依托的文化背景之间的相互渗透与融合，是一个更深、更广的过程，是跨学科研究的终极目标。也有学者认为："去学科"是跨学科的高境界。跨学科还是基于学科的基础之上，它难以超越学科的界限，进入无学科的反结构或共融状态，去探索事物的深层规律而不是关心新学科的建立。事物的存在本身是以其内在规则而不是学科划分为依据的，而我们的学科划分多是依据事物的表面现象进行的，不论"政治""经济""历史""人类"还是"社会"。这个意义上的跨学科，仍然是跨现象的学科，是表面事物的学科。其实，现象后面的规律探索（包括"问题"意识）才是超越性的，才可能是真正"去学科"的。

从总的发展趋势来看，随着道生万物，人类为了细化、深入研究万物而出现万种学科；而随着人类意识到万物都遵循在本质上是同一的客观规律即万物都道法自然，科学文化也会与此相适应，不断消除各种独立学科自我限定的界限即去学科，在一个巨系统内形成一个新的有机整体。正是为了顺应这种学科建设与去学科的必然发展趋势，我们把"鄂尔多斯传奇故事""中国地方学研究理论与实践调查报告""中国学视野下的地方学研究"三个课题，作为一个系统工程来有序整体推进。

一、鄂尔多斯传奇故事

地方学是在地方文化研究基础上达到学术层次的知识体系，因此，研究当地文化，讲好当地故事，是构建地方学的基础。从2017年2月8日开始，连续50多天，笔者在草根网等网络媒体刊发了《讲好鄂尔多斯传奇故事》初稿的42篇博文，引起一定的社会关注，今日头条、今日看点、一点资讯、经典语录网、搜狐公众平台、腾讯网微信等网络媒体推荐了部分博文。我们希望鄂尔多斯学研究，不只是完成之后举行首发式、书评会之类，而是在研究的全过程中都有更多的互动交流，随时得到不断提高的机会；希望研究课题公开透明，研究内容理论联系实际，研究成果与更多感兴趣、有需要的人们同创共享，成为鄂尔多斯学研究的一种新常态。

从地方学研究的角度讲好当地故事，这是一种新的尝试。内蒙古文联原主席、鄂尔多斯学研究专家阿云嘎，在《讲好鄂尔多斯传奇故事·序》中总结了这部书的三个特点：一是视野开阔；二是材料丰富；三是学术性强。他认为，这部书的阐述是在一个相当广阔的时空背景下展开的，其描述也是相当的波澜壮阔。作者对鄂尔多斯市文化的描述不是单一和平面的，而是带有立体感，而这种立体感体现的就是历史发展的迂回曲折和复杂性。要写出历史发展的复杂性，就必须掌握丰富的历史素材。这部书的叙述不是历史事件和现象的罗列，而是作者在叙述中努力用一些学术观点去进行阐释。所以就带出了新意，也带出了深度。将一些“学”“观”“理论”融会贯通成为一个大的体系，并以此来阐述鄂尔多斯文化，那就需要付出艰辛的努力。从书中我们确实可以看到这样的努力。

《讲好鄂尔多斯传奇故事》主要包括两个部分。第一部分是鄂尔多斯文化故事，讲三个方面的内容：一是从鄂尔多斯地域角度讲自然生态环境与人文历史文化，即“鄂尔多斯”是什么意思、鄂尔多斯自然环境概况、鄂尔多斯自然生态文化、鄂尔多斯能源文化、鄂尔多斯人文历史文化、鄂尔多斯地区的秦长城与秦直道、阿尔寨石窟与迪雅恩庙、鄂尔多斯蒙古族文化；二是蒙古族文化，即蒙古族与西夏的灭亡和回族的形成、蒙古族游牧文化、蒙古族城市文明、蒙古族商业文明、蒙古族宗教文化英雄崇拜科学信仰、蒙古族歌唱艺术；三是蒙古族鄂尔多斯文化，即蒙古族鄂尔多斯文化、鄂尔多斯与成吉思汗文化、鄂尔多斯与草原丝绸之路、鄂尔多斯非物质文化遗产。第二部分是鄂尔多斯学研究的故事，主要围绕学科知识体系的构建与应用这个主线，讲三个方面的内容：一是讲取得了什么成果，即鄂尔多斯学及其研究会、鄂尔多斯大辞典、鄂尔多斯学概论、比较研究与集成创新、藏传佛教调研西藏行收获；二是对鄂尔多斯学研究的理解，即鄂尔多斯学研究的核心内容、鄂尔多斯学研究的两个抓手、艺术瑰宝唐诗宋词元曲、不同时代人类智慧结晶、鄂尔多斯学学科建设与去学科、对中华优秀传统文化的理解、对中国学构建与应用的预测；三是正在做什么和继续做什么，即走进网络、走进大学、走进基层、讲好鄂尔多斯传奇故事、唱响鄂尔多斯经典民歌、中国地方学研究理论与实践、中国学视野下的地方学研究、鄂尔多斯学与中国地方学研究、鄂尔多斯学与草野思想库、草根网“地方学研究”、草野思想库“三地论坛”、鄂尔多斯学研究与应用愿景。总之，在鄂尔多斯，曾经留下了什么，我们应该深入挖掘，应该传承保护；然而，更为重要的是看将会出现什么，特别是由于我们的努力而出现什么，这才是构建和应用鄂尔多斯学学科知识体系的主要目的、意义和价值所在。

包括地域文化、民族文化、城市文化的鄂尔多斯文化很神奇，而把这些文化融为一体，构建综合性、系统性的新的学科知识体系更神奇，这将是鄂尔多斯文化发展中最艰巨、最长久、最宏大的系统工程。鄂尔多斯文化以及鄂尔多斯学研究有个性，也有共性。从宗教文化的角度来看，在蒙元时期，成吉思汗把道学作为“仙命”来虔诚地遵从，忽必烈则是把佛教确立为国教。从商业文明的角度来看，游牧民族最先发展了货币形式，蒙古民族最先使纸币成为主体货币，奠定了资本产生的历史前提；而资本和劳动的关系成为现代全部社会体系所赖以旋转的轴心时，马克思对资本和劳动的关系第一次做了科学的说明。这些都是非常奇特的文化现象，而穿越时空，找到它们之间的内在必然联系，就能够构建新的学科知识体系。

自然法则是本体论层次上的客观存在，人们不能创造和改变它；而在不同层次上，从不同角度发现、认识、揭示、遵循自然法则所形成的各种科学文化，是认识论层次上的不同表现形式。近年来，我们进行老子道学、成吉思汗文化、马克思理论比较研究与集成创新研究，非常清晰地意识到，他们的学说、文化、理论之所以成为人类智慧结晶，共同的一点、也是最根本的一点，就是揭示和反映了自然法则；而自然法则对任何人、任何地方来说都是相同的客观存在，它在无形中决定人的命运并且支配事物的发展变化，因此我们把自然法则作为鄂尔多斯学研究的一个核心内容，是学科建设的根基。

在生产力和生产关系具有资本属性的历史条件下，一方面遵循自然法则来提高人们的基本素质和综合能力，另一方面应用资本的运作规律来创造更多的社会财富，这是鄂尔多斯学研究的两个抓手。这是我们讲好鄂尔多斯新的传奇故事的主要内容。

二、中国地方学研究理论与实践调查报告

近年来，鄂尔多斯学研究会与全国各地的地方学研究团体保持着密切联系，积极参与和组织有关学术交流活动。例如，我们去参加的有：温州学“区域文化研究与地方学建设”学术研讨会、泉州学“走向世界的地方学研究”学术研讨会、广州学“广州学与城市学地方学”学术报告会、扬州学“城市的变迁——2015年中国地方学”学术研讨会、杭州国际城市学“中国城市学年会”、晋学“晋学国际学术研讨会”、北京学“中日韩地方学研究理论与实践”学术研讨会等。我们也组织并邀请全国各地方学专家学者参加学术研讨会，会后编辑出版文集《地方学与鄂尔多斯发展研讨会专辑》《论地方学建设与发展——中国地方学建设与发展研讨会文集》《地方学的应用与创新座谈会专辑》等。

2016年8月，由北京学研究基地与中国地方学研究联席会共同举办“中日韩地方学研究理论与实践学术研讨会”，来自中日韩三国各地方学机构的80多位专家学者与会，国务院新闻办公室网站、中国社会科学网、环球网等做了报道。会后，与会者普遍意识到地方学研究协同发展的必要性、必然性，应该以具体的课题项目，来共同促进中国地方学研究进入有实质性合作内容的协同发展阶段。每个地方学都既要立足当地，探寻特色，细化研究；又要跳出地方看地方，研究普遍规律。那么，各个地方学能不能跳到某一高度形成合作机制，共建地方学研究的“空间站”？这是值得每个地方学研究团体深入思考的问题。每个地方学都是跨学科、综合性、系统性的学科知识体系，而各个地方学所跨的经济学、社会学、生态学等又是相对完整的学科体系，因此各个地方学之间的跨学科研究就成为一种必然，而且是彼此联系、相互借鉴、整合资源、开拓市场的有效纽带和具体路径。我们应该寻找共性，从共同感兴趣、有必要合作研究的课题着手。

促进中国地方学研究协同发展，主要是由各地方学研究团体自愿提出课题研究项目，经联席会成员讨论、评估，每年确定一两个项目，之后感兴趣

的团体共同参与课题研究，同创共享研究成果。首次由鄂尔多斯学研究会提出两个课题项目：一是中国地方学研究理论与实践调查报告；二是中国学视野下的地方学研究。课题研究项目，由有关团体自愿参与，具体由鄂尔多斯学研究会组织实施。

2016 年，由鄂尔多斯学研究会与中国地方学研究联席会、草野思想库理事会，共同在学术性网站草根网建立团体博客“地方学研究”。一年多来刊载文章 800 多篇，包括北京学、晋学、桂学、徽学、敦煌学、西夏学、广州学、杭州学、成都学、鄂尔多斯学、泉州学、扬州学、温州学等 40 多个地方学和民族学研究成果和相关信息，为全面了解中国地方学研究概况奠定了基础。

2017 年 9 月，鄂尔多斯学研究会举办成立 15 周年庆典暨学术研讨会，会后编辑出版《中国地方学研究理论与实践调查报告》。调查报告主要包括四个方面的内容：①精选部分有代表性、在全国具有影响力的地方学研究机构，各自撰写概况，重点是学科建设与社会实践方面，以及最新学术成果与动态等内容。②精选部分有代表性、在全区、全国具有影响力的地方文化研究机构，各自写概况，重点是文化研究与服务社会方面的内容。③除了各自撰写之外，根据有关报刊、书籍以及网上资料，再选择 30 家左右地方学、民族学研究机构，简要介绍概况、特点等。④根据所收集的约 60 个研究机构的相关资料，综合性研究地方文化特色、地方文化与地方学研究之间的关系，以及地方学的产生原因、主要特点、发展趋势等，努力揭示内在基本规律。

之所以出现很多跨学科的地方学研究，是因为科学研究已经进入跨学科行动这样一种大科学时代；换句话说，当进入跨学科行动这样一种大科学时代，对于每个地方来说，把新的跨学科知识体系称为地方学似乎更恰当一些。系统性也有大小之分，有城市系统、区域系统、国家系统、国际系统等，而且总有一个巨系统包含了所有的系统。对于地方来说，地方学是系统性知识体系；而对于中国来说，中国学是系统性知识体系。各个地方学融合发展为中国学，这是必然的发展趋势。在这个发展过程中，地方学的协同发展是重要的发展阶段，是学科建设融合发展的重要环节。例如，粤港澳大湾区城市群包括广州、深圳、珠海、佛山、惠州、东莞、中山、江门、肇庆 9 市以及香港、澳门两个特别行政区。其中，广州、香港、澳门都有系统性的城市学或地方学，即广州学、香港学、澳门学。然而，任何事物都是相对而言的。对于粤港澳大湾区城市群一体化融合发展来说，广州学、香港学、澳门学就不再具有独立的系统性，而是一个更大系统的组成部分；而对于岭南来说，粤港澳、广西、海南也只是其中的组成部分。地方学的协同发展、融合发展，是由研究对象本身的一体化融合发展所决定的。顺应这种发展规律，由鄂尔多斯学研究会主持，各地方学研究机构合作，共同完成“中国地方学研究理论与实践调查报告”，显得非常有必要。

三、中国学视野下的地方学研究

相对来说，“中国地方学研究理论与实践调查报告”侧重的是平行的比较研究，而“中国学视野下的地方学研究”注重的是整体与局部的关系。

目前，中国学主要有国外中国学和本土中国学。顺应知识大融通、智慧大融合的必然趋势，国外的“汉学”较快升级为“中国学”，英国、法国、德国、俄罗斯、美国、日本、韩国等很多国家都有“中国学”。据有关资料，欧盟委员会已经注意到欧洲中国学研究的分散状况，正着手研究相关框架协议，来促进欧洲各地机构的相互合作。在欧盟“伊拉斯谟”项目中，就专门设有一定的基金供各成员国研究中国学的学者们相互访学和交流，另外欧盟委员会正尝试建立中国与欧盟之间的学术网络。

对于国外中国学，我国有关部门也高度重视，成立了专门的研究机构。上海社会科学院世界中国学研究所（以下简称“中国学所”）依托世界中国学论坛而建立。2004 年，在上海市委、市政府的领导下，上海社会科学院成功举办了首届世界中国学论坛。自 2010 年起，论坛由国务院新闻办公室和上海市政府联合主办，由此升格为国家级学术交流平台。为推动论坛朝长期化、机制化、高端化方向发展，中国学所于 2012 年 3 月正式成立。中国学所在整理和吸收海外中国研究最新成果的基础上，将协助加强中国学的学科建设，并发挥建言资政的智库功能。

当然，不管世界各国的中国学是什么样子，也不管什么人研究中国学，中国本身该是什么样就是什么样。我们确信，中国学的构建，最终还是主要靠中国人，本土中国学将会成为中国学的主体。上海社科院院长王战教授的《历史与未来，中国学视角下的上海》，四川大学中国学中心副主任何一民教授认为“构建中国本土的中国学，是时代的呼唤”，并著有《成都学概论》。他们把中国学与地方、地方学联系起来，给我们很多有益的启示。作为中国地方学研究者，我们应该有更多的担当，应该通过互动交流与协同发展来发挥更大的作用，促进国内的“国学”“地方学”也升级和整合为“中国学”。

随着中国成为世界第一大经济体，随着中国文化成为引导人类社会发展的重要力量，世界各国的中国学也会不断发展，而本土中国学学科知识体系的构建，将会成为中国学的主体。这是时代的呼唤，也是历史的必然。

中国是中国的各个地方组成的，中国学也会由中国的各个地方学组成。2015 年，在中国地方学研究联席会成立 10 周年之际，联席会主席方负责人张宝秀在“地方学应用与创新”座谈会总结讲话中认为：相对于国际上来说，中国开展地方学研究还是比较多、比较深入的。国内外的合作，有必要进一步推进，国外好多地方在研究中国学，我们要让他们知道“中国学”是很丰富的，其中应该包括各地的地方学。中国地方学研究很活跃，现在国际上还没有地方学这个专门词汇。英语就是一个交流工具，是一种国际语言，将地方学这个词翻译成英文，就是要向外宣传、要让中国地方学走出去。晋学研究中心教授张有智、吉淑娟在谈到“地方学之展望”时说：中国学与地方学有着紧密联系，是共性与个性的关系。中国学好比森林，地方学好比树木。在研究时，不能只见树木不见森林或只见森林不见树木，形成片面研究的局面。中国学研究由来已久，有狭义和广义之分。从广义讲是对整个中国历史发展中所产生的物质文化和精神文化的综合研究，这和地方学概念有相似之处。地方学是中国学的个性部分，对中国学的研究不能脱离地方学研究。从古至今，我国众多地方之间不断进行物质文化交流碰撞，才逐渐形成如今的中国学，形成国人共同认可的文化。研究地方学，可以发现其个性独特的地域文化，丰富和弥补中国学研究的内容。可见地方学研究在中国学研究中占有举足轻重的地位。

中国学包括哲学、社会科学和自然科学。习近平主席在哲学社会科学工作座谈会的讲话中指出：“中国特色哲学社会科学应该涵盖历史、经济、政治、文化、社会、生态、军事、党建等各领域，囊括传统学科、新兴学科、前沿学科、交叉学科、冷门学科等诸多学科”；“要按照立足中国、借鉴国外，挖掘历史、把握当代，关怀人类、面向未来的思路，着力构建中国特色哲学社会科学，在指导思想、学科体系、学术体系、话语体系等方面充分体现中国特色、中国风格、中国气派”。我们可以把这种具有中国特色的学科体系理解为“中国学”。

笔者认为，研究中国学最重要的有两点：一是中国文化之根，如中国文豪鲁迅、英国科学家李约瑟都认为“中国文化之根在于道家”。准确地说，中国文化之根就在于老子道学所揭示的“道”即自然法则。道学所揭示的自然法则，不仅是中国文化之根，其实也是世界文化之根。如果把人类文化比作一棵大树，那么世界各地文化是各具特色的枝干和树叶，而树根则是相同的。对于中国学视野下的地方学研究来说，中国和各个地方有相同的文化之根，理解这一点非常重要。二是指导我们中国人思想的理论基础，那就是马克思主义，这“是当代中国哲学社会科学区别于其他哲学社会科学的根本标志”。资本的条件是雇佣劳动，雇佣劳动的实质就是使人的劳动本质变成一种商品。我们就是要逐渐把劳动力从商品地位解放出来，还原人类世界和自然界本身是无价之宝的自然属性，实现人的全面而自由的发展，而“自由就在于根据对自然界的必然性的认识来支配我们自己和外部自然”，是“那种同已被认识的自然规律和谐一致的生活”。马克思认为：“劳动的解放既不是一个地方的问题，也不是一个国家的问题，而是涉及存在现代社会的一切国家的社会问题，它的解决有赖于最先进各国在实践上和理论上的合作。”正是面对同样的社会现实问题，正是这种理论和实践的合作，将会使中国地方学协同发展为中国学，而且使本土中国学与国外中国学也融为一体。

总之，我们把三个课题作为一个系统工程来有序推进，是因为意识到，鄂尔多斯学及其他各个地方学乃至中国学，都有相同的文化之根，所研究探讨的对象原本就是融合发展的一个有机整体。

参考文献

[1] 鄂尔多斯学研究会. 地方学的应用与创新座谈会专辑 [C]. 2015.

[2] 奇朝鲁. 论地方学建设与发展——中国地方学建设与发展研讨会文集 [C]. 呼和浩特：内蒙古人民出版社，2014：3.

[3] 包海山. 比较研究与集成创新：鄂尔多斯学学科建设探索 [M]. 北京：九州出版社，2015：5.

从鄂尔多斯学的治学历程看地方学研究团体交流与联合的必要性

潘　洁*

摘　要：作者立足内蒙古鄂尔多斯学研究会，历数中国地方学研究联席会建立、发展及鄂尔多斯学从地方学联合、交流中充分受益的全过程，认为全国地方学研究团体的联合、交流十分必要。联席会组建以来10多年的成就与业绩也充分证明了这一点。文章第四部分从使地方学早日成为公认的一门学科，使联席会和整个地方学研究事业日益兴旺发达的美好愿望出发，提出6点建议，其中包括继续践行2013年9月16日形成的《中国地方学建设与发展鄂尔多斯九月共识》。

关键词：地方学；交流；联合；必要性

Abstract: Taking the Research Institute of Ordos Studies as a foothold, the author gives a comprehensive account of the establishment and development of Joint Committee of Local Studies in China and the whole process in which Ordos Studies got full benefits from interactions between Local Studies. The author believes the cooperation and communication among research institutes nationwide is of great significance. And years of achievements in Erdos Studies since the establishment of Joint Committee of Local Studies also proved this. For the sake of sound development of the Joint Committee and the enterprise of local studies, the author puts forward six suggestions, one of *which is September Consensus on local studies construction in China and the development of Erdos.*

Key Words: Loal Studies; Communication; Alliance; Necessity

---

* 作者简介：潘洁（1939—），男，高级经济师，2000年从内蒙古伊化集团退休，现任鄂尔多斯学研究会副会长、专家委员会常务副主任，主要研究地方经济、地方学。

这不是一篇论文，只是就我国地方学研究团体的兴起、彼此之间的往来交流讲一些情况，发一点议论，充其量是一篇工作研究文章；然而还是乐于将其整理出来，与业内同人研讨商榷，以便共同把地方学园圃培植得更加枝繁叶茂。

一、地方学蓬勃兴起，是改革开放的必然产物

1. 鄂尔多斯学发生、发展的背景

中华人民共和国成立之后的一大段时间里，反复强调集中统一、全国一盘棋，加上生产力水平低下，经济、文化、社会发展处于十分落后的状态，全国960万平方公里的土地上，没有一家地方学研究单位，实际上也没有产生地方学的土壤与条件。党的十一届三中全会召开之后，从上到下，忙于把精力集中到社会主义现代建设上来，实行改革、开放，搞活。从沿海、特区，到内地、西部，都在依托资源优势，引进外面的资金、技术、人才，兴办各类工商企业，特别是制造业。于是，GDP、财政收入、城乡人民收入水平很快搞上去了。大约从20世纪90年代起，在一些经济发展成就斐然、传统文化积淀深厚、人才队伍迅速成长的地区，陆续出现了地方学、地域文化研究组织。这是非常符合历史发展规律和事物内在逻辑的：高度的物质文明，必须有高度的精神文明作为引导和支撑；经济的兴旺繁荣，离不开文化的进步与发达；而一支队伍的整齐划一，充满进取活力，必须以尊重个性、关心个体为基础。即使是地缘相邻、条件相近的两个地方，其发展模式、产业形态也不可能完全一样。外国、别处的经验再好，模式再完整，也不能照抄照搬。鄂尔多斯市（原伊克昭盟）曾经有一位书记说过“从伊盟的实际出发，说伊盟的话，办伊盟的事”[1]，朴实的话语，却充满哲思，也充满责任感。他率领的党政班子及其后的历届领导、广大干部群众以繁荣富裕伊克昭盟为己任，吃透盟情，适应盟情，才使这片长期贫穷落后、在内蒙古自治区坐惯了“红椅子”的地方成了全国改革开放30年的成功典型之一。当人们静下心来，总结发展经验，探究经济腾飞的根源时，都把目光集注到文化上面。的确，鄂尔多斯从古到今，地灵人杰，是塞上草原文化与中原农耕文化相互交流、蒙

[1] 奇朝鲁. 见证——伊克昭盟老领导访谈录. 呼和浩特：内蒙古人民出版社，2016：307.

汉各族人民和睦相处的地方；由于沙化严重，十年九旱，人民生活十分困苦，20世纪70年代末，改革开放的春风吹到高原，急于改变命运、改善生产生活条件的鄂尔多斯人从善如流，义无反顾地投身于改革大潮。由于有着得天独厚的自然资源和区位优势，勤劳、智慧的鄂尔多斯人民仅仅用了20多年的时间，就甩掉了贫穷落后的帽子，迈上了发展、建设的快车道。此时，蕴藏丰富的文化宝藏需要继续开发，史无前例的发展奇迹需要诠释，未来的规划与战略需要探索，于是，鄂尔多斯学面世了，而且很快成为地方学领域较为活跃的一员。鄂尔多斯学研究会是内蒙古、也是我国西部第一家以行政区划命名的地方学研究单位。

2. 我国地方学研究机构的现状与分类

世纪之交，我国出现了一个地方学团体的快速发展期。很快由寥寥几家增加到几十家。2005年，中国地方学研究联席会横空出世，开创了我国地方学研究事业的新历程。到“十二五”末，据联席会负责人介绍，我国各级各类地方学、地方文化研究单位已增加到七八十家。它们背景不同，内涵有别，风格各异，色彩纷呈。在社科领域，没有哪个学科像地方学众多团体这样五光十色、绚丽多彩的了。

第一，以传统的藏学、湘学、敦煌学为例，它们的形状、色彩、三维都无法类比。藏学涵盖了藏族、藏民、藏区、藏文，西藏的自然、人文、历史、现状与未来；湘学早已冲破了湖南省界，将众多古代、近代、现代叱咤风云的英雄豪杰及引领时代潮流的道德文章、经国著作汇成头尾相衔的大系；敦煌学则海纳百川，纵贯千载，是整个中华民族智慧与梦想的荟萃。

第二，按层级、档次划分，目前已经问世的地方学组织大体可分为省区级、地市级与县市级。一线城市（如广州、深圳）的地方学，应划归省区级。跨区域概念的地方学，如齐鲁、燕赵、河洛、三峡等，应视为地市级。地市一级，在我国的行政系统里“居中”，相当于古代的州、府，现在在地方学名录里占多数。县市一级的地方学如今还不多，但预计以后这个层级的地方学组织将大量出现。

第三，按工作方向、研究内容划分，大体可分为偏重理论、倾向实践及理论实践结合型。如有的专门研究、考证本地区的古代典籍、名人名著，深且细，堪称“阳春白雪”；有的专在本地区五个文明发展建设中寻找课题，做党政决策的参谋、富民惠民的顾问，可称为“下里巴人”。总体来说，地方学更靠近应用学科的人文学科。

第四，从体制上划分，分为官办、民办与“半官半民”三种类型。前者属“体制内”，设于当地宣传部、社科联或某一行政部门之下，也有的建在科研机构、高等院校里。目前隶属高校的地方学单位获得广泛认可，这类地方学团体的生存状态也比较好。如北京学、晋学、湘学、潮州学等。民办的地方学多数要找个挂靠部门，以解决人员待遇、活动经费、项目开立等问题。北京泛亚智库的专家认为，半官半民的社团最能发挥作用。❶ 因为这类研究单位一只脚在体制内，一只脚在体制外，既能够上达高层，又可以下接地气，是社会的融合剂、缓冲器。

第五，按状态与作用划分，可分为活力充沛型、按部就班型与昙花一现型。多数属于第一类型、第二类型，以自己的研究成果、精神产品和学术影响为所在地的经济发展、社会进步、民生改善做着不同的贡献。当然也存在有名无实、处在休眠状态、没有任何影响力的地方学单位。形成这种状态的原因是多种多样的。

还可以举出许多划分方法。譬如运行机制，各有各的高招；成果形态，琳琅满目；人才链条，各有千秋……这里不一一罗列了。

二、地方学联合与交流的实践

前文说到，各级各类地方学风格不同、色彩迥异，但这并不意味着它们必然是自生自长、各自为政、彼此隔绝的。2005 年秋天，中国地方学研究联席会宣告成立了，其首倡者是鄂尔多斯学研究会。发起单位共 6 家，除了鄂尔多斯学研究会，还有温州学、泉州学、潮州学、扬州学及徽学。这有点匪夷所思，6 家发起单位中，5 家在东部，唯独鄂尔多斯学研究会身在西部。鄂尔多斯学研究会成立于 2002 年 9 月，历史不长，层次不高，水平、队伍也都还处在培育、积聚之中，然而，建会当时，伊克昭盟刚刚改设为鄂尔多斯市，发展欲望甚强，急于在全国乃至更大天地里树立良好形象，广泛开展横向联合，把外部世界的资金、技术、人才以及文化、理念、经验引进来，创造更新、更大的改革发展业绩。这是鄂尔多斯学研究会成为中国地方学研究联席会倡导者、发起者并被推选为首任主席方的基础与背景。当时已经建立起来的地方学单位有 20 多家，第一批会员单位是 12 家。2008 年年底，鄂尔多斯

---

❶ 徐永利. 北京线性文化遗产保护与传承——第十三次北京学学术研讨会致辞. 张妙弟，北京学研究 2011. 北京：同心出版社，2012：1.

学研究会主动“让贤”，将联席会主席方的担子移交给了北京联合大学北京学研究所。北京学接掌联席会这8年来，联席会成员有所增加，学术活动日趋活跃，研究成果逐年上升，不仅拓展了学术视野，而且不断创新学科内涵，密切了各地方学研究单位的交流互动。北京学研究所设立于北京联合大学，这件事本身就高度契合了地方学研究的综合性、实践性，而且院、所一体，人才济济、充满学术活力。北京学被赋予“立足北京、研究北京、服务北京”的宗旨和方向，也为各地的地方学树立了极好的样板和参照。这些成绩、优势都告诉我们，由北京学研究所长期担任中国地方学研究联席会的主席方天然合理，是大多数地方学团体的共同意愿。在北京学研究所同人的奋发努力下，在联席会会员单位的鼎力扶持下，联席会一定会越办越好。

在中国学的旗帜下，地方学立足所在地方，探索历史、文化、经济、社会、生态、人才、文学直至社风民俗方面的特点与规律。联席会编织起一张大网，辟设了一个平台，开通了条条渠道，在让各地方学尽情描绘特色、舒展个性的同时，用心求同，寻找共性，即港台语境中的“最大公约数”。这确是一件纷繁复杂的事情。然而联席会做到了，而且做得很好。如今的联席会，是地方学领域的学术联合体、知识交流会和成果荟萃地，也是地方学研究工作者的精神家园。虽然从组织、管理角度看，她是松散的；但共同的愿景，相似的责任担当和以创新为底色的学术纽带将大家紧紧联结在一起。2013年9月，由中国地方学研究联席会、内蒙古鄂尔多斯学研究会、内蒙古东联控股集团共同主办的“中国地方学建设与发展研讨会”，邀集了全国9个省市自治区、13家地方学团体、40多位地方学、地域文化研究工作者，交流了30多篇学术论文，形成了《中国地方学建设与发展鄂尔多斯九月共识》[1]。该“共识”认为：“地方学作为一个学科登堂入室，获得广泛认可，占得一席之地，是迟早的事，为期不会很远。”经过联席会会刊《地方学研究信息》的报道宣传，该“共识”在全国地方学界产生了深远的影响。2014年至今，各地地方学的研究、交流活动显得更加丰富和活跃了。

顺便说一下，《地方学研究信息》由北京学研究所值编之后，虽办刊宗旨未变，仍然定位为“交流研究成果，互通活动信息，汇集八方智慧，弘扬华夏文明”，然而信息量、知识量大幅增加、图文质量与时效性均有提高，已经出版、发行到总第43期。《地方学研究信息》就像一位信使，穿行在各地地

---

[1] 鄂尔多斯学研究会. 中国地方学建设与发展鄂尔多斯九月共识//论中国地方学建设与发展——中国地方学建设与发展研讨会文集. 呼和浩特：内蒙古人民出版社，2013：3.

方学研究团体和地方学研究工作者之间，传递着启迪和力量，其作用和功绩不容低估。

三、鄂尔多斯学在联合交流中受益匪浅

鄂尔多斯在成功推行了家庭联产责任制，“三农”面貌明显改变后，着手发展工业。大约从20世纪80年代初起，盟、旗领导机关、各专业部门不断派出考察团、取经组到沿海内地学习观摩，不断更新观念、解放思想，实行“走出去，请进来”，“引进来”（资金、技术、项目）“打出去”（产品）战略，很快见到了成效：在20多年的时间里，GDP以每年20%以上的速率递增[1]，城乡人民生活水平如芝麻开花节节高。世纪之交，人均经济指标不但在西部处在领先地位，而且直逼香港，被媒体称为“鄂尔多斯风暴”和“内地最富的城市”。2002年鄂尔多斯学研究会一建立，就确立了“严谨治学，开放办会”的指导思想。2003年，派出几位专家到地方学组织形成较早、办得较好的泉州、温州、扬州等地考察调研，与毗邻的包头、榆林等地的社团进行频繁的交流。正是这些考察交流活动，促使研究会领导萌生了建立各地方学团体之间联系、联络、联谊、联合组织的想法。这一构想马上得到几家兄弟研究会（所）的响应，可以说一拍即合，水到渠成。2005年，鄂尔多斯学研究会建立3年之际，中国地方学研究联席会赫然诞生了。又3年后，虽然将轮值主席交给了北京学研究所，但迄今为止，一直主动、热情地参加联席会举办的全部活动，还分别在2013年和2014年与联席会共同举办了关于地方学建设与发展、关于社会组织服务社会的学术研讨会。各地兄弟研究单位举办活动，只要接到邀请，鄂尔多斯学研究会一定会派人参加。回顾10多年来的联合、交流、互动，鄂尔多斯学研究会感到受益很多，收获丰满。

第一，开阔了视野，增强了大局意识，找准了自身坐标。鄂尔多斯学研究会通过在联席会平台上及联席会范围内的双边、多边交流，建立了鄂尔多斯与内地、沿海、特区直至域外往来互动的相对稳定的途径，从而在时、空两个不同的维度上明确了鄂尔多斯所处的位置，知道了自己从哪里来、向哪里去，以及当下的长短优缺，存在的发展优势和应该承担的义务，以及必须弥补的不足。

---

[1] 内蒙古自治区党委宣传部. 鄂尔多斯发展的实践与思考. 呼和浩特：内蒙古大学出版社，2009.

第二，吸收理论成果和发展理念。这些成果、理念来自参加地方学界各类研讨会、学术交流活动，有的来自其他领域、不同场合，还有互联网。在全球经济一体化、信息高度畅通的时代，关键不在于如何获得信息，而在于怎样筛选、汇集、应用那些前沿的、适用的信息。在这方面，鄂尔多斯学研究会做了许多有益的探索，得到当地党政领导的肯定和公众的赞赏。

第三，汲取经验教训、汇聚正能量，避免走弯路。特别注重介绍友邻地区、情况相近地区的经验教训。在《鄂尔多斯学研究》会刊上，曾辟设“它山之石”专栏[1]，先后刊发、转载温州学、榆林经济发展中心，《西部大开发》杂志以及山西省改革创新研究会的文章、建议，受到市领导和有关部门的重视。

第四，让鄂尔多斯走向世界，让外面的人们了解真实鲜活的鄂尔多斯。鄂尔多斯学研究会从建会起，先后参与了“走遍中国·走近鄂尔多斯”文献资料片、《鄂尔多斯风暴》电视连续剧的拍摄，2017年9月举办“一带一路与鄂尔多斯”专题研讨会，另外在互联网上发表了大量介绍鄂尔多斯过去、现在与未来的文字，使人们知道，鄂尔多斯的崛起不是偶然的，在经受金融风暴洗礼之后，她依然充满活力。未来，她仍将是充满希望的地方。

第五，在与联席会及各地地方学团体密切往来、频繁交流的同时，注重加强同所在地区、毗邻地区社会组织的横向联系。从2014年起，借鉴其他地方学的成功经验，逐步加强了与所在地高校——内蒙古大学鄂尔多斯学院的联络和联合。2015年更是迈出关键的步伐：研究会吸收学院领导和骨干教师充实研究会领导机构及专家委员会；在学院开办鄂尔多斯学讲座及系列课程；共同举办相关学术活动；还在学院校园里建立了鄂学研究中心和蒙古民俗体验馆，实现了你中有我、我中有你、优势互补、产学研用多位一体的对接互动。

四、几点工作建议

北京学研究所具备执掌中国地方学研究联席会的充要条件，接任主席方以来的业绩、成就也是有目共睹的；为适应新常态，适应四个全面的发展战略，作为一名多年从事地方学研究的老兵，不揣冒昧，提出几点不成熟的工作建议。

---

[1] 鄂尔多斯学研究，2012（4）：28.

第一，把综合性、包容性、创新性、前瞻性、服务性列为地方学及联席会的指导思想和治学原则；尊重个性，提炼共性，打牢地方学研究团体联合、交流的基础。

第二，修订联席会章程。进一步明确会员单位的权利义务和联席会的职责范围、工作方针、奋斗目标。现行章程是 2005 年由鄂尔多斯学研究会主持制订的，已经用了 10 多年，如今显得不够完善，有的内容已经过时，进行修订势在必行。

第三，不拘一格、敞开大门，主动吸收会员。现在入会的，只是已建立的地方学研究组织中的一小部分。其中有的会员单位还多年“失联”。建议大量吸收新鲜血液，壮大会员队伍，这对学科建设发展是十分必要的。

第四，调动组织健全、活力充沛的会员单位的积极性，轮流举办年会及各类研讨活动。

第五，充分利用互联网，增加地方学研究成果、创新亮点、人物事迹、以及学术活动信息的编发数量，吸引更多读者的关注与支持。

第六，借中央关于进一步激发社会组织活力战略部署的东风，依据 2013 年 9 月 16 日的《中国地方学建设与发展鄂尔多斯九月共识》，利用各种舆论手段，让各级各类地方学研究组织真正创立起来，发展起来，丰富起来，联合起来，活跃起来，担当起来。对于地方学事业和中国地方学联席会来说，没有什么阻挡着未来！

以上仅供参考。

参考文献

[1] 鄂尔多斯市统计局. 鄂尔多斯统计年鉴（2005—2015 年）[C].

[2] 张妙弟. 北京学研究报告 2008 [C]. 北京：同心出版社，2009.

[3] 鄂尔多斯学研究会. 鄂尔多斯文化论文集 [C]. 2007.

关于泉州学学科理论体系的探析

林丽珍*

摘　要： 笔者认为泉州学学科理论体系建构应包含系统理论研究、分支学科基础性研究以及应用研究，然而其中涉及的问题繁多，有待商榷的地方在所难免，笔者所提具有一定局限性，敬请方家指正。

关键词： 泉州学学科理论体系；系统理论研究；分支学科基础性研究

Abstract: The author believes the construction of Quanzhou Studies' theoretical system shall include systematic theoretical research, basic research of its sub-branches, and research on its application. However, there are numerous problems involved. And there is inevitably room for further discussion. The author's opinion may have her limitations, and any comments are warmly welcome.

Key Words: Quanzhou School of Learning Theory System; System Theory Research; Branch Discipline Basic Research

据中国社会科学院语言研究所词典编辑室编的《现代汉语词典》第6版中对“学”字的解释除了一般的“学习”外，还可以解释为“学问”“学科”等。作为泉州学结尾词中的“学”明显指的是专门研究泉州这一特定地方的学问、学科。美国伯顿·克拉克曾说过，学科包含两种含义，一是作为一门知识的“学科”，二是围绕这些“学科”建立起来的组织。《辞海》中的“学

---

* 作者简介：林丽珍（1981—），女，工学、经济学双学士学位，助理研究员，副所长。主要研究方向为地方学及闽南文化。

科”：一是学术分类，指一定科学领域或一门科学的分支；二是教学的科目，是学校教学内容的基本单位。学科体系指的是在学科建设和发展过程中，形成的以管理为目的、能有效指导学科实践的体系，也就是以文化为内容和手段的科学的学科建设理论体系和管理体系。笔者认为泉州学学科理论体系主要包括系统理论研究、分支学科学术研究及应用研究。它们之间相辅相成，相得益彰，共同构成泉州学研究学科理论体系。

一、系统理论研究

泉州学学科体系犹如一棵大树，能否茁壮成长，主枝干非常重要，泉州学学科体系这棵大树的主枝干就是它的系统理论研究即泉州学的基本理论研究，主要用于阐释泉州学的内在关系、本质特征及特殊规律的基本概念和原理，包括泉州学的学科内涵、研究对象、研究方法、研究范围和研究意义等。

（一）学科内涵

内涵指的是一个概念所反映的事物本身的属性的总和，也就是概念的内容。学科内涵是学科知识体系中最本质的内容，泉州学的内涵指的是必须能提供泉州学作为一门“学”得以成立的学科理论依据。泉州学诞生以来，傅金星、王连茂、陈鹏、李亦园等多位学者都曾对泉州学的内涵加以探讨。傅金星曾先后两次对泉州学的内涵给予界定：①“泉州学”指的是古往今来对泉州地域自然科学和社会科学的某些方面汇成一种有一定科学领域的、较为专门的、系统的研究。[1] ②泉州学是一门新的学科，它是一门用新的科学观点和方法去研究泉州社会历史发展的文化现象，以及它对中国和世界历史文化的促进和影响，揭示其发展规律和真理，为当前泉州的发展、中国的发展和世界的和平进步服务的科学。[2] 陈鹏则认为：“‘泉州学’是研究泉州地域历史文明的一门学科。泉州作为中国历史上对外交通的大港，沟通国内外的政治、经济和文化。在这诸多方面的交往中，互相影响，彼此融合，形成一个独具特色的地方文化的综合体，进而成为一门独立的学科，即‘泉州学’。”[3]

---

[1] 傅金星. 破土而出的“泉州学”. http://www.qzwb.com/qzx/content/2006-08/16/content_2162263.htm.

[2] 傅金星.“泉州学”初探. 福建论坛（文史哲版），1992（3）.

[3] 陈鹏. 泉州学//中国学术通览. 北京：北京语言学院出版社，1995：359.

台湾人类学家李亦园认为："所谓'泉州学'是一种以泉州地区的历史文化、人文活动、生态环境为研究对象的科际综合学问。"[1] 彭志坚于2015年将"全国史观"引入泉州学研究，并提出："泉州学是一门从全球史的视野出发，以泉州地区的物质与非物质文化遗产为基本资料，以泉州历史文化、人文活动和泉州学理论为主要研究对象，进而探索中华传统文化以及世界文明互动的科际综合学问。"[2]

学科是一个动态、发展、变化的概念，不同的历史阶段、不同的背景环境学科所指的范畴不同。学科内涵和外延也随着学科的发展而不断演变。进入21世纪以来，泉州学向着更深更广的方向发展，而目前学者对泉州学内涵与外延的界定未充分关注未来泉州地区的发展和变化规律这一重要内容，笔者认为已到适时对泉州学的内涵和外延加以补充和完善，在此提出："泉州学"是一门以国际视野研究泉州地区的过去、现在和未来的历史文化、人文活动、生态环境为研究对象的多学科交叉的科际综合学问。

（二）研究对象

学者陈耕曾提过："任何一门学科的发展，都是该学科沿着共同的逻辑程序，在两个方面的深化和展开：一方面是该学科研究对象的深入和扩展；另一方面是该学科自身理论的建设和发展。"[3] 历史上曾有多位学者对泉州学的研究对象加以探讨，也遵循这一规律。李亦园先生在《"泉州学"的新视野》一文中根据其自身的研究方向提出文学、宗教、海外交通、家族与宗族、教育史、方言、戏曲、民间风俗、族群与性格、医药疾病史、少林与武馆和综合艺术史12个研究对象。彭志坚先生则在《困境和出路：泉州学学科建设的实践与思考》一文中，参考李亦园先生提供的研究对象及国内较为成熟的地方学学科体系建构情况，对泉州学的研究对象进行补充，并试着把泉州学的研究对象归纳为泉州人（历史人物、泉州商人、家族宗族、族群性格、华侨华人、泉台关系等方面）、泉州海外交通（泉州经济社会发展情况、造船业发展情况、泉州与世界各国的海上交通与贸易情况、贸易商品的发展变化、泉州海商及其经营形态、海外贸易的管理制度、泉州港的历史地位、泉州港兴

---

[1] 李亦园．"泉州学"的新视野//李亦园与泉州学．北京：九州出版社，2012：4.

[2] 彭志坚．会通中外　经世致用——论泉州学的内涵、理论价值与现实意义//泉州学研究与古城复兴．北京：海峡书局，2015：55.

[3] 陈耕．闽南学学科体系//北京学研究2014．北京：中国社会科学出版社，2014：139.

盛或衰落的原因、泉州港发展变化对现在经济社会建设的启示以及泉州港复兴的对策建议等）、泉州人文（方言、教育、文学、著述文献、民俗、民间信仰、宗教、文物等）、泉州技艺（泉州音乐、舞蹈、戏剧、科技、医药疾病治疗、工艺美术、建筑、少林与武术、饮食文化等）、经济社会变迁（社会变迁、经济变迁、自然环境变迁等）五个大类若干小类。考虑到研究对象应尽量凸现地方特色、夯实泉州学的学术基础及采用的研究方法，笔者在李亦园先生所提的12个研究对象的基础上增加文学与著述，宗教与民间信仰，海外交通，家族与宗族，教育史，方言，戏曲、音乐与舞蹈，民间风俗，族群与性格，医药疾病诊疗史，科技，历史名人等13个研究对象。“在确定泉州学的内涵和外延时，不同的学者从不同的角度出发，可能会有大同小异或有所不同的表述，但是有一点，就是要充分考虑到‘泉州本身的性质’。”❶

（三）研究方法

泉州学是一门动态的、发展的多学科交叉的科际综合学问，作为其科学的研究方法不是一成不变的，是综合许多不同学科，采用许多不同学科的研究方法而进行的学问。我们应该秉持开放的态度，凡是有利于泉州学学科建设及其发展的研究方法，都应给予热情的欢迎和鼓励，并在不断的科研实践中总结、提升和完善。在具体的研究方法上，积极采用历史学、经济学、考古学、地理学、民俗学、社会学、政治学、宗教学、文献学和人类学等学科的研究方法，多学科相结合，联合攻关，并充分运用系统分析法、文献研究法、综合归纳法、田野调查法、自我纵向比较研究法、自他横向比较研究法、跨学科研究法等从多种视角、不同层面进行综合研究。

（四）研究范围

包括时间和空间上的维度。地方学的研究特点是多视角、多学科，也就是综合研究。笔者认为泉州学是一门以国际视野研究泉州地区的过去、现在和未来的历史文化、人文活动、生态环境的多学科交叉的科际综合学问。因此在时间维度上，应该横贯古今，历史与现代并重，既要顾后又要瞻前，要将过去、现在和未来进行联结。在空间上的维度，不能以现在的行政区划为标准，而应具有一定的延伸空间和宽阔领域。“泉州学研究应该超出行政区划

---

❶ 傅金星．“泉州学”研究探索．http://www.qzwb.com/qzx/content/2006-08/16/content_2162288.htm.

的界定，淡化一般意义上的空间维度的限制，如同‘中华文化圈’‘闽南文化圈’一样，使用‘泉州文化圈’概念，并把它作为泉州学研究的主要范围。甚至还应该在宏观问题意识下，立足泉州，把泉州的问题研究透彻，但不局限于泉州，而是以泉州问题为基础，参与到更大范围的学术讨论与文化建构中去。”[1] 也就是说，泉州学研究应在更宏大的背景中展开，以宏观的背景进行动态研究，注重多种关联性研究。

（五）研究意义

地方学的研究有积极而深远的意义。首先，有助于区域地方文化研究的纵深、全面发展。目前中国的地方学绝大多数都是在研究历史文化，从研究地区历史文化的某一或某几个方面入手，进而研究该地区整体的历史文化。泉州学，以研究海外交通史入手，而后对宗教、文学、艺术等进行研究，之后又对整个泉州地区的历史文化进行研究，使泉州学成为一门综合性的学问。对泉州学研究的深入，有助于对闽南文化研究、闽南文化生态保护区建设的深化，两者之间相互渗透、相互促进。对区域文化研究的推广和深入，有利于宣传和普及区域文化知识，增强本地区人民对家园的热爱，激发大家热爱家乡的真情实感，培养互助友爱精神和文化认同感。可以增强当地人民的凝聚力，对区域的社会发展有重要的影响。其次，实现为地方政府科学决策提供依据和参考的社会功能，有利于地方经济社会的长远发展。地方学的研究，由点到面、由局部到整体、由历史文化到现实经济社会发展，将是必然的趋势。泉州学研究以泉州经济、泉州人、泉州精神为对象，由着重研究泉州历史文化，进而扩展到泉州经济现象进而研究泉州经济与文化的关系，探索泉州经济与社会发展的内在规律，这样势必会促进泉州经济的持续发展。无古不成今，研究过去更重要的价值在于服务于建设现在和将来。通过研究历史文化进而认识当地的各种信息、综合因素，为当今地方政府制定社会经济发展政策提供参考和依据，必然有利于地方经济社会的长远发展。反之，地方经济社会的长足发展、地方政府的重视和支持也会促进地方学的继续发展。泉州学自身的价值和应用，在于它研究成果的应用性，能够成为泉州的“资治”“辅政”之学。

---

[1] 林丽珍，彭志坚. 泉州学建设与发展新思考//论地方学建设与发展——中国地方学建设与发展研讨会文集. 呼和浩特：内蒙古人民出版社，2014：216.

二、分支学科的基础性研究

泉州学作为一门研究泉州这一特定区域的学问，注重的是系统性研究，不仅能传承泉州优秀璀璨的历史文化，还能推动当地社会健康有序地发展，这就要求泉州学研究必然是一门多学科之间相互渗透的交叉研究。

泉州学内涵丰富，所涉及的学科层面广泛，一般而言，在经济学、历史学、文学、宗教学、教育学、艺术学、人类学等各个学科都应建立起相应的分支学科，并以其构建具有研究条件、研究基础并能凸现泉州学特色的分支学科为其主导。

（一）历史学

泉州学的诞生以对泉州地区的历史文化考察研究为起始，泉州地区厚重悠久的历史文化内涵也为泉州学研究的成长提供了丰富的养分。是以对泉州地区的人文活动的历史学研究应当是泉州学学科建设的重要分支。其中，海外交通史（含对外交流史）、华侨史、思想史、人物研究等，是对这一分支的重要研究内容。李亦园先生对于泉州的海外交通给予高度评价，他认为："海外交通这一领域可以说是'泉州学'中的显学，资料丰富，学者投入的心血也最多，且时有震惊学界的新文物资料出现，所以广受中外学者的注目，今后的发展仍将是'泉州学'研究的重要领域，值得大家的重视。此外，因为海外交通问题而产生的移民现象，也就是一般所说的'华侨'，也应该是'泉州学'研究的副领域。"❶ 可见海外交通这一领域是"泉州学"研究的核心内容，是泉州学独特的地域文化特色所在。其所涉及的泉州港的历史地位、地理优势、兴衰原因、发展变化对现代经济社会建设的启示、复兴建议，泉州古代海外贸易的历史考察，建设21世纪海上丝绸之路先行区，泉州海外移民情况及对移居地的贡献，海外交通带动的中外交流情况都是这一分支学科的研究重点。"泉州人是泉州文化的基础，也是泉州学的基础。严格来说，历史上所有的泉州人都可以作为研究的对象，但考虑到代表性、典型性和可行性问题，目前主要集中在对泉州历史名人的研究。"❷ 这里的名人应包括经济名人、社会名人、文化名人和华侨名人。

---

❶ 李亦园．"泉州学"的新视野//李亦园与泉州学．北京：九州出版社，2012：12.

❷ 彭志坚．困境与出路：泉州学学科建设的实践与思考．泉州学林，2014（3）：81.

泉州的许多技术、产品曾在世界科技文化交流上扮演着重要的角色，最值得一提的是泉州的造船技术和制瓷技术。宋元时期，泉州所造的海船，从坚固性、稳定性、适航性，特别是水密隔舱的安全设施等方面来讲，在当时世界上都具先进水平。德化制瓷技术的外传，不仅改变了东南亚某些地区当地人的生活习惯，也被日本、法国和其他欧洲国家仿造，产生深远影响。泉州是古代世界科技文化交流的重要窗口。科技文化交流是双向或多向进行的，既促进了泉州社会经济的发展，也对世界文明做出了伟大贡献。泉州当地典型科学技术的产生与发展、对当地经济社会的影响以及同古代世界科技文化交流的情况等都是泉州学研究的领域。

（二）文学

泉州文学作品及著述十分丰富，涉及自然科学和社会科学的方方面面。如果我们把最能代表泉州人物、方言、风俗、礼仪、伦理、人际关系、人神关系等的泉州民间的歌谣、谚语、俚语、童谣、通俗章回小说及著述文献等做系统的采集并加以研究分析，将会使泉州民间文化的特性活生生地展现出来。诚如李亦园所说："我以为'泉州学'的研究在文学这一领域中，大传统的正统文学作品的研究当然很重要，但是小传统的民间文学、民俗文学、口语文学等也是同样重要，应该有组织、有系统地展开采集研究，并鼓励业余工作者共同参加。"[1]

（三）宗教学

包括宗教与民间信仰。泉州素有"宗教圣地""世界宗教博物馆"之美誉。佛教、道教、伊斯兰教、景教、天主教、犹太教、摩尼教、印度教、基督教、日本教有形无形的遗存，都是泉州璀璨历史文化的一部分，也是泉州学研究最重要的资料来源。而作为大传统的宗教对应于小传统的民间信仰，更能凸显出泉州地域文化的特色。泉州的民间信仰内容丰富多彩，有自然崇拜、祖先崇拜、移民神祇、圣贤乡贤崇拜、行业神崇拜、海神与王爷、民间禁忌、道教俗神、佛教俗神、女神崇拜等数十种。民间信仰的产生、发展及其文化内涵对泉州经济社会产生了巨大影响，亦是泉州学研究的重要内容。

---

[1] 李亦园．"泉州学"的新视野//李亦园与泉州学．北京：九州出版社，2012：10.

（四）人类学

一是家族与宗族。家族与宗族史是社会史研究的重要领域。李亦园先生对这一方面的研究给予高度评价。“家族宗族是中国人社会生活最基本的单位，是中国人社会生活的出发点，假如要探讨一个地区的社会文化特色，无不要从家族宗族的特性说起，所以‘泉州学’研究，在这一领域是不能缺少的。”[1]“所以‘泉州学’研究的领域如能进一步发展到宗教家族这一方面，则不但可以表现泉州文化的另一特色，而且可以参与到重要国际学术论坛上去。”二是族群与性格。在泉州学研究的过程中充分运用族群理论进行分析，可以比较妥帖地阐释泉州学内涵与外延，同时还展示了泉州学具有独特的人情味与文化个性，因此探讨泉州地区早期汉民族与闽越民族接触相互影响的情况，是“泉州学”研究者应该进行的领域。泉州地区的人从早期历史时代开始，就出现若干性格上的特征，包括远海航行的海洋移民性格、不时展现出反抗或讥讽传统的性格等，都是值得重视并加以拓展的泉州学研究的领域。

（五）教育史

泉州不仅有着丰厚的经济、文化、科技、宗教积淀，也有着丰厚的教育积淀。从北宋以来，泉州一直是教育甚为发达的地区，曾被誉为“海滨邹鲁”“此地古称佛国，满街都是圣人”。泉州古代教育的发达，在泉州历史文化名城的形成中起到了十分重要的基础性作用。泉州历史上曾走出两千余名文武进士，二十几名状元，涌现出李贽、俞大猷、郑成功、施琅、李光地等杰出人物，均与历代泉州教育息息相关，要深入开展泉州学研究，则必须了解泉州教育史。

（六）语言学

语言是文化的组成部分和重要载体，地方文化通过方言的传播而获得积淀。方言的形成都有其相当复杂的过程，有历史的因素和区域人文地理诸多因素，泉州方言当然也不例外。泉州方言又称闽南语，是闽南方言的一个次方言，隶属于汉语七大方言之一的闽语，历史上曾经是闽南方言的代表。闽南最早的地方戏剧种梨园戏以及南音至今仍以泉州音为标准音。泉州方言的形成与秦汉、晋唐时期中原汉人大批南下入闽有着密切的关

[1] 李亦园．“泉州学”的新视野//李亦园与泉州学．北京：九州出版社，2012：14.

系，所以泉州话中至今保留着古汉语语音、词汇的许多特点，犹如古汉语的“活化石”。

泉州方言使用范围覆盖泉州地区全境，作为泉州人重要的交际工具，为泉州人民的社会生活和独具特色的泉州地方文化的创立、丰富与发展，发挥了十分重要的作用。同时泉州方言随着海外交通和对外贸易的发展，传播到菲律宾、印度尼西亚、马来西亚、新加坡、缅甸、泰国等东南亚国家以及我国港澳台地区，为泉州文化的向外传播起了重要的纽带和桥梁作用。

泉州方言一直伴随着泉州人民的实践活动，凝聚着泉州人民的心血和智慧。研究泉州方言，可以从中窥见泉州地方文化别具一格的特色，领略泉州这块热土的历史文化风采。❶

（七）艺术学

包含了戏曲、音乐与舞蹈。戏曲、音乐与舞蹈有着紧密的关系，是雅俗共赏的对象，是泉州绚丽多彩的动态文化的重要组成部分。泉州素有“戏曲之乡”“木偶之城”“南音之都”“福建半壁江山”等美誉。泉州戏曲种类繁多，是中国南戏的主要发祥地之一，不仅有“宋元南戏遗响”的梨园戏、提线木偶、布袋戏（掌中木偶）、打城戏和歌仔戏，还有起源于明末清初的高甲戏等艺术瑰宝。泉州戏曲研究真正进入学理层面的探讨虽起步较迟，始于改革开放的新时期，但因本土团队的出现与崛起及20世纪80年代台湾戏曲学界掀起一股研究戏曲的热潮，极大丰富了泉州戏曲研究的多元视角，将泉州戏曲研究推进到各个关联的文化领域，使之达到前所未有的广度、深度和力度。泉州就像一座中国音乐历史的博物馆，拥有南音、笼吹、北管、十音、永春闹厅等许多鲜明地方特色的音乐形式，不仅继承了古代音乐的遗风，更体现了泉州人的生命力和创造力，特别是其中的南音，被誉为古代音乐的活化石。搜集、整理和分析泉州音乐的资料与成果，挖掘泉州音乐文化的精髓，培育发展泉州民间音乐的特色文化，具有重要的学术价值。泉州民间舞蹈历经数千年历史长河的冲刷、积淀，不仅没有消亡，反而仍有如拍胸舞、嗦啰琏、火鼎公婆、宋江阵、踢球舞等生机勃勃，不断发展，显示出泉州民间舞蹈独特的艺术魅力和强大的生命力。探究泉州民间舞蹈文化的生成及其影响，探讨环境中自然和人文要素对泉州民间舞蹈文化特征的影响，分析泉州民间舞蹈构成元素及地域性生产、生活环境的相互影响，对了解泉州历代社会生

---

❶ 林华东．泉州方言文化（一）．福州：福建人民出版社，1998：215.

活和习俗有着不容忽视的作用。

泉州戏曲、音乐与舞蹈的研究，需要学界同人考证文献，追溯源委，不局限于戏曲、音乐与舞蹈的本体的研究，而将其置于政治、经济、文化、民俗、宗教、教育等领域来探讨，从而产生一批富有创见的研究成果，丰富泉州学研究成果。

（八）民俗学

对于区域文化而言，俗文化所占的比重要比雅文化更多，更能体现地方文化的特色。泉州民间风俗丰富多彩，有生活民俗、生产民俗、人生民俗、岁时民俗、民俗信仰、少数民族习俗、民风习尚等，都具有独特的社会功能，并代表大多数民众一般生活的小传统文化，必然是泉州学研究的一个重要领域。学者陈桂炳曾对泉州民俗范畴给出具体范围："我们所要论述的泉州民俗，其主体部分都形成于过去，通过民众以口耳相传、行为示范和心理影响等方式，传承至今。其时间范畴的上限，视具体民俗事象而定，如史料允许，我们当尽可能对其历史演变做个简要的交代。其下限则延伸到当代。"❶ "由于民间风俗是历史上形成的，并随着历史的发展，在不断地演进和变化，而历史上泉州的辖地，或划入，或析出，屡有变化，所以有必要对泉州地区的沿革，先做一大致的了解。"❷ 由此可看出，关于泉州民间风俗的空间范畴应以泉州历史上的行政区划为准。

（九）医药学

"医药疾病史已成为当前重要的一门'生活史'研究的新领域，其研究的范围包括种种传统医疗（从正统中医到拳头师傅、气功师、收惊婆等等）、医疗信仰与崇拜、地区性施药保健系统、流行病史、妇科小儿科疾病医疗史等等，并且综合了医疗人类学、民俗学、生活历史学等专科，而成为一门新学科，不但有重要的学科意义，而且有其实用价值，在这方面，泉州的资料应是相当丰富且具有特色。"❸

（十）经济学

泉州是中国历史上对外通商的重要港城，宋元时期的"刺桐港"驰誉世

❶❷ 陈桂炳．泉州学概论．长春：吉林大学出版社，2015：293.

❸ 李亦园．"泉州学"的新视野//李亦园与泉州学．北京：九州出版社，2012：20.

界，成为与埃及亚历山大港齐名的“东方第一大港”，泉州经济呈现“涨海声中万国商”的繁荣景象。近代以来，旅居海外的泉州籍华侨热心家乡事业，纷纷回乡投资建设，成为推动泉州经济发展的重要力量，开启了泉州现代化进程的大门。改革开放后，泉州人勇于拼搏，爱拼敢赢，抢抓机遇，经济实力不断增强，连续 17 年 GDP 位居全省首位，成为福建省乃至全国发展最快、最具活力的地区之一。对历史和现代泉州的经济发展进行研究，总结泉州经济发展的规律，对未来泉州经济发展具有重要的指导意义。经济研究是泉州学研究的一个重要组成部分。

三、应用研究

地方学是研究某一地区的学问，服务地方是其重要功能之一，因此，通过学术研究，提出对策建议，并应用到当地实际工作中，是泉州学研究中实用性最强的领域。泉州精神、理念、价值方面的提炼、概括与总结及其应用、泉州学智库建设、泉州学项目评价体系建设等都是泉州学应用研究的重要内容。泉州学自身的价值和应用，在于它研究成果的应用性，立足地方、研究地方、服务地方。如加强对“21 世纪海上丝绸之路战略支点和先行”、古城转型升级、“古泉州（刺桐）史迹”申遗等方面的研究。2015 年 2 月，“21 世纪海上丝绸之路国际研讨会”落户泉州，国内外高端智库的专家学者齐聚一堂，共同谋划“海上丝绸之路”建设战略。研讨会以“打造命运共同体，携手共建 21 世纪海上丝绸之路”为主题，设立三个圆桌会议，议题分别是“海上丝绸之路：价值理念与时代内涵”“共同建设、共同发展、共同繁荣”“抓住发展新机遇，拓展合作新空间”，为沿线国家共谋发展、共同繁荣提供新的契机，进一步推动沿线各国在政治、经济、文化等各领域的交流与合作。泉州学研究近年来一直致力于向应用型研究方向发展，力求为泉州的经济社会建设建言献策，为地方执政者提供“资治”“辅政”。

四、结语

地方学的含义是一个有张力、有弹性的概念，往往会根据不同时期、不同条件以及学者自身的视角与理解，做出概述。一般地说，总是从简到繁，从粗糙到精细，且不断地扩大范围。一门学科，需要日新而日日新，这是学术的生机所在；

因循守旧，囿于陈说而故步自封，必致僵化而终归消亡。[1] 随着泉州学研究参与的学者日益增多、接触材料的增多、认识水平的提高和思维方式的深化，未来泉州学研究必将包含更多新的内容，泉州学的含义必将更加扩展。

[1] 姚邦藻. 徽州学概论（第二版）. 北京：中国社会科学出版社，2003：4.

从珠江文化研究试论地方学的内容体系

——以广东省珠江文化研究会 15 年研究成果为例

司徒尚纪　许桂灵*

摘　要：基于地方学发育尚未成熟，不少问题见仁见智，难以定于一尊，本文以广东省珠江文化研究会 15 年研究工作为例，将其成果《珠江文化丛书》划分为珠江文化发展史、珠江海上丝路历史文化、珠江文化门类、珠江文化产业、珠江历史名人，以及珠江文化的自然、人文基础研究六大类。据此，以珠江学为出发点，得出地方学的研究对象应为有独特文化内涵的某一地理单元，研究内容为其相应区域的文化，研究任务在于为区域发展提供历史借鉴和参考。地方学属于区域科学的范围，是一门综合性、交叉性、区域性和应用性相结合的科学，应采用文献资料和野外考察相结合的研究方法，并以为地方服务作为学科建立和发展的宗旨。这些要素的整合，构成地方学的研究内容和架构体系，可供地方学建设参考。

关键词：珠江文化研究；成果分类；构建地方学内容体系

Abstract: As local studies is not yet mature, opinions vary on many issues and it is difficult to reach a final conclusion. Taking the 15 years research achievements of Guangdong Research Association of the Pearl River Culture as an example, this article gives an account of its achievements from six aspects, that is, the development history of the Pearl River culture, history and culture of the Pearl Riv-

---

* 作者简介：司徒尚纪（1943—），男，广东阳江人，中山大学地理科学与规划学院教授、博士生导师，主要从事城市历史地理研究；许桂灵，女，中共广东省委党校中国特色社会主义研究所研究员，主要从事资源利用和生态环境管理研究。

er along the maritime silk road, sub-branches of the Pearl River culture, the Pearl River culture industry, historical celebrities in the Pearl River and the natural and cultural basic research on the Pearl River culture.

Thus, with the Pearl River studies as the starting point, this article concludes that the research objective of local studies shall be a geographical unit with unique cultural connotations and its research content is none other than corresponding regional culture. Research objective decides research task. It provides historical refe-rences for regional development. Local studies is a part of regional science featuring a combination of interdisciplinary, comprehensive, regional and applicable elements. Literature collection and field survey can be adopted as its research methods. And serving local development shall be the main tenet of the discipline. The integration of these elements constitutes the structure system and research content of local studies to provide a reference for the construction of local studies.

Key Words: the Pearl River Culture Research; Achievements Classification; Construction of the Content and System of Local Studies

一、前言

地方学研究近年在我国方兴未艾，蔚为风气，大从黄河、长江、珠江等各流域文化，经省区为对象的地域文化，到名镇名村的乡土文化研究，都接踵而起，彰显我国地方学一片繁荣景象，形势十分喜人。但问题在于，由于地方学是一门具有高度综合性和交叉性的学科，研究对象欠明确，研究人员成分复杂，学科出身不同，研究视野、理论指导、研究技术路线、研究方法等都有较大出入，故研究成果也五花八门，难以定于一尊。但凡一门发展中学科，难免有理出多门，各自显山露水，成果复杂纷繁景象，这当然无可厚非。然而，当它的发展经历一个阶段以后，应进入实践总结、理论提升阶段，建立学科基本概念，确定学科对象、任务、方法等，形成地方学理论体系、内涵、知识、技能和方法。这样，地方学才能真正作为一门独立学科出现在我国学术之林，而不因为它的综合性和交叉性而失去自己的独特性，被其他学科替代、屏蔽或冲淡。而时下即因地方学在这些方面的模糊、疲弱而未能坚挺地与一些成熟的学科平起平坐，在我国学科体系中占有自己的一席之地。

这就有赖于在既有成果的基础上，加以理论总结和提升，建立学科坚强架构、稳定的研究队伍，推出系统、深入、高水平的研究成果。这样的地方学，自然能卓然独步于学术之林。

本文以广东省珠江文化研究会15年来研究珠江文化的成果为例，总结珠江学作为地方学的一种，它的学术历程、学科成果、社会评价等，作为地方学的一个案例，当有助于地方学建设参考。

二、珠江文化发轫与研究成果

珠江学以整个珠江流域文化为对象，研究它的产生环境、历史过程、各文化要素特质、风格、时空分布规律，文化资源评估和开发利用，以及流域文化差异与分区，文化地域组合及相互关系等。从珠江文化概念提出到上述研究分化与成就取得，大约经历了近百年时间。1926年郭沫若到广东投身大革命运动，在其《我来广东的志望》一文中他说："我们要改造中国的局面，非国民革命策源地不能担当；我们要革新中国的文化，也非在国民革命的空气中所酝酿的珠江文化不能为力。"[1] 按珠江有狭义与广义之分，后者是20世纪30年代确定的概念，泛指整个珠江流域，而此前珠江仅是流溪河流经广州市从白鹅潭到虎门的一段河道，故这里说珠江文化应是以广州为中心的区域文化，或称珠三角区域文化。只是珠三角文化概念提出以后，长期无人研究，直到1988年，中山大学教授黄伟宗在《论珠江文化及其典型代表陈残云》[2]一文中才提出珠江文化概念，与60多年前郭沫若所提的不谋而合。2000年广东省珠江文化研究会在广州成立，正式全面开展以珠江文化为核心的珠江流域文化系统考察研究。15年来，陆续出版《珠江文化丛书》110种，其中约300万字的大型史著《中国珠江文化史》从学术上确立了珠江文化与黄河文化、长江文化并列的地位、文化特质和风格，是珠江文化研究最浩大的系统工程，是珠江学研究的一个标志性成果，已赢得各方面好评。

这套《珠江文化丛书》出版发行，前后耗时15年，实际反映了珠江学研究的心路历程。按丛书内容，大致可分为以下几种。

（1）珠江文化发展史，包括司徒尚纪的《珠江传》《珠江文化与史地研究》《中国珠江文化简史》《中国地域文化通览·广东卷》，谭元亨的《中国

[1] 郭沫若. 我来广东的志望. 中山大学学报（社会科学版），1984（4）：46-47.

[2] 黄伟宗. 珠江文行. 广州：广东旅游出版社，2015：18.

文化史观》《客家圣典：一个大迁徙民系的文化史》《广府寻根》《客家文化史》，朱崇山的《珠江文化的历史定位》，张镇洪的《岭南文化珠江来》，许桂灵的《中国泛珠三角区域的历史地理回归》，黄伟宗的《珠江文踪》《郁南：南江文化论坛》，江门日报社的《西江历史文化之旅》等，展现了珠江自诞生以来的历史进程，在纵向上总结了它的形成、发展规律。

（2）珠江海上丝路历史。基于珠江有八大出海口，海岸线漫长，江海一体，与海洋关系非常密切，故海上丝路研究可视为珠江文化研究的一个重心，也是珠江学研究成就最大的一个领域。粗略统计，涉及海上丝路著作约30种。代表性作品有：陈永正的《中国古代海上丝绸之路诗选》，谭元亨的《广府海韵——珠江文化与海上丝绸之路》《开洋》《海国商道》，黄鹤、秦柯的《交融与辉映——中国学者论海上丝绸之路》，黄启臣等的《广东海上丝绸之路史》《海上丝路与广东古港》，王元林的《国家祭祀与海上丝路遗迹——广州南海神庙研究》《海陆古道——海陆丝绸之路对接通道》，黄伟宗、薛桂荣的《海上丝路的辉煌》，陈立新的《湛江海上丝绸之路史》，黄伟宗、谭忠健的《海上敦煌在阳江》，王元林的《内联外接的商贸经济：岭南港口与腹地、海外交通关系研究》，周义的《海上丝绸之路的研究开发》，黄伟宗的《海上丝绸之路与海洋文化纵横论》，刘正刚的《徐闻古港——海上丝绸之路第一港》，王潞、周鑫的《南海港群——广东海上丝绸之路古港》，刘永连、谢汝校的《古锦今丝——广东丝绸业的前世今生》，陈韩辉、吴哲、黄颖川等的《广交会——海上丝绸之路的新生和发展》，等等。

海上丝绸之路只是海洋文化的一个重点成分。关于海洋文化，珠江文化研究会也推出一系列研究成果，如谭元亨的《中国南海海洋文化论》，司徒尚纪的《中国南海海洋文化史》，戴胜德的《中国南海海洋文化传》，张镇洪、邱立城的《中国南海古人类文化考》，潘义勇的《中国南海商贸文化志》，蒋明智的《中国南海民俗风情文化辩》，这些论著涵盖了海洋文化的有关要素，展示了南海海洋文化的特质与风格，是珠江文化的延伸。

（3）珠江文化门类著作。珠江文化由物质文化和非物质文化组成，它们又包含不同的文化要素，一起构成珠江文化各个门类的成果。在佛教方面有《中国禅都文化丛书》，包括罗康宁的《出生圆寂地》，戴胜德的《顿悟开承地》，谭元亨的《农禅丛林地》，洪三泰的《报恩般若地》，冯家广的《禅意当下地》，以及郑佩瑗的《坛经形成地》《沧海航灯——岭南宗教信仰传播之路》等；在珠江沿线城镇文化方面有谭元亨的《广信：岭南文化古都论》，林楚欣、许志新的《千年雄州，璀璨文化》，黄伟宗、朱国和的《凤岗：客家文化论坛》，黄伟宗的《云浮：中国古都文粹》《良溪——后珠玑巷》，谭元亨的《广府寻根，珠玑祖地》《城市晨韵》，司徒尚纪的《侨乡三楼》，黄伟宗、金繁丰的《郁南：南江文化论坛》，洪三泰、谭元亨、戴胜德的《百年宝安》等。珠江文学艺术方面，有洪三泰的《珠江诗雨》《女海盗》，谭元亨的《珠江远眺》《岭南文化艺术》《客家与华文文学》，戴胜德的《珠江流韵》，黄伟宗的《珠江文踪》等。这些论著以各自的学术视野彰显了珠江文化的风采。

（4）珠江文化产业著作。为社会实践服务、为建设广东文化大省、强省、为泛三角建设提供文化产业决策参考，始终是广东省珠江文化研究会工作的一个宗旨，出版的相关论著或规划、设计成果也为数不少。如洪三泰、谭元亨的电视剧本《祝福珠江》，洪三泰的《通天之路》，谭元亨的《珠江文化之旅》《顺德乡镇企业史话》，谢鼎铭的《海上丝绸之路画集》，冯海波的《香茶陶珠——特产及其文化交流之路》，黄伟宗的《梅州："一带一路"世界客都》，崔勇、肖顺达的《海上敦煌——"南海Ⅰ号"及其他海上文物》等，都为发展文化产业奠定了坚实的基础。

在这些研究的基础上，有关地区先后建立了文化产业基地，开发了各种旅游文化产品，都取得了明显的社会经济效应。例如，封开被论证为"岭南文化古都"，开发出岭南第一个状元莫宣卿"状元文化"，引发海内外莫氏大联谊和招商活动；论证徐闻为广东西汉海上丝路第一港，在港址附近建设"大汉三墩"旅游区，游人络绎前来；在南雄梅关和江门良溪，论证前珠玑巷和后珠玑巷两个移民文化和海陆丝路对接点，使广府人联谊活动成为定例，每次参与者以数万计，影响广及海内外。怀集燕岩本为一普通溶洞，利用海燕栖居资源，打造出"全燕文化之都"，成为旅游热点，带动了相关的系列产品；宣传广东新兴六祖惠能禅宗文化，促使其家乡易名为"六祖镇"，成为佛教旅游、休闲基地，全镇不少人赖以为生。东莞凤岗本为普通侨乡，经论证为"客侨文化"之乡，带动了当地商居、制造业和旅游业兴盛。发掘粤北乳源古驿道，提出复原和开发"古道文化"，引起当地政府高度重视，乳源被誉为"世界过山瑶之乡"，古道旅游成为时尚。在阳江海域出水南宋沉船"南海Ⅰ号"，被研究会定为"海上敦煌"，明显地提升其文化品位，成为海上丝路游的一个亮点。联合国教科文组织在梅州松口镇设立中国（梅州）移民纪念广场，梅州利用这个机遇，发起客属海上丝路研究和客家人联谊活动，盛况空前，其冲击波荡漾海内外。举凡这类活动和文化产业基地的建立，都离不开地方学文化成果的支持，舍此无异于釜底抽薪。

（5）珠江历史名人。名人是珠江文化的一个载体，是珠江文化的精神体现者，已出版的有关珠江历史名人的图书有仇江等的《岭南状元传及诗文选注》，谭元亨的《广府寻根》《顺德人》《客商》《客家文化大典》《肝胆相照——饶彰风与邓文钊》《华南两大族群的文化人类学建构》《广府人》，王元林的《东莞历史名人》《袁崇焕传》等。

（6）珠江自然人文基础。珠江流域自然环境与资源，是珠江文化形成发展的必要条件，这也是珠江文化研究会致力研究考察的基本课题。已出（在）版的著作有司徒尚纪的《中国地理百科·珠江卷》，谭元亨的《南方城市美学意象》，许桂灵的《广东生态文明论》，陈伟明、王元林的《古代中外交通史略》，梁健、邓建华的《瑶乡乳源文化铭作选》❶ 等。实际上，以上著作，都是在不同程度上以珠江自然人文基础条件作为背景，继而展开实质性论述。这个基础研究，也贯穿研究会工作始终，成为日常研究不可少的一部分。

上述广东省珠江文化研究会 15 年来卓有成效的研究成果，得到各级领导、同行专家、学者、相关部门和地区负责人的高度肯定和赞扬。《广东海上丝绸之路史》《中国古代海上丝绸之路诗选》等还作为广东省领导出国访问的礼品，赠送给东南亚有关国家的领导人。在创会 10 年和 15 年庆典上收到了各方面的贺信和贺电❷，说明这些成果立足珠江流域，对保存和发扬光大珠江历史文化遗产，为区域社会经济发展提供了重要的决策参考，同时是建设地方学体系的坚实基础。

三、地方学内容体系之构建

自 20 世纪 80 年代以来，我国地方学机构多达数十个，地方学的名称也很多，但由于学科理论欠充实、内容体系不一、技术路线模糊、研究手段简单等原因，不少机构昙花一现，所提的地方学也销声匿迹，说明地方学发育尚未成熟，仍须倾注极大的努力和热情加以培育、呵护和发展，使之成为配合我国社会经济发展的一门显学。

综上所述，笔者认为，当务之急是构建地方学的内容体系，使之研究有

❶ 黄伟宗．珠江文行．广州：广东旅游出版社，2015：14-16.

❷ 黄伟宗．创会十年——广东省珠江文化研究会成立十周年庆典文集．北京：中国评论学术出版社，2010：1-3.

所指引。

（1）地方学研究对象。一门科学只有独具特有的研究对象才能成立，否则很可能被其他学科取代，而不称其为科学。地方学应是以有独特地域文化内涵的特定地理单元为对象[1]，也是地域文化发生、形成、发展于某个地理区域，在此基础上产生区别于其他地区的文化特质和风格，在一个更大区域体系中占有自己的地位、空间和格局。如此一来，地方学所依托或承载它的必然是个形式文化区[2]，有相对稳定范围，但没有不可逾越的边界，否则就是一个功能文化区[3]。不管哪种形式的文化区，它都应接地气，牢牢地植根于区内土壤，并借以滋润、壮大自己，最终发展成为一门地方学。

上述珠江文化研究，初始是以广州附近珠江为对象，后来扩展到整个珠江水系。从文化辐射功能出发，珠江文化范围比自然地理即流域范围要广，在它边缘出现一个过渡带，如粤东潮汕、赣南、湘南、黔北、滇西，以及雷州半岛、海南岛，主要为珠江文化与长江文化过渡带。以珠江流域为对象的珠江学，即在这个区域内研究珠江文化概念所蕴含的相关内容，间或也会涉及过渡带的一些文化现象，但这是次要，为相互比较而言的。

（2）地方学研究内容。地方学属于区域地理科学之列，在这个区域存在的自然和人文现象，都属于地方学的研究内容，但重点是区域内的人文或文化现象、自然现象或曰自然环境与资源只是文化发生的条件或基础，不能不顾及，但不是重点。总结珠江学对珠江文化的研究，上述《珠江文化丛书》所列的各部分内容，并不是它的全部，但解析丛书的各部分章节，仍可归纳出珠江学的内容大致可分为：①珠江文化形成自然基础；②珠江文化形成、发展历史过程；③珠江文化门类结构；④珠江文化特质和风格；⑤珠江文化资源开发利用；⑥珠江文化生态；⑦珠江文化区域分布；⑧珠江文化产业。

这些内容整合，构成珠江学的基本架构。当然，每一个部分内容又可解构出若干单元，作为进一步研究的课题。如珠江文化资源开发利用，就包括物质和非物质文化资源，内中又有文博考古、名城名镇名村名人、民族、族群、风俗、宗教、器艺、文学艺术等文化资源，不一而足。

---

[1] 卞利，戴圣芳．徽学的过去、现在和未来——兼论地方学建设的路径//广州市政府文史馆，参事室．城市规划和发展——广州学与城市学地方学学术报告会（2015）会议材料，2015：15.

[2] 形式文化区是指某种文化现象，或某些具有相互联系的文化现象在空间分布上具有集中的核心区与模糊的边界的文化区。

[3] 功能文化区是非自然状态下形成的，并且其文化特征受政治、经济或社会某种功能的影响，其内部彼此之间有一种互相联系和明显的边界的文化分布区域，即为功能文化区.

（3）地方学研究任务。地方学研究对象是一种客观存在，不以人的意志为转移，一个对象可有多门学科研究，但一门学科只有一个特定对象。例如，一个几何体，几何学研究它的空间性质和变化，物理学可研究它的物理性质，艺术学可研究它的色彩和美感，如此等等。而研究任务是主观范畴，是根据对象提出要解决的问题。地方学立足当地，具有综合性的特点，故可承担多种任务，为解决地方发展实际问题提供决策参考。如城市规划，涉及问题甚广，城市规划学或城市地理学等发挥主体作用，但地方学提供城市资料及与城市相关历史、建筑、街区、社会、文化等研究成果，都是城市规划不可或缺的；又如修方志，涉及面更广，地方学与之配合，可谓珠联璧合，大可增补其不足，发挥自己综合性强的特长和优势。

（4）地方学性质。根据珠江文化研究过程和成果，可以认为地方学是一门综合性、交叉性、区域性和应用性学科，是四者的结合和统一。地方学以研究一个特定的地理单元固有的文化现象为对象，这个区域由自然、经济、人文、社会等多个要素构成，且彼此之间相互作用和影响，形成一种有机结合关系，而不是它们的机械相加。研究这个综合有机体，不是单个或少数学科可以完成的，而需要它们配合、集成，才能取得预期成果。例如，上述珠江文化研究，就是地质、地理、生物、考古、文博、人类、民族、语言、海洋、历史、文化、人口、水文、水利、国土、规划、建筑等学科人员参加，体现了自然科学、人文社会科学和技术科学等的综合。这些学科相互配合，取长补短，在研究成果中你中有我，我中有你，很难区分彼此，清楚地印上学科交叉性的烙印。地方学植根、依托一个特定区域，它的对象在地方，承担的任务在地方，研究成果也为地方服务，所以区域性是它的固有性质。也由于此，珠江学无一不以珠江流域为对象，珠江文化即为珠江母亲河而生，珠江学用于其他河流，不可能有珠江文化成果。同样，用黄河学、长江学来研究珠江文化，得到的可能是另一种结果，这是不言而喻的。地方学往往基于社会发展要求而生，即任务带动了学科。例如，城市和区域规划与建设，提出许多需要解决的问题，促进了对城市和区域的综合性、整体性研究，结果使地方学应运而生。在广东，广州学、潮汕学、客家学等即如此。近年，泛珠三角经济区规划和建设，需要对珠江流域做综合性、全景式研究，作为泛珠三角经济联合决策参考，珠江学大有用武之地。珠江文化的成就即找到它起作用的平台，故地方学的应用性也是不争的事实。如上述珠江学研究成果，即广为地方服务，有的成为县市区域发展战略依据，产业建设和布局的指南，树立城市和区域形象、标志的观点来源，或成为吸引港澳台侨资金、技术、人才、信息等宣传材料。广东近年发起海外广府人、客家人、潮汕人寻根问祖热潮和开展联谊活动，即建立深厚的地缘、族源、血缘和文缘基础，地方学成果对此功不可没。

（5）地方学研究方法。基于地方学的对象、性质和任务，它的研究方法和手段也是多种多样的，除通常占有、使用大量地方文献、文物考古资料作为研究基础以外，以下几种方法也是不可或缺，非常有效的。

一是多学科立体交叉研究。地方学要建立的理论和解决的实际问题，往往是综合性、全面性的，涉及多个学科领域，需要动用各方面理论、知识和技能。这就决定它的研究方法是多种多样的，包括自然科学、人文社会科学、技术科学相结合，时间和空间科学相结合，观察问题的视角是多元、立体、动态的。

二是野外考察方法。地方学研究对象的资源和信息很多隐蔽于历史荒烟蔓草中，或在人们遗忘的角落里，需认真钩沉、发掘。故野外考察不可或缺，有时是起决定性作用的。广东省珠江文化研究会专家学者，平均年龄60岁以上，个别人年届或超过80岁高龄，依然为寻求历史文化遗迹遗址，多次奔走在野外荆棘丛中，终有所发现，有所收获。例如，粤北西京古道、大庾岭道、湘桂走廊、潇贺古道、南北流江海陆丝路对接通道、西汉海上丝路始发港徐闻、合浦、南江文化走廊、五邑、梅州华侨建筑、粤北瑶壮少数民族文化资源、两广客家大屋、珠三角历史围垦和基塘农业等，都是专家学者们亲临其境，现场踏勘，反复论证才下结论的。这些结论业已经过时间考验是正确的，故能为地方或有关部门应用，取得明显的社会经济和生态效益。侯仁之先生说，历史地理是一门又古又今、既要读书又要走路的学问。珠江学的研究过程，验证了侯先生此言的正确性。

三是科学、文史工作者与地方领导相结合的研究方法。地方学成果，应用于实际、为地方服务，才是它最大的目的。为此，地方学研究应得到地方政府或相关部门的支持，这样才能使地方学研究与地域发展相结合，并转变为生产力。所以，科学文史工作者研究、野外考察应尽可能有地方干部参与。这不仅有利于工作开展，对提高干部对地情的认识水平和地方学成果的应用推广，也是有好处的。广东省珠江文化研究会多年的研究，特别是野外考察都是这样的。这个经验值得借鉴。

四、小结

综上所述，广东省珠江文化研究会15年的工作历程和成就，实可作为地方学研究的一个范例，也是建立珠江学的实践基础。但一门学科的存在、建设和发展，归根结底取决于社会经济发展的要求。地方学应以此为根据，确立自己在区域发展中的地位、作用和影响，作为学科建设的基础。在当今地方学尚未成熟、争议颇多的背景下，应走出书斋，广泛参加社会实践活动，在总结相关经验的基础上，提升地方学建设的理论水平和解决实际应用问题，相信会取得预期效果。

广州学与非遗学理论构建的民间力量

曾应枫*

摘　要：广州学与文化遗产学既是传统文化，又是新时代的新学科。关于广州学的研究构建问题，有点像非遗学，理论准备不足，研究人员缺少，如何在借力和整合上下功夫，可借助非遗文化的保护与研究之经验，既重视民间力量，重视田野调查，也要依靠研究人员，找出广州学侧重的研究方法，共同把广州学做好。

关键词：广州学；文化遗产学；民间力量；文史馆；整合资源

Abastract：Guangzhou Studies and Culture Heritage are new research subjects as well as traditional culture. The establishment of Guangzhou Studies is in some way similar to intangible cultural heritage：inadequacy in both theoretical preparation and research personnel. In order to find a set of methodology most suitable to Guangzhou Studies and make headway in this research field，importance should be attached to civilian forces，field investigation as well as research staffs. How to take the advantage of integrated development? Experience can be borrowed from protection and research of intangible cultural heritage.

Key Words：Guangzhou Studies；Cultural Heritage；Civilian Forces；Cultural and Historical Museum；Integrating Resources

* 作者简介：曾应枫（1951—），女，广州文学艺术创作研究院一级作家，广州市人民政府文史馆馆员，主要研究方向为民间文艺和民俗文化。

近年来，我国非物质文化遗产保护工作卓有成效地全面展开，以迅雷不及掩耳之势嵌入中国人的话语体系，取得了显著的成就。在此基础上，2010年，由广州市人民政府文史研究馆馆员邱昶提出“广州学”学科的构建，得到广州市领导的重视和文史馆领导的大力支持，为推进广州学研究，广州市文史馆已举办了四次专题研讨会。笔者近十来年从事民间文化研究和保护工作，即如今称为“非物质文化遗产保护工程”（以下简称“非遗”），认为非遗学与正在创建中的广州学都具有地方性特征。笔者曾参与了广州市非物质文化遗产的搜集整理和研究工程，可以为“广州学”学科研究的建构提供一些经验。

一、非物质文化遗产传承和研究主体的构建

中国民俗学家刘锡诚先生曾指出：“我国的非物质文化遗产的保护是在亿万民众中而不是靠少数人实施的一项旷世大工程，是现代人做的一件惠及后世的大好事。但也要看到，这项‘工程’是在理论严重不足的情况下启动的。”❶ 确实，虽然历经多年实践取得重大成果，但在不少地方仍然没有完全厘清非物质文化遗产传承的运行机理，对非遗传承和保护的主体、客体、载体、路径等方面有时含混不清、认识模糊，在非物质文化遗产的传承与保护工作以及在理论研究等问题上面临着诸多亟待解决的问题。

在保护非物质文化遗产传承和保护实务工作中，有两个主体，即传承主体和研究主体。

大家明白，非物质文化遗产传承的主体是传承人，即在文化遗产传承过程中直接参与制作、表演等文化活动，并愿意将自己的高超技艺或技能传授给指定人群的自然人或相关群体。传承人掌握了非物质文化遗产的丰富知识和精湛技艺，成为非物质文化遗产活的宝库。但问题是，仅仅靠一两位熟谙该活动仪式或技艺的人，就能把非遗传承下去吗？民间工艺也许可以，如剪纸，凭一把剪刀、一张纸就可以完成，但更多的非遗，如占项目最大量的民俗活动，如果没有社区民众的积极参与和当地文化部门的支持，无论如何是传承不下去的。所以一些非遗民俗项目，很难评定传承人。

广州非遗的研究主体，多指学术界如高等院校和科研机构的有关专家、学者，他们为非物质文化遗产保护提供理论和政策研究，为非遗保护工作的

---

❶ 刘锡诚．非物质文化遗产理论与实践．北京：学苑出版社，2009：274.

开展提供学科的储备。一些高校如中山大学建立了中国非物质文化遗产研究中心，将非遗作为一个独立的研究方向与学科，创办以非遗保护研究为主要内容的专业性学术期刊《文化遗产》。广州市的一些文化杂志也开设非遗专栏，撰写有关非遗论文等，各区文化局、文化馆等各种相关部门也成立非遗保护机构。但必须看到，近十来年全国各地开展的非物质文化遗产保护工程是项新事物、新学科，非遗保护工程又是刻不容缓，非遗研究只能在实践中边探索、边研究。

事实上，中国在三四十年的民间文化实践中，特别是在近一二十年的非遗保护现实中，从事研究和探索的还有一支不可忽视的队伍，他们是民间团体的基层文化工作人员，以及新闻界、教育界、商界和热爱本土文化的民众，他们经历多年田野工作的积累和实证材料的检验，热情参与非物质文化遗产搜集、整理、保护和研究，能量十分巨大，他们介乎于传承、传播和研究间，但由于他们的文化工作者身份，又不能成为某个非遗项目的传承人，或者称为“研究者”，至多是本地域非遗文化传播的实践者和领军人，我们粤语称为“地胆”。他们是非遗传承与保护的亲历者、传播者，经过几十年来的文化熏陶及参与民间文化进行搜集、整理，他们对本土文化了如指掌，面临日渐式微的民间文化他们从开始的公事行为到后来的自觉投入抢救和保护，成为一种基于历史使命感的志愿行为。

广州市花都区民间文艺家协会（前花都区民间文艺研究会）老会长陈棣生先生就是这样的人，30年来他为搜集、整理和研究民间文化做出大量的工作。从1986年4月起，他带领文研会的会员们深入乡村进行“民间文学、民间歌谣、民间谚语”三套集成的普查和搜集整理工作，多年来搜集了民间故事280篇，歌谣2000多首，谚语5000多则，成为广州市民间文学三套集成的先行点、先进点，多次在全省的讲习会和研讨会上推广花都区的普查经验。

类似花都现象的，在广州还有黄埔区的黄应丰、番禺区的梁谋、屈慎宁、增城新塘的湛汝松等“地胆”。

为什么专门提到这些基层文化人？因为如今所说的“非遗”发展史就是这样过来的，始于20世纪80年代，在广州市各县区所铺开的中国民间文学的“三套集成”，是由分布在各县区基层文化工作者完成的，进入21世纪的“中国非物质文化遗产保护工程”，仍然是他们去“打头阵”。在面临保护非物质文化遗产非常急迫的重大任务时，在缺少理论指导的情况下，这些基层文化工作者成为搜集、整理、传播和研究“非遗”主体，担当了多重角色，既是本土民间文化或叫非物质文化遗产的保护者，又是研究者。

正是这股民间力量，与传承人和学者一起，我国的非遗保护工作才能够遵循“政府主导、社会参与，明确职责、形成合力”的态势前行。

二、广州学与非物质文化遗产传承和研究的路径

非物质文化遗产传承的路径是民众参与、身传口授。非物质文化遗产是集体智慧的结晶，它的存续必须依靠传承民众的广泛参与，具有很强的大众性。从具体传承路径来看，非物质文化遗产是由各族人民以口授或行为等方式，以声音、形象和技艺等为表现手段，创作并世代传承为人民群众所享受的文化，是至今还流传在民间的“活”文化。如父子、师徒口耳相传、参悟体验，通过人与人之间尤其是前辈对后辈的行为影响来实现，因此研究的路径离不开田野作业、文化对话及非物质文化遗产各个方面的确认和立档等，其中一大特色是强调对非物质文化遗产实施的活态保护，所以，以民间为载体的民俗传承和研究才是人们更为普遍掌握的历史记忆方式。

如对民间文学的搜集与研究，以花都陈棣生先生为例，这一位有人文情怀和社会担当意识的老民间文化工作者，他迈出双腿，长期孜孜不倦地搜集、整理有关太平天国、盘古文化及花都古村落的民间文学和民俗文化，在田野调查的基础上，用自己手中的笔，进行深入的研究。如他在《民间心目中的太平天国》一文中，对在广西搜集到的其中三首在金田起义期间民间传诵的歌谣的研究，就来自他多次的深入田野调查，反复地考证。如他第一次去广西桂平县金田镇，搜集到一首本地的民谣，反映金田起义前夕受迫民众的心态：

上等的人欠我钱，中等的人得觉眠；

下等的人跟我去，好过租牛耕瘦田。

后来陈棣生又去了广西贵县，搜集到石达开动员民众参加起义的一首歌谣，在民众中是这样传唱的：

百万家财欠我钱，半贫半富任耕田；

无食无穿跟我走，百钱粒米不忧天。

第三次，陈棣生来到金田，搜集到金田起义成功后民众传唱的一首歌谣，号召农民加入太平军：

大户人家欠我钱，中户人家你莫言；

小户人家跟我走，打倒大户来分田。

陈棣生先生通过三次深入调查，对这首太平天国起义军在民间传唱的歌谣，从始创时提出“下等人要生存”，发动起义时提出“过好日子”，到后来起义成功后歌谣中提出的“劫富济贫”，反映了洪秀全领导的起义军在不同阶段的思想及发展状况。

陈棣生先生几十年如一日，言传身教地带动和影响着花都的民间文化人，他这种深入田野调查、认真做学问的态度成为花都民间文化研究的一种标杆和榜样。

十多年来，广州民间文化的非遗传承在中小学校不断发展，许多小学实施“民间文化进课堂”，在学校建立民间文化传承基地，对学生进行民间文化艺术教育，使尚存的活态传统民间艺术得到传承，这也为非遗的教育传承研究开辟了新的路径。如广州番禺沙滘中学是一所公办的区镇（农村）初级中学，该校校长范德智出生于当地的龙船世家，他从小就喜欢扒龙船，想当“龙船头”，由于种种原因，范校长在乡村当不了龙船头，后来他上了大学，当了中学校长，他要把龙舟文化所体现出来的拼搏进取、奋勇争先的龙舟精神融入教育教学之中，他组织编写了校本教材，出版了《沙滘龙舟文化》一书，还将《“龙舟文化”校本课程开发与实施的研究》申报为省级课题，在学校建立了龙舟博物馆，收藏本地一条曾拿过多次金奖的39米长的传统龙船，成为该校珍贵的龙舟文化财富。

在非遗的传承中，民间传承人的传承固然重要，但培养一支优秀的教师队伍，在教育传承和研究上下功夫，所起的作用更大。如广州市越秀区广中路小学在近六年开展的通草学堂中积累了很多经验与成果。诞生于19世纪的通草画是老广州的名片，由于环境与材质变化，通草画消失了近百年，广中路小学通过创办“通草学堂”，让小学生了解并传承通草画，他们不但让孩子们创作的通草画陈列在广州艺术博物院，而且把几年来所开展的有关活动，老师们所写的论文，学生们的作品，还有多次参加大型展览的成果及媒体的传播，社会的影响等进行搜集整理，汇集成文集。六年多来，这一间普通小学有一班热心传承民间文化的老师和同学，他们通过多年的实践教育和研究，从不知通草画为何物，到如今有了一批传承和研究的成果，成为广州通草画的传承者和研究者。非物质文化遗产进课堂，在学校开展本土文化教育，是保护、传承和研究非遗的一种有效途径。

三、整合人才资源，多方创建研究平台

广州学的构建是近几年的事，具有地方性特征，有点像非遗学，理论准备不足，也没有专门的研究人员，如何在借力和整合上下功夫，须借助非遗文化的保护与研究之成果及经验积累，整合资源。

谈到广州学研究，作为一个具有地方学性质的学科，涵盖面宽，人们多是首先想到文献资料的整合。从 2005 年起，广州市政府组织一批出版、历史、方志人才，组织编辑出版《广州大典》，这可以说是广州学研究的最完整的古代的资料搜集，那近现代的资料呢？目前广州又启动了二期《广州大典》（近代）编辑工程。但远远不够，如何在研究文献资料上做好补遗，广州文史馆编，邱昶、黄昕著的《广州学引论》就提道，“要解决整合问题，要在补遗上下功夫，包括搜集活资料”[1]。确实，活资料是人才做的，人才是一种资源，当我们关注民俗现象时，不应忽略民俗的主体人，培育一代又一代的“民俗人”。当今流行的“口述历史”，就是由幸存的“民俗人”所承载的，是他们负载着民俗的传承所在，把原来的历史搜集记载下来。这些“民俗人”可以说是文化传承人，而不仅是具体某一项目的传承人，他们所起的作用更大。

同样，广州学的研究不但在高校和研究单位，更要在实践一线的文化社团中，比如民间文艺家协会、民俗文化研究会等，他们当中有一批熟悉地方文化的“俗民群体”，他们是民间文化的亲历者、传播者，其中不乏在多年的实践中成长为研究者。他们在多年的田野作业中融合自己的知识积累，重新组合，转换或生产成“新”的知识，成为本土文化学者和话语人，从而不断地增强自信，直到文化自觉。长期的文化追求，逐渐形成了他们的文化底蕴，由此成为本地民间文化“一宝”。目前的问题是随着岁月的流逝，有的年事已高，退出工作岗位。所幸的是，他们并没有因为退休影响到他们对文化事业的由衷热爱，只要身体和精神允许，他们都会不遗余力地继续这项事业。如上说的广州花都区陈棣生、黄埔区黄应丰等，他们年过八十，仍在孜孜不倦地搜集整理手头的民间文化资料。

尽管如此，非遗保护和广州学研究，都是一件任重而道远的工程，必须重视对这些非遗文化传人的保护和后任的交接，如果他的下任不得力，容易导致非遗传承重新式微，给非物质文化遗产带来巨大损失。花都区民间文艺

[1] 邱昶，黄昕. 广州学引论. 广州：广州出版社，2014：26.

家协会成立近30年，由老带新，班子及会员经过新老交替，他们没有停顿，一直前行和发展。现任会长李远和秘书长刘浪和接过老会长陈棣生先生的棒，继续带领着花都区的民间文艺家们坚持不懈地进行田野调查和文化研究，重视发展地方性文化研究。近几年他们指导组建晚清重臣骆秉章（花都人）研究会，发挥民间力量，通过“请进来，走出去”，与湖南左宗棠文化研究会和曾国藩研究会等联合举办文化论坛，出文集，出了一批关于骆秉章的研究成果，并重修骆秉章宗祠等工程，对本土的地方文化研究做出很大的贡献。2017年年初，在花都区民间文艺家协会成立30周年之际，时任会长李远将会员们30年来对花都的历史文化、民间文化的研究文章及田野调查等汇编成集，厚厚的一大本，全面展示花都区会员的民间文化理论研究成果，这在广东省及广州市属各区县的民间文艺家协会中实属难得。

广州民间社会的动力非常大，资源非常丰富，随着经济的大步发展，各种文化事业兴起，涌现出一批民间收藏家，他们以爱好为基础，在实践中加以研究学习，如美食家收藏广府美食文化藏品，广府美食文化研究基本是民间行业。已经建立的广州十三行博物馆也是依靠民间的力量，大量的文物展品是民间搜集与捐赠。收藏家们收藏与捐赠的不仅是物质文化遗产，还有对非物质文化遗产的保护和研究。专门收藏广彩、陶瓷及书画的藏家对其历史文化的研究不但津津乐道，而且颇有研究。他们通过收藏来展示研究本地域某一行业或群体生活的整体变化，让人们通过这些接近消失的文化遗物触摸到不同时代的群体和个人记忆。这批由民营企业家、民间艺术家转型的收藏家们也是本土文化发展和研究的一批生力军。

四、当今广州学研究现状

当今广州学研究于2010年由广州市文史研究馆首倡和领衔，2014年5月，作为广州学研究开山之作，由广州市文史研究馆馆员邱昶与黄昕著的《广州学引论》在广州出版社出版，该著作分别从广州学的基础理论、广州学的文献工作、广州的城市、独树一帜的广州文化、大写的广州人等六大部分阐述新建立的广州学研究方向，明确了研究对象的基本情况，学科建立的目标及步骤。广州市文史研究馆将广州学研究作为工作重点之一，从2014年12月起，每年都由广州市人民政府文史研究馆、广州市人民政府参事室主办一场来自全国各地的地方学研究者和本地学者的高规格的“广州学学术报告会”，每一年的主题的侧重点有所不同。2014 年主题为“广州学与城市学地方学学术报告会”，收到论文 67 篇；2015 年主题为“城市规划和发展”，收到论文 48 篇；2016 年主题为“孙中山与民主革命策源地广州”，收到论文 75 篇；2017 年主题为“文化传承与理想广州”，收到论文 77 篇。在每年的广州学学术报告会收到的数十篇论文中，除了少数来自全国各大城市地方学研究学者，还有约十篇研究论文是由主办单位的广州文史馆馆员提交的，大部分论文来自广州各文化研究机构的学者及基层文化研究的人员，他们从各自熟悉的文化视角进行学术研究，为广州学发展献计献策。

由此可想，如果由文史馆馆员主导的广州学研究，不吸收外来的其他文化研究领域的包括文史、书画、艺术、民俗，甚至天文、地理、医学方面的研究者参与广州学的研究，就凭文史馆的专家学者队伍，广州学研究难以为继。

近年来，广州市人民政府文史研究馆、参事室在挖掘、研究、宣扬广州的历史与民俗文化上做了大量的工作，创办了广府文化系列活动，充分发挥馆员力量，将馆员研究成果向社会展示，促进公众文化交流，连续六年创办了六届广府文化节（也称文化周），扩大了社会影响，广府文化节已经成为传承和弘扬广府文化的一张名片。这些展示广州地方特色的展览主题鲜明、内容丰富，有近当代广州医药文化展览：陈李济医药四百年、西关中医正骨文化、广州最早创立的西医博际医院等；有展示广州民间艺术的三雕一彩一绣的工艺展览、沙湾广东音乐五架头展览、岭南画派书画展等；还有以“广府端午龙舟·大澳端午龙舟游涌·车陂百年龙船景”为主题的广府龙舟文化展览，黄埔乞巧展等，同时还召开“广府龙舟文化暨车陂百年龙船景的传承与发展”研讨会。来自广州地区数十名学者与车陂村的基层文化人、龙舟文化传承人一起，就广府龙舟文化的传承与发展进行研讨，内容丰富，形式生动，互相交流与启发。

如今有人又叹息，专业做学问的人少，用心去做的人更少，他们要面临教学、科研、实践等多种压力。其实，近些年非遗保护和本土文化研究的兴起，造就了一批新生的文化群体和文化人，他们更接地气，在社交及媒体的话语影响也是颇大的，我们应把关注的目光放在身在文化一线的工作者身上，与他们共同研究，互相帮助与提升，培育出更多的“花都一宝”“黄埔一宝”等，如此广州学研究的思路会更开阔。正如中国民俗学家刘铁梁所言：“当前民俗学研究中最热门的话题之一是非物质文化遗产保护与抢救，然而，我们作为民俗学者应该超越‘非遗’问题，回到社会生活发展变化上来，更多地关注‘民’以及‘民’在今天的生活处境、文化困惑与情感诉求。”❶

广州学和非遗学一样，也是地方之学、感受之学、研究之学、传承之学。各个行业的人背景不同，习得、记忆、使用和语言也不同，他们长期亲身经历，对此最有感受和发言权。他们首先把眼睛看到的资料作为第一步，把听得见的语言资料作为第二步，把微妙的感受和理解作为第三步，从这亲历和感受中进行理性的思考和普遍意义的阐释更通俗易懂。

因此，广州学和非遗学研究的将来，不仅寄希望于专业研究机构的学人，还要看我们能否培植一群身体力行地关注与研究本土文化的文化工作者，并协助他们在民间文化的活动中获得应有的话语权。

❶ 刘铁梁. 城市化过程中的民俗学田野作业. 文化遗产，2013（4）：99-107.

“卫派文化”初探：基于地方学视角的解读❶

张慧芝*

摘　要：天津城溯源于明初设置的“天津卫”，清雍正年间改为行政建制。地理特征、地缘位置等“自然—人文”环境，决定了天津设城以来其职能一直与“卫”关联：宿卫的主体首先是京师，其次是它的整个腹地；宿卫职责则包括物资转输、海疆安全及自然减灾等，涉及经济、军事、自然等诸多领域。由此强化了“海门”“津门”“九河下梢”“京师门户”等称谓，也逐步形成了有别于其他城市的“卫派文化”。

关键词：天津；卫派文化；地方学

Abstract: Tianjin city, formerly known as “Tianjin garrison area”, was established in the Early Ming Dynasty and became local administration unit in the reign of the Yongzheng emperor. Because of its natural-humanistic environment, such as geographic position, geographic feature and so on, the urban function of Tianjin City has always been related to “Garrison”. For example, the main body of the Guardian is the capital first, followed by its entire hinterland, The duties of garrison mainly include material transfer, coastal safety, natural disaster mitigation, which involve many fields of economic, military, nature etc.. These duties not only reinforce “the entrance of the sea”, “the hub of river communications”, “the nine river tail”, “the capital gateway” and other appellations but also gradually formed a

---

❶ 本文获教育部人文社科基金项目“海河水系航运与京津冀一体化”（14YJA770019）资助。

* 作者简介：张慧芝（1969—），女，河北井陉人，历史地理学博士，河北工业大学马克思主义学院教授，主要从事历史时期海河水系环境变迁与经济社会发展研究。

different urban culture apart from other cities called “Garrison Culture”.

For example, the main defending area is, above all, Jingshi, the imperial capital, then its entire hinterland. Defending duties involves goods transportation, maritime security and disaster relief, etc. in economic, military and natural fields. As a result, the titles like Haimen, Jinmen, nine river tail, the capital gateway gradually formed the so-called “Garrison Culture”, which is different from other cities.

Key Words: Tianjin City; “Garrison Culture”; Local Studies

梳理城市文化的地域特征，北京皇城文化被称为“京派”；上海近代商业文化被称为“海派”；天津屏障北京职能被称为“卫派文化”，突出的是一个“卫”字。近年有学者从地域文化视角对此展开了分析[1]，还有学者将其称作“津派”文化[2]。城市与其“自然—人文”环境共生，会逐步形成具有识别性的个性文化，“京派文化”“海派文化”“卫派文化”则是其中的代表。

“卫”可溯源至明代军事建制“天津卫”，本意即《说文》所释“宿卫也”，海陆接壤的自然空间、海河尾闾的地理特征、毗邻京师的地缘位置，叠加作用塑造了天津城在历史时期独有的卫城职能，并相应形成了“海门”“津门”“九河下梢”“京师门户”等称谓。综合解析这些名号，可以看到天津城“卫派文化”的特征，及其生成过程中与地域环境的相互作用。

一、“卫派文化”的内涵及形成过程

天津文化被冠以“卫派”称谓，从字源解读与明初天津卫的设置直接关联，但卫所制是明朝的主要军事制度、遍及全国，天津因何独享“卫派文化”之誉？在甲骨文中，“卫”同“韦”，意思是在大道（行）站岗保卫（韦），天津“卫派文化”之称更多取决于其城市功能中蕴含的“卫”字本义：保卫、保护，天津保卫、保护的主体主要是国家中心——京师，这是其“卫派文化”形成的根源。

[1] 胡光明. 潮州文化与天津卫派文化特质的形成. 潮学研究，2002（JO）.

[2] 罗澍伟. 漫话天津人口与天津文化——天津历史的一个剖面. 城市史研究，1998（Z1）.

（一）“卫派文化”内涵

毗邻京师的地缘位置，保卫、防护京师的职能，与位于海河入海口、面向渤海湾等地理特征结合，天津“卫派文化”的内涵可概括为：“海门”“津门”“九河下梢”“京师门户”四个方面。

1. 海门：基于海陆空间的文化解读

早期天津又称“海门”，字面解读即陆地与大海接壤、河流入海海口处；但与期间城市河海联运职能结合，距离海口一百多里、渤海逆潮可至的三岔河口也成为人们认知中“海门”。可见，“海门”作为“卫派文化”内涵之一，主要是基于海陆空间的文化解读。

因海拔低、易被海侵，天津城市兴起很晚；同时渤海逆潮又会增加海河航道水量、助力航运，所以“海门”之称谓，直观地反映了濒海环境对天津城市发展的影响。基于海潮对天津的作用力，对“海门”位置的认知，主要有两种。

（1）海河入海口——大沽口。《重修天津府志》记：“大沽口在县[1]东南一百二十里”[2]，“河流入海处两岸壁陡，一域中横，土人谓之海门，咸潮上海门而止”[3]。《津门杂记》也载：“大沽口距城百二十里，河流入海处也。两岸壁陡，一域中横，土人谓之海门，又日拦港。”[4] 这是符合学理的自然“海门”。

（2）与渤海逆潮范围相关，大致在三岔河口一带。“邑有潮不过杨之说……每潮溢时，御河潮至杨柳青止，北河潮至杨村止，西河潮至杨芬港止，过此无潮。”[5]海河逆潮的位置很难准确界定，“潮不过三杨”的提法也带有很大文学性，但综合《重修天津府志》[6]《天津县志》[7]《津门杂记》[8]等所记，海潮上溯的范围是可以过三岔河口的。海河干道的水位被托高数米，来自渤海的大船可直接深入三岔河口，再换驳船分运京津冀腹地。渤海逆潮可至的三岔河口也被认为是“海门”，如清代《三岔河口》记“千里长河尽，人传是海门”，直言“海门”就是三岔河口，再如近代著名的望海楼教堂，也位

---

[1] 指清代天津县。

[2][3] 沈家本，荣铨，等. 重修天津府志：卷20：山水，7.

[4][5][8] 张焘撰，丁绵孙，王黎雅点校. 天津风土丛书·津门杂记·海口. 天津：天津古籍出版社，1986：4.

[6] 沈家本，荣铨，等. 重修天津府志：卷20：山水，5-6.

[7] 朱奎扬，张志奇. 天津县志：卷5：山川志·大沽口，乾隆四年刻本，20A-B.

于此。

大沽口是毋庸置疑的“海门”，但基于渤海逆潮对水运的作用范围，内溯一百多里河海联运的码头——三岔河口也被看作“海门”，这是一种“自然—人文”相结合的空间认知，后世“海门”之谓渐被“津门”替代，折射着居民趋利避害的思想及对美好生活的希冀。

2. 津门：基于水运功能的文化解读

清代陈廷敬认为天津“津门”之称谓系由“海门”演化而来，其所撰《海门盐坨平浪元侯庙碑记》曰：“海门者，海水之所出入也……津门者，众流之所汇聚也……河海会流，三汊深邃，更名津门。”随着天津对海河流域腹地社会经济影响的加大，天津之别称从“海门”转向了“津门”。

（1）天津成为北方河海联运的枢纽

天津港口的河海联运主要指海河水系的内河航运与环渤海湾地区，及与渤海湾地区之外更远地区的联运。元代南方物质北供京师多借助海运，为满足河海联运需要，延祐三年（1316 年）在三岔河口设海津镇。明嘉靖七年（1528 年）罢海运改内河运输，三岔河口的作用依然，如顾祖禹所言天津卫“东南漕舶鳞集”❶。另外，明与朝鲜之间海上贡道，也经由三岔河口。雍正九年（1731 年）天津设府，其动力既有内部漕运、海盐业的发展，也有外部渤海湾河海联运发展的需要。清代海河腹地人地矛盾突出，引发农产品结构变化，棉花等经济作物大量输出邑外，粮食则大量输入。其间，口外、辽东地区边垦发展，辽东粮食经由“奉天海运”至三岔河口，再入海河腹地。

清代“天津地当九河津要，路通七省舟车，九州万国贡赋之艘，仕臣出入商旅往来之帆楫，莫不栖泊于其境，实为畿辅之门户，俨然一大都会也”❷。“津门”之谓突出的是其水运枢纽功能及其对水运腹地的影响。

（2）海河内河航运与京津冀一体化

行政建制是京津冀一体化的政治保障，早在西汉京津冀环渤海地区便同属幽州刺史部；隋朝设河北诸郡已显出后世京津冀地区轮廓；俟北京成为全国政治中心，河北（包括天津）腹地由中央直隶。天津开埠后，京津冀“京师·口岸·腹地”的功能分区逐步形成❸，但依然同属直隶省。此外，京津冀

---

❶ 顾祖禹. 读史方舆纪要：卷 13：直隶四·河间府. 北京：商务印书馆，1937：583.

❷ 黄彭年. 畿辅通志：卷 68：舆地二十三.

❸ 张慧芝，冯石岗. 京师·口岸·腹地：京津冀一体化的历史地理学解读. 河北学刊，2013（4）.

一体化还有一个重要的“自然—经济—文化”基础——海河水系，三地辖区91%属海河流域。内河航运体系所具有的“网状布局”“点—轴结构”等特征❶，对区域近代化、一体化及可持续发展等皆具显著意义。近代以来海河水系航运能力呈波动式变迁，既有气候、降水量等自然因素，也有山地农垦、水利失修等引致的水土流失、河道淤积加剧，再及现代技术下水库、工业性水源污染等人为原因。

目前京津冀一体化发展战略，需三地合力推进。海河水系是京、津重要水源，修复流域生态，是解决京津冀三地诸多问题的关键，海河水运通过天津港与海运连接，河、海航运一体化必然推动三地经济结构、城镇布局一体化。

3. 九河下梢：给予水系空间的文化解读

乾隆《天津县志·御制九河故道说》记“九河入海之处，在今天津之直沽”。“九”盖言其多也，随着海河水系的形成、变迁，目前主要有五大支流。海河水系在尾闾逐步汇合，最后在三岔口汇成海河入海，天津由此被称为“九河下梢”。

(1) 天津是海河腹地外向型发展的门户

民谚“九河下梢天津卫，三道浮桥两道关”。整个海河水系的分布像一把大蒲扇，三岔河口之下的海河干流正是蒲扇的柄，“九河下梢”可谓形象之至。《天津卫志》记天津卫有渡口、无浮桥；乾隆《天津县志》记载了三道浮桥，同治《续天津县志》所记已不止三座了。“两道关”即钞关和盐关，从康熙年间开始便是政府重要财税部门。这句民谚折射出了明清时期天津的商贸地位。作为京师直隶地区，人口相对密集，适逢明清小冰期、摊丁入亩政策实施等因素，粮食不足成为一个很大的民生问题。如遇海河水患，一些州县就只能从外地籴入，如河间府辖各州县“贩粟者至自卫辉、磁州并天津沿河一带，间以年之丰欠，或籴之使来，或粜之使去”❷，北京的米粮“从口外来者甚多”，“京师亦常赖之”❸。

17—18世纪国内市场已经开始突破区域性地方市场向全国性市场发展，海河不仅流域内部物资量增加，与流域之外物资交流的外向型经济需求也在增加。如冀中平原西部的栾城县，清前中期全县耕地中40%种粮食，60%种

❶ 陆大道. 关于“点—轴”空间结构系统的形成机理分析. 地理科学，2002，22（1）：1-6.
❷ 樊深. 河间府志：卷7：风俗. 嘉靖十九年刻本，4A.
❸ 清圣祖实录：卷240. 康熙四十八年十一月庚寅.

植棉花，“稼十之四，所收不足给本邑一岁食，商贩于外以济之；棉十之六，晋、豫商贾云集，民竭终岁之勤，售其佳者以易粟，而自衣其余”❶。

（2）津盐由内河运道分销海河腹地

海河水系滨海地带主要为长芦盐运司所辖盐厂，清人《盐法通志·运道》所记，长芦盐运有四大主干河道，并由四条干流再进入下一级支流分流到各县腹地，在运河和自然河流交界处，多需要将大船改为小船。

①北运河道，以天津为起点，北至通州张家湾；

②淀河道，以天津为起点，西至保定县张青口和清苑县，在张青口换小船再至固安县，在霸县换小船可至永清县；

③西河道，至衡水县小范镇、任县邢家弯，在衡水县换小船再至平乡县下庄桥；

④南运河道，至大名县龙江庙。

津盐量丰质高，有“芦台玉砂”之誉，明清是冀、豫两省食盐主要供给地，《津门杂记》：“天津产盐甚丰，上裕调需，下应民食，直豫两省一百八十余州县皆赖之。”❷长芦盐区得名于明代，主要分布于津冀两地濒海地区，康熙七年（1668年）和十六年（1677年），长芦巡盐御史署、长芦盐运司，分别从北京、沧州移驻天津，天津始成为长芦盐产销中心。长芦巡盐御史“以天津为盐务总汇之地，奏请移驻天津，督催引课为便”❸，长芦运司因“商人多隶北所，天津督催引课为便，遂移驻天津”❹。后天津府辖区南延，使长芦盐区大部位于府治辖区之内，便于管理。

4. 京师门户：基于地缘位置的文化解读

京师四周许多关隘、城镇被称为“京师门户”，赋予“拱卫京师”的职责，随着地缘政治的变化，这些门户的重要性也在不断变化。近代以来，当国家安全主要面临海上威胁、国家经济需通过海洋纳入世界市场时，天津就变成了京师最直接的门户。

（1）京师“海疆门户”职能加强

明清天津设卫升府皆与其毗邻京师的地缘位置密切相关。作为京师“水

❶ 桂超万，李钤修．栾城县志：卷2：土产．道光二十六年刻本．

❷ 张焘撰，丁绵孙，王黎雅点校．天津风土丛书·津门杂记·盐坨．天津：天津古籍出版社，1986：13．

❸ 黄掌纶，等，撰．长芦盐法志：卷19：营建．北京：科学出版社，2009：406．

❹ 黄掌纶，等，撰．长芦盐法志：卷20：图识．北京：科学出版社，2009：438．

上门户”，除了漕粮水运枢纽外，再者便是“海疆门户”，如李鸿章在《筹议海防折》所言：“直隶大沽、北塘、山海关一带，系京师门户。”

18世纪前期西方许多国家已经完成了封建社会向资本主义的转变，海上殖民掠夺不断加剧，一些开明人士也开始关注海疆问题。成书于雍正八年（1730年）的《海国闻见录·天下沿海形势录》，对以京津为中心的渤海湾写道：“天下沿海形势，从京师、天津东向辽海、铁山、黄城、皮岛，外对朝鲜，左延东北山海关、宁远、盖平、复州、金州、旅顺口、鸭绿江而抵高丽，右袤东南山东之利津、清河、蒲台、寿光、海仓口、登州而至庙岛成山卫。”❶天津作为“京师东面嘌喉之地”❷，海防作用一目了然。近代西方侵略者对大沽海口地位的认识及多次兵临大沽口，给清政府施加压力，在威胁不起作用时，就攻占大沽海口，从沿海格干道、北运河侵入京师，后外有言，不再赘述。

（2）天津港与海运及海上贸易

近代铁路兴建之前，内河航运举足轻重，天津地处华北平原各主要通航河道的汇合点，兼有河港和海港双重地理位置优势：既可通过海河及其支流与华北平原广大城乡直接沟通，又可通过大运河、海运，与淮河、长江、珠江流域，及东北地区进行物资贸易。开埠前，天津在国内的航线主要有两条：一是天津与闽、粤、台等江南沿海地区之间的航线，二是天津与辽东之间的北洋航线，即“奉天海运”，康熙至嘉庆年间海运规模不断扩大。

咸丰十年（1860年）天津被迫辟为通商口岸，并很快成为列强向中国北方倾销商品、掠夺原料、输出资本的基地。大批洋货通过天津输往华北各地，天津贸易腹地不断扩大，成为全国洋布洋纱进口的最大口岸。19世纪下半叶，天津进口的洋布占全部进口商品总额的50%以上，占全国洋布进口总数的1/4强，超过了上海等口岸。进口的洋纱量也成倍地增长，占全国总量的10%。❸其他洋货也经由天津大量输入直、豫、冀、晋、鲁、奉、吉、黑、陕、甘、内蒙古、新等省区，三北地区尤其是华北地区就成了天津进口洋货的贩销市场。同时，天津也是这些区域对外贸易的输出口岸，贸易数量不断增长，成为近代中国三北地区的贸易中心。

❶ 陈伦炯. 海国闻见录：卷上：天下沿海形势录.

❷ 顾祖禹. 读史方舆纪要：卷13：直隶四·河间府. 北京：中华书局，1955：583.

❸ 罗澍伟. 近代天津城市史. 北京：中国社会科学出版社，1993：171.

（二）“卫派文化”形成过程

天津无论作为遏控海河流域的“九河下梢”、河海联运的“津门”，还是兼具地缘政治意义的“海门”，它宿卫的核心都是国家政治中心——京师，所以“卫派文化”的形成与中国都城进入海河时代同步。

1. 水运与金元时期“卫派文化”的萌芽

金贞元元年（1153年）改燕京为中都，北京及其所在的海河流域由此进入都城时代，天津“卫派文化”也自此萌生、发展。

（1）从直沽寨、津海镇的设置可窥“卫派文化”的漕运与军事起源

金初通往中都的漕运基本沿用隋代永济渠，不过天津三岔河口，泰和五年（1205年）因渠道淤浅、改凿新渠，才东移经天津、溯潮河北上通州，这一年可视为“卫派文化”的起点。为保护漕运安全，金贞祐二年（1214年）设直沽寨，这是运河沿线设置的普通寨铺之一，也是天津市区最早的聚落。直沽寨是天津最早的名称，可窥“卫派文化”萌芽时期的内涵：漕运与军事。

迄元京师所需漕运已难满足，从至元十九年（1282年）开始以海运为主：海运至直沽寨，再漕运至通州。直沽寨化身河海联运的交接点，中枢地位进一步提升，至大二年（1309年）设置“镇守海口屯储亲军都指挥使司”❶，以保证码头安全。随着海运兴起，大直沽、小直沽分别建造了天妃宫，祭祀海神、祈福平安。延祐三年（1316年），直沽寨改名为海津镇，❷取“海滨津渡”之意，后人别称天津为“津门”“海门”“津上”，盖源于此。

金元时期黄河入海口南移山东半岛之南，夺淮河入海，天津一带海岸基本稳定、内河航道的畅通，皆为天津码头发展、“卫派文化”萌芽提供了条件。

（2）从人口构成可见“卫派文化”萌芽时期的外来特征

宋、元之际，天津已经有土著居民，以煮盐、刮硝为业。❸元代水运及军事机构设置，三岔河口一带人口明显增加，驻扎三岔河口的军士及商贾主要来自南方。如《直沽口》记：“转粟春秋入，行舟日夜过。兵民杂居久，一半

---

❶（明）宋濂，等，撰. 元史：卷23：武宗二. 北京：中华书局，1976：510.

❷（明）宋濂，等，撰. 元史：卷25：仁宗纪. 北京：中华书局，1976：567.

❸ 罗澍伟. 漫话天津人口与天津文化——天津历史的一个剖面. 城市史研究，1998（15-16）：121-122.

解吴歌。”[1] 到至元中后期这里不仅军、民、商杂处，且一半居民能听懂江浙方言，可见当时人口构成的外来特征。

这一时期天津行政建制只是一个商镇，人口依然较少，且主要是士兵、商人和破产农民，只有少数幕僚是知识分子，文化层次较低。

2. 地缘政治渐变与明清时期“卫派文化”的发展

明清是中国封建社会的鼎盛期，也是由鼎盛滑向衰落的转折期，其间京师面临的海洋威胁增大，国家被迫直面来自海洋的文明。与之相应，天津“卫派文化”得到进一步发展。

(1) 海上防御意识的萌生

大沽海口距北京约 170 公里，与塘沽要隘隔河呼应。永乐二年（1404 年）迁都后，始筑大沽炮台，后因抗倭援朝海战需要，在天津设立海防巡抚，“去天津卫城六十里，又天津之外护也”[2]。清代海上贸易、海防问题，除前文提及的开明人士已开始关注外，朝廷也有所觉察。康熙晚年曾告诫“海外如西洋等国，千百年后，中国恐受其累”[3]；雍正也曾言“苟万千战艘来我海岸则祸患大矣”[4]。天津作为“京师东面噤喉之地”[5]，海防作用一目了然。雍正四年（1726 年）“宪皇帝念津门附近京畿，海防綦基，因设满洲水师都统一员”[6]，在大沽口设置满洲水师营，这是当时最大的八旗水师营，后在海口南北设置炮台，并多次增添构筑了大沽口海上防御体系。

(2) 以安徽人为主的移民特征

天津“明永乐间设卫筑城，调有官、军二籍，户口渐繁”[7]。天津三卫主要从安徽一带调兵布防，因而驻军籍贯多为江苏和安徽，以皖北地区居多。“海津作镇剧苍凉，七姓残元始启疆”[8]，这七姓应是最先定居于直沽的七个大的家族，《志余随笔》进一步解释：“天津户籍最早者，大率由永乐迁来。”推测这七个家族亦由皇家祖籍——安徽凤阳一带迁徙而来。此外，在靖难之役中天津附近“村庄毁去十之八九，民仅存十之一二”，所以天津卫城时期的

---

[1] 傅若金. 直沽口//朱奎扬、张志奇. 天津县志：卷 22：艺文. 乾隆四年刻本，2A.
[2] 顾祖禹. 读史方舆纪要：卷 13：直隶四·河间府. 北京：商务印书馆，1937：584.
[3] 王庆云. 石渠余记：卷 6：纪市舶. 北京：北京古籍出版社，1985：283.
[4] 徐宗泽. 中国天主教传教史概论. 上海：上海书店，1990 影印本：256.
[5] 顾祖禹. 读史方舆纪要：卷 13：直隶四·河间府. 北京：中华书局，1955：583.
[6] 昭梿. 啸亭杂录：卷 4. 北京：中华书局，1980：106-107.
[7] 朱奎扬，张志奇编. 天津县志：卷 12：官籍. 清乾隆四年刻本.
[8] 朱奎扬，张志奇编. 天津县志：卷 23：艺文四. 清乾隆四年刻本.

城内居民主要是安徽籍士兵及其家属，他们形成最初的天津人。

清前期天津由军事卫城转型行政区划，并很快由州升直隶州再升府，真正成为"舟楫之所式临，商贾之所萃集，五方之民所杂处"的地方，不少"商贾宦幕，初或侨居于此，数世之后，子孙孳息，而户口始密"❶，出现了"比闻而居者，率多流寓之人"的状况❷。而在开埠之后，"泰西诸国踰洋海通商互市，工作运输，异乡来者渐伙"❸。有清一代，天津人口依然以机械性增长为主，移民来源虽扩至"五方"，但依然以安徽、淮北为主。

3. 近代海洋扩张与"卫派文化"的确立

中国传统上是一个陆疆国家，国家安全主要来自长城以北的游牧民族，近代西方老牌殖民势力及日本崛起后的海洋扩张，使中国不得不面对海洋问题。正如《海洋与近代中国·前言》中所言，近代"发动这些战争的侵略者，都是从海上来的"，这一观点虽然不够严谨，但直观表述了近代海洋与中国的分量。

(1) 大沽口海上防御体系的建立

海上入侵的西方殖民者也说明了天津地理位置的重要。如1759年英国人洪仁辉就到了大沽口，并企图由此入京，1793年马噶尔尼使华也是由大沽口登岸，至第一次鸦片战争大沽口的军事地位空前重要："天津——位于运粮河和白河的交叉点的大商业城市。……聚集在那里的漕船的火焰，如果需要的话，再加上该城的火焰，就会唤醒皇帝的恐惧感，而我们自己的条件就可以达到。"❹ 大沽口成为海上侵入北京的咽喉，1840—1937年，英、法、日等国军队7次入侵京津，5次由大沽登陆。

清政府被迫应对，道光二十年（1840年）增建大沽南北炮台，后多次增添，构筑了大沽口海上防御体系，增强天津海上防御能力。光绪二十七年（1901年）签订的《辛丑条约》内容之一便是全部拆毁大沽炮台，西方侵略者对天津海防力量的忌惮，佐证了大沽海口在近代中国是名副其实的"海门"——抵御西方坚船利炮的"海上门户"。

(2) 开埠与洋务运动重心北移

外国商人"希望这个港口能在重要性上压倒上海或其他敌手，或者至少

---

❶❷❸ 王守恂，仁安撰. 天津政俗沿革记：卷5：户籍，1938：1.

❹ 齐思和，等. 鸦片战争（第5册），中国近代史资料丛刊. 上海：神州国光社，1954：89.

把这些地区的商业吸引过来”[1]。从开埠到20世纪30年代，在华北各港口的进出口总额中，天津占到了60%；同时，面粉进口额，棉花和皮货出口额，天津均居于全国首位。此外，从1881年天津建立的第一家外资银行——英资汇丰银行分行开始，外资和中外合资银行纷纷在津建立分行，天津很快成为金融中心。

清政府被迫应对海洋问题的另一措施是提升天津的政治地位，使其成为直隶总督兼北洋大臣的驻地，成为中国第一次大规模地向西方学习的浪潮——“洋务运动”在北方的策源地，截至1914年，天津近代工业与全国各大城市比较，列第四位[2]，成为北方最大的近代工业中心。近代天津一度是中国名副其实的“第二政府”。外交方面“吾国外事尽萃于天津，外交之利害，全国之安危，而恒于是乎卜之”；内政方面“数十年来，国家维新之大计，擘画经营，尤多发轫于是邦，然后渐及于各省，是区区虽为一隅，而天下兴废之关键系焉”[3]。大沽口成为近代北京的咽喉、真正的水上门户，天津城则成为分担京师职能的“卫星城”。

（3）文化层次依然较低，移民依然与安徽关联

开埠后的天津很快成为中外冒险家的乐园，“要发财，到北洋”是当时的流行口号。游走在西方资本与封建政权之间的大买办，更是一夜暴富，迅速积累了惊人的财富，形成一个富埒王侯、交通公卿的买办阶层。天津近代商人虽浸染政治、实力雄厚，但是整体文化素质甚至不及18世纪的盐商集团。1947年曾对工人、车夫、小贩、苦力、缝纫、清洁工、军警、公教人员及无职业人员进行了一次文化构成统计：具有中学、大学文化程度的合计占被统计人数的0.5%，具有小学、私塾文化程度的占5.8%，文盲率高达93.7%。

此外，由于清中后期至民国初以李鸿章为代表的皖籍官僚群体掌控天津军政实权，加之北洋练兵招募的也是安徽兵，进一步延续了天津与安徽的血脉渊源。

---

[1]《天津——插图本史纲》第25页，转引自：罗澍伟. 近代天津城市史. 北京：中国社会科学出版社，1993：169.

[2] 徐景星. 津近代工业早期的发展情况. 天津文史资料（1）：160［注10］.

[3] 金钺. 天津政俗沿革记序//天津市地方志编修委员会. 天津通志·旧志点校卷下. 天津：南开大学出版社，1999：5.

二、“卫派文化”的主要特征

在毗邻京师的诸多城镇中，天津“卫派文化”之所以一枝独秀，得益于其“海门”“津门”地理特征，所以水运文化、军事文化、港口文化和外来文化一起构成了“卫派文化”的主要特质。

（一）京畿文化

《畿辅通志》记天津“当河海之要冲，为畿辅之门户”，可谓是对其城市职能最简洁的概括；与之相应天津“卫派文化”中最显著的特征之一便是京畿文化。

1. 受京师影响的“官文化”

金元以降都城迁移到海河流域，传统水运的重要性及陆路多沿河谷延伸，流域中下游就成为京畿重地，流域文化逐步呈现出直隶政治中心的“京畿文化”特征。“与同时期的武汉、苏州等城市相比，天津‘官’的权力显然更强，绅商在城市社会中独立意识明显薄弱，表现出靠近政治中心的城市，政府的控制力更加强化的趋势”[1]。

俗语“北京是前台，天津是后台”直观地揭示了京津之间的政治关联。由于各国租界施行分权治理，租界内的犯人要引渡才能抓捕，租界遂成为“政治犯”的避难所，毗邻京师的天津更成为各种政治团体的汇聚之地。辛亥革命以后，天津作为首都“政治后院”的功能愈发凸显，20世纪二三十年代下野的政要包括清朝逊帝、北洋政府的总统、总理、各省督军及其他政客多寓居天津，以致在天津租界中国人比外国人多，且大都是政界要人。由之，许多影响中国近代进程的重大事件都是在天津酝酿、预谋及策划。据不完全统计，近现代中外名人故居在天津多达数百处，在世界城市史上都十分罕见，这些正是对天津“政治后院”的直接诠释。

2. 戏谑自嘲的市井文化

“天津人说话喜欢戏谑，有浓厚的自嘲成分，但并非黑色幽默，天津人的自嘲是语言的笑料和生活的调料。它使生活更加有声有色，有滋有味，成为

[1] 刘海岩. 天津租界和老城区：近代化进程中的文化互动. 城市史研究，1998（Z1）.

一种根深蒂固的生活文化。”[1] 天津文化受京师影响，却与京师文化之间特征迥异：后者是精英文化、权贵文化，前者则是市民文化、通俗文化。

市井文化顾名思义产生于街区小巷，是城市文化的重要构成，含有“街市、市场”及“粗俗鄙陋”之意，因而是带有商业倾向、通俗浅近的市民文化。“市井文化是以市民社群作为文化族群的一种通俗性的综合文化”[2]，它反映着市民真实的日常生活和心态，表现出浅近而表面化的喜怒哀乐。近代天津商人群体远没有明清商人重视其文化身份，所以文化素质普遍较低，因此消费也就呈现出显著的娱乐性特征；同时，军人、码头苦力工人的粗犷、豪放，及他们对释放性娱乐的需求，共同形成了天津较之其他开埠城市更明显的市民文化气息，形成以相声、大鼓等说唱艺术为主的城市文化形式，内容多贴近生活、诙谐幽默、通俗易懂。

（二）水运文化

水运包括河运和海运，前者是通过河流水道进行运输，后者则取道茫茫大海，二者生成的文化既有共性又有明显差异。天津地处海河流域入海口，历史时期河海联运一度兴盛，因此也就成为河运、海运文化交汇碰撞之处。

1. 河海联运的码头文化

码头文化的核心是以码头工人为主的下层文化。早期天津居民除了军士、商人，军人家属及附近破产的农民多靠码头装卸谋生。之后随着直沽码头运输量不断扩大，逐步形成了具有北方特质的码头文化——粗犷、义气、图实惠、不讲究的底层文化。随着20世纪60年代中期海河水运停止及现代化码头建设，目前在天津市从事传统意义上苦力的早已不见踪迹，蔓延在码头工人群体的流氓无产者色彩也难觅踪迹，但是围绕码头形成的义气、团伙、小富即安等文化基因还不同程度地存在着。

天津海运码头文化最具代表性的内涵便是妈祖信仰，直沽妈祖庙是中国北方各港口中最早建立的妈祖庙。元代开始探索、推行海运，由于海洋知识短缺及技术落后，海难频繁，船工不能掌握自己的命运，便转而求助神灵保佑。《元史·祭祀记》：“南海女神灵慧夫人，至元中以护海运有奇应，加封天妃神号，积至十字，庙曰灵慈。直沽、平江、周泾、泉、福、兴化等处皆有

---

[1] 冯骥才．手下留情：现代都市文化的忧患．上海：学林出版社，2000：183.

[2] 段玉明．中国市井文化与传统曲艺．长春：吉林教育出版社，1992：2.

庙。皇庆以来，岁遣使斋香遍祭”[1]，可知14世纪初直沽天妃宫已经建立。清代中后期形成了独居天津特色的“皇会”，每年农历三月二十三日天后娘娘生日时举办迎神赛会（民间表演技艺的会演），以求驱灾赐福。

2. 善于应酬的“商文化”

民谚将京津人的特征概括为“京油子”“卫嘴子”。在商埠码头，无论是工人为揽到装卸活儿，还是商人为了做成买卖，都需要说服客户，此外为和气生财也必须好好说话，在语言普遍笨拙、更愿用拳头说话的北方，天津人的语言游说能力便显得格外醒目，由此也获得了“卫嘴子”俗称。

天津“商文化”主要特征有二：①居民“逐末者多”；②整体文化素质低。金元时期随着漕运而来的商船也带来了早期商人，加之“天津无沃壤腴田，民多以贾趋利”[2]，土地盐碱化严重、居民“逐末者多”。1946年天津人口普查显示，直接、间接从事商业活动的人口要占到近40%。天津“商文化”之所以被贬称，还与商人群体文化层次较低有关。如清代中叶的盐商文化，纪晓岚《沽河杂咏序》言：“文士未来于斯，不过寻园林之乐，作歌舞之欢，以诗酒为佳兴云耳。”[3]这是一种典型的消闲型文化，缺乏社会根基，盐商一旦败落，虚华的文化便很快归于沉寂。天津开埠之后近代商贸文化，更突出了冒险、投机等特征，加之近代以来社会价值观发生变化，加之封建科举取士制度废除，只要有钱就有社会地位，无须再向士人靠拢、向文化靠拢。城市文化的发展需要长期的社会积累，需要一个厚实的文化根基，天津文化的积累和积淀都相对较浅。

（三）外来文化

《天津卫志》载：“天津近东海，故荒石芦荻处，永乐初始辟而居之，杂以闽、广、吴、楚、齐、梁之民。”[4]受制于自然条件，天津开发较晚，人口以移民为主，并具有显著水运特征：主要来自南方，形成“五方杂处”人口态势。

---

[1] （明）宋濂，等，撰. 元史：卷76：祭祀五. 北京：中华书局，1976：1904.

[2] 来新夏，张焘. 津门杂记. 天津：天津古籍出版社，1986：35.

[3] 梓里联珠集.（清）华鼎元，辑. 张仲，点校. 天津：天津古籍出版社，1986：64.

[4] 汪来. 天津整饬副使毛恺德政去思旧碑：新校天津卫志：卷4：艺文中. 台北：成文出版社，1968：231.

1. 移民文化

天津是一个典型的移民城市，从人口来源分析主要包括以下两部分：①水运移民，主要包括军商工及其家属；②政治移民，主要包括寓居天津的政客群体。天津移民与其他地方所谈的“大槐树移民”相反，移民主要来自南方，特别是集中在安徽淮北一带，因此天津移民文化最大的特征就是“皖文化”。

据李世瑜先生调查考证：“天津方言的母方言就是来自以宿州为中心的广大江淮平原。”这个论断获得学界一致认同。2010年和2011年，“天津方言寻根调研组”展开进一步研究，证明了李世瑜提出的“天津方言岛”和“天津话来自淮北平原”的两个论断是正确的。[1] 天津结婚风俗等也与华北地区明显不同：京冀及天津市辖区风俗婚礼一般在中午进行，天津大多数地区则是在下午、傍晚进行，也被认为是对安徽合肥地区习俗的保留。此外，北方人过年贴春联，天津则与宿州一带风俗一致——春节贴吊钱。此外，天津最具代表性的说唱艺术中也可看到“皖文化”的影子。如成立于清咸丰年间东于庄同乐花鼓老会，其曲调最早是由安徽演唱凤阳花鼓的艺人传到天津。

2. 殖民文化

天津开埠后，殖民文化“窗口效应”使其很快成为中国北方洋务运动、近代工业中心，殖民文化对天津“卫派文化”的影响体现在两个方面。

（1）思想观念上“师夷长技以制夷”。天津被迫开埠通商、设立租界，被殖民者变成资本输出、倾销工业产品基地的同时，开明人士也努力把西方的近代文明移植过来，使其成为传播和创造近代文明的窗口。租界内的教堂、洋行、商家、现代的城市管理、西方的生活方式，直接影响着近代天津的文化走向。中西文化的撞击与融合，天津被迫从封闭状态走向外部世界。所以天津很快成为中国北方开放的前沿和洋务运动的重地，成为近代仅次于上海的第二大工商业城市，及北方最大的金融商贸中心。

（2）以建筑为主体的西方物质存留。天津被迫开辟九国租界，租界占地2万多亩，相当于当时城区的8倍。目前位于五大道的意大利风情街，当时由欧洲建筑师设计建造，据说是国内现存最大的近代租界遗迹，如今还常有欧洲建筑师过来参观。此外还有望海楼教堂的建筑，皆体现了西方文化与中华传统文化之间的撞击、交融，体现了天津在中国北方近代化进程

[1] 谭汝为. 天津方言文化研究. 天津：天津人民出版社，2014：11.

中的引领作用。

三、结语：天津“卫派文化”主要问题与现代价值

城市作为文明荟萃之地，文化现代化是城市现代化的灵魂。一座城市如果和它的传统文化割裂，其文化现代化必然成为无本之木、无源之水，难以可持续发展。城市现代化进程如何对待传统文化，是中外城市都不能回避的问题。

（一）“卫派文化”主要问题

天津文化地位与其在近现代中国舞台上的作用是极不相称的，罗澍伟称之为“文化弱势”[1]；另一个突出的问题则是与“卫嘴子”连接在一起的文化形象，这一民间俗称并无恶意，但这一刻板印象的长期存在确实难以体现天津“卫派文化”的精髓。

1.“文化弱势”问题

罗澍伟曾提出天津的“文化弱势”问题：“能代表天津人的特质的‘津派’文化和天津味儿文化迟迟出不了台，似乎只能顺理成章地被人家视为‘文化弱势’了。”在天津文化史上，18世纪以盐商文化为代表是其传统文化鼎盛期，但如前文所言，水西庄文化作为其代表，一则以外来文化人为主，二则以附庸风雅为主，难以对后世产生深远影响力。而近代商人投机、冒险暴富，在文化营造上远不如传统盐商，使这一问题更加凸显。近代天津新学一度兴盛，如官办的北洋大学堂、私立的南开大学等，曾引领中国近代文化的启蒙、发展。但近年各种评估数据显示，天津教育质量呈下滑趋势。总之，天津“文化弱势”问题至今依然突出。

2.“刻板印象”网络时代的扩大

20世纪前期天津形象被国人概括为“卫嘴子”，突出其民风浮夸、善于言辞争强，近年在网络平台上又被冠以“哏都”之名，究其内涵与“卫嘴子”刻板影响存在前后承接。“哏”本意指滑稽有趣，在相声术语中意同“包袱”，对口相声中还有“捧哏”与“逗哏”之分。网络语言中关于天津流

[1] 罗澍伟. 漫话天津人口与天津文化——天津历史的一个剖面. 城市史研究，1998（15-16）：121-122.

传最广的是“嘛钱不钱的，乐和乐和得了”，网民称天津人能把日子过成段子，认为目前天津人过的依然是一种雷声大、雨点小的世俗生活。从“卫嘴子”到“哏都”，折射出的都是天津文化以市井文化为核心的状态，蕴含在天津文化中的先进基因反被淹没。

（二）“卫派文化”中蕴含的优秀传统文化及现代价值

天津作为首都门户，无论是平时还是关键时刻皆能以保障国家安全为己责，这需要高度的政治觉悟、大局观念；此外，作为近代中国冲破封建束缚、启蒙现代思想的重镇，天津充分发挥了水运码头所具有的前瞻性、开放性、引领性功能。此外，天津典型的以市民为核心、服务市民的市井文化，也对今天和谐社会的构建具有借鉴意义。

1. 优秀传统文化的与时俱进

纠正“文化弱势”问题，改变从“卫嘴子”到“哏都”的刻板印象，都需要深刻挖掘弘扬蕴含在天津文化中的中华优秀文化精髓。

（1）政治上的大局观、整体观。毗邻京师、遏控海上进京咽喉，既成就了天津的繁华，也使近代天津饱受侵略者炮火的焚噬，如鸦片战争、中法战争、中日甲午战争及八国联军侵华等。作为近代中国名副其实的“第二政府”，天津与首都、与国家的命运紧密联系在一起，成为国家安全的直接门户，由此也培养了天津文化的大局观、整体观，直到今日依然。

（2）思想意识的外向性、价值体系的多元性。河海联运码头职能决定了天津文化必然是多元的，早期运河时代天津文化是南北文化交融的枢纽，在近代又成为中外文化交流、碰撞的重要中心，这就决定了天津文化必然是开放的、包容的、多元的。

（3）观念的前瞻性、行动的引领性。近代举凡“将校之训练、巡警之编制、司法之改良、教育之普及，皆创自直隶，中央及各省或转相效法”[1]。如军事、铁路、电报、电话、邮政、采矿、教育、司法等建设均开全国之先河，中西文化在天津的撞击与融合，使其具有开放思维和现代意识，也为天津现代都市文化奠定了根基。

2. 服务国家战略的现代价值

毗邻北京、海河流域出海口、渤海湾重要港口等地缘政治、地理位置特

---

[1] 来新夏. 天津历史与文化. 天津：天津大学出版社，2013：2.

征，决定了天津的现代价值——重要的国际港口。

（1）服务雄安新区建设。京津冀协同深化、雄安新区生态发展和模式创新，皆上升到了文化层面，而文化的觉醒与自信培育又需要文化中心的引领带动——海河文化是三地文化的母体，而天津则是以河流为廊道文化扩散的中心。

（2）服务“一带一路”国家战略。“21 世纪海上丝绸之路”是中国深化改革、产业升级避免进入中等收入陷阱的重要举措，环渤海地区是重要起点。2017 年 4 月《天津市参与丝绸之路经济带和 21 世纪海上丝绸之路建设实施方案》颁布，天津港对其腹地，特别是京津冀地区的海上“门户”地位必将因之进一步提升。

（3）服务国民娱乐、社会和谐。市民和谐心理是和谐社会建设的基石，而娱乐活动则是市民涵养心态的重要形式。近代以来天津一直是说唱艺术的中心，是公认的北方通俗文化的“聚处”，在外地人看来天津人嘴贫、胆怂，但很少滋事斗殴，更少恶性刑事案件，不能不说这与天津人的娱乐精神有关。

3. 抓住机遇实现“卫派文化”二次腾飞

有学者提出“一百多年来，历史给了天津两次走向世界的机遇。一次是百余年前的开埠之后，那是被迫得到的；另一次便是现在了”❶。随着“一带一路”国家战略的推进、雄安新区外向型发展定位，天津作为渤海湾重要的国际港口，其海上“门户”地位必然再次焕发青春。

21 世纪天津实现二次腾飞，不仅指经济上的高速发展，更是在传统文化基因上重构现代文化，在今天文化力支撑下发展经济，要比单纯依靠经济力量的发展更具有创新力、可持续性。文化的发展贵在创新，创新是文化的灵魂，为之既要“古为今用”，也要“洋为中用”，摒弃地域性的不足，兼容并蓄一切文明成果。总之，天津“卫派文化”的重构，一要坚持“扬弃”原则，去其糟粕、取其精华，摒弃那些“那些至今仍然存在于天津自身但已超越了时代界标的遗留”；二要用开放、包容的心态，积极引进、汲取外来文化，唯有如此才能树立起天津全新的文化形象，进一步扩大天津文化的影响力。

习近平指出“我们要坚持道路自信、理论自信、制度自信，最根本的还

❶ 罗澍伟. 漫话天津人口与天津文化——天津历史的一个剖面. 城市史研究，1998（15-16）：121-122.

有一个文化自信”[1]，天津“卫派文化”中的精髓亦是对中国传统儒家“家国天下”思想的继承发展，今天抓住历史机遇实现“卫派文化”二次腾飞也是中华文化自信的体现。

[1] 王寿林. 党的创新理论研究文集（廉政法治理论卷）. 北京：蓝天出版社，2015：285.

历史中的城市学：近代中国城市史研究综述

——兼论天津城市史

任吉东*

摘　要：本文回顾了近代中国城市史研究兴起到发展阶段出现的特征与趋势，并以天津城市为个案，详细分析了不同时期的城市研究在关注内容、理论方法上的变迁及各个时期的总体特点，最后指出了城市史研究的不足及今后的展望。

关键词：城市史；天津；综述；展望

Abstract: This paper reviews the characteristics and trends of the modern Chinese urban history research, with Tianjin city as a case study, analyzing the change and general characteristics of urban studies about content, theory and method in different periods. Thus the article points out the research problems and future prospects of the modern urban history.

Key Words: Urban History; Tianjin; Review; Prospect

一、研究的内涵与外延

按照中国大陆史学界的分期，以1840年鸦片战争为中国近代历史的起点，到1949年中华人民共和国成立为其终点。近代城市史的研究也多采用这一历史时段。

---

* 作者简介：任吉东（1976—），男，河北省赞皇县，南开大学历史学院博士，天津社会科学院历史研究所研究员，《城市史研究》副主编。主要研究方向近代城市史。

一般来说城市的定义和内涵决定城市史研究的范畴，但是城市史是个很广的概念，学术界对城市史也没有严格的或统一的定义，但不乏从各种角度进行的诠释，如社会学、地理学、经济学、建筑学等方面❶。这些概念提示了城市史研究的范畴应当以城市经济发展、社会背景变迁为基础，以城市物质空间形态的演变为介质，关注人类社会在城市层面的演化，最终从深层次上揭示城市系统运行的内在规律和机制。

施坚雅在《中华帝国晚期的城市》一书中也曾明确提出过城市史研究这个命题的三个中心，即“论述城市的建立与发展，以及影响其形式与发展的诸种因素”，“突出城市在其各自的腹地和区域中扎根，论述城市与市以及城市与乡村间的联系”，“论述城市内部的社会结构”。虽然其研究并没有深入到城市物质空间形态的层面，但比较准确地归纳了影响城市发展的几大因素。

在这个问题上，还在中国城市史研究的起步阶段，中国大陆学界就曾产生过不同的学派。代表性的有：①“社会学派”，即城市史研究的重点应该放在城市社会和经济上，应将研究的触角伸向城市社会的各个侧面和深层，探讨近代城市社会的演进、城市经济结构的变化，以及阶级、阶层、民间社团与政党、市民运动与市民心理及生活方式和社会风貌、风俗的变化，社会管理、市政交通、文教兴革等。②“结构—功能学派”，即城市史研究要着重探讨城市结构、功能由简单初级形式向复杂高级形式的演变，不仅要揭示城市发展的一般规律，而且还要揭示每一个特定城市的特殊发展规律。中国近代城市史可以通过五个方面的研究来揭示城市结构和功能的发展演变：城市地域、城市经济、城市社会、城市政治、城市文化。③“综合分析学派”，即主张对城市史应该全面把握、综合研究，因为城市是综合的实体，包括政治、经济、文化、社会、人口等方面，城市史应是诸方面综合发展的历史。另外还有人文生态学派、新城市史学派等。以上的各种观点可以说都各有其道理，皆能自圆其说。多元观点的提出，体现了中国近代城市史研究领域内学者们的思想解放和活跃，而在以后的研究中，各派学者都在各自领域取得了不菲的成果。

---

❶ 城市社会学是根据城市的社会结构、功能和社会特征来下定义的。城市被视为在空间上有一定的范围并具有某些特征的社会组织形式（人口规模与密度，农商分工和专业化，市场职能，部分立法权力，居民的交往特质，城市社会联系的非血缘性）。城市地理学的定义偏重于自然地理条件对经济活动的限制和引导，以及由此产生的城市体系和中心地城市的特征。地理学的组合观念是以空间分布和空间关系为其文字表述，概括为广度、密度和顺序（即扩散过程）。城市经济学的定义是将城市看作人口和经济在空间体系下积聚的结果。建筑学与城市规划学把城市的产生看作是空间形式的聚合过程。

二、近代中国城市史研究回顾

1. 西方学者的研究

(1) 见闻与模式：西方对中国城市的初识认知

关于近代中国城市的研究首先于20世纪初在欧美兴起，40年代左右西方就出版了有关近代中国城市的论著，早期的有关中国近代城市的西人之作品多为游记或日常生活的著作和文章，甚至是日记和书信以及照片。全国性的内容有曾在19世纪中叶前后旅居和游历澳门、广州、北京、内蒙古、西藏、四川、湖北、江西等地，法国传教士、著名汉学家古伯察（Régis Evariste Huc，1813—1860）所撰写的《中华帝国纪行》[1]，泰晤士报记者英国游记作家彼得·弗莱明（Peter Fleming，1907—1971）1933年从北哈尔滨至广州沿途的山川风景、风土人情的速写[2]。北京方面的内容有1898年美国驻华公使夫人萨拉·康格女士写的《古老的中国和年轻的美国》，英国人裴丽珠和瑞典学者喜仁龙关于北京的摄影集《北京纪胜》《中国北京皇城写真全图》[3]。南京方面的内容有普鲁士王国的骆博凯从1895年9月到1900年5月的信件[4]。还有一类特殊的资料为战争记录，如英国吉普斯的《华北作战记》、萨维奇·兰德尔的《中国与联军》、美国达格特的《美国在华解围远征记》、璧阁衔的《在华一年记》、宝复礼的《津京随军记》等[5]。这些时人的见闻和回忆录是我们了解近代中国城市社会生活的最直接和最形象的读本[6]。

---

[1] M. HUC. L'Empire chinois. Paris：Paris Librairie De Gaume Preres，1857.

[2] SARAH PIKE CONGER. Old China and Young America. Chicago：F. G. Browne Co.，1913；PETER FLEMING. One's Company. London：Jonathan Cape，1934.

[3] JULIET BREDON. Peking，Shanghai：Kelly & Walsh，1922；OSVALD SIREN. The Imperial Palaces of Peking. Paris：Librairie Nationale D' Art et D' Histoire，1926.

[4] 骆博凯. 十九世纪末南京风情录——一个德国人在南京的亲身经历. 郑寿康，译. 南京：南京出版社，2008.

[5] 参见：天津社会科学院历史研究. 八国联军在天津. 许逸凡，等，译. 济南：齐鲁书社，1980.

[6] 其他的作品如：南京出版社出版的“西方人看中国”和中华书局出版的“西方的中国形象”系列丛书，前者包括两卷本法国古伯察《中华帝国纪行》、英国弗雷德·亨利·巴尔福《远东漫游》、美国萨拉·康格《中国来信》《北京信札》和英国彼得·弗莱明《独行中国》；后者包括英国约·罗伯茨的《十九世纪西方人眼中的中国》、哈罗德·伊罗生的《美国的中国形象》、雷蒙·道森的《中国变色龙：对于欧洲中国文明观的分析》、阿绮波德·立德的《穿蓝色长袍的国度》，麦高温《中国人生活的明与暗》。这几部作品从不同层面揭示了19世纪中晚期和20世纪早期西方人心目中的中国政治、经济和文化生活。

马士（H. B. Morse）是最早站在西方立场对近代中国通商口岸进行学术性研究的学者之一。他的《中朝制度》一书旨在研究中国的对外贸易制度，其中大量篇幅涉及鸦片战争之后的口岸。他的研究提供了认知从传统的“十三行”操纵控制的广州口岸到近代“条约口岸”运作制度的粗略框架，成为欧美学术界研究中国近代史的开创性学者。其他较有影响力的作品还有瑞典学者奥斯伍尔德·喜仁龙（Osvald Siren，1879—1966）所著的《北京的城墙和城门》[1]，在该书中，作者结合方志资料与实地搜集的碑记、印文等，从建筑学的角度对北京的城墙、城市建筑、街道等的特点、结构、功能及这些设施对城市生活的影响都做了较为详细的论述。另有社会学家甘博的《北京的社会调查》，作者对20世纪初的中国城乡进行了广泛深入的调查研究，用照片、电影胶片和第一手实地调查数据真实记录了当时迅速变化中的中国，内容涉及政府、人口、教育、商业、贫穷、慈善业、娱乐、宗教、警察和社会弊病等各个社会层面，当时被誉为“首次对一座东方城市的社会调查”，“世界上唯一的一本关于中国一个大都市的实况调查”[2]。

而该时期对于中国城市的理论构建出自于马克斯·韦伯，在《城市》和《中国的宗教》两部专著中，韦伯提出了衡量城市的五大标准，即城堡、集市、法庭、社团以及由市民选举产生的市政机构。根据这个定义，韦伯得出中国从来就没有城市的结论。[3] 韦伯的观点逐渐形成了西方中国社会阐释理论的一个基本出发点。这一出发点坚持：我们认识的“城市”真正源头只有一个，那就是“自治共同体”。同时，“城市”还要具备超出行政首府的经济功能。20世纪20至60年代，韦伯理论极大影响了中外学者。他们均认为中国城市未能促使社会走出中世纪的转变，也未能提供一种较好的物质文明基础，从而将中国城市置于一个充满偏见的东西比较的序列中。西方城市代表“现代”，中国则象征着“前现代”。弗兰姆·艾伯哈德、路德·墨菲、格兰·特

---

[1] OSVALD SIREN. The walls and gates of Peking：researches and impressions by Osvald Sirén. London：John Lane，1924.

[2] GAMBLE，SIDNEY D.，JOHN STEWART BURGESS. Peking：A Social Survey. New York：George H. Doran Company，1921.

[3] 马克斯·韦伯. 城市. 纽约，1958；马克斯·韦伯. 中国的宗教. 纽约，1951.

雷瓦尔萨以及费孝通论城乡关系的名著《中国绅士》[1]等一脉相承地继承了这个观点。所有这些论著的一大特点在于强调中国城市的特殊性，同西方城市相比较，中国传统城市的封建色彩浓厚，仅仅作为行政中心和军事驻地，封建官僚机构统治着城市政治生活，商业活动亦受重农抑商政策的钳制，到了近代，中国城市没有担当起近代化的重任，淹没于中国农村的汪洋大海之中。[2]正如罗兹·墨菲在《上海——现代中国的钥匙》中所强调的“传统的中国绵亘不断，差不多伸展到外国租界的边缘为止。在乡村，人们看不到上海影响的任何迹象”[3]。

费正清的《中国沿海的贸易与外交》则是现代西方研究中国近代通商口岸最“典范”的著作。它以近代中国最早开放的沿海通商口岸为考察对象，从商贸与近代外交的角度，揭示了“中华帝国”在与西方从事商业往来以及与此相关的诸多交往过程中所发生的近代性变化。该书不仅从几乎一片混沌中将近代中国早期口岸开放与社会变迁的历史清理出一个大致清晰的轮廓，而且以隐含在表述中的“西方冲击——中国回应”的观念，为后来中国史研究的学者提供了一种中国“近代化”的认知模式。这就是所谓的西方中心观，在研究中表现为三种思路：一是“冲击—反应模式”。二是“传统—近代模式”（Tradition-Modernity Model），认为西方是“万世师表”（Norm），包括中国在内的后现代化国家只能以西方现代化的价值为终极目标。三是帝国主义模式（Imperialism Model），认为资本主义（或帝国主义）的扩张和侵略是中国近代以来长时间社会崩溃、民族灾难因而社会停滞发展的祸根。

（2）理论与趋势：西方对中国城市的研究建构

现代意义上的西方城市史学兴起于20世纪60年代前后，最早是从社会学和社会经济史学科开始介入的，随后一些历史学、社会学、地理学和经济学学者，从空间范围、地域关系、经济—人口—社会结构、社区、组织、人际关系、管理体制、价值观念、市民消闲与消费、社会时尚、信息传媒、建

---

[1] 沃弗兰姆·艾伯哈德．工业化前中国城市结构数据．经济发展与文化改革，1956（4）：253-258；传统中国的社会流动性．莱顿，1962；路德·墨菲．作为变革中心的城市：西欧与中国．美国地理学家联合会年鉴，1954（44）：349-62．格兰·特雷瓦尔萨．中国城市的起探和功能．美国地理学家联合会年鉴，1952（42）：155-206；费孝通．中国绅士——关于城乡关系的论文集．美国地理学家联合会年鉴，芝加哥，1953．

[2] 史明正．西方学者对中国近代城市史的研究//中央研究院近代史研究所．近代中国研究通讯第十三辑．中国台北，1992：85-97．

[3] 罗兹·墨菲．上海——现代中国的钥匙．章克生，等，译．上海：上海人民出版社，1986：14．

筑与规划等各个层面研究城市，研究城市与腹地、与周边地区的关系等。因此，城市史研究是多学科的相互渗透、人文与自然科学相结合的产物。

西方各国城市史学科的建设和发展，也开阔了研究中国学的学者眼界。自20世纪70年代起学者们开始从社会经济史和历史地理学的角度研究中国的城市。一批留学国外的同人也将城市史作为研究和今后发展的主要目标，运用新的理论方法和国内外的资料，融合中西方研究特长，开创了海外研究中国城市史新局面。具体而言，国外学者的研究可以分为以下几个走势。

①从乡村到城市：城市史研究的发轫

20世纪60年代至70年代西方学者对中国城市的研究是从农村集市体系开始的。有别于前代学者，罗兹曼的“城市空间网络”学说❶及在其基础上发展起来的施坚雅（G. William Skinner）的集市体系和宏观区域学说对城市体系做了不同的诠释。1964—1965年施坚雅在《亚洲学研究季刊》连载他关于中国农村市场结构的长文，拉开了中国城乡史的研究序幕❷。20世纪70年代施坚雅、伊懋可（Mark Elvin）等人主编的三册《中国城市史论文集》，是“二战”后西方中国城市史研究中的开创之作，影响巨大❸。以《中华帝国晚期的城市》为标志，施坚雅运用“中心地理论”对中国城市史以及以城市为中心的区域经济史进行了卓有成效的研究。其贡献在于，突破了地方史研究囿于行政区域的局限，创立了以市场为基础的区域体系理论，建立了“施坚雅模式”。

在中国学者眼中，施坚雅模式包括集市体系理论和区域体系理论，前者主要研究中国乡村社会，以《中国农村的市场和社会结构》为代表；后者主要研究中国城市化，以《中华帝国晚期的城市》为代表。就城市史研究而言，这个时期的研究提出观点就是中国历史上的城乡一体化，施坚雅等人有关中

---

❶ 吉尔伯特·罗兹曼. 清代中国与德川时期日本的城市网络. 普林斯顿，1973. 罗兹曼在中日城市化的比较研究中，创立了城市空间网络学说。他认为，近代中国的城市人口分布呈“上小下大”的金字塔结构，由于人口集中于众多的小城镇和乡村，中国的城市化指数（即生活在城市和乡镇的人口比例）相当低，百万人口以上的城市寥寥无几，人口绝大多数居住在成千上万的村镇里。

❷ 参见：施坚雅. 中国农村的市场和社会结构. 史建云，徐秀丽，译. 北京：中国社会科学出版社，1998. 这本书共分为三部分，第一部分是对中国传统农村市场的静态分析，揭示了中国传统市场的三种形式和集期安排的规则，并对市场作为空间和经济的体系以及市场作为社会和文化的体系进行了描述和理论上的概括。第二部分和第三部分则分别对中华人民共和国成立前后中国农村市场的传统变迁和现代变革（1949—1964年）动态的描述和初步分析。

❸ 这三册分别是：《共产中国的城市》，The City in Communist China，by John Wilson Lewis（Editor），Stanford University Press，1971；《两个世界之间的中国城市》，The Chinese City Between Two Worlds，by Mark Elvin and William Skinner（Editor），Stanford University，1974；《中华帝国晚期的城市》，The City in Late Imperial China，by William Skinner（Editor），Stanford University Press，1977.

国城乡关系的一个主要观点是中国城乡差别不明显，他们称为城乡连续统一体，用现在常用的词语，也可称“城乡一体化”。

②从上海到全国：城市史研究的走向

20世纪80年代中期到90年代中叶西方学者主要以研究上海城市史为主。其原因是多方面的，历史资料的积累、学者对上海学术环境的熟悉和认知程度、档案资料的开放程度、通过上海预测中国现代化的发展趋势等，研究成果涉及范围广泛，如女工、工人运动、资产阶级、市政运作、警察、黑帮与政府关系、娼妓、苏北人在上海、同乡会、媒体、出版、广告、月历牌等[1]，研究者有资深教授，也有博士论文及其延续。另外，也有研究北京、天津、武汉和济南的成果，其中不乏精品之作，但有数量和深度等方面的问题。[2]

20世纪90年代中期，美国学者提出上海只是中国的一部分，不能一叶障目，以偏概全，要研究更多的城市，寻找其不平衡性。1996年在美国组织了一次不是研究上海的学者的研讨会，出版了论文集[3]。在日本除了成立了上海史研究会外，1992年还成立了天津史研究会。另外从研究内容上也有所扩展，预示着研究范围和视野的延伸。

---

[1] 代表性著作有：《上海资本家和国民政府（1927—1937）》The Shanghai Capitalists and the Nationalist Government，1927-1937，by Parks Coble，Harvard University East Asia Studies，1980；《荒野芦滩：上海公共卫生的起源（1843—1983）》A wilderness of Marshes：The Origins of Public Health in Shanghai，1843-1983，by Kerrie MacPherson，Oxford University Press，1987；《制造一个中国的种族：上海的苏北人（1850—1980）》Creating Chinese Ethnicity：Subei People in Shanghai，1850-1980，by Emily Honig，Yale University Press，1992；《上海，1927—1937：市政权力、地方性和现代化》Shanghai，1927-1937：Municipal Power，Locality，and Modernization，by Christian Henriot，University of California Press，1993；《家乡、城市、和国家：上海的地缘网络与认同（1853—1937）》Native Place，City，and Nation：Regional Networks and Identities in Shanghai，1853-1937，by Bryna Goodman，University of California Press，1995.

[2] 代表作品有：《中国的城市变化：山东济南的政治和发展（1890—1949）》Urban Change in China：Politics and Development in Tsianan Shantung 1890-1949，by David D. Buck，University of Wisconsin Press，1978；《汉口：一个中国城市中的商业和社会》Hankow：Commerce and Society in a Chinese City，1796-1889，by William T. Rowe，Stanford University Press，1984.《汉口：一个中国城市中的社区和冲突》Hankow：Conflict and Community in a Chinese City，1796-1895，by William T. Rowe，Stanford University Press，1989；《人力车时代的北京：20世纪20年代的市民与政治》，Rickshaw Beijing：City People and Politics in the 1920s，by David Strand，University of California Press，1989；《天津工人（1900—1949）》The Workers of Tianjin，1900-1949，by Gail Hershatter，Stanford University Press，1986.

[3] 1996年在周锡瑞（Joseph W. Esherick）的主持下在加州圣地亚哥召开“上海之外：民国时期中国城市臆想”（Beyond Shanghai：Imaging the City in Republican China）学术会议。后来夏威夷大学出版的《再造中国城市：现代性和国家认同（1900—1950）》一书即是此次会议的论文集（Remaking the Chinese City：Modernity and National Identity，1900 to 1950，by Joseph Esherick（Editor），University of Hawaii Press，2002）。此书中有9篇论文研究的对象是北京、天津、长春、成都、南京、杭州、广州7个城市。

③从角度到方法：城市史研究的细化

"21世纪以来美国的中国城市史研究显然已经进入了一个新阶段，即中小城市的研究开始进入学者的视野。因此'从上到下'可以有两重意思：一是指从研究精英上层到研究下层民众；一是指从上海、北京等主要大城市，到全国政治、经济中次等地位的城市。"[1]

学者们的研究，一方面运用后现代主义、新文化主义等理论方法重新审视原来的研究对象，并将视线下移到边缘阶层和群体，如对上海公共领域的研究、对社会生活和各个阶层群体的研究，使得城市史研究更为丰满和生动[2]。

另一方面开始关照上海以外的城市，一批研究天津、成都、苏州、杭州、北京的成果开始涌现，如天津的盐商、银行职员的关系网络、城市管理和卫生；[3]北京的市政管理、生育观、公共空间，[4]南京的下层社会、扬州的衰落、成都的茶馆等[5]。还有就是对城乡关系、区域研究的再次审视[6]。但是，基于资料等因素，

---

[1] 卢汉超. 从精英到大众：近年美国中国城市史研究的"从上到下"取向. 史学月刊，2008（5）：18-19.

[2] 《危险的娱悦：20世纪上海的娼妓和现代性》Dangerous Pleasures：Prostitution and Modernity in Twentieth-Century Shanghai，by Gail Hershatter，University of California Press，1997；《上海摩登：中国新都市文化的兴起（1930—1945）》Shanghai Modern：The Flowering of a New Urban Culture in China，1930-1945，by Leo Lee，University of Harvard University Press，1999；《上海歹土：战时恐怖主义和城市犯罪（1937—1941）》The Shanghai Badlands：Wartime Terrorism and Urban Crime，1937-1941，by Frederic Wakeman，Jr.，Cambridge University Press，2002.

[3] 《天津盐商：中华帝国晚期的国家权力和市民社会》The Salt Merchants of Tianjin：State-Making and Civil Society In Late Imperial China，by Man Bun Kwan，University of Hawaii Press，2001；《取信于乱世：民国时期天津的金融界、银行和国家与社会关系（1916—1937）》Trust in Trouble Times：Money，Banking and State-Society Relations in Republican Tianjin，1916-1937，by Brett Sheehan，Harvard University Press，2003；《卫生的现代化：中国通商口岸健康与疾病的意义》Hygienic Modernity：Meanings of Health and Disease in Treaty-Port China，by Ruth Rogaski，University of California Press，2004.

[4] 《北京：寺庙与城市生活（1400—1900）》Peking：Temples and City Life，1400-1900，Susan Naquin，Berkeley：University of California Press，2000；《重建北京：天安门和一个政治空间的开创》Remaking Beijing：Tiananmen Square and the Creation of a Political Space，by Wu Hung，University of Chicago Press，2005；《同乡于首都：帝国晚期北京的籍贯、空间和权力》Localities at the Center：Native Place，Space，and Power in Late Imperial Beijing，by Richard Belsky，Harvard East Asian Monographs，2006.

[5] 《于国无用：民国时代南京的"社会问题"和社会工程（1927—1937）》Useless to the State："Social Problems" and Social Engineering in Nationalist Nanjing，1927-1937，by Zwia Lipkin，Harvard University Asia Center，2006；《话说扬州：一个中国城市（1550—1850）》Speaking of Yangzhou：A Chinese City，1550-1850，by Antonia Finnane，Harvard University Asia Center，2004.《成都的街头文化：公共空间、城市平民和地方政治（1870—1930）》Street Culture in Chengdu：Public Space，Urban Commoners，and Local Politics，1870-1930，by Di Wang，Stanford University Press，2003.

[6] 代表作品《再造中国城市：现代性和国家认同（1900—1950）》Remaking the Chinese City：Modernity and National Identity，1900-1950，by Joseph Esherick（Editor），University of Hawaii Press，2002；《中国的城乡：认同与理念》Town and Country in China：Identity and Perception，by David Faure（Editor），Tao Tao Liu（Editor），Palgrave Macmillan，2002.

国外学者对以上城市的研究缺乏群体性，也就是说没有形成像上海那样的研究群体，进而缺少共同话语的学术氛围。

总体而言，西方学者的治学态度严谨扎实，理论与考证并重，治学思维为“宏观构思、微观入手”，以大框架、大模式著称，力求在厘清具体实况外，将所探讨的现象与较大的社会或国家问题联系起来，以收小中见大之效。如为了透析城市社会的结构、成分及其变迁机制（轨迹），一大批特殊群体或政治、经济、社会团体成了着力考证的主题。同时，地方精英（绅士、商人）也引起了他们的特别关注。而在方法论上，他们比较重视对城市进行定性分析和定量分析。这些理念和方法是西方学者对中国近代城市史研究的主要特色。

2. 国内学者的研究

中国城市研究有着悠久的传统，其渊源可追溯到古人对于都城、城市的记录和考察，《洛阳伽蓝记》《长安志》《唐两京城坊考》《东京梦华录》《武林旧事》等，均可归入广义的城市史著述。其中，上海通志馆学者于1934年、1935年各出版《上海市通志馆期刊》4期，涉及沿革、气象、地文、风土、公共租界、法租界、政治、党务、外交、实业、金融、工业、交通、文化、新闻、体育、学艺、人物、教育、社会事业等，资料翔实，考订细密，具有很高的学术价值，实开中国近代城市史研究之先河。

20世纪80年代中国近代城市史研究正式兴起后，据不完全统计，从20世纪80年代中期到90年代末，中国大陆出版的有关近代城市研究的专著和资料集达500余部，相关文章上千篇。从内容上，国内学者的研究大致分为以下3个阶段。

（1）从个案到类型：城市史研究的区化

20世纪80年代初期西方学者开始介绍国外研究城市史的状况，加之国内城市建设的需要，促使一些学者在原有的基础上开始摸索城市史研究的理论和方法。国家社科“七五”规划把上海、天津、重庆和武汉列为重点课题，促使学者利用西方的理论和方法开创了研究中国近代城市史的途径，四个城市的专著问世，也为研究近代城市史提供了可供参考的理论框架和模式❶。国家社科基金在继续支持个案研究的同时，加强了区域城市、不同类型城市等

❶ 四本著作分别为：张仲礼. 近代上海城市研究. 上海：上海人民出版社，1990；隗瀛涛. 近代重庆城市史. 成都：四川大学出版社，1991；罗澍伟. 近代天津城市史. 北京：中国社会科学出版社，1993；皮明庥. 近代武汉城市研究. 北京：中国社会科学出版社，1993.

综合性研究的支持力度，又进一步推动了各地学者着手对本区域城市的政治、经济、社会、文化等相关问题研究，也取得了较大进展。仅从出版的著作看，上海史的论著鹤立鸡群❶，质量和数量为其他城市所不及，还出版了北京通史❷、近代昆明城市史、成都城市史，以及拉萨、开封、鞍山、本溪、宝鸡、自贡、包头等城市史❸。还有综合性研究，1985年问世的傅崇兰所著《中国运河城市发展史》，从联系的角度系统研究了杭州、苏州等运河城市，是关于中国类型城市或城市带研究的前驱之作，其他如中国城市史纲、近代中国通商口岸与租界、长城沿线城市史、河北城市史等方面的著作也不少❹。

虽然各种论著的理论、方法、体例、角度和观点不尽相同，但涉及了城市的各个方面。为了促进城市史研究，天津社会科学院历史研究所主编的《城市史研究》杂志以研究者的角度，集研究、信息和介绍为一体，为城市史研究提供了长期阵地，并得到国外同行的认同和支持。在这个阶段，曾经在上海、成都、天津和武汉召开了四次近代城市史的学术讨论会，探讨有关近代城市史的理论和方法，也取得了相应的效果。另外，有些研究也是从城市着手的，比如有长期研究基础的资产阶级研究多集中在城市，促使一些学者研究企业家群体；再如商会研究集中在天津、上海、苏州，也是以这些城市的档案为基础展开的，如果从广义的城市史研究上看，都属于这个范畴。

（2）从学术到普及：城市史研究的泛化

20世纪90年代城市史研究的范围和所涵盖的内容进一步扩大，其成果可谓多种多样，涉及广泛。国家社科基金在原有的基础上，根据当前需要，提

---

❶ 刘惠吾. 上海近代史（上）（下）. 上海：华东师范大学出版社，1985—1987；陈从周. 近代上海建筑史稿. 上海：三联书店上海分店，1988；唐振常. 上海史. 上海：上海人民出版社，1989；洪葭管，等. 近代上海金融市场. 上海：上海人民出版社，1989；张仲礼. 近代上海城市研究. 上海：上海人民出版社，1990；乐正. 近代上海人社会心态（1860—1910）. 上海：上海人民出版社，1991；上海市公用事业管理局. 上海公用事业：1840—1986. 上海：上海人民出版社，1991；陈伯海，等. 上海近代文学史. 上海：上海人民出版社，1993；丁日初. 上海近代经济史. 上海：上海社会科学院出版社，第一卷：1994年，第二卷：1997年；唐振常. 近代上海探索录. 上海：上海书店，1994.

❷ 曹子西. 北京通史. 北京：中国书店出版社，1994.

❸ 张学君，张莉红. 成都城市史. 成都：成都出版社，1993；程子良、李清银《开封城市史》，刘景玉、智喜君《鞍山城市史》，王琪叔《宝鸡城市史》，沈玉成《本溪城市史》，王仁远、陈然、曾凡英《自贡城市史》，均由社会科学文献出版社1993-1995年出版；张志强. 沈阳城市史. 大连：东北财经大学出版社，1993；邢凤麟. 深圳城市史. 北京：团结出版社，1996；傅崇兰. 拉萨史. 北京：中国社会科学出版社，1994；张贵. 包头史稿. 呼和浩特：内蒙古大学出版社，1994.

❹ 何一民. 中国城市史纲. 成都：四川大学出版社，1994；张洪祥. 近代中国通商口岸与租界. 天津：天津人民出版社，1993；徐纯性. 河北城市发展史. 石家庄：河北教育出版社，1991.

倡对城市管理、社会控制进行专题研究，进而一批国家课题的最终成果问世，如《近代中国城市发展与社会变迁》《东南沿海城市与中国近代化》《长江沿江城市与中国近代化》《中国近代不同类型城市综合研究》等❶，标志着该学科开始向区域性、群体性和综合性研究发展。

四川大学历史学院城市史博士点，是当时我国高校唯一的专门培养城市史研究生的基地，一些较为优秀的论著公开出版，如《战争与近代中国衰落城市研究》《近代东北城市的历史变迁》《近代南京城市建设研究》《市政改革与城市发展》，都有一些亮点，推动了近代城市史研究的深入❷。

各地的学者也利用自身优势，将一个城市或区域城市作为研究对象，以适应当前社会经济发展的需要，尤其是上海和北京，无论是通史和专题性质的学术著作，外国学者著作的翻译，还是知识性、普及性、趣味性的书籍，都层出不穷、应接不暇、琳琅满目。如15卷的《上海通史》、4卷的《上海近代经济史》、3卷的《上海文化史》、10卷的《北京通史》，还有《明清时期江南城市史研究》《近代山东城市变迁史》《河北城市史》《华北城市经济近代化研究》等都反映了城市史研究的深入，体现了近代城市史研究队伍的扩大❸。

同时一些研究地理、人口、社会、规划、城市建筑等学科的学者和实际工作者也涉足该领域，尤其是研究历史地理、区域地理等学科的学者，从空间的角度研究城市发展、规模、等级，出版了一套关于城市发展、制度、水、空间等不同方面的丛书，河北和山东城市史从不同的侧面以不同的篇幅论述

---

❶ 张仲礼. 东南沿海城市与中国近代化. 上海：上海人民出版社，1996；隗瀛涛. 中国近代不同类型城市综合研究. 成都：四川大学出版社，1998；张仲礼，熊月之，沈祖炜. 长江沿江城市与中国近代化. 上海：上海人民出版社，2002；何一民. 近代中国城市发展与社会变迁. 北京：科学出版社，2004；天津学者对近代华北区域城市系统的变迁研究颇具特色，比较重要的研究成果有周俊旗的《关于近代区域城市系统研究的几个问题》（《天津社会科学》1994年第5期）、《清末华北城市文化的转型与城市成长》（《城市史研究》第13—14辑，1997年）、张利民的《华北城市经济近代化研究》（天津社会科学院出版社2004年版）、罗澍伟的《试论近代华北的区域城市系统》（《天津社会科学》1992年第5期）、胡光明的《北洋新政与华北城市近代化》（《城市史研究》第6辑，1991年）等。

❷ 罗玲. 近代南京城市建设研究. 南京：南京大学出版社，1999；曲晓范. 近代东北城市的历史变迁. 长春：东北师范大学出版社，2001；蔡云辉. 战争与近代中国衰落城市研究. 北京：社会科学文献出版社，2006；赵可. 市政改革与城市发展. 北京：中国大百科全书出版社，2004.

❸ 熊月之. 上海通史（15卷）. 上海：上海人民出版社，1999；丁日初，沈祖炜. 上海近代经济史. 上海：上海人民出版社，1994—1997；曹子西. 北京通史（全十卷）. 北京：中国书店，2004；王卫平. 明清时期江南城市史研究. 北京：人民出版社，1999；王守中，郭大松. 近代山东城市变迁史. 济南：山东教育出版社，2001；张利民. 华北城市经济近代化研究. 天津：天津社会科学院出版社，2004.

城市的近代化，以独特的角度和专业，为城市史研究的扩展打开了思路和学科的束缚。[1]

另外，各城市的志书已经基本完成，还出现了许多论述或介绍各城市社会生活、风俗习惯、方言等的书籍，特别是一批以老照片为题材的可视性书籍的出版，为近代城市史研究增添了一道靓丽的风景线。

近几年研究成果的特点是：既有学术气氛浓重的专著，也有生动活泼、具有可读可视性的、适合社会不同分层需要的论述性、介绍性书籍，使人们能够了解城市社会的各个层面，为近代城市史研究提供了更加丰富的素材，使城市史研究更接近社会，更接近市场的需要。

(3) 从宏观到微观：城市史研究的深化

随着网络的发展和档案资料的数字化，以及各种数据库的建立，国内和境外学者更加自如地运用新的理论方法，使得对个体城市的研究范围更加宽泛和细化，以往比较难以搜寻的资料，尤其是有关社会生活的资料、报刊等，如照片、广告、甚至菜单等都成为学者研究城市社会生活以及边缘群体的资料[2]。重新审视城市内部的不同层面，希望以小见大，构筑新的阐释方式，是当前城市史研究的主要趋势，在这方面《上海城市社会生活史丛书》[3]以及"成都学"[4]的建立，成为当前城市史研究的风向标。

国内学者在深化个体城市研究的基础上，更加关注城市与区域发展、城

---

[1] 李百浩，韩秀. 如何研究中国近代城市规划史//湖北省土木建筑学会学术论文集（2000—2001年卷），2002；王西波《济南近代城市规划研究》，薛春莹《北京近代城市规划研究》，熊浩《南京近代城市规划研究》，邹涵《1945年前香港近代城市规划历史研究》，武汉理工大学2003年硕士论文。

[2] 如关于广告研究的代表性作品就有孙会对《大公报》的研究：《〈大公报〉广告与近代社会》，河北师范大学2009年博士论文；陈显霖对《申报》的研究：《〈申报〉广告视野中的上海晚清社会》，苏州大学2005年硕士论文；刘璀对《益世报》的研究：《〈益世报〉广告研究——以1935年为例》，天津师范大学2008年硕士论文。

[3] 该丛书由熊月之教授主持，计划出版28本，现已出版18本，分别是：熊月之《异质文化交织下的上海都市生活》，汪之成《近代上海俄国侨民生活》，唐艳香《近代上海饭店与菜场》，侯艳兴《上海女性自杀问题研究（1927—1937）》，王敏《上海报人社会生活（1872—1949）》，王健《上海犹太人社会生活史》，汤水清《上海粮食计划供应与市民生活（1953—1956）》，陈同《近代社会变迁中的上海律师》，白华山《上海政商互动研究（1927—1937）》，宋钻友《同乡组织与上海都市生活的适应》，张生《上海居，大不易——近代上海房荒研究》，瞿骏《辛亥前后上海城市公共空间研究》，张笑川《近代上海闸北居民社会生活》，葛涛《唱片与近代上海社会生活》，阮清华《上海游民改造研究（1949—1958）》，白华山《上海城政商互动研究（1927—1937）》，马学强、张秀莉《出入于中西之间—近代上海买办社会生活》，施扣柱《青春飞扬——近代上海学生生活》。

[4] 何一民. 成都学概论. 成都：巴蜀书社，2010.

市与市场等经济发展的关系，从国家与社会的角度研究城市社会群体和制度。有的还试图打通前近代、近代与当代城市发展的关系，如从农业时代到工业时代[1]，有的关注类型化城市集体研究[2]，有的尝试进行城市间的比较研究，对不同类型或时代的城市个体和群体的同一方面做类比或对比[3]，有的从近代交通系统的演变来反映城市兴衰变迁[4]，等等，这些不同角度和视野的研究，丰富了城市史研究的内容，也拓展了城市史研究的方法，推动了城市史研究向纵深化、广域化发展。

学者们在进行实证研究的同时，还在认真总结和深化相关理论，展开譬如“中国城市史研究：问题与思索”的专题讨论，就研究视野、城乡关系、历史分期、传统与变易、空间阐发各自的研究心得[5]。

综观国内学者的研究，中国学者的著作中注重政治、经济、文化等全方位的宏大叙事，结构完整，整体感比较强。但是对城市社会的微观环境的研究似乎显得不足。这可能是学术习惯、文化传统乃至于意识形态的差异所致。

三、近代天津城市史研究回顾[6]

近代天津是中国最具国际化的城市之一，其原因是多方面的：其政治地

---

[1] 何一民．从农业时代到工业时代：中国城市发展研究．成都：巴蜀书社，2009.

[2] 蔡云辉．近十年来关于“近代中国衰落城市”研究综述．史学理论研究，2003（2）；蔡云辉．战争与近代中国衰落城市研究．北京：社会科学文献出版社，2006；何一民．近代中国衰落城市：一个被忽视的重要研究领域．中国近代史，2007（11）.

[3] 梁元生，王宏志．双龙吐艳——沪港之文化交流与互动．香港：香港中文大学亚太研究所出版社，2005；王志勇．近代保定天津城市发展比较研究．武汉：华中师范大学，2005；吴轶群．清代新疆边境地区城市对比研究．上海：复旦大学，2007；张利民．艰难的起步：中国近代城市行政管理机制研究．天津：天津社会科学院出版社，2008；刘慧．济南与烟台城市早期现代化比较研究．济南：山东师范大学，2008；何一民．省会城市史：城市史研究的新亮点．史林，2009（1）；邱国盛．中国城市的双行线：二十世纪北京、上海发展比较研究．成都：巴蜀书社，2010.

[4] 江沛，熊亚平．铁路与石家庄城市的崛起：1905—1937年．近代史研究，2005（3）；鲍成志．试论新式公共交通兴起与近代中国城市发展．中国近代史，2009（7）；张志国，耿科研，江沛．“第一届中国近代交通社会史学术研讨会”综述．史学月刊，2010（6）；李惠民．近代石家庄城市化研究：1901—1949．北京：中华书局，2010.

[5] 熊月之《中国传统城市特质的变易与延续》、戴一峰《城市史研究的两种视野：内向性与外向性》、张利民《城市史视域中的城乡关系》、何一民《农业·工业·信息：中国城市历史的三个分期》、陈蕴茜《空间维度下的中国城市史研究》，《学术月刊》2009年第10期。

[6] 关于天津地方史的研究综述，可参考：万新平．近年来天津地方史研究概况．中国史研究动态，1988（8）；天津社科院历史所．天津史研究信息（英文）．城市史研究，2007（25）.

缘使其分担了首都的部分功能，是对外联络的窗口；存在着中国国别最多的外国租界，中外文化交流频繁；其经济地理又决定了其是华北地区的经济龙头，承担着对外贸易的桥梁；等等。这样的历史背景自然引起中外学者对天津史的广泛关注。

1. 实态与调查：民国时期的天津城市史研究

除了历代官方例行编撰的史志资料与稗官野史外[1]，早在八国联军侵占天津后，日本为掌握天津的实态，于光绪二十九年（1903年）组织编写了《天津志》（今译为《二十世纪初的天津概况》[2]），内容涉及天津的地理环境、建制沿革、人口、市政交通以及居民社会生活状况等，几乎与此同时，英国在华领事馆等也组织人员编写了《20世纪香港、上海和其他中国口岸的印象》，该书以相当篇幅记述了天津的历史、政治、人口与自然资源等。20世纪20年代日本学者吉野美弥雄著的《利用す可き天津を中心こせる北支那の物产》[3]，1926年英国博士雷穆森的《天津——插图本史纲》也从不同方面介绍了天津的历史沿革、租界以及物产经济。

自19世纪30年代开始，受西方社会学、经济人类学研究的影响，一些高等学府、社会团体、官方及个人也纷纷在国内各个地区展开调查和研究工作，在天津地区则有中华平民教育促进会、南开大学社会经济研究委员会(后改为南开大学经济学院)、天津市工商局、社会局、公司等机构和个人，先后出版的代表性成果包括了天津各种农业、工业、手工业和工人的调查报

---

[1] 薛柱斗、高必大：《天津卫志》，清康熙十三年（1674）；朱奎扬、张志奇、吴廷华：《天津县志》，清乾隆四年（1739）；李梅宾、吴廷华、汪沆：《天津府志》，清乾隆四年（1739）；《津门保甲图说》道光二十六年（1846）；吴惠元、蒋玉虹、俞樾：《天津县读志》，清同治九年（1870）；沈家本、荣铨、蔡启盛、徐宗亮：《重修天津府志》，清光绪二十五年（1899）；王守恂、高凌雯：《天津县新志》，民国二十年（1931）；高凌雯：《志余随笔》民国刊本；薛柱斗、高必大：《新校天津卫志》，民国二十三年（1934）。张焘：《津门杂记》清光绪十年（1884年）刻本；《天津县地理教科书》光绪二十二年或三十一年（1897或1906年）。

[2] 日本中国驻屯军司令部编，侯振彤译：《二十世纪初的天津概况》，天津市地方史志编修委员会总编辑室1986年版。

[3] 大阪三岛开文堂，大正十三年（1924年）发行。

告及研究[1]。

另外，由铁道部财务司调查科组织的对全国铁路沿线各省、市、县经济状况的调查，包括胶济、陇海、平绥、大潼铁路沿线，以及京粤线、湘滇线、粤滇线、渝柳线、长渝计划线等沿线的东北、河北、山西、陕西、甘肃、安徽、浙江、福建、云南、贵州、四川、重庆、广东等的经济状况，其中，北宁铁路的调查涵盖了天津地区。[2]其他同时期的研究论著包括了天津市各行业概况、文化教育、市区租界以及各种旅游指南，从不同的侧面展示了近代天津市的市情市貌和时代特点[3]。

---

[1] 鲁荡平主编：《天津工商业》上卷，天津特别市社会局，民国十九年（1930）；方显廷编：《天津地毯工业》，南开大学社会经济研究委员会，民国十九年（1930）；方显廷：《天津针织工业》，南开大学经济学院1931年版；方显廷：《天津织布工业》，南开大学经济学院1931年版；吴瓯主编：《天津市火柴业调查报告》，天津市社会局，民国二十年（1931）；吴瓯等《纺织业调查报告》，天津市社会局1931年；吴瓯主编：《天津市农业调查报告》，天津协报社，民国二十年（1931）；刘基汉、周金铭等编：《天津市面粉业调查报告》，天津市社会局1932年；久大精盐公司等编：《塘沽之化学工业》，久大精盐公司，民国二十一年（1932）；天津市商会编：《天津市国货调查录》，天津市商会，民国二十一年（1932）；方显廷著：《津之粮食业及磨坊业》，南开大学经济学院1934年；邓庆澜主编：《天津市工业统计：第二次》，天津市社会局，民国二十四年（1935）；沈树基编：《天津造胰工业状况》，河北省立工业学院图书馆1935年；金城银行总经理处天津调查分部编：《天津粮食业概况》，金城银行总经理处天津调查分部1937年；弘大千绘：《天津市县详图》，河北舆地学社，民国二十七年（1938）；小林阳之介编：《天津商工案内》，天津日本商工会议所，昭和十四年（1939）；《天津特别市灰煤业概况》，民国三十一年（1942）。天津丛刊编辑委员会编：《天津市卫生概况》，天津市政府秘书处编译室1948年。

[2] 北宁铁路线经济调查队编：《北宁铁路沿线经济调查报告》（第二册），北宁铁路管理局1937年版。

[3] 概论有：华光鼐《津门文钞》；羊城旧客撰：《津门纪略》；石小川：《天津指南》，天津文明书局，清宣统三年（1911）；孙学谦编《天津指南》，新华书局1922年；古修苏编《天津指南》，1922年；益智书报馆《商业汇编》，1923年；《简明天津游览指南》出版者与作者不详，1925年；《简明天津指南》，中华印书局（年代不详）；刘再苏编：《天津快览》，世界书局，民国十五（1926年）；南开大学政治学会：《天津租界及特区》，商务印书馆，1926年；甘眠羊编辑：《新天津指南》，绛雪斋书局，民国十六年（1927年）；天津出版社编：《天津便览》，1928年；宋蕴璞编辑：《天津志略》，蕴兴商行，1931年；天津生生印刷公司《日用快览》，1933年；王韬：《天津市概要十三编》，天津市政府，民国二十三年（1934年）；张次溪（燕归来簃主人）编：《天津游览志》，中华印书局，1936年；齐尧封编《简明天津指南》，1936年；王守恂：《天津政俗沿革记》，民国二十七年（1938年）；北京双肇楼校印《京津风土丛书》1938年；侯仁之：《天津聚落之起源》，天津工商学院，民国三十七（1945年）。张江裁：《天津杨柳青小志》1卷；刘炎臣：《津门杂谈》，三友美术社1943年；集思堂居士：《天津县地理教科书》，民国间（1912—1949年）。专业性有：南开大学政治学会：《天津租界及特区》，商务印书馆，1926年；方显廷主编：《天津棉花运销概况》，南开大学经济研究所，1934年；张中龠：《天津典当业》万里书店，民国二十四年（1934年）；李建勋编：《天津市小学教育之研究》，师范大学研究所，民国二十三年（1934年）；王子建、赵履谦：《天津之银号》，河北省立法商学院，民国二十五年（1936年）；望云居士，津沽闲人：《津皇会考纪》，津沽文学社，1936年；王炳勋编：《天津市地价概况》，天津书局，民国二十七年（1938年）；薛不器：《天津货栈业》，新联合出版社，民国三十年（1941年）。

而特别值得提及的是由南开大学经济研究所编写的《天津工人生活费指数》，从民国十五年（1926年）开始编制，代表物品37项，到抗日战争期间停止，抗战后继续编制。另外一个则是在1948年由李洛之、聂汤谷编撰的《天津经济地位》，该书引用丰富的统计资料，详尽探讨了日本侵华前后天津工业、商业、金融、外贸、交通等各产业部门的变动情况以及国内外联系，为近现代天津地方史研究打下了扎实的基础[1]。

2. 时代与主题：中华人民共和国成立后的天津城市史分期

中华人民共和国成立以后天津城市史研究进入新的时期，从研究内容及方法上可以分为三个阶段：第一阶段是中华人民共和国成立到“文化大革命”的30年，第二阶段是从改革开放开始的1978年到20世纪末，第三阶段是21世纪至今。据统计，在报纸、杂志上发表的文章，从中华人民共和国成立到1978年总计282篇，1979—1999年的20年内发表总数为3600余篇，2000—2007年7年间发表论文资料总数为2031篇。

（1）革命与工商业：初始阶段的研究取向

这一阶段的特点：研究队伍开始形成，研究内容主要以中共革命党史、工人运动为主，并对义和团运动、三条石工人进行了调查；初步探讨了天津城市的形成、水患、经济发展等问题。

作为义和团运动的重镇之一，天津有大量的史料可供发掘利用，由于早期政治环境的影响，研究者多关注义和团运动中抗击西方侵略者的民众运动以及揭露清政府腐败的外交等方面，记述天津地区在义和团运动中所做的历史贡献。[2] 近代天津一直处于与西方国家交往的前沿，因此在抵抗外国侵略、反抗本国压迫与进行革命运动方面也走在中国的前列，研究者大多关注第二次鸦片战争、天津教案、都统衙门以及人民群众的斗争和中共早期活动等一些重大事件。[3] 天津不仅是政治中心，更是近代中国的经济中心，因此关于天

---

[1] 李洛之，聂汤谷编：《天津的经济地位》，经济部冀热察绥区特派员办公处结束办事处驻津办事分处，民国三十七年（1948）。

[2] 林树惠．义和团首领张德成．历史教学，1953（1）；金家瑞．义和团运动时期清政府对外“宣战”的真相．史学月刊，1957（12）；赵捷民．义和团运动时期中国士兵在天津的抗敌精神．史学月刊，1958（2）；张耕．义和团在天津的揭帖．北国春秋，1959（1）．

[3] 史建文．“天津教案”的经过．历史教学，1952（11）；陈登原．天津教案与曾国藩．文史哲，1952（6）；林树惠．天津都统衙门——帝国主义者侵略的机构．历史教学，1952（6）；南史．天津的五卅反帝运动．历史教学，1965（5）；方庆秋，季定洲．袁世凯统治时期农民群众的几次抗捐抗税斗争．历史教学，1965（11）；天津市历史研究所天津史话编写组．第二次鸦片战争在天津．天津：天津人民出版社，1976；王永祥，等．周恩来同志在“五四”时期的革命活动．天津师院学报，1978（2）．

津的工商业研究层出不穷，研究者往往关注作为天津本地产业特点的纺织、轻工业以及外贸。[1] 关注天津城市自身发展的研究，可以说是关于天津城市史早期的作品。[2]

（2）理论与多元：拓展阶段的研究特色

第二阶段是从改革开放开始到20世纪末，此时历史学者迸发出研究激情，城市迅速发展也为研究天津史提供了一定的平台，即需要了解天津经济中心的形成，天津文化的特色，对天津城市的科学定位。其特点是多点开花：城市史理论方法的运用，为天津史研究增加了活力；与国际学术界的接轨；研究的多元化，除了简史外，从经济史、社会史和文化史等角度开展研究，并有一些专著出版；工具书和档案资料的开发；地方志的编纂和党史研究室的设立，推动了研究范围的扩展；研究队伍的迅速扩大，通过召开学术会议等方式开始了中外学者的交流。

改革开放后，研究天津历史的科研机构纷纷建立并出版相关领域的丛书与资料，大大丰富了天津史研究的内容和形式。在方志史料方面，天津市地方志编修委员会编撰的《天津通志》全书共85个分志（卷），成书字数3400多万字，是天津文化建设史上最大的系统工程[3]。其他官方编撰的方志还有《天津市地名志》《天津海关志》《天津邮政志》《天津简志》等。[4]

在通史方面有《天津港史》《天津简史》《天津近代史》，[5] 另外这一时期学术研究已经出现多元化趋势，学者们从城市历史的各个方面进行了不同角度的研究，出版了《天津公路运输史》《天津邮政史料》《天津近代经济史》《天津金融简史》《天津近代教育史》《天津人口史》《天津土地开发历史图

---

[1] 天津市纺织工业局．旧中国时期的天津纺织工业．北国春秋，1960（1）；纪广智．旧中国时期的天津工业概况．北国春秋，1960（4）；王怀远．旧中国时期天津的对外贸易．北国春秋，1960（4）；纪广智．旧中国时期天津工人状况．北国春秋，1960（7）．

[2] 鲍觉民．城市建设：天津都市聚落的兴起和发展．南开大学学报，1956（1）；天津师院地理系．天津城市的形成和发展．天津师范大学学报（社会科学版），1977（2）．

[3] 《天津通志》分为商业志、地震志、体育志、附志·租界、体育志、金融志、大事记、财税志、保险志、城乡建设志、政权志、审计志、信访志、公安志、民政志、基础教育志、人民防空志、物价志、科学技术志等，由天津社会科学院出版社1994—2008年出版。

[4] 天津市地方志编修委员会．天津简志．天津：天津人民出版社，1991；杨戊辰．天津海关志．天津：天津海关编志室，1993；天津市地名志总编纂委员会．天津市地名志．天津：天津人民出版社，1998；天津市邮政局史志编辑委员会．天津邮政志．天津：天津社会科学院出版社，1998．

[5] 李华彬．天津港史．北京：人民交通出版社，1986；天津社会科学院历史研究所《天津简史》编写组．天津简史．天津：天津人民出版社，1987；来新夏．天津近代史．南开大学出版社，1987．

说》等专门史著作。[1]

在文史刊物方面，中国人民政治协商会议天津市委员会文史资料委员会编辑的《天津文史资料选辑》出版了上百辑刊物，成为研究天津近代史不可或缺的珍贵史料。另外还有天津市文史研究馆编发的《天津文史丛刊》，天津市文化局编发的《天津文化史料》，天津市地方志编修委员会办公室编发的《天津文化通览》，天津社会科学院历史研究所编发的《天津历史资料》等。

在档案资料方面，天津档案馆、天津市工商业联合会和天津社会科学院历史研究所挖掘整理的《天津商会档案汇编》[2]，已经成为商会研究的必备书目。同样是天津档案馆编辑的还有《北洋军阀天津档案史料选编》[3]《天津租界档案选编》[4]，为相关领域的研究奠定了基础。

20世纪80年代后期，随着城市史学理论的传入，城市史作为一门新兴的史学研究方法和领域受到学者们的普遍重视，学者们开始从不同角度探讨城市问题。其中有从城市化的角度考证天津商品市场的形成[5]，有从建筑学角度总结天津特点[6]，有从宏观时空上考察天津的形成、地位及影响[7]，有的从民间组织和社会控制角度研究城乡社会[8]。这些研究为天津城市史的开拓与发展奠定了良好的基础。

20世纪80年代末期，专业刊物《城市史研究》开始编发，形成了城市史领域自己的研究阵地。《城市史研究》以发表中国近代城市史研究的论文为

---

[1] 耿捷．天津公路运输史．北京：人民交通出版社，1988；沈大年．天津金融简史．天津：南开大学出版社，1988；孙大干．天津经济史话．天津：天津社会科学出版社，1989；仇润喜．天津邮政史料．北京：北京航空航天大学出版社，1990；孙德常，周祖常．天津近代经济史．天津：天津社会科学院出版社，1990；李竞能．天津人口史．上海：南开大学出版社，1990；张大民．天津近代教育史．天津：天津人民出版社，1993；张树明．天津土地开发历史图说．天津：天津人民出版社，1998．

[2] 天津市档案馆，等．天津商会档案汇编．天津：天津人民出版社，1996—1998．

[3] 天津市档案馆．北洋军阀天津档案史料选编．天津：天津古籍出版社，1990．

[4] 天津档案馆，南开大学分校档案系．天津租界档案选编．天津：天津人民出版社，1992．

[5] 胡光明．开埠前天津城市化过程及内贸型商品市场的形成．天津社会科学，1987（2）．

[6] 章英华．明清以迄民国中国城市的扩张模式——以北京、南京、上海、天津为例．汉学研究，1985（2）；谢国祥．天津古代建筑．天津：天津科学技术出版社，1989；高仲林．天津近代建筑．天津：天津科学技术出版社，1990．

[7] 罗澍伟．近代天津上海两城市发展比较．档案与历史，1987（1）；胡光明．被迫开放与天津城市近代化．天津社会科学，1989（5）；罗澍伟．中国城市的历史发展与天津在中国城市史上的地位．天津社会科学，1989（6）；郭蕴静．天津古代城市发展史．天津：天津古籍出版社，1989；王华棠．天津——一个城市的崛起．天津：天津人民出版社，1990．

[8] 陈克．十九世纪末天津民间组织与城市控制管理系统．中国社会科学，1989（6）；罗澍伟．近代天津城市史散论．近代史研究，1991（4）；中村达雄．清末天津县的乡镇结构与义和团组织．山东社会科学，1991（7）．

主，开辟的栏目有城市史理论探讨、中国城市化研究、城市近代化研究、近代中国城市研究、当代中国城市研究、世界城市研究、城市经济探索、城市文化研究、城市政治研究、城市结构研究、区域城市研究、国外中国近代城市史研究通讯、城市史研究译丛、学术信息、新书评介等。该辑刊已经成为中国近代城市史研究的最重要的学术园地之一，也是中外学术界了解中国近代城市史研究动态的一个重要窗口。所刊登的文章从天津开埠、城市人口、区域腹地、规划建设、工业结构、市民自治等各个方面为天津史研究注入了新的热点和活力。特别需要指出的是随着国家社科项目“近代天津城市史”的完成，天津城市史研究进入了一个全新的阶段[1]，该书的作者都是长期以来专门研究天津地方史的专家、学者，可谓集天津城市史研究之大成者，“该书从城市史的角度，研究的方位是多方面的，视野极为广阔。论述的内容包括了城市的区位环境、政治背景、农业、工业、交通、贸易、金融等经济状况，城区的布局及其管理办法，居民的来源及其职业分工、分布形态和家庭结构，社会习俗与社会心理，文化特色及教育机构，对华北等地的影响以及与国际上的联络等”[2]。

从20世纪80年代末以来天津史研究的各项成果看，其研究在深度上较以前更为深化、细化，在广度上无论是纵向研究还是横向研究也都较以前有很大提高，城市史研究中也充分体现了多学科理论、方法的综合运用，可以说，从20世纪80年代后期直至21世纪初的这一段时间是天津城市史研究的关键时期。

这一时期的另一大亮色是外国学者的加入使天津史研究形成了国际化的趋势，中外学者在研究方面的合作与互动使天津史研究的深度和广度得到很大拓展[3]。

外国研究者对天津史研究的介入，开阔了天津史研究的视野。20世纪90年代吉泽诚一郎的天津城市若干问题的研究就对中国学者启发很大。外国学者很善于把天津放在近代中国的大背景下研究。许多外国学者是从华北城市研究、中国城市研究的背景中来探讨天津历史课题的，学者们常常关注华北城市网络系统，天津及其腹地，粮食系统、贸易市场等研究的领域，也研究

---

[1] 罗澍伟. 近代天津城市史. 北京：中国社会科学出版社，1993.

[2] 南炳文. 喜读罗澍伟主编的《近代天津城市史》. 历史教学，1994（5）.

[3] 张利民，贵志俊彦. 日本天津史研究会首届年会概述. 城市史研究，1993（2）.

了中国学者所忽视的问题，如城市卫生[1]、天津侨民[2]、民间教育及城市用语[3]，有的研究还使一些传统问题的研究得到深入，如对天津巡警、体育与革命等方面的研究，使老课题研究出新意。[4]

(3) 深入与普及：细化阶段的研究范畴

新时期的研究，一方面主要借助历史地理、社会学等新的理论方法，从国家与社会、天津与腹地等方面进行研究，尤其重视空间的概念；另一方面有系统有计划地编纂专题研究、档案资料汇编、外文资料汇编、外文选译等丛书以及档案和资料的整理出版，有档案资料汇编、日记、实录、报纸摘编等。

21 世纪的天津史研究主要集中在以下几个方面。第一，在城市空间与区域方面的研究有一定进展，从地价、租界、公共设施、规划等方面论述天津空间的变化和特点[5]，研究天津与国际接轨、天津与华北、天津与环渤海关系等。[6]

第二，城市社会的研究不断深入，关注社会下层和民众生活。有卫生、疫情及防疫、运动与爱国情绪、边缘阶层、性别史、城市贫民、乞丐、慈善事业、城市行政管理等，其视野不仅仅是史实的描述，更是上升到国家与社

---

[1] 罗芙芸. 卫生的现代性：中国通商口岸卫生与疾病的含义. 南京：江苏人民出版社，2007.

[2] 桂川光正：《天津租界日本侨民社会及其认识》，《天津租界日本侨民的中国观》会议论文。

[3] 法国里昂东亚学院与天津社科院等单位编写的《中国城市用语词典》则从城市流行语言的角度研究城市社会的变迁，词典中收录了不少天津特有的或天津使用普遍的词语。见刘海岩在《城市》上的连载《城市用语新释》2007 年 1~12 期。

[4] 相关研究参见：[美] 李明珠：《1917 年的大水灾：天津与它的腹地》；[日] 滨口允子：《华北城市的粮食供给结构——以天津斗店为中心》；[美] 关文斌：《清末民初天津与华北的城市化：一个网络系统分析》；[日] 吉泽诚一郎：《体育与革命——辛亥革命时期天津的尚武理念和治安问题》；[日] 桂川光正：《天津租界的日本侨民社会及其意识》。以上均出自《城市史研究》2002 年第 21 辑。

[5] 高艳林. 天津人口研究. 天津：天津人民出版社，2002；天津市规划和国土资源局. 天津城市历史地图集. 天津：天津古籍出版社，2004；吕婧. 天津近代城市规划历史研究. 武汉：武汉理工大学；刘海岩. 清末民初天津水供给系统的形成及其影响. 历史档案，2006 (3)；任吉东. 传承与嬗变：近代化过程中的土地契约交易——以天津为例. 南方论丛，2007 (1)；刘海岩. 租界与天津城市空间的演变. 城市史研究，2007 (25)；刘海岩. 20 世纪前期天津水供给与城市生活的变迁. 近代史研究，2008 (1).

[6] 代表作品有：樊如森. 天津与北方经济现代化（1860—1937）. 北京：东方出版中心，2007；郭锦超. 近代天津和华北地区经济互动的系统研究. 天津：南开大学，2004.

会、公共领域与价值取向、道德规范与习俗等高度。❶

第三，通过商人与商业网络、商帮、行业公会等研究，拓展了原有的商会研究；❷ 城市经济的研究集中于港口与腹地关系、经济地位的形成、金融市场等方面，力图从更广阔的角度研究天津❸。

第四，新资料的发掘利用。一方面，随着档案资料的编译整理❹，租界和在天津的外国人的研究开始兴起，如侨民社会及其特点、海关、外国人在旧天津等。❺ 另一方面，利用报刊资料关注城市社会生活问题的研究逐渐兴起，城市史开始向社会史和文化史领域发展❻。

另外，借天津设卫建成600年之机，形成了普及天津历史与文化史的高潮，出版了大量的各具特色且针对不同读者群的书籍。研究内容广泛，成果形式多样，有专门的研究，也有大量的普及读物。其中天津古籍出版社和天津人民出版社出版的关于天津文化题材的系列丛书和文史资料委员会编写的

---

❶ 代表作品有：张利民《从军事卫所到经济中心——天津城市主要功能的演变》，宋美云《近代天津公司法人治理结构初探》，刘海岩《近代天津乞丐的构成、行为及其城市遭遇》，莫振良《近代天津人性格形成的社会历史因素》，刘文智《清末以来直隶（河北）地区的城乡庙会及其社会影响》，关文斌著、任吉东译《近代天津的穷家门：行乞与生存策略论述》，涂小元《试论清末天津警察制度的创立及其对城市管理的作用》，《城市史研究》2005年第23期；宋美云《论城市公共环境整治与非政府组织参与——以近代天津商会为例》，《天津社会科学》2006年第4期；任云兰《近代天津的慈善与社会救济》，天津人民出版社2007年版。

❷ 代表作品有：宋美云. 近代天津商会. 天津：天津社会科学院出版社，2002；朱英. 从“公推”到“票举”：近代天津商会职员推选制度的曲折演进. 近代史研究，2007（3）.

❸ 刘海岩. 空间与社会：近代天津城市的演变. 天津：天津社会科学院出版社，2003；庞玉洁. 开埠通商与近代天津商人. 天津：天津古籍出版社，2004；龚关. 近代天津金融业研究：1861—1936. 天津：天津人民出版社，2007.

❹ 倪瑞英，赵克立，赵善继. 八国联军占领实录：天津临时政府会议纪要. 天津：天津社会科学院出版社，2004；刘海岩. 外文资料的搜集与利用. 理论与现代化，2005（5）；吴弘明. 天津常关归并海关税务司英文档案选译（上、下）. 历史档案，2005（3/4）；刘海岩. 清代以来天津土地契证档案选编//宋美云. 天津商民房地契约与调判案例选编：1686—1949. 天津：天津古籍出版社，2006；刘海岩. 并非仅仅是“道契”——租界土地制度的再探讨. 历史教学，2006（8）；任吉东. 在传统与现代之间：近代天津永租契约探微. 河北学刊，2007（3）；尚克强. 九国租界与近代天津. 天津：天津教育出版社，2008.

❺ 布莱恩·鲍尔. 租界生活：一个英国人在天津的童年（1918—1936）. 天津：天津人民出版社，2007；雷穆森. 天津租界史. 天津：天津人民出版社，2009. 德斯蒙德．鲍尔. 小洋鬼子：一个英国家族在华生活史. 谢天海，译. 天津：天津人民出版社，2010.

❻ 天津市地方志编修委员会办公室，天津市图书馆.《益世报》天津资料点校汇编. 天津：天津社会科学院出版社，1999；于树香. 外国人在天津租界所办报刊考略. 天津师范大学学报（社会科学版），2002（3）；王先明，张海荣. 论清末警察与直隶、京师等地的社会文化变迁——以《大公报》为中心的探讨. 河北师范大学学报（哲学社会科学版），2005（1）；许哲娜. 清中后期津门地域文化意识的自觉与士绅社会的成熟. 天津社会科学，2010（4）.

天津名人系列，以及天津日报社编发的关于城市社会生活的丛书，在社会上产生了很大的反响。[1]天津市各个区县乡镇也在这段时间集中推出了本地区的方志，有的甚至是村街志，极大地丰富了天津史的资料基础。[2]不过，对这些史料如果只停留在表面的叙述，不加以深入分析，不辅以其他有关文献，而只是将重点放在对“津味文化”的渲染上，一味地对此加以排比铺陈，在内容上或热衷于民间轶事，或关注文化名人，结果往往流于对掌故的流连，是不能作为真正的学术研究对待的。

四、近代中国城市史研究展望

不可否认的事实是：在相当长的一段时期内，无论是从研究内容还是从研究方法来说，国外学者对中国近代城市史的研究均领先于中国大陆的学者。近年来，中国大陆的学者已经正视这一差异。相当多的学者正在努力地拓宽自己的研究视野，考察中国学者的研究轨迹，已明显可以看出，许多新近著作把目光转移到对在中国社会内部起作用的内在机制及社会变迁的研究上来。就学者已有的研究成果来看，已有不少学者把视角放置在对地方社会、城市下层、弱势群体、文化现象等方面进行考察，中西彼此之间的文化差异也越来越小，对话基础也正在逐步加强。

1. 关注与热点：城市史研究的聚焦所在

综合近代中国城市史和天津城市史研究，发现它们都有一个共同的指向，

---

[1] 郭凤岐《天津的城市发展》、陈卫民《天津的人口变迁》、杨大辛《天津的九国租界》、罗澍伟《天津的名门世家》、仇润喜《天津的邮驿与邮政》、章用秀《天津的园林古迹》、张仲《天津早年的衣食住行》、李世瑜《天津的方言俚语》，天津古籍出版社2004年版。于学蕴、刘琳编《天津老教堂》2005年，周利成、周雅男编《天津老戏园》2005年，贾长华主编《天津老画》2008年，天津人民出版社；卞瑞明主编《天津老字号》，中国商业出版社2007年版；周祖奭等《天津老银行》，天津大学出版社2008年版。中国人民政治协商会议天津市委员会文史资料委员会编《近代天津十二大报人》《近代天津十大影剧家》《近代天津十大寓公》《近代天津十大实业家》《近代天津十二大教育家》《近代天津十二大名医》《近代天津八大军事名人》《近代天津九大银行家》，天津人民出版社，1999—2004年版。张建星主编《城市细节与言行：天津600年》，天津古籍出版社2004年版。

[2] 区县志有：《武清县志》《蓟县志》《宝坻县志》《静海县志》《宁河县志》1991年，《南开区志》1998年，《津南区志》1999年，《和平区志》2004年，《北辰区志》2000年；《河西区志》《河东区志》《河北区志》《红桥区志》《东丽区志》《西青区志》《塘沽区志》《汉沽区志》；乡镇志有《王稳庄乡志》1996年，《霍庄子镇志》《南王平镇志》《小淀镇志》2001年，《大张庄镇志》《双街镇志》《北仓镇志》2002年；村街志有《大蒋庄村志》1995年，《果园新村街志》1998年，《传字营村志》2000年，《胡张庄村志》2001年，《天穆村志》2007年。

就是都集中在一定的空间范围内从事政治、经济、社会和文化等方面的研究。因此，这里将宏观地介绍目前关注的热点学术问题。

（1）城乡布局与市镇关系研究。城市与乡村是两个很重要的概念，但两者之间界线的不明确性，早被中国人文地理学界的学者们所指出。在近代城市发展进程中城乡差别却在迅速扩大，城乡对立愈发严重，城乡之间逐渐增强的依存和互动实际上并未有效地加速城乡的发展，反而加重了中国各区域经济的不平衡性，重新构筑了影响至今的城乡社会经济二元化结构。因此，如何看待城市化进程中的城市与乡村的问题，是中国乃至后发国家的共性问题，也是中国城市化的特色，对现实有着十分重要的意义。市镇介乎城市与乡村之间，是城乡间的中介和过渡地带，其经济发展、社会变迁体现出城乡的异同，也成为目前学术界研究的热门话题。这不但体现了学界对乡村社会的关注呈现出日益增强的趋势，也将城市史研究推到了一个较高的水平。

（2）网络系统与空间布局的研究。近代城市史多是从市场、城市、市镇、集市等角度综合研究各种网络之间的相互关系，探索商品流通、人口流动等带动下各种网络的重叠与差异，以分析区域和城市内部的空间布局与空间结构、功能转换，以及其地位的改变与重构。

（3）城市管理和社会治理的研究。清代后期由于政治的变化和国际环境的影响，县级以下的基层系统出现了许多变革。到民国时期，行政体系逐渐规范化。目前将该领域的研究深化到国家与社会、公共领域的层面，尤其是通过社团等民间组织论述国家与社会在城市管理和社会治理上的角逐、互补和此消彼长，以对当前如何加强对城市社会的治理提供借鉴。

（4）生态环境与基层组织的研究。当前对生态环境的重视也促使学术界拓展研究范围，将关注的视角集中在环境对区域和城市形成与演变的影响。从城市史的研究对象及其构成要素来衡量，目前学术界对近代中国城市宏观环境的研究成绩斐然，但对城市空间或城市社会“微观环境”的研究却显得相对不足。换句话说，应该从传统的阶级分析及政治斗争等范畴的宏大叙事中跳出来，着手从事对特定组织的探讨；具体研究像小商、小贩、下层民众等一类的群体；或者基于现有的档案资料对一个区域进行研究，选择更具体的诸如公共领域、社区环境等空间进行研究，以便更精确地再现构成城市社会整体的个人、家庭和社会组织的常态。

另外，在西方流行的后殖民主义和后现代主义等流派的影响下，利用当时的传媒开展对日常生活的研究，以阐释日趋复杂的城市社会分层；从多重视野开拓城市文化研究，也成为社会史和文化史的热门话题。

2. 不足与缺陷：城市史研究的短板所在

本学科发展中还存在明显的不足，综合来看主要集中在以下几个方面。

（1）理论框架缺失。多数研究成果还停留在现象的描述上，对于城市史来说，还没有构建具有中国特色的城市发展尤其是近代城市发展的权威性的理论体系，城市史研究的基本内涵和基本线索、城市发展的动力机制、城市现代化的主体脉络等有深度的成果难得一见。

（2）研究方法单一。运用历史研究方法的成果较多，而综合运用经济学、社会学、城市学研究方法的成果尚不多见，特别是对新文化史、网络分析理论、空间理论的吸收和借鉴还十分欠缺，与上海史研究有相当大的距离。

（3）交叉研究缺乏。生态环境史人地关系、人文与社会关系、城市内外与环境关系的研究没有得到充分的重视；城市史和区域史中缺少从商品、资金、人口流动等方面深入研究城市与乡村、腹地关系。同时缺少对传统、近代以及当代不同时期融会贯通且有一定深度的研究，缺少对政治、经济、社会控制，特别是信仰、观念、社会生活和文化习俗等方面继承性和融合性的研究，对当代研究也不够关注。

3. 意识与路径：城市史研究的趋势所在

具体分析城市史研究的发展趋势，要有大的、更为全面的思路，既要有宏观的思考，也要有实际的可操作的措施。

（1）加强研究中的问题取向。即指在研究问题时既要有问题意识，更要有一定的高度和宽阔的视野，要充分关照研究对象在更为宏观的空间范围的位置，将点、线、面、域的理念融入各自的研究课题和方向中去。通过吸收和借鉴网络分析理论、空间理论、“总体史”理念等理论方法和研究成果，在加强对区域城市系统、城市网络和市镇网络研究的基础上，充分关照华北区域和天津地位的演变，找出其发展进程中的共性和特性，为中国城市和区域发展的多样性提供借鉴。

（2）重视内向型研究拓展。所谓拓展主要反映在对研究主体的相关性上，如从空间上研究城市之间关系、城乡关系、城市与腹地关系；在廓清城市经济结构、社会结构、社会文化发展脉络的基础上，着力探讨三者之间的相互关系；在华北区域史和天津史研究中要分析它们出在政治、经济、社会、文化等方面不同于西方、江南和其他城市的特点。在城市史研究中，要逐步建立具有中国特色的框架，以论证中国城市主体发展脉络和城市化进程的规律与特点。另外，所谓拓展还应关注动态性的研究，考量传统、近代和当代之间的继承、沿袭与创新。

（3）重视城市比较研究。比较研究是一种颇受重视的研究角度和方法。一方面是对中外的比较，另一方面是对中国不同类型区域和城市的比较，此外还可就某一区域或城市的不同发展阶段进行纵向的比较研究。近年来，城市史比较研究已经引起了海内外有关学者的重视，因而在未来的很长一段时期内将成为一个重要的学术生长点，得到研究者的青睐。对国内研究者来讲，主要受到经费、搜集资料和实地考察的限制，如有可能中外学者联合进行研究，可以起到互补的作用。

（4）重视新资料挖掘解读。由于是多学科的综合研究，搜集资料的范围应该扩大，要开拓报刊、口述史、社会调查等新的渠道，日记、信件、家谱、遗嘱、文书契约、民事和刑事案件记录、墓志铭、碑刻等有文字记录的材料，以及器物、仪式、礼节、风俗等没有文字内容的东西，都将纳入研究者的视野；根据研究的广度和深度对各种资料的价值也会有全新的认识。

浅议地方学与地方文脉的传承

——以张家口为例

安俊杰 *

摘　要：20 多年来张家口地域文化研究取得了很大成绩，微观研究摸清了张家口的文脉，中观研究梳理和展示了该地特色文化的传承。但在新形势下如何提升和拓展成为亟待解决的问题。北京学研究的方法和成果，拓宽了地域文化研究的新视界，使地方文化研究进入了新阶段，本文借鉴其方法为张家口地方文脉的传承提出一些想法和建议。

关键词：地方学；地方文脉；传承；张家口

Abstract: Regional culture studies in Zhangjiakou witnessed marvelous achievements in the past two decades. Investigation from a micro-perspective offers a clear map of its cultural context; mid-scale research highlighted the inheritance of its unique culture. However, how to promote and expand in the study becomes a pressing issue under new circumstances. Research methodologies and achievements of Beijing Studies Society expand new visions for regional culture research, thus ushering regional culture research into a new era. This article aims to borrow its methodologies and provide some suggestions and insights for the inheritance of Zhangjiakou local culture context.

Key Words: Local Studies; Local Cultural Context; Inheritance; Zhangjiakou

---

* 作者简介：安俊杰（1943—2017），男，河北怀安人，张家口市政协原副主席，原任张家口晋察冀边区文化研究院院长、张家口历史文化研究会名誉会长、河北北方学院兼职教授、察哈尔文化研究会顾问。

回顾20多年来我们对张家口地域文化的研究，主要是侧重本土的历史文化方面。虽然取得了不少成绩，历史文化知识得到了广泛的传播，全市民间研究团体增加了不少，爱好历史文化的人士遍及各行各业，研究成果也连年都有好收成。但是却感到如何深入和拓展、怎样提高与创新是个亟待解决的问题，特别是在为社会经济建设、文化产业发展服务上颇有力不从心之感。好在适逢京津冀协同发展和申办冬奥取得成功的大好时机，增多了与京津冀晋周边地市的联系与协作。相比之下，看到了自身的不足，认识到面对张家口这方深厚的文化沃土，耕耘的范围还不广不深、资料梳理得欠细致、一些研究成果尚需打磨提升。自2015年，便开始着力深耕细作，并且和京津冀晋特别是北京门头沟区永定河文化研究会、山西大同古城保护和修复研究会联动，把研究重点锁定在永定河——桑（干河）洋（河）文化上。

其间，我们又与北京联合大学、北京学研究基地的专家学者们有了多次接触，在北京学等地方学研究方面学到了很多东西，拓宽了地域文化研究的新视界。深感当前全国地域文化的研究已经上升到一个新的层面，即进入了构建地方学的阶段。通过地方学研究来提升地域文化的研究；通过学术创新来驱动文脉的深度传承；通过构建地方学更好地为社会经济建设和文化产业发展提供服务；通过对地域文化的深层次研究为党委、政府发展战略和政策措施的确立提供重要的理论依据。这使我们茅塞顿开。有感于此，谈些具体情况和想法。

一、微观研究摸文脉

据笔者所知，“文化大革命”前后，在全国有组织地对地方文化进行研究中，有两项重大的活动成效卓著、影响深远：一是文史资料征集出版工作，二是“民间文学三套集成”。1959年7月，根据全国政协主席周恩来的倡导和“广征博采，抢救史料”的指示，各级政协成立了文史资料研究委员会，专门负责开展文史资料的征集、研究、编辑和出版工作。半个多世纪以来，全国各级政协先后征集了80多亿字的文史资料，编辑出版了50多亿字的文史资料选辑和史料图集，不但大大地丰富了我国的近现代史料库，发挥了文史资料“存史、资政、团结、育人”的独特功能，为统一战线和政协事业的发展做出了重要贡献，而且为地方历史文化研究提供了丰富的史料、信息和一批有见地的研究成果。“民间文学三套集成”，从 1983 年开始，由文化部、国家民委和中国民间文艺研究会共同发起，由《中国民间故事集成》《中国歌谣集成》《中国谚语集成》三套书组成，历时 25 年，先后有几十万文化工作者参与调查、搜集、编纂，完成了包括省卷本 90 卷、县卷本 4000 多卷的“中国民间文学三套集成”，被称为民间文化的“世纪经典”和“文化长城”。更为重要的是，这两项活动不谋而合，不但为各地历史文化与民间文艺的研究、积累、整理出大量的文献、档案及田野调查资料，而且培养训练了一批研究人员，为此后的地域文化研究打下了很好的基础。

张家口市、县、区都开展了这两项工作，而且成效显著。仅就文史资料工作而言，从 1983 年开始到 2015 年，已编纂出版了《张家口文史资料》50 辑，计 1140 余万字；各县区也出版文史资料 550 余万字，内容丰富、史料翔实，比较全面地反映了张家口的历史，特别是近现代的政治、经济、军事、文化、统战等方面的情况。1998 年以来，先是市政协文史资料委员会牵头，与张家口教育学院等 7 所大中专院校、市旅游局编写了地方教材《塞外明珠张家口》；接着是几个热衷于研究当地历史文化的同志在市委领导的支持下，作为旅游宣传资料，共同编写出版了《大好河山张家口》和《旷世奇迹鸡鸣驿》。2003 年，在省政协提议，市委、市政府直接主持下，成立了泥河湾历史文化研究会，吸收了 100 多位会员，创办了会刊《张家口历史文化研究》。有了组织的文史爱好者们积极投入了研究会发起的笔会、电视台开办的“张家口大讲堂”“京西大茶坊”讲课等活动，大家搜集资料、研究课题、撰写文章，陆续编辑出版了《话说京西第一》《张家口——历代长城博物馆》《张家口事典》《寻根张垣》《走进张家口》《张家口历史文化读本》《历代咏张家口诗词赏析》《张家口百年史话》《大境门史话》等，特别是编纂了 12 卷本、220 万字的《张家口历史文化丛书》。正如时任文化部长孙家正在为该丛书作的序言中所说：“这套丛书不仅为张家口增添了又一道靓丽的‘文化风景’，还为张家口提供了充分展示文化形象的窗口。”

通过较长时间的学习和研究，准确地说，是搜集、整理资料、梳理、寻找脉络的初步研究阶段，我们基本搞清了张家口这方自然地域的地理条件、山水形胜和时空变迁；比较了解了张家口自有人类活动以来历史演变的脉络、社会发展的沿革以及在全国乃至世界具有影响的事件、人物和作用；掌握了较多的历史传说、史料文献以及有关的文物考古情况。这些丰富多彩的文化要素，不但具有鲜明的地方特色，而且留下了比较清晰的历史印痕。这些印痕宛如中华文化网络中的网结一样，呈现出持续不断的历史轨迹和文化脉络。其中最为重要和引人注目的是“东方人类从这里走来”和“中华文明从这里走来”两句通俗而形象的结语。

张家口位于北半球中纬度靠北地带，属内蒙古高原与华北平原、北方草原游牧区向中原农耕区过渡的地区。南北最大距离近300千米，东西最大距离约228千米，总面积3.6873万平方千米，约占河北省的1/5。东临首都北京，西连山西大同，北靠内蒙古草原，南接华北腹地，是沟通中原和北疆、连接中西部资源产区与东部经济带的重要枢纽。

马克思在《资本论》中论及地理环境与文化的关系时说：“外界自然条件在经济上可以分为两大类，生活资料的自然富源，例如土壤的肥力、鱼产丰富的水等等；劳动资料的自然富源，如奔腾的瀑布、可以航行的河流、森林、金属、煤炭等等。”并且明确指出：“在文化初期，第一类富源具有决定性的意义；在较高的发展阶段，第二类富源具有决定性的意义。”[1] 早在200万年前，张家口境内阳原县泥河湾就有古人类活动的足迹，这正是人类文化形成的初期。5000年前，中华民族的祖先黄帝、炎帝、蚩尤在桑干河流域“战于涿鹿之野”且“邑于涿鹿之阿”，成为华夏文明最初的发源地，完成了中华民族的第一次大融合。人类发展史表明，高纬度严寒地区古人类难以生存；自然资源过于富饶的热带地区又助长了人类对自然的依赖性，削弱斗志、没有奋进，文化便无以缘起，文明也难以形成。而被称为“东方奥杜维”的桑干河流域，位于北纬39°30′~42°10′之间，两类自然富源的空间配置及其组合比较适度，世界东方最古老的文化和文明都出现在这一地区便是应有之义而不难理解了。

3000年前的春秋时期，境内有过一个由北方山戎族在今蔚县一带建立的方国——代国，后为商汤所封，并赐姓姜。代国先于战国七雄而称王，立国约600余年。周元王元年（前475年）被赵襄子所灭，留下了“磨笄山悲歌”的凄婉故事。战国时期，赵武灵王二十六年（前300年）在代国旧地设置了代郡，两年后实施了“胡服骑射”的改革措施，使赵国很快强大起来。没多久，燕昭王二十九年（前283年）在今坝下怀来县一带设立上谷郡。公元前221年，秦始皇翦灭六国，统一中国后，划全国为36郡，其中在今张家口地域就有上谷、代和渔阳三郡，还将赵国和燕国修的长城连接起来，修筑了秦长城，使之成为防御匈奴的军事要地。长城文化和农、牧文化便得以生成。

---

[1] 马克思. 资本论（第一卷）. 北京：人民出版社，1986：560.

到了汉代，名将李广曾任上谷郡太守，以英勇善战被称为“飞将军”而闻名于史。隋唐时这里依然是与突厥族相邻的边塞之地，鸡鸣山上一通石碑记载“唐太宗驻跸其下，闻雉啼而命曰鸡鸣”，从此成为北方名山，辽圣宗、萧太后、元顺帝、明英帝等帝王都先后登临过此山观赏北国风光。

当时序演进到公元12世纪以后，中国的大地上出现了赵氏宋朝与辽、西夏、金少数民族政权南北对峙的局面。契丹族建立的辽国与五代共始，和北宋同终。农牧文化的接触、碰撞，农牧民族的杂居和融合，便成为必然。辽国统治桑干河、洋河流域时，大力推行汉法，使之成为其经济富庶、财源茂盛和纳钵游乐之地。元末，大蒙古国的创建者成吉思汗的嫡孙、第五任君主忽必烈身为藩王时，进驻今沽源县金莲川草原，建立幕府，主持漠南汉地的军国庶事，成为他的参谋部和大本营。在这里与来自各地、各族的俊彦硕儒商讨军政方略，为其后来的文治武功、统一中国奠定了基础。在元朝存在的100多年里，张家口地区是其“腹里”地区，又是每年皇帝北巡上都避暑的必经之地。沿途建行宫、设纳钵，一年一度千里大游行。后来元武宗还在张北建了中都，农牧民族制度实现了高度结合。到了明朝，张家口属宣府镇，是北疆“九边”之首。作为长城线上的一个军堡，张家口诞生于宣德四年（1429年）。至今已有587年，历经清、民国到中华人民共和国建立。张家口这个地标性城市出世以来，主要有五次大变样：在明代的277年里，先是从一个普通军堡变成了宣大地区首屈一指的“武城”；32年后修建了专事互市贸易的来远堡，一堡变两堡，武城变商城，实现了转型和跨越，意味着张家口向古代城市的蝉变，商贸经济和文化迅速发展。清顺治元年（1644年）明亡清立，在小境门旁开了个大口子，修建了大境门，不但实现了北方民族关系的正常化，而且大大促进了蒙俄贸易的发展，特别是雍正五年（1727年）中俄签订《恰克图条约》，开通了两国间贸易后，既促进了张库商道的繁荣，又使张家口走向世界，成为我国北方的商贸枢纽和国际贸易城市，可谓商城变大市。乾隆二十六年（1761年），朝廷在张家口设察哈尔都统，管辖蒙古地区的察哈尔八旗四牧群，从此到宣统三年，一直延续了150年，张家口成为清廷对蒙古族实行统治的行政中心。辛亥革命后，几经演变，成为塞上四省（热河、绥远、宁夏、察哈尔）之一的察哈尔省省会，到中华人民共和国成立后的1952年11月15日撤销，实为大市变省城。第五次是抗战胜利后，张家口成为解放区最大的城市和晋察冀边区首府，不仅成为晋察冀边区的政治、军事、交通中心，还是全国解放区的文化中心之一，被誉为“第二延安”、文化城，红色文化蔚为壮观，蜚声中外。即为省城变首府。

在历史的大流程中，张家口地域的文化一直延续发展，而且出现过一些重大的节点和拐点，促进了文脉的传承和特色文化的形成，影响或扭转了时势的进程与张家口的命运。

二、中观研究理传承

随着资料的增多，我们的学习和研究的视野日渐扩大。特别是 2003 年成立泥河湾历史文化研究会后，开始探究张家口地区历史和文化的源头，梳理其文化的形成过程与活态传承的方式，弃陋去芜，撷取精华，凝练特色。

阳原县泥河湾一带，早在 20 世纪 20 年代，中外考古工作者就开始在这里进行考察和发掘。经过 80 多年的科学探索证实，距今 200 万年以来，泥河湾的人类及其文化发生、发展、演变的考古证据和历史轨迹确凿而清晰，因此被学术界誉为东方人类的家园。在阳原、蔚县、涿鹿、怀来、宣化一带，由于有着 200 万年不间断的文化传承和积淀，考古学文化的连续性表现得尤为明显，坚实的考古学证据和可信的古文献记载表明，这里不仅是中华民族的根系所在，而且孕育了中华民族 5000 年的文明。正如考古学家苏秉琦先生 1997 年在其著作《中国文明起源新探》中所言：“说到超百万年的文化根系，证据在渤海湾西侧阳原县泥河湾桑干河畔，那里有上百米厚更新世堆积的黄土层。”❶ 他还说：“张家口是中原与北方古文化接触的‘三岔口’，又是北方与中原文化交流的双向通路。”❷ “以燕山南北长城地带为中心的北方地区在中国古文明缔造史上的特殊地位和作用。”❸ 因此，就张家口地域文化而言，泥河湾文化是根，涿鹿三祖文化是魂。千百年来，历经从古代国于七国之先称王到代、上谷郡农耕文化与游牧文化的交融，从战国到明代长城的修建和频繁的战争，从北魏孝文帝拓跋宏的“汉化”改革到元代“腹里”中都的繁盛，从明宣府重镇和蒙汉“茶马互市”的设立到清代北方陆路商埠的形成，从民国察哈尔设省到抗日战争时期成为晋察冀边区首府等一系列的沧桑变迁，融合了农耕文化和草原文化的精粹，孕育了长城文化与戎马文化的特质，凸现了邮驿文化及商贸文化的风格，展示了红色革命文化的魅力，成为一种巨大的传统精神和价值观念，并内化为张家口人的性格和心理的有机组成部分得以传承。

---

❶❷❸ 苏秉琦. 中国文明起源新探. 三联书店，1999：176，48，51.

张家口地域文化与中华文化可谓同源同龄，始终紧傍着中华文化的主根生长发展，根系发达，底蕴深厚，脱胎于京、冀、晋、蒙交界，衍生在塞内、塞外交接之地。由于所处的特殊地理位置，呈现出开放性和多样性的特点，具有旺盛的生命力。在漫长的历史演进中，张家口地域文化既连续积淀自成一色，又不断与周边地区的文化进行交融，从而提升了自己的品位，亮丽了自己的色泽。无论是仰韶文化、红山文化、龙山文化的“三岔口”交流，还是桑洋文化、长城文化、草原文化的杂糅融汇；无论是汉、蒙、满、回等民族朝夕相处形成的生活习俗文化，还是儒、道、释、伊斯兰等多种宗教文化；无论是久为边塞、干道而形成的戎马文化和邮驿文化，还是长期作为旅蒙、旅俄商道而培育出的商贸文化，都表现出兼容并蓄、广采众长的博大胸怀。

纵观张家口文化的特征，主要有以下四个方面。

（1）慷慨悲歌与粗犷豪放相交融。古为燕赵之地，经常发生战争，人们勇武好侠、注重信义。诚如司马迁所言“燕赵自古多悲歌慷慨之士”。这已成为人们心理上的一个“情结”，文化中的一个特征。

（2）属于“安于义理、厚重不迁”的山文化、任者文化。由于特殊地理条件的长期影响，该地文化主要表现出“任者不忧、勇者不惧、重德操、讲诚信、坚韧有耐心”的人文精神。

（3）教化淳厚，质朴不矫饰。这里的人们习惯于简朴粗率的生活，秉承了坚毅、爽朗的性格，遇强不弱、遇弱不强。说话直来直去大嗓门，直奔主题不拐弯；办事三下两下干完就算，喜怒哀乐直抒胸臆，毫不掩饰。

（4）具有浓厚的时代气息和政治色彩。张家口在历史上有过声名显赫的繁盛时代，也有过衰微颓败的屈辱岁月。经历了无数次的朝代兴替和社会变迁，从来都是积极的参与者和重要角色的扮演者。独特的地理位置和开放兼容的特性，使得这里具有浓厚的时代气息和政治色彩。1921 年中国共产党成立刚刚两个月后，李大钊就派何孟雄等前来开展社会调查、传播马列主义。次年 6 月又在铁路工人中发展党员、建立党组织。“九一八”事变后的第二年，冯玉祥就来此准备出山抗日。两年后组织起察哈尔民众抗日同盟军。1945 年 8 月光复后成为晋察冀边区首府，解放区的第一个大城市，被誉为“第二延安”文化城，蜚声中外。当然，张家口地域文化的内在价值并非单纯由政治因素所决定，它是张家口人民在精神领域里社会实践成果的高度浓缩和历史结晶，是燕赵文化的重要组成部分，是中华文化中一个充满个性和活力的分支。

总之，我们深感，张家口既是一个历史悠久的行政区域，又是一方特色显著的文化沃土。应该深耕细作，并开展地方学构建和学术创新活动，开辟张家口地域文化研究的新局面。

三、宏观研究求提升

过去，我们通过学习和研究，认为家乡的历史悠久、文化璀璨，多是赞美有加，甚至有外溢不实的现象。究其根源，在于缺乏宏观的视角，没有跳出张家口看张家口。只是囿于本地域的范围，满足于自己的认知所得；没有真正将张家口文化看作中华文化、世界文化乃至人类文化偌大整体中的一个局部来看待。实际上是站位低、研究素养差、理论高度不足的表现。长此以往，一来容易自我满足，觉得研究得差不多了，故步自封，有碍地域文化的深入研究和传承；二来难以适应新形势下的新要求，力不从心，无法实现创新和服务。如今，不少地方的地域文化研究在北京的引领下，进入了地方学研究的新阶段，这是一件大好事，我们热烈响应，积极参与。下面说两点个人不成熟的看法和建议。

（1）对笔者所在张家口晋察冀边区文化研究院工作的一点设想：深耕细作，以宏观研究为重点，一是对张家口在河北、京津冀以至全国所处位置和应发挥的作用进行定位研究。二是对张家口历史文化资源进行深度挖掘和系统整理，将资料数据化、系统化，逐步建立信息库。三是在系统整理的基础上，归纳为若干专题，如文化渊源、文化类型、演化阶段、发展路径、特点亮点以及今后趋向等进行研究。四是与周边地区如门头沟、延庆、保定、大同、乌兰察布市、锡林郭勒盟等地进一步加强联系与合作，进行平行研究，通过比较，加深对相邻地区间文化形态形成过程、相互依存及影响的认识。

（2）一条建议：地方学研究是一项系统工程，属于体制内的事业，应当纳入当地政府经济社会发展规划之内，由主管部门组织科研机构、高等院校进行，就像北京学这样。在人员、资金等条件具备的情况下，持之以恒地开展下去，定会取得显著成果。但是，凡事都得有个时机、都需要有强劲的推动力。因此，建议北京联合大学、北京学研究基地和研究所牵个头，向文化部、教育部、中国社科院等相关机构提项议案，像20世纪80年代开展“民间文学三套集成”研究那样，在全国范围内普遍开展地方学研究，以期促进全国社会主义文化建设的大发展。

京津冀协同发展背景下对张家口地方学研究的一点思考

韩祥瑞*

摘　要：张家口地域文化的研究已进行多年，特别是2003年张家口历史文化研究会成立之后，对张家口丰厚的历史文化资源进行了较为系统的发掘和整理，组织编写了一批有关张家口历史文化的书籍，对张家口历史文化的内涵进行了归纳和综合。但研究还处于初级阶段，研究范围还仅限于历史文化领域。必须加强对张家口城市发展、政治、经济、文化全方位的研究，借鉴北京经验，适时开展张家口学的研究。

关键词：历史文化研究转型；构建张家口学

Abstract: Local Studies on Zhangjiakou local culture has been under way for many years, in particular after the Research Institute of Zhangjiakou History and Culture was established in 2003 when systematic exploration and research on the rich historical and cultural resources in this area has broughtabout a batch of books showcasing the implications of its rich history and culture. However, the research is still in its infancy, and the research scope is still limited to history and culture. Therefore, research efforts should be devoted to urban development involving politics, economics and culture in an all-round manner by learning from Beijing and Zhangjiakou Studies shall be conducted in due time.

Key Words: History and Culture Transformation; Establishment of Zhangjiakou Studies

---

* 作者简介：韩祥瑞（1945—），男，山西省原平市人。1969年毕业于南开大学。张家口历史文化研究会常务副会长、秘书长，张家口晋察冀边区文化研究院副院长。主要研究方向为张家口历史文化。

一、张家口市开展地方研究的基本情况

张家口历史悠久，文化灿烂，地域文化内涵丰厚。张家口地域文化的研究由来已久，改革开放以来，由政府主导，开展了深入的发掘和研究，其中20世纪80年代组织编写的三套集成和市政协文史委编辑的文史资料，为全面开展张家口地域文化研究打下了坚实的基础。2003年张家口历史文化研究会成立，之后在市委、市政府的大力支持下，对张家口丰厚的历史文化资源进行了较为系统的发掘和整理，组织编写了一批有关张家口历史文化的书籍，对张家口历史文化的内涵进行了归纳和综合，在2006年编辑出版的《张家口历史文化丛书》前言中，提出了“泥河湾文化是张家口历史文化的根，涿鹿三祖文化是张家口历史文化的魂，融合是张家口历史文化最显著的特点”的观点。之后，随着历史文化研究的深入，又先后成立了张家口察哈尔文化研究会和晋察冀边区文化研究院等社会团体，张家口地域文化的研究进入一个多元发展的新时期。2014—2015年晋察冀边区文化研究院为了纪念中国人民抗日战争胜利70周年，又出版了《张家口晋察冀边区文化丛书》，在这部丛书的前言中，又进一步提出了“泥河湾文化、涿鹿三祖文化和晋察冀边区‘第二延安’红色文化，是张家口历史文化的三大支柱”的观点，对张家口历史文化的总体认识又有了深入和发展。在此基础上，张家口历史文化的研究进入一个新的阶段，特别是北京携手张家口申办2022年冬奥会的成功，国家京津冀协同发展战略的实施，张家口历史文化的研究也逐步走出了关起门来研究的状况，开始与北京社会科学研究院历史所、天津社会科学研究院历史所、北京联合大学、北京门头沟永定河研究会等研究机构和民间社团组织，进行主动对接，并参加了北京学第十八次年会，与北京、天津社科院历史所一起启动了《京津张历史文化精品旅游丛书》联合编写工作，张家口地域文化的研究进入了京津冀协同研究的新阶段。

但是与北京、天津对地域文化的研究相比，我们的研究还有许多差距。

一是我们的研究还处于初级阶段，研究范围还仅限于历史文化领域，对张家口的地理、经济、城市发展、政治、军事方面的研究基本没有展开。

张宝秀教授指出：“地方文化应该是地方学最重要的、基础性的研究内

容，但不是全部内容。地方学作为一门学问，具有更丰富的研究内容。”❶ 这是说地方文化与地方学是相互联系又彼此区别的两个概念。地方文化是地方学的资料基础；地方学则是地方文化的理论表现。地方学研究要以地方文化研究为基础，而地方文化研究则有待上升为地方学研究。张家口地方文化研究亟待实现这个转变，因此建立张家口学就成为一项急迫的任务。

二是各个研究社团还处于各自为战的状态，没有合理整合，形成拳头。这些社会团体的成员年龄也较大，有青黄不接之忧。研究工作还各自为政，研究课题没有整体规划，有的甚至重复劳动。

三是我们的研究成果还很少进入市委、市政府的决策程序，研究成果大多只在宣传教育方面发挥作用。总之，张家口地域研究亟待加强。

二、抓好张家口地方研究的历史机遇

北京携手张家口成功申办2022年冬季奥运会，以及国家关于京津冀协同发展战略的实施，使张家口由一个经济欠发达的四线城市，一跃而成为大步走向世界的城市，张家口正向建设成为国际奥运城市的方向努力。这是一个历史性的大转变。张家口如何实现好这个历史性的转变，是摆在全市人民和各级政府面前的一项重要任务。必须加强对张家口城市发展史的研究，加强对张家口政治、经济、文化全方位的研究，适应形势的需要，为实现这一历史性的转变做好准备。

京津冀协同发展战略的实施，要求京津冀不但在经济方面要协同发展，而且也要求在文化方面协同发展，这就为张家口借鉴外地经验特别是借鉴北京市开展北京学研究18年所积累的丰富经验，提供了可能性和现实性。

目前在北京携手张家口筹办冬奥会的大背景下，北京市、天津市的相关部门都对研究张家口、宣传张家口产生了空前的热情与愿望，它们丰富的研究经验和研究成果，对张家口都有着十分有益的借鉴，并可与它们联合进行研究。因此，开展张家口学的研究不但十分有必要，而且非常有条件。只要我们抓住这个历史机遇，创建和开展张家口学的研究就不会有太多的困难。

---

❶ 张宝秀，包书月. 对地方学与地方文化理论建设和人才培养的思考//张妙弟. 北京学研究报告2013. 北京：同心出版社，2013：229.

三、构建大北京学带动下的张家口学

北京联合大学北京学研究所成立于1998年，经过十几年的研究，形成了鲜明的特色和重要的社会影响。2008年，北京学研究所所长张宝秀教授，在强调“立足北京、研究北京、服务北京”的同时，又明确提出了“立足北京、面向全国、走向世界”的设想，表达了北京学研究进入一个构建大北京学的新阶段。这就意味着随着北京学研究的深入，开展北京与相邻城市的研究已经提到议事日程，北京学的研究对象必然要扩展到包括周边城市。由于北京和张家口正在协力筹备2022年冬季奥运会，张家口就成为大北京学首要的扩展对象。认清这个大趋势，抓住这个历史机遇建立张家口学，是我们的必然选择。

建立张家口学的可行性，是由张家口特殊的历史地理和现实需要所决定的。张家口地处农耕文化与草原文化的交融之地，在这块热土上，有200万年前的泥河湾文化，有5000年前的三祖文化，有1945年抗日战争胜利后的“第二延安”红色文化，这三大文化都是张家口所特有的文化，在全国独树一帜。同时，张家口的地域文化又都与京津有着深刻的内在联系。桑干河、永定河既是张家口的母亲河，也是伟大首都北京和天津的母亲河。被称为历代长城博物馆的张家口，历来是北京的屏翰，担负着保卫北京的重任。张库商道是连接京津和张家口的商业大道。京张铁路的修筑，使张家口与北京紧紧联系在一起。北京携手张家口共同举办2022年冬季奥运会，更是京张协调发展的大好机遇，如何将张家口城市建设好，是摆在我们面前的一个历史性课题。因此，建立张家口学既有着深厚的历史和文化支撑，也有着融入大北京学的深厚基础。

构建大北京学，不但是张家口学建立的极好机遇，也是深化北京学研究的内在要求。张家口与北京水相通，山相连，塞相连，人相亲，文脉相接，桑干河、永定河是张家口与北京共同的母亲河，张家口不但是北京的军事屏翰，更是北京的生态屏翰。北京与张家口有着相近的历史文化。张家口的研究深入了，北京学的研究也就会深入一步。

我们要主动与北京靠拢，尽快将张家口的研究融入大北京学的研究之中，为此，应当由政府出面组织专门的研究机构，承担起张家口学的创建任务，改变过去只由社会团体支撑张家口历史文化研究的局面。要最大限度地引进和利用好北京专家学者对张家口学的关注和指导作用，以政府的名义聘请北京、天津的专家学者为张家口学的研究学者，使张家口学的研究与北京学的研究相互配合、相互促进，实现跨越式发展，并可定期组织张家口地方学高层论坛等活动。

参考文献

[1] 张宝秀. 北京学研究报告2013 [C]. 北京：同心出版社，2013.
[2] 张宝秀. 北京学研究2015 [C]. 北京：中国社会科学出版社，2016.
[3] 刘开美. 地域文化与地方学研究 [M]. 北京：学苑出版社，2015.

美丽乡村建设中聚落空间文化元素分析

——以河北邯郸的乡村为例

常玉荣*

摘　要：乡村文化的传承和留存是美丽乡村建设中的重要内容。但是在乡村聚落空间的规划中，设计者对乡村文化元素的留存和应用缺乏专业的判断和选择。因此，对乡村文化元素的提炼、梳理和应用进行理论研究是非常必要的。乡村文化元素的内涵、不同类型的特点及其应用是本文重点研究的问题，同时还对乡村文化元素与其他文化元素的关系进行了初步的探讨。

关键词：美丽乡村建设；文化元素；邯郸

Abstract: The inheritance and preservation of rural culture is an important component in the construction of beautiful countryside. But in the planning of rural settlement space, the designers lack professional judgment and selection capabilities in preserving and applying the rural cultural elements. Therefore, it is very necessary to study the extraction and application of rural cultural elements. The connotations, characteristics and application of rural cultural elements are the key issues for research. At the same time, it also gives a preliminary presentation on the relationship between the elements of rural culture and other cultural elements.

Key Words: Beautiful Country Construction; Cultural Elements; Handan

美丽乡村建设是 21 世纪、特别是 2005 年新农村建设的延续和具体化，

---

* 作者简介：常玉荣（1974—）女，河北邯郸人，文学硕士，教授，河北工程大学荀子研究所常务副所长，非物质文化遗产基地负责人。主要研究方向为民俗学。

是关于农村经济、政治、文化、社会和生态的综合建设，是城市反哺农村、实现城乡一体化的重要步骤。从文化角度而言，是乡村实现农业文明的扬弃、传承和接纳现代文明濡养并实现两者逐步融合的过程，是现代人留存诗意故园记忆的文化再建之旅。在这一过程中，前者即乡村文化的保护和传承，是特别需要重视的方面。因为美丽乡村建设重在为生活于其中的村民创造宜居的生活空间，是要建设能够充分承载和体现乡村文化的诗意家园。事实上，不仅从乡村建设和文化传承的方面而言，而且从另一个更具现实意义的方面来讲，乡村文化也是最契合村民生活习俗的文化形态。在一个充满了乡村文化元素的空间中生活，于村民而言，是最为宜居的生活方式；即使是对于城市居民而言，也不过是才刚刚脱胎于乡村，乡村的美丽不仅留存于20世纪中期以来的人们记忆里，就是20世纪七十年代、八十年代甚至九十年代出生的人，在一定程度上，也有着对乡村记忆的回味和向往。

现阶段美丽乡村建设的重点是聚落空间的规划设计。在建筑空间的规划设计中要适应当地村民的生活、生产方式，充分保留和应用能够承载乡村文化的诸多元素。在文化元素的提炼和应用上要符合本地区的世风民情，能够为村民的生活创造长期的舒适空间，在生活、文化和心理上满足村民的期待和需求，而非“应景”的一时拼凑和突击整治。因此，能够体现本地区特色的文化元素的提炼和应用成为空间规划设计的重点，乡村文化元素也就成为不可或缺的最主要的文化元素。

当然，聚落空间还应呈现和应用多元的文化元素，除乡村文化元素以外，还辅以其他外来文化元素，其中还会涉及两者的关系及其在应用中的问题。这里，笔者将就乡村文化元素在美丽乡村建设中的意义，乡村文化元素的选择和提炼、建设应用中应注意的问题，还有与其他文化元素的关系等方面，做一些探讨。

一、乡村文化元素研究在美丽乡村建设中的意义

有研究者曾经指出：在我国乡村整治规划中，对文化的研究仅限于从单一学科角度入手，缺乏从建筑、规划、社会、文化等多角度展开的综合研究。特别是城乡规划视域下的乡村文化传承理论体系尚未建立，使得传统村庄面临着“建设性”破坏。[1] 由此可以看出，理论研究的相对匮乏已经对实际建

[1] 毕明岩. 乡村文化基因传承路径研究. 苏州：苏州科技学院，2011.

设工作和现实发展形成了制约，甚至产生了不良的后果。该研究从乡村传统文化的保护和传承的角度出发，指明现代乡村规划建设要重视并建立一种理论体系用以指导实践。

当前的美丽乡村建设，总体来说在空间规划上比较重视对乡村文化的保护和应用，也取得了一定的成功经验，如在民居设计上对地域特色的把握和利用，在公共空间尤其是休闲空间设计上对特定乡村元素的应用，在绿化景观等设计上注意对田园文化元素的展示等。但是从总体来看，这种应用还缺乏专业的理论指导，相关理论研究比较匮乏。从笔者所见资料来看，近十年间的博士、硕士论文中，博士论文未见相关研究，硕士论文关于美丽乡村建设的有67篇，其中从不同角度谈及乡村文化传承、保护和存留问题的有6篇。这6篇论文中，《皖南古村落景观影响下的美丽乡村景观设计探究》❶是从古村落保护谈美丽乡村的文化保护，《乡村文化基因传承路径研究》❷则从文化基因的角度谈乡村规划中江南乡村文化的特征和应用，其他4篇《苏州美丽乡村建设中的文化传承研究》❸《温岭乡村聚落特色与美丽乡村规划实践研究》❹《新农村景观的乡土特色表达策略研究——以浙江美丽乡村建设为例》❺《美丽乡村建设的乡土特色研究——以台州市黄岩区富山乡为例》❻则从具体案例出发分析了不同地区美丽乡村建设的经验。上述论文均指出美丽乡村建设中文化传承、保护和存留的必要性，并论证了规划中文化设计的原则。但总体而言，对于规划中的文化设计还缺乏更加具体的理论研究，还停留在简单概括各地区文化基本特色和运用的基本原则上，因此对实际建设工作的指导意义就显得不够。

自2013年中央倡导建设美丽乡村建设以来，实际建设工作已逐步全面展开。就河北省而言，仅2016年，就要建设100个片区，200个中心村，300个旅游村，4000个重点村。❼实际工作的迅速展开取得了成绩，也发现了存在的问题。具体而言，在现代化的进程中，传统乡村文化哪些是需要顺应时代

❶ 夏守军. 皖南古村落景观影响下的美丽乡村景观设计探究. 合肥：安徽农业大学，2014.

❷ 毕明岩. 乡村文化基因传承路径研究. 苏州：苏州科技学院，2011：3.

❸ 包婷婷. 苏州美丽乡村建设中的文化传承研究. 苏州：苏州科技学院，2014.

❹ 李莉. 温岭乡村聚落特色与美丽乡村规划实践研究. 西安：西安建筑科技大学，2014.

❺ 唐祖辉. 新农村景观的乡土特色表达策略研究——以浙江美丽乡村建设为例. 杭州：浙江农林大学，2013.

❻ 胡鸥. 美丽乡村建设的乡土特色研究——以台州市黄岩区富山乡为例. 南京：南京农业大学，2014.

❼ 《2016年河北省美丽乡村建设实施方案》，第2页。

发展扬弃的，哪些是仍需保留在生活空间和日常生活中的，哪些是虽失去生活价值但具有历史和文化价值并可以应用的，均是需要深入调研和仔细辨析的问题。传统乡村文化具有鲜明的地域性，具有强烈地域色彩的文化内容与引入当地的非本地区地域文化、城市文化等多元外来文化形成了同时共生的存在，两者的融合和关系的处理也是值得认真思考的方面。限于规划设计者所学专业，相对缺乏对乡村文化保护、传承和利用方面的多学科的关照视角。设计人员虽然也可以凭借一定的文史知识积累在规划设计中进行一定的分析判定，但是由于专业知识的不足以及实际问题的复杂性，都使得这种判定和选择具有一定的盲目性和自发性，特别是缺乏理论性的指导和文化的自觉，因此建设出的乡村有不少生硬的痕迹。特别是一些外来元素的植入，与村民的文化理念不相容甚至冲突，需要引起注意。因此，从基本的理论研究入手，在对实际建设总结归纳的过程中，逐步建立起乡村文化建设的理论体系，是当前最为迫切的工作。本文对乡村文化元素的研究即是这方面的一个尝试，是对建设中的问题的积极回应。

二、乡村文化元素的类型分析

（一）乡村文化元素的内涵

关于“文化”的定义，多达几百种。国内外学者从各自不同的学科立场、不同的角度诠释了文化所包含的丰富含义。从其共性上来看，普遍认可和接受的说法是，文化是人类所创造的物质财富与精神财富的总和。这一定义的优势在于它的普遍性和广泛的包容性。这里笔者要特意点出的是美国文化人类学家 A. L. 克罗伯和 K. 科拉克洪对文化的定义，两人于 1952 年在共同发表的《文化：一个概念定义的考评》一文中，总结了 100 多种文化定义，认为“文化存在于各种内隐的和外显的模式之中，借助符号的运用得以学习和传播，并构成人类群体的特殊成就，这些成就包括他们制造物品的各种具体式样，文化的基本要素是传统的（通过历史衍生和自主选择得到的）思想观念和价值，其中尤以价值观最为重要”。[1] 这一定义指出了文化的抽象层面和用于表现抽象的外在表现模式，即用“符号”去承载、传播。笔者借用其概念是想表达本文写作的一个初衷：文化元素的存留、保护和应用在规划中将

---

[1] 姚准. 景观空间演变的文化解释. 南京：东南大学，2006：8.

重点受到关注，规划关涉的文化一定是能够以视觉化方式呈现的，或者说是以视觉化形态符号存留、保护和应用的文化。上述两位美国学者对文化的定义其实指出了文化符号及其在存留和呈现文化方面的重要作用。这也是笔者期望此文对于乡村文化元素的研究所能发挥的作用，即保护、传承乡村文化，并在与多种外来文化的融合中，创造宜居的乡村生活空间。就文化的内部结构而言，包括下列几个层次：物态文化、制度文化、行为文化、心态文化。物态文化层是人类物质生产活动方式和产品的总和，是可触知的具有物质实体的文化事物。鉴于此次研究背景和目的，本文重点探讨的是物态文化。其他文化样态通过物态文化呈现。

本文的“乡村文化元素”概念是从物态文化层面进行定义的，可以分为两部分理解：乡村文化及其元素。根据《现代汉语词典》的解释，元素即要素，要素是“构成事物的必要因素”。“乡村文化元素”主要是指能够体现传统乡村文化特质的可视化的符号及其承载的文化信息，主要包括体现传统乡村建筑空间特色（包括居住、公共、交通空间及其建筑环境）的元素，体现传统乡村生活方式特色的元素，体现传统农业生产方式特色的元素，体现传统乡村田园文化特色的元素等。这四个方面，是其最主要的方面，其他方面也可以探讨。

（二）乡村文化元素的类型

乡村文化元素研究和提炼涉及乡村生活的方方面面，其主要应用在建筑空间上。为了能够较为全面和准确地对其进行提取，对上文提及的四个方面的乡村文化元素，主要采用民俗学的分类标准和方式进行。因为民俗研究涵盖了乡村文化的诸多类型和要素，这些类型和要素能够比较全面地体现乡村文化的基本面貌。同时民俗学平民化的学科价值立场能够给予乡村文化充分的尊重，确立美丽乡村文化建设的基本立场。除此之外，文中还运用了建筑学等学科视角，期待在多学科的关照下力求较为全面地把握乡村文化元素类型及其特点。

(1) 具有历史文化价值的建筑物及构筑物。在乡村聚落空间内存在着以满足村民的居住和生活要求的建筑空间。这一空间存在着大量的建筑物和构筑物。具有一定历史年代的建筑物和构筑物具有重要的历史和文化价值，甚至是文物价值，它们承载并鲜明地体现着某一地区的建筑特色及其他文化特色，是必须要重点留存和保护的文化元素，如传统民居、名人故居、古寺庙、祠堂、古井、古碑。该类文化元素留存的方式有两种。一种是仍然在村民的生产和生活中发挥作用的，如仍在使用的古井、用于祭祀的祠堂、寺庙等。另一种纯粹以视觉景观的形式留存，供欣赏、研究。如在河北馆陶“中国十大美丽乡村”之一的粮画小镇就存留了旧社会遗留下的土坯房。土坯房内还以实物的形式还原了房屋原主人的生活场景。该建筑并不具备文物或历史价值，但却是百姓特定时代的生活记忆，具有文化价值。虽然已经失去居住价值，仍然要作为建筑物存留下来。农村民用建筑使用寿命大约在30~50年，在使用到期之后，大部分都要适应时代的发展被淘汰，以满足农民对于居住环境改善的需求。绝大多数这样的民居是要淡出生活的，只需要部分留存、体现文化和历史记忆的民居即可。至于其他具有文物或历史价值的建筑，如名人故居等，其存留和保护的价值不言而喻，这里不再赘述。

传统建筑零散构件和乡村天然建筑材料，本身并不具备更多的文化信息，但是仍可作为建设乡村文化景观的构件使用。前者如旧砖、旧门窗、旧瓦等，后者如鹅卵石、枯老树干等。例如，邯郸县小堤村就利用拆除旧建筑物遗留的砖瓦在进村道路、小广场等处盖起了颇具特色的墙体。与其相邻的辛里庄则在进村的路口用旧建筑构件垒砌了书有村名的墙体，不仅废物利用，还表达了历史和文化的沧桑感。

（2）农作物。农作物是自然物，本身不承载更多的文化信息。但是在农业生产方式渐渐淡出大多数人的视野和生活的时候，其所承载的传统农业文化信息就被凸显出来。农作物作为乡村文化元素的存在方式，还可以作为民间艺术的原料。河北馆陶县粮画小镇寿东村主要是以非物质文化遗产粮画民间美术作为主要乡村文化元素来打造乡村的文化主题。粮食画是以各类植物种子为原料，经精选和高科技处理后，再根据设计的图案，通过粘、贴、拼、雕、合成、装裱、包装等十几道特殊工艺而完成的艺术作品，被学者誉为“种在画板上的粮食，挂在墙上的黄金”。在村庄的周边，还可以有意识地规划种植一部分蔬菜、粮食作物等，使得进入乡村的外来者能够赏心悦目。馆陶县还建设了“黄瓜小镇”，把农作物的植物特性与村庄特色打造结合在一起。

（3）动物。主要指家禽家畜。该类文化元素的性质和特点与农作物文化元素具有一致性。在农田旁边的草地上，一群群白羊在玩闹吃草，本就是乡村文化最美好、最自然的元素。鹅、鸭，可以在池塘里游戏；院落一角，可以散养数只鸡以点缀空间。这些都是乡村生活的最贴切结合点。当然，这里的家禽家畜，一般不具有生产性规模，而是消闲点缀性。规模化的养殖生产，则是在乡村之外的专门生产基地进行。

(4) 传统农业生产工具和生活用具。能够体现时代特点的传统农业生产工具和生活用具虽然已经失去了使用价值，但是其文化价值还在。同样可以作为文化元素进行使用，尤其是在建筑环境的营造和各类小品的设计上。例如，曲周县东刘庄村将石磨石碾子、水车等放置在乡村公共空间的休闲广场上；邯郸县辛里村将废弃的石磙放置在进村道路旁，将水缸放在河岸的树林中，都很好地留存和体现了成为记忆的乡村文明。纺车、织布机、印染工艺等传统工具既可动态展示，也可静态观赏。其他如犁、镂、锄、耙、镰、刀、木、叉等工具，大都因不易保管而存世不多，但其形象仍可作为雕塑或其他艺术形式适度装点村庄。

(5) 饮食，尤其是特色小吃最能够体现特定地区的饮食文化。各地区乡村饮食文化各具特色，应为重要的文化元素进行存留和呈现。例如，粮画小镇将馆陶县的特色食品——馆陶手工挂面和豆腐丝作为饮食文化元素进行重点表现，还在村中建立了豆腐坊，不仅呈现美食，还展示美食的制作工艺。外来特色饮食、美食，包括其制作工艺、流程等也可作为文化展示乃至售卖。

(6) 服饰。服饰也是承载乡村文化的重要元素。但是从实际的建设工作来看，未见对此类文化元素的重视。留存和应用均未发现。

(7) 民间工艺技术、工艺美术及其成果。此类文化元素的重要表现形式是在时间发展的序列上以动态的形式形成其成果。此类民间文化元素之所以被作为主要形式应用于美丽乡村建设，是因为该类文化元素有三个特点，一是此类工艺技术或美术的制作过程可以进行展示并可以互动，让普通人参与到制作过程中，感受传统、传承民俗文化；二是此类作品可以作为生活空间或建筑装饰元素加以运用；三是作品还可以出售，获得良好的经济和社会效益。上文提及的粮食画就属于该类型。此类文化元素大量存在，表现形式多样，单民间工艺技术一种就包括织绣、雕塑、陶瓷、编织、漆器、家具、金属工艺等类别。

(8) 具有艺术审美价值或历史价值的植物，如林木花卉等。一般而言，植物是自然物，较少承载文化信息。但是从以下三个方面讲，植物又具备文化信息。一是存活时间较长的植物，如古树，因为能够体现村落历史具有留存的价值；二是能够鲜明体现本地区乡村自然风光的植物，如北方地区的白杨树、柳树等；三是本身虽然并不具备文化信息，但是经过艺术设计加工具有一定艺术审美价值的植物，同样承载了文化信息。如枣树、葡萄、槐、竹等宜地植物，与村庄的环境相适应，也是可以选择使用的。河北邯郸县“枣园”小堤村，就将本村的枣树作为重要的文化元素进行保护和应用。村里拥有的大片枣树林和村中道路两旁点缀其间的枣树成为体现该村农业文化的重要元素。

（9）民间文学。乡村民间文学十分发达，可以诉诸文字进行视觉呈现，作为重要的文化元素应用到建筑环境的设计中。民间文学可以承载和呈现丰富的乡村文化信息，是一个重要的应用类型。除了民间文学元素，实际工作中还有对文人文学的应用。例如，寿东村在街道两旁墙壁上书写的文学诗词，以思乡、家园或田园为表现内容，对其进行考察分析，发现能够被引入乡村的文人文学作品的主题和内容仍多与农业文明时代的生活及其思想情感相关。

（三）其他文化元素

所谓其他文化元素是从地域或者时间概念上与乡村文化元素相对的一种提法。特定地区的传统乡村文化元素与引入的其他文化元素的关系也是美丽乡村建设中的重要问题。

1. 非本地区乡村文化元素

从地域的角度可以分为本地区乡村文化元素和非本地区乡村文化元素。从地域上而言，河北邯郸属于北方中原地区乡村文化。而南方地区的乡村地域文化就属于与之相对的非本地区的乡村文化。建筑空间的设计中对于白墙灰瓦的徽派建筑风格的运用属于典型的非本地区乡村文化元素。需要注意的是，这种地域的区分是相对性的。山东与邯郸同属于北方地区文化圈，但是又各具特色。河北馆陶寿东村将山东大煎饼这一文化元素引进来，作为非本地区小吃出售，该文化元素同样属于非本地区乡村文化元素。

2. 现代城市文化元素

从空间的角度可以分为乡村文化元素和城市文化元素；从时间的角度可以分为传统乡村文化元素与现代文化元素。鉴于乡村更多的是对传统保留，城市更倾向于对现代文化的孕育，可以从时空的角度将文化元素分为传统乡村文化元素和现代城市文化元素。美丽乡村建设不仅要保护传统乡村文化，也要适度引入和接纳现代城市文化元素。河北邯郸县南吕固乡四留固村的美丽乡村建设运用了现代城市文化的重要元素：电影。四留固村是远近闻名的电影村。该村村民魏少先，用10年的时间，花费近500万元收藏红色电影，珍藏的电影拷贝有近7000部，各种型号的放映机、器材有150多台，唱片有6000张，海报有5000多张。红色电影文化是该村典型的文化元素，显然这一元素并不属于该村的乡村文化元素，但是经过多年的积累和建设，确已成为四留固村的文化符号。该村建筑环境的设计充分运用了这一元素，并与乡村文化元素和谐共生。在中国社会现代化的进程中，农村的工业也逐渐兴起，是乡村内生性的现代文明，基于这种文明的历史文化元素也属于现代城市文化元素。例如，邯郸县小堤村铁艺园馆展示的是该村历史悠久的铸造业，尤其是展示了抗战时期、改革开放初期本村铸造业的发达和繁荣。

3. 外国文化元素

外国文化元素属于一种外来文化元素，但和本地域之外的文化元素不同。近代以来的中国，受到各种外国文化的渗透，使得一些外国文化元素也得到有意无意地保留与运用。当然，外国文化元素较多地出现在城市，但农村建设中也有一定存在。这里，除了教堂等宗教建筑外，还有很多其他元素。如欧式风格的风车、欧式的建筑装饰、外国文字和西化的现代元素等。由于这些外来文化的影响所及，美丽乡村建设中也会有适度的运用。

三、应用中应注意的几个问题

1. 以“人”和“生活”为核心，重在“美化”乡土家园

美丽乡村建设是关于农村多方面的建设和提升，自然能够带来多方面的效果，社会效益和经济效益都会显现出来。当前建设者的建设重点有的侧重于旅游，有的侧重于特色农业，有的凸显其商贸。但是不论其建设的侧重点是什么，美丽乡村背景下的聚落空间规划根本目标是要建设一个适合人们居住和生活的环境。这里需要指出，不论是本土文化元素的保留，还是其他文化元素的引入，建筑空间的文化元素的应用一定是以本地区村民的幸福生活为旨归，要有利于村民的生活，并能够持续和长久地给村民的生活带来舒适感和幸福感。

乡村文化元素中也有些消极文化元素，涉及此理应慎重。这里特别要提及的是乡村文化的思想内容构成非常复杂，存在着相当一部分非理性内容，如封建迷信、严苛的封建伦理价值等。表现在乡村文化元素中，前者比如村中村民自发建起的各类庙宇；后者如代表缠足文化的小脚鞋、历史上的节妇烈女等。前者可以允许其存在，但不可彰显和鼓励；后者作为历史记忆可以

留存，但不可应用和宣扬。此类文化元素可称为消极文化元素。与之相反，应重点挖掘和应用能够体现淳朴乡风民情、优秀传统文化的积极文化元素并充分展示。

2. 把握好乡村文化元素与其他文化元素的关系

要多使用能够体现本地区文化特色的元素，以地域性乡村文化元素为主，适当引入非本地区文化元素。一是要考虑非本地区文化元素所承载的文化信息是否能被村民接受和认可。例如，在建筑景观设计中，对荷兰风车的运用就是比较典型的做法。荷兰风车在中国乡村建筑空间出现，代表的是异域文化元素，但又与周围建筑融为一体，是比较成功的例子。二是引入非本地区文化元素时特别要关注其所承载的文化信息，尤其是习俗禁忌或道德价值层面是否与本地区相一致。三是现代城市文化元素的引入最好在本地区有一定的基础，比如前文提到的四留固电影村。如果硬性植入，缺乏生命力，很难持久。

3. 做好乡村文化主题类型的提炼和定位

乡村在长期的发展中均会形成丰富的传统乡村文化，有的乡村文化和元素是属于共性的，普遍存在或适应所有的乡村，而有的乡村文化及其元素则仅仅属于特定村落。在美丽乡村的文化规划和建设中不仅要注意乡村文化及其元素的普遍性和典型性，更应关注和提炼村落文化的独特之处，从中找出最能代表村落的文化主题。例如，河北馆陶“黄瓜小镇”寿山寺乡翟庄村，该村从20世纪80年代开始种植黄瓜，荣获“中国黄瓜之乡”称号。目前该村总人口1109人，耕地面积1246亩，有黄瓜大棚户256户，占总户数的96%。该村突出自身的特色种植业，提炼出“黄瓜”这一乡村文化元素作为主题，将黄瓜大棚做成体验式的主题公园，建有观光式的黄瓜主题餐厅，实现了乡村聚落空间文化建设与经济效益的良性互动。邯郸县的“电影四留固村”建有红色电影馆、“电影人家”酒家，街道上、门楣上时不时有电影元素的展现。“枣园小堤村”则是突出枣树枣林特点，村内不仅种植枣树多，而且注意在街道两侧栽种幼苗，在院落空间突出古木，并把“枣园”二字嵌入村名造型之中。

乡村建设是我国现代化进程中的一个特殊任务，目的是要实现农村生产和生活方式及其文化的渐进式变革。在这一进程中，乡村不是要完全城市化，而是对城市文明的部分引入；不是要完全消灭乡村文明，而是要保留、传承有价值的乡村文明。城乡一体化，对乡村而言，是在保留住自身文化传承脉络的基础上对现代城市文明的吸纳和靠拢。换言之，在高度发达的工业社会中，随着农业生产方式的变化，农村的文化形态也会不断衍变，但不论如何衍变，乡村文化应该具有自身的传承发展线索，逐渐形成工业文明阶段的乡村文化形态。这一文化形态既具有对现代文明的融合，更具有对传统乡村文化的传承，而非为现代工业文明完全取代或者被冲击得七零八落，成为碎片化存在。

作为新农村建设的延伸，美丽乡村建设在农村建设中起到了积极的推动作用，在文化元素植入的过程中受到村民的欢迎，这是应该肯定的。如今美丽乡村建设时间已经过半，而试点村庄建设的进程仍有较长的路要走，更多的村庄在现代化和城镇化过程中有待于升华，因此及时总结，从实践层面提升到理论层面，进行梳理，是非常必要的。

草原丝绸之路与中华文明之形成

郑少如*

摘　要：辽远广袤的北方草原地带，自文明产生以来就一直是东西文化交流的重要通道。这个通道，由于纬度、生态、民族和产业的不同，而成为连接欧亚大陆的特殊区域。

关键词：草原；丝绸之路；中华文明；民族融合

Abstract: The vast and remote grassland belt in the Northern China has long been a crucial passage for cultural communication between the East and the West since the birth of humancivilization. The passage, due to differences in latitude, ecological environment, ethnicities and industries, has become a special area connecting Asia and Europe.

Key Words: Grassland; Silk Road; Chinese Civilization; Ethnic Assimilation

一、北纬40度~50度生态线

欧亚大陆北纬40度~50度是一条大的自然生态线，东起蒙古高原东端，西到南西伯利亚和中亚北部及南俄罗斯，是一片天然的草原地带。向西连着南欧和东欧，向东南通往中国的中原地区。

---

* 作者简介：郑少如，女，蒙古族，内蒙古文史研究馆馆员内蒙古包头大漠文化艺术中心理事长，内蒙古包头市西口文化研究会会长。

这条狭长的草原地带，除有局部丘陵之外，地势比较平坦，生态环境比较一致，而中国北方草原地带正好位于欧亚草原的南缘。

在遥远的石器时代，欧亚大陆地理环境中的沟通和交往是极其困难的。北亚遍布寒冷的苔原和亚寒带针叶林，难以适应人类生存。中亚又有崇山峻岭和广阔无垠的戈壁沙漠，如天然屏障，阻隔了东西方的通道。

在人类生存环境中，道路的形成基本上有两种形式：一是人工修筑，二是自然形成。而北纬 40 度~50 度生态线正好形成了一条天然的连接欧亚大陆的大通道。

距今约 3500 年，由于北方地区的生态环境变得干旱和寒冷，这一区域的畜牧业和游牧民族因之兴起，生活在这一生态线上的北方游牧民族的生产和生活方式适应了这一区域的生态环境，这条大通道也成就和见证了北方民族的强大与兴盛。

二、历史上最早的丝绸之路

这条草原生态大通道的存在，也造就了青铜时代最早的游牧民族之间的交流和商品交换。因而，成为北方游牧民族开发最早的商品交换之路，也就成为历史上最早的草原丝绸之路。

大宗商品交换的需求起源于农业与畜牧业的分工。中原农业地区以农耕为主，盛产粮食、丝麻与手工业制品；北方草原地区以游牧为主，盛产马牛羊、皮乳肉。农耕民族需要牛马等大量畜力；游牧民族需要粮食、丝纺织品及手工业制品等生产、生活用品。这种相互需求、相互依托的关系，造就了草原丝绸之路形成的基础条件。因此可以说，北纬 40 度~50 度的草原地带，在当时人类社会尚无能力自己筑路的情况下，应运而生成为天然大通道是自然选择和人类生活满足基本生存条件的需要。

翦伯赞先生认为："在神农、黄帝的时代，正是由采集、狩猎经济转化到农业、畜牧业经济的时代。"众多北方地带发现的考古资料表明，草原丝绸之路的开辟与形成，是在农业经济由于气候寒冷衰退之后，在兴起与不断壮大的游牧业的基础上得以实现的。

可以说，一条跨越欧亚的丝绸之路的形成，必是由众多地区、众多民族、众多历史时期的事件积淀而造就的，它所起的作用以及造成的影响是毋庸置疑的。今天，我们只有把它提升到历史文化的层面来研究，才会显示出其不可低估的分量。

这条古老的草原丝绸之路是人类文明发展史上的一大创举。世上本无路，是草原游牧民族逐水草而居，拓出了这条草原丝绸之路，之后与中原农耕民族相互交融、交汇，相互往来，经济沟通，文化融合，踏出了这条体现各民族伟大智慧的草原丝绸之路。

《晋中地区志》记："康熙三十八年（1699年）太谷、祁县、榆次的旅蒙及旅俄商人中以骆驼和车辆作运输工具的'驼帮'和'车帮'开始出现。"穿越内蒙古自治区的中部，进入蒙古国的东戈壁省。将两湖、福建的茶叶、丝绸运往俄国及东欧各国。

近年来，考古学家还发现沿呼和浩特北上穿越阴山，在北魏、隋至唐朝，作为中原向北方草原以及到中亚通东欧的一条主要通道"参天可汗道"，又称"白道""白漠"，也成为一条"皮毛之道""茶马古道"。当时最大的旅蒙商号"大盛魁"资本金达2000万两白银，经营的商品繁杂，无其不有，"上至绸缎，下至葱蒜"，年贸易额达1000万两白银，而且带动了票号、镖局等许多相应产业的发展。据俄国人记载，乾隆三十年（1765年）有300名商人和821名工匠，到乾隆三十九年（1774年）有488名商人，908名工匠。

古稒阳道，又称中道、单于道、石漠道等。

当年西汉元封元年，汉武帝亲率18万大军从长安出发，经秦直道到五原（今九原）麻池古城经稒阳道出石门，直登单于台北上。

从西还有"黑道"，也称"西道""黑漠"。

东、中、西三条大道将东至京津，南至湖广、福建，西至甘宁青的大量商品聚焦于内蒙古包头这个水旱码头，之后经固阳、达茂，从满都拉口岸出关，进入蒙古人民共和国的乌鲁盖、赛音山达、苏木贝尔到达首都乌兰巴托。再一直向北，经达尔汗到俄罗斯的恰克图。

恰克图，位于蒙古国与俄罗斯的交界处。一条界河分南北两岸，南岸为蒙古国，北岸是俄罗斯国，三国商贾在此交易，繁荣了恰克图这样一个小镇。

雍正七年（1729年）晋商在此建起了"买卖城"。恰克图开市之时，中、俄两国政府均派驻了官员。

恰克图总面积约千亩左右，北半部是俄式建筑，南半部是中式商铺。经营着烟、茶、丝绸、皮毛、杂货，由四家商铺做起，之后达到百余家，称为"北方雄镇"，有了"沙漠威尼斯"之称。乾隆十四年，恰克图贸易已经营了二十年，到乾隆三十五年（1770年），恰克图已有住户200家，贸易额比开市时增加了1000多万卢布。商品已发展到以茶为主向俄商换回呢绒、狐皮、貂皮、海獭皮、羊皮及各种皮制品，还有鹿茸、羚羊角、水晶、麝香及小五金等。华商出口的除茶和丝绸之外，还有土布、大米、瓷器、漆器、烟草、药材以及冷冻饺子等。

三、草原丝绸之路上的民族融合

草原丝绸之路是由不同区域的众多民族共同创造的。

这一区域既是北方游牧民族生息繁衍的地方，又是历史上各个时期兴起的不同民族争战与融合、经济往来与文化交流的五彩斑斓的历史大舞台。

纵看历史，黄帝到夏商周阶段也与猃狁、北狄互有争战，战国晚期至秦汉帝国，更是与匈奴有着四百余年的征战融合。此后随着不断兴起的鲜卑、突厥、契丹、女真、蒙古、满清等民族与中原华夏的融合，以及中亚、印度、罗马、波斯、粟特等欧亚文明的融入，才形成了今天多元一体格局下的中华文明。

华夏五千年，战火从未中断过。尤其是中原与北边的拉锯战，烽烟一直燃烧着。我们企盼着和平，从不希望战争。但客观地看，战争也创造了文化，促进了融合，催化了经济，推动了文明的进程发展。

文化有故乡，但无国界。内蒙古的文化如此的丰富，也是由于多民族，乃至多个国家在这里的交融、交汇所留下的印迹所至。比如秦皇汉武，秦始皇派大将蒙恬率30万大军在固阳修筑了名震中外的万里长城。30万众来自全国各地，不一样的民风民情，不一样的民习民俗，也像这条长城一样在这里留下了不朽的痕迹。汉武帝北上，成吉思汗西征，以至北魏、辽金、秦汉五道长城，诉说着不一样的故事，书写着不一样的历史，传递着不一样的信息，产生了不一样的融合。

这条草原丝绸之路上留下的不只是“大盛魁”驼队的驼铃声，也不仅是千年烽烟烧过的焦土，还有一个个不朽的历史遗迹：从陕西省云阳县起一直到内蒙古包头市九原区麻池镇的秦直道，是一个惊人的巨大的历史地理工程，可称为2000多年前的高速公路，1800公里长，双向八车（马车）道。长城似弓，直道似箭，由中原向草原，如今遗址尚存。秦始皇命丧沙丘，尸体经直道运回咸阳。

横在草原丝绸之路上的是北魏六镇。公元433年，北魏为保卫国都平城

（大同），在北方陆续设置了沃野、怀朔、武川、抚冥、玄柔、怀荒国防六镇。其中的怀朔镇在今固阳县境内，被历史学家看作北魏的咽喉及六镇之首，在政治、经济、军事往来方面作用极大。怀朔镇领五郡13县，统辖今包头广大地区，出了高欢及其子高洋（北齐国皇帝）这样的人物，以及木兰从军的传说，还有昭君出塞、文姬归汉、吕布逞雄等各朝各代的英雄史诗。

怀朔镇也是草原丝绸之路上的锁钥，是通往蒙俄北境的咽喉要地。

坐落于北疆边地似楼兰古城般的赵王城——敖伦苏木，在包头市达茂旗境内。这是一个多庙的地方，也是成吉思汗将最心爱的三公主阿剌海别吉嫁给汪古部首领阿剌兀思的驸马城，之后有蒙古帝国的16位首领的女儿分别嫁给了汪古部王爷，成为成吉思汗征战的坚石基地，也是蒙古帝国崛起的源头和兵员、粮草保障的大后方。

赵王城统辖阴山以北，东起集宁，西到乌拉特中旗，南至包头北到边境的广大地区，也是元朝草原丝绸之路上的重要节点。

考古工作者先后在敖伦苏木发掘出的景教碑石，天主教堂建筑的白琉璃瓦片，古罗马风格的粘贴花砖以及地下尚未发掘的巨大的教堂和其他遗址，无不说明东西方早有往来而且十分密切。

敖伦苏木古城如今保存完整，高大的城墙，四周轮廓清晰，角楼、瓮城废墟明显可见，沉睡了800余年，终于有人揭开她的神秘面纱，让她惊现于世界。

可以说，草原丝绸之路的贯通和中西文化交流的结果，繁荣了草原丝绸之路，丰富了草原丝绸之路，是历史上文化大碰撞、大交流、大繁荣的时代，也是民族大融合、大发展的时代。

四、结语

草原丝绸之路是人类在5000多年前即开发的最早的政治、经济、文化之路，它的形成，从整体上推进了北方游牧民族及中华文明的历史进程。

历史大通道的打开，东西方、南北方贸易往来，经济互补，开拓了丝绸经济，使欧亚大陆整个丝绸之路上创造了前所未有的繁荣和发展。

丝绸之路上沿途各国打开了闭塞之门，在经济交往的同时，也推进了社会发展。思维理念、行为方式、生存状态均发生了相当大的变化，因而也推动了社会的进步。

经济的繁荣，社会的发展，终究要以文化形态反映了出来。草原丝绸之路是一个文化大展厅。它淋漓尽致地展示了中原农耕民族的文化，展示了北方游牧民族的文化，展示了西域文化，以及欧亚各国不同形式、不同色彩的多元文化。

经济、社会、文化的发展与繁荣，必然造就民族的融合。

草原丝绸之路的形成，留下斑驳的历史遗迹，成为至今发掘不完、研究不尽的文化节点。

留在北方大地上的秦直道、茶马古道、驼道、古稒阳道、西口故道；沿呼和浩特过阴山的白道（参天可汗道），也称东道；中道（石门障），黑道（也称西道），为丝绸之路的开通，为中西方贸易往来、文化交流立下了极大的功劳。

随着丝绸之路的开通，古城驿站随之崛起：麻池古城、北魏沃野、怀朔、武川、抚冥、柔玄、怀荒六镇、敖伦苏木古城、绥远城、包头市美岱召古城寺等立在丝绸路上。

丝绸之路成就了大盛魁、晋商广义魁等十大商号。

因为草原丝绸之路创造了无数文明，无尽文化，无尽的可供发掘和研究的课题，留下了灿烂的非物质文化遗产，是我们最大的文化财富。

草原丝绸之路是一个太大的课题，取其一角，也只是个框架，不断填充，不断完善，不断丰富，使草原丝绸之路更加辉煌，散发出草原的芳香，展示出丝绸之路的亮丽光芒。

上都文化和上都文化学的传承与创新

温茹雅*

摘　要：在内蒙古锡林郭勒盟草原的深处有一片久负盛名的金莲川草原，这里是农耕文明与游牧文明的接壤地，是忽必烈建立元帝国时上都城的所在地。如今上都遗址虽然已经成为废墟，但是它本身的存在价值和意义是不能被随意抹杀的，2012 年成功申报世界文化遗产就是最好的证明。

文化是在不断地传承和创新中发展的，上都遗址代表的中华文化是人类文明的共同财富，研究上都文化与上都文化学，就是要摒弃以文明之名的偏见，借助历史的光辉解读它、领悟它，推进现代文明的发展。

关键词：元代；忽必烈；金莲川；上都文化；世界文化遗产

Abstract: There is a time-honored and prestigious Trollius Chinensis Grassland deep in Xilingol Meng, Inner Mongolia, which is the border land between the nomadic and agrarian civilizations, and was also Xanadu site when Kublai Khan established the Yuan dynasty. As the world Mongolian cultural center, it forms the special Xanadu culture and Xanadu civilization. Now, although Xanadu site was reduced to ruins, its value cannot be written off at will. Its enrollment into the World Cultural Heritage List in 2012 can best illustrate this point. Culture will go with the development of inheritance and innovation. The Xanadu ruins relics, as a part of Chinese civilization, should be the common wealth of all human civilizations. So, research on Xanadu Culture and its theories should avoid bias in the

* 作者简介：温茹雅（1985—），女，内蒙古锡林郭勒盟人，内蒙古舍我文化发展有限公司负责人，元上都历史文化研究会理事、副秘书长，主要研究方向是锡林郭勒文化、上都文化。

name of civilization. Interpretation based on its historical luster will help to boost the development of modern civilization.

Key Words: Yuan Dynasty; Kublai Khan; Trollius Chinensis Grassland; Xanadu Culture; World Heritage Relics.

元上都历史文化研究会自2003年成立以来，大力推动上都历史文化学术研究，积极倡导上都文化与上都文化学，创办了《上都文化研究》学术报和“元上都文化”网站（www.shdwh.cn），注册并使用了“上都文化”商标，取得了一些令人瞩目的成果。

当前，元上都遗址已经列入世界文化遗产，是内蒙古自治区唯一的世界文化遗产项目。文化遗产是一个国家和民族历史文化成就的重要标志。它不仅对于研究人类文明的演进具有重要意义，而且对于展现世界文化的多样性具有独特作用，它们是人类共同的文化财富。诚如元上都历史文化研究会理事长徐进昌先生所言：上都遗址有着广泛深厚的世界影响，上都文化是中华文明不可或缺的组成部分，上都文化研究是内蒙古锡林郭勒盟一项长期的文化工程，应该进一步得到广泛深入的研究和弘扬。

2013年11月19日，诺贝尔文学奖得主莫言在第二届亚洲文化论坛上说：“我们应该非常重视文化传承，应该提倡多样化，保存好我们祖先留给我们的东西，把更多的精力放到创新上。”2014年3月下旬，习近平总书记访问欧美五国，在联合国教科文组织发表演讲时指出：“没有文明的继承和发展，没有文化的弘扬和繁荣，就没有中国梦的实现。”

作为青年一代，要传承民族文化血脉，增强文化自觉和文化自信，要为实现中国梦尽一己之力，要意识到“正确的道路是这样，吸取你的前辈所做的一切，然后再往前走”。

一、上都遗址惊艳世界

历经16年，在地方政府的领导下，经各界人士大力推动，北京时间2012年6月29日22时23分，当地时间18时23分，在俄罗斯圣彼得堡冬宫会议中心斯莫尔尼宫召开的联合国教科文组织世界遗产委员会第36届世界遗产大会上，上都遗址提名项目获联合国教科文组织世界遗产委员会审议通过，成为我国第42处世界遗产，也实现了锡林郭勒和内蒙古地区世界遗产零的突破。

世界遗产委员会认为，上都遗址作为草原都城遗址，充分展示了文化融合的特点，同时满足遗产真实性和完整性的要求。

世界遗产委员会主席米特罗法诺娃指出，世界遗产地具有“突出普遍价值”，是基于当地的价值观和实践尤其是对当地遗址的保护成果。

世界遗产中心的专业委员会国际古迹遗址理事会曾对元上都遗址进行了评价，指出元上都遗址是一个以亚洲北方游牧与农耕两大文明之间的融合、碰撞和相互吸收为特征的草原都城遗址。

元上都遗址的位置和环境显示出来自蒙古族和汉族两者在价值观及生活方式上的共同影响。城市遗址展现了两个民族结合的城市规划模式。通过蒙古族和汉族在思想上和制度上的融合，元朝才得以将它的统治扩展到当时已知世界的极大一部分范围。元上都遗址是一个包含了不同民族团体的融合型城市规划的独特范例。

二、上都专著填补空白

2012 年，纪念元上都历史文化研究会成立 10 周年暨上都遗址“申遗”成功，《解读上都——徐进昌谈上都文化》由内蒙古科学技术出版社正式出版。全书 28 万字，分 5 个部分：一是汇集了对上都原状的记录、描述、追索；二是对元代政治、文化氛围与上都文化的价值和特点的探寻、阐释；三是成吉思汗对文化的关注与建树；四是对锡林郭勒文明和地域文化的探寻；五是上都文化研究的传播和影响。

这是一部开创性的学术研究成果集，揭开了上都文化研究的大幕。从历史的高度探寻上都，从文化的视角解读滦京，本土学人把握世界性课题，是文化上都的开篇力作。在此之前只有人提“元上都”，而没有人提“上都文化”。8 年间，上都文化的学科体系由最初提出到不断地得到阐释、拓展和延伸，逐步在学术界确立了一定的地位和影响。该书完整地提出并阐述了上都文化、锡林郭勒文化、蒙元文化、滦河文化和区域文化与地方学建设相关的学术课题，做了多方面的开拓性的研究和论述。

这部作品展现了对元代时期中华历史文化的探寻。通过对元代京城——上都的解读、参悟、求索，探寻了十三、十四世纪中华文化创造的辉煌。元代百年的中华文化不是一般的时期，而是多民族共为一体、多元文化交汇共荣，一个独具特色的上都文化呈现了生机盎然的魅力。

上都文化融汇草原游牧文明和中原农耕文明，兼容中华多民族的文化，吸纳西域文明的成果，多元共荣，充满了生机和活力，是中华文明史独具特色的灿烂辉煌的一页。

三、上都文化和上都文化学

上都，又名上京、滦京，作为中华元代的夏都，凸显了十三、十四世纪百余年间的中华文明。以上都标识的这段中华文化称为上都文化的意义不言自明。作为中华文明史上的一段，它在政治、经济、思想、文化、艺术诸多方面取得的多方面的成果，独具一格，光照史册，归结为上都文化学，从而进行深入研究和弘扬，凸显它的历史意义和学术价值。在弘扬中华优秀传统文化、把文化作为生产力、建设现代化强国的今天，提出上都文化和上都文化学研究愈加显得顺理成章。

上都文化指的是以元代上都为标识的历史文化，它凝聚了十三、十四世纪中华文化的核心部分和主流部分，是中原农耕文化与北方草原文化融汇的结晶，是中华文化发展的一个弥足珍贵的阶段，是中华文化史不可或缺的重要组成部分。

上都文化学是指研究以上都为标识的关于元代政治、经济、思想、文化、艺术、科技各方面达到的水平与独具的特点及其历史价值和意义。任何一个朝代的首都都是那个时代的中心，上都作为大元帝国的夏都百年之久成为大中华的中心是显而易见的。上都因为是蒙古族入主中原建立的大一统的元王朝的首都，更具有独特的历史意义和文化特色。上都是中原农耕文化与草原游牧文化的结合部、融汇部，又大量地吸纳了西域文化与欧洲文明，兼收并蓄，多元共荣，形成了一个独具特色的繁荣发展的阶段和时代。

上都文化、上都文化学以中华元代的夏都——“上都”命名名实相符。一个稳定国家的持续多年的首都一般都是那个社会的政治文化中心。上都文化、上都文化学完全可以体现中华文化在元代百年达到的发展水平和造诣。而“元上都文化”的“元上都”三字是个偏正词组，意指元代的上都；所以，“上都文化”的称谓在词义上明晰、确切。

从历史渊源和价值来看，第一，上都是世界性的大都市。作为大都市，上都城拥有众多的佛寺、道宫、回回寺和文庙。除了蒙古萨满教以外，佛教、道教、伊斯兰教、基督教都很活跃。孔庙、八思巴帝师寺地位崇高。儒学、蒙古字学、医学、天文学、农学都很兴盛。上都在中外交往史上具有深远的影响。许多外国使者、传教士、商人、游客等，都在上都受到元朝皇帝的接见，建立和发展了友好关系。以在上都受到元世祖忽必烈极高礼遇的马可·波罗为例，他在中国居住17年之久，所著的《马可·波罗行纪》详细记述了上都的宫殿、寺院、宫廷礼仪、民情风俗，向世界介绍了上都，让世界了解中国。当然还有元王朝第一任天文台长、元世祖忽必烈赐封为提点的波斯科学家扎马剌丁等，在此不一一列举。

第二，上都是决断朝政大事之地。作为元代的夏都，每年4月至9月皇帝带领众臣在上都处理朝政。每逢在上都朝会，都要咏颂《大扎撒》。每年朝廷都要在上都招抚和奖励皇亲宗室与群臣。推举新君、决定战和、除弊兴利等朝政大事多次在上都决断。确定黄金家族的忽必烈一系传承帝位正是在上都确定。元代先后有六位皇帝是在上都被推举登上了皇帝宝座。

第三，上都融汇游牧文明与农耕文明。在上都，游牧文化与农耕文化在无比广阔的层面和异常丰厚的深度，进行了史无前例地融汇和交流。多元共荣，百家荟萃，游牧文化在融汇中有了长足的发展，史称蒙元文化。

从文化史、文明史的角度来看，把“上都文化”和“上都文化学”作为一个学科，其意义非凡。“建上都于滦水之阳，控引西北，东际辽海，南面而临制天下，形势尤重于大都”，这是元代已有的见解。叶新民在《元上都研究》中认为，“元王朝的夏都——上都，是一座富有蒙古族游牧生活特色的草原城市”，“700多年前，上都是一座世界闻名的历史古城”。著名考古学家林澐认为，上都是“一座在中国史和世界史上都有重大意义的都城”。这座中华古都得天独厚，历史赋予它雄浑壮阔、绚丽多彩的色彩，也为中华文化史和文明史留下了辉煌壮丽的一章。

据此，可以看出，上都文化与上都文化学凸显了草原游牧文化与中原农耕文化的融汇和华夏文明与西域文明的交融，多元一体，和而不同，形成了多元共荣、昌盛兴旺的局面。中华大一统，多元共荣，开历史之先河。中华古文明和四大发明远传欧洲和南亚。率先推行纸币，推进了商品流通。农学、水利、天文世人瞩目，元曲、元杂剧与唐诗、宋词媲美，社会发展形成了繁荣昌盛的局面，开启了多元共荣的开放和谐的大格局、大发展。

研究这个时代各方面发展的历史价值和对现代发展的启示与意义，无疑很有必要。尤其是对于上都遗址故地的文化人和专家学者来说，研究上都文化与上都文化学，应该算是一种责任！

四、“金莲川”是地势要害

忽必烈选择金莲川草原作为大本营根据地在于，金莲川一带是札剌亦儿国王家族及兀鲁兀部族的游牧地。在公元1115年以后的金朝时代，那一带有两座城市，名为桓州、抚州。因此，金莲川一代的草原也被称作“桓抚之间”。对于金朝时代被要求在内蒙古一带散开、整备的契丹系诸军团而言，金莲川一代正是在地势要害的草原，是桓州与抚州在战略及补给上的重地。金朝在冬季巡行中都，夏季巡行“桓抚之间”。在夏季，此一休养地是“首都”。再往前追溯，契丹辽朝时也几乎是一样的。在辽代，这片草原也是辽王室重要的巡历地，广布着官有牧场。忽必烈会选择金莲川草原，并不是偶然的，而是具有明确意图的选择。乍见之下，仿佛是忽必烈本身及其军团无法完全离开蒙古高原，卡在其东南端的草原上。但是，其实那里距离东亚数一数二的政治要冲中都很近，两地彼此处于一种密切的关系。那里是游牧世界与农耕世界的接壤地，在地势上是连接两个世界的要地，历史非常悠久。所以，他的构想是，首先将金莲川一带作为游牧军事基地，从那里牵制政治基地中都，进而将两地作为核心地区以支配东方全境。这是忽必烈对其任地即蒙古东方所做的第一个选择，我们不得不说，忽必烈在做出将金莲川作为经营东方作战基地的选择时，其胸中已经有一个清楚的蓝图及规划。

五、大元建立“蒙古体系”

忽必烈以草原世界为骨，以中华世界为肉，以物流、通商为血液，依靠穆斯林的商业力和中华的经济力构建庞大的首都经济圈，将农牧世界、农耕世界和海洋世界，这三个相异的世界相连，而这个构想是以欧亚为整体实施的。

“经过了忽必烈时代的三十余年，大元汗国变成了世界上未曾有的国家。同时，欧亚世界也迎来了前所未有的时代。至少在东从日本海西至多瑙河口、安纳托利亚高原的蒙古领土之内，国境的壁垒都消失了。然后，包括欧亚与北非在内，陆上与海上的通商壁垒也悉被除去。人类的主要生活舞台几乎都透过‘人与物’的循环，缓缓地被联结在一起。那不是借由军事实力被强制联结在一起的，而是透过史上版图最大的国家蒙古举政权之力整备、维持的交通网以及所利用的通商，稳稳地被联结在一起。蒙古虽然仍旧保有强大的军事力量，但此刻却是透过以中国为中心的巨大经济力，领航着世界与时代。虽然时代缓慢地从军事演变到经济，但世界作为一个整体开始动了起来。”❶

“但是，无论如何，时代与世界的环境都变得更加通畅了。欧亚与北非，开始为繁荣与经济活络状况所包覆。在这样的时代环境下，一直以来都不太可能的，超越既有框架的人物与事物、美术、工艺、科学、技术、思想、哲学一一登场。英国的摩根氏曾说过‘蒙古自由主义’，只要眺望这个时代的东西方，就会觉得这句话确实中肯。国家与国界，民族与人种，可以说进入了一个无国界的时代。在人类历史上，这样的情况一直到二十世纪都是不存在的。

“要言之，以国家控制经济与流通的大元汗国为中心，世界开始摸索走向史上首次某种迈向体系化的道路，即便那形式是散漫且暧昧的。在此想借用将之创造出来，又大举展现的蒙古之名，暂时称作‘蒙古体系’。从此，世界历史踏进了新的阶段。”❷

六、为蒙古帝国正名

一直以来，蒙古帝国被视为由草原上的蛮夷创建的充满了阶级压迫、经济剥削和文化杀戮的机器，而人们对此深信不疑。“问题在于这个深信不疑是否可信，在历史研究中，没有比这个还要麻烦的了。”“在历史上，不当的过低评价或曲解，抑或不尽于理的非难与断罪皆不妥。但是，虽说如此，过分的善评与美化，莫名其妙的赞美与颂扬也令人可怕。因为那皆是过度深信，有其目的，有时也是一种明知故犯的谎言。”在《忽必烈的挑战：蒙古帝国与世界历史的大转向》一书中，描绘出别开生面的蒙古帝国与世界历史，纠正了蒙古在人们心中固有的形象——“野蛮入侵者”或“军事破坏者的形象”这些以文明为名的偏见；帖木儿帝国、奥斯曼帝国、俄罗斯帝国、莫卧儿帝国、明清帝国这几个在近代西欧列强兴起之前的世界强国，在作者杉山正明

❶ 杉山正明. 忽必烈的挑战：蒙古帝国与世界历史的大转向. 周俊宇，译. 北京：社会科学文献出版社，2015：242.

❷ 杉山正明. 忽必烈的挑战：蒙古帝国与世界历史的大转向. 周俊宇，译. 北京：社会科学文献出版社，2015：246.

看来，也与蒙古帝国有着内在的联系。

1206年春，铁木真在斡难河上游美丽又辽阔的草原上举行即位仪式，自称“成吉思汗”，自此一个空前强大的、团结了所有蒙古高原各个部落的新的“大蒙古国”诞生了，它就像早晨的太阳，红遍天却并不炙热，但是当它冉冉升起，就会炙烤大地。也就是从这一刻起，征服世界的脚步开始从蒙古高原一路西进，南下。

在成吉思汗以及后继者所率领的近20万蒙古铁骑，在25年的征战中，以“核”爆炸的威力席卷了整个欧亚大陆，先后有40多个国家、700多个民族都归服于大蒙古帝国。消灭各国军队人数超过千万，征服各民族人口数目达6亿，建立起了一个疆域恢宏的日不落草原帝国，亦称为大陆帝国。其版图相当于3000万平方公里，是现在中国版图的3倍之多，东起朝鲜半岛，西抵波兰、匈牙利，北至西伯利亚俄罗斯诸公国，南达爪哇中南半岛。

也正是因为此，这样一支蒙古军队被称为“文明的破坏者”，无论是南宋杭州城的衰败还是伊朗坎儿井的破坏，抑或是西征军在中亚的尼沙普尔和赫拉特的大屠杀，一直以来都被认定为蒙古暴虐形象的史证。但是经过仔细研究，15世纪的中亚是属于紧接着蒙古王朝的帖木儿王朝时代，而帖木儿王朝亦是中亚历史最灿烂的一页篇章。而所谓的赫拉特有160万人被杀，更是毫无根据，因为据近几年的调查，赫拉特城区最多容纳的人口也就10万人。因此武断地认为中亚的低落是因为蒙古的入侵，进而给其带上“文明的破坏者”，实在难保公允。而对于1236年以来，以成吉思汗长子术赤之子拔都为司令官的蒙古军队，所进行的世界史上有名的“俄罗斯，东欧远征”，使得当时被称为罗斯的俄罗斯全境进入了漫长的苦难时代，在俄罗斯的历史上被称为“鞑靼的桎梏”，而仅此就断定俄罗斯全境几近毁灭的原因都归结为“拔都西征”是非常缺乏根据的。因为当时的罗斯全境处在内外交困的状态，而其所谓的“民族英雄”亚历山大·涅夫斯基还是非常愿意和蒙古军队联手，进而来确定自己在罗斯境内的掌权。近代研究也对这位曾在“二战”中被斯大林所塑造出来的俄罗斯的“民族英雄”，颇有争议。

文化是民族的灵魂和血脉，是民族的集体记忆和精神家园。任何一个国家和民族文化的发展，都是在既有文化传统基础上进行的文化传承、变革与创新。只有重视文化传承，才能源源不断地从传统文化中汲取养分，才能保持中华文化的延续性。而文化创新是一个民族的文化永葆生命力和富有凝聚力的重要保证，继承和弘扬中华文化，对于增强民族自尊心、自信心、自豪感，实现中华民族伟大复兴，具有重要意义。

杨振宁说："创新有两点：一是不要囿于前人的成就，二是不要怕犯错误，这两点都需要胆量。"作为世界上唯一没有中断的文明体，中国有令世人称羡的漫长而丰富的文化传统，这是建设上都文化的源头活水。例如，在上都融汇的游牧文明与农耕文明，多都巡幸、游皇城、皇族祭祀、扎马宴、游猎、"白翎雀歌"、十六天魔舞、角抵都凸显了游牧文化在与农耕文明交汇中的生存和发展。每年7月9日，元朝皇帝率领皇族在上都北郊依照蒙古习俗洒马奶酒遥望漠北的起辇谷祭拜祖先。"皇族之外皆不得预礼也。"萨都剌的诗文写道："祭天马酒撒平野，沙际风来草亦香。白马如云向西北，紫驼银瓮赐诸王。"所以，我们要做的是推动中华文化向外辐射和传播，促进世界文化的发展；使外域文化不断传入中国，促进中华文化的发展和进步。既要更加热情地欢迎世界各国优秀文化的传播，吸收各国优秀文明成果，又要更加主动地推动上都文化走向世界，做传播上都文化的使者，增强上都文化的国际影响力。

"变则通，通则久。"强大的创新和再生能力是中华民族永葆活力的核心要素。目前，尤其需要培育新型的先进文化和时代精神，激发全社会的创造力，在碰撞中迸发活力，为中国未来的发展提供持续的精神依托。因此，必须尊重知识、尊重自由、尊重个性，在宽松的氛围中鼓励学术探索、学术争鸣，培育众多专家、名家、大家，创作出大量能够代表最高水平的科技成果和文艺作品，在真正意义上进入世界强国的行列，在真正意义上实现中国梦。

参考文献

[1] 杉山正明. 忽必烈的挑战：蒙古帝国与世界历史的大转向［M］. 周俊宇，译. 北京：社会科学文献出版社，2015：12、25、35、93、242、246.

[2] 周伯琦《扈从北行后记》，《近光集》卷二.

[3] 王恽《中堂事记》，《秋涧集》卷81.

[4] 萨都剌《雁门集》卷六《上京即事五首》.

[5] 虞集《贺丞相（贺胜）墓志铭》，《道园学古录》卷18.

[6] 叶新民，历史学. 元上都研究［M］. 呼和浩特：内蒙古大学出版社，1998：1.

[7] 魏坚《元上都》序言第1页.

[8] 李媛媛，洪向华. 历史和现实比较视阈中的中国梦［C］. 马克思主义研究与建设工程重点课题.

[9] 徐进昌. 解读上都——徐进昌谈上都文化［M］. 呼和浩特：内蒙古科学技术出版社，2012.

地方学与资源枯竭城市的转型

——以大冶学的研究与实践探索为例❶

刘金林*

摘　要： 大冶学的创建及研究是地方学应用的一次新探索，大冶学是以国务院确定的资源枯竭城市——湖北省黄石市及其下属的大冶市为例，充分利用3000年矿冶文明史中遗留下来的古矿冶遗址以及百年近现代工业发展史形成的工业遗产等丰富的“枯竭”资源创建的地方学学科体系。通过大冶学的研究与实践探索，寻找一条具有黄石特色的资源枯竭城市的转型之路，让“枯竭”资源永不枯竭。通过开展工业遗产旅游，创建一条汉冶萍铁路工业遗产旅游文化线路，打造工业遗产旅游目的地——中国黄石公园，促进资源枯竭城市的转型与发展。

关键词： 地方学；资源枯竭城市；大冶学；汉冶萍铁路

Abstract: The establishment of Daye Studies as an academic discipline is a new attempt of its kind. Its creation is based on the mining and smelting relics from an ancient mining and smelting civilization of around 3000 years as well as “exhausted” industrial relics from the development of modern industry in the past hundred years. Taking Huangshi in Hubei province and Daye, a city affiliated to Huangshi as examples of resource-exhausted cities approved by the State Council,

❶ 基金项目：本文系湖北省教育厅哲学社会科学重大研究项目“汉冶萍公司与湖北地方社会研究”（14zd027）成果，湖北师范大学优秀创新团队项目“汉冶萍研究”（T201512）成果。

* 作者简介：刘金林（1965—），男，湖北黄石人，黄石港区地方文化研究会会长，湖北师范大学汉冶萍研究中心及矿冶文化研究中心研究员，主要研究方向为工业遗产、汉冶萍历史和地方文化。

Daye Studies is an academic system on local studies based on rich resources accumulated from three thousand years of civilization in the history of ancient mining and smelting sites as well as the formation of modern the history of industrial development in the past hundred years. Through research and practice of Daye Studies, we expect to find a transformation road for Huangshi as a resource-exhausted city and make its resources never go exhausted: namely through the development of industrial heritage tourism, creating a railway company running an industrial heritage tourism line to build the industrial heritage tourism destination - China's Yellowstone National Park in an effort to promote the transformation and development of resource exhausted cities.

Key Words: Local Studies; Resource - exhausted City; Daye Studies; Hanyeping Railway

在我国，研究地方、地域的学问，历史悠久。地方学作为一门新兴学科在20世纪80年代兴起，近年来，徽学、北京学、鄂尔多斯学、潮州学、泉州学、扬州学、杭州学、温州学等地方学逐渐形成品牌，产生了越来越大的影响，促进了地方经济社会的发展。

据不完全统计，目前我国大陆以“某某学”或纯粹以地名命名、比较活跃的地方学研究机构有30个左右，如安徽大学徽学研究中心、北京联合大学北京学研究所、鄂尔多斯学研究会、韩山师范学院潮学研究院、泉州学研究所等。此外，还有大量以“某某文化研究”命名的地方文化研究机构在从事地方学研究工作，几乎各个地区都有当地文化研究学术团体或专门的研究机构。

世界上很多城市和地区都出现了关于本地的地方学研究，如首尔学、东京学、伦敦学、罗马学等。这些城市地方学研究多以当地高校的学术和人力资源为依托，在市政府的支持下建立专项研究机构，从而获得稳定的研究队伍、课题和研究基金，并且定期开展相关的学术文化交流，已经取得了大量的研究成果。[1]

2005年，鄂尔多斯学研究会倡议成立了由扬州学、温州学、泉州学、潮州学等十几家地方学、地方文化研究机构组成的中国地方学研究联席会，并

---

[1] 张宝秀，成志芬，马慧娟. 我国地方学发展概况及对北京学的再认识. 北京联合大学学报（社会科学版），2013（3）.

担任第一任联席会轮值主席，2008 年至今由北京学研究所担任联席会轮值主席，成员单位发展到 20 多家，中国地方学研究联席会成立十余年来通过开展一系列地方学研究交流活动，推动了全国地方学研究的发展。从各地地方学的创建来看，大多数不是为了研究而研究，而是为了解决实际问题，而实际问题本身超越任何学科的界限，因此地方学是一个跨学科的综合性、应用性知识体系。如北京学研究所所长张宝秀教授在《对北京学理论体系的再思考》中所言：地方学重要的是将某一地域作为一个有机综合体进行研究，研究其各种组成要素的演变过程及其相互关系，探究其发生发展的规律，并预测未来的发展趋势。北京学是多学科之间的一个交叉学科，是一个跨自然科学和人文科学的综合性学科，涉及的主要学科有历史学、地理学、城市学、社会学、经济学等，具有区域性、综合性、系统性和应用性的特点。北京学既是学科性的，又有解决实际问题和服务社会的功能。❶ 各个地方学研究的视角和重点有所不同，而立足当地、探索规律、服务现实，这些都基本相同。如果说实践是检验真理的唯一标准，那么服务现实、解决实际问题，是检验地方学是否达到学术层次的知识体系的唯一标准。❷

大冶学的创建及研究是地方学应用的一次新探索，目前在国内资源枯竭城市研究中，充分利用城市工业发展进程中形成的工业遗产资源创建地方学学科体系的研究尚为空白。大冶学是以国务院确定的首批和第二批资源枯竭城市——湖北省大冶市和黄石市为例，充分利用 3000 年矿冶文明史中遗留下来的古矿冶遗址以及百年近现代工业发展史形成的矿冶工业遗产等丰富的“枯竭”资源创建地方文化学科体系，走出一条具有黄石特色的资源枯竭城市转型之路，让“枯竭”资源永不枯竭。即通过开展大冶学的创建及研究，创建一条汉冶萍铁路文化线路遗产，打造中国资源枯竭城市工业遗产旅游基地——中国黄石公园。

一、大冶学的源起及创建的现实意义

大冶学的源起与黄石及大冶地区的资源开发、工业城市发展以及资源枯竭转型密切相关，是地方学中一个特殊的案例，具有地域的独特性，特别是

❶ 包海山. 从地方学所创造和应用的文化谈起. 中国民族宗教网，2014-05-02.

❷ 张宝秀. 对北京学理论体系的再思考//张宝秀. 北京学研究报告 2015. 北京：中国社会科学出版社，2015.

在资源枯竭城市创建大冶学，丰富了地方学研究的类型。我国资源枯竭城市大多数是中华人民共和国时期创建的，绝大多数是单一的资源开发型城市，地方文化建设薄弱。黄石市是中国古代青铜文化的发祥地之一，发掘出商朝晚期的铜绿山古铜矿遗址，说明大冶是中国古代的资源型城市。特别是近代从张之洞开创中国钢铁工业开始，大冶成为中国历届政府建设的重点，成为全国重工业中心，这是其他资源枯竭城市所不具有的条件。丰富的近代大冶工业档案文献资源、众多的矿冶考古遗址报告和影响全国的名人档案文献资料为大冶学学科体系的构建提供了学术基础，大冶学成为全国资源枯竭城市创建地方学学科体系的典型范例。

大冶学的创新之处是充分利用资源枯竭城市的“枯竭资源”——矿冶遗址、工业遗产以及工业档案等文献构建具有地方特色的大冶学，让资源枯竭城市的“枯竭资源”永远不枯竭。

创建大冶学应充分利用黄石工业及工业遗产在全国占有极其重要的历史地位这一优势。工业及工业遗产是黄石市的立市之本，特别是近代矿冶工业遗产是黄石市之源、黄石市之魂。通过开展以黄石矿冶工业遗产为中心的研究与实践，探索出一条具有黄石特色的资源枯竭城市的转型发展之路，重点是创建具有黄石特色的地方学体系——大冶学，即矿冶文化学科体系。大冶学融地名学与悠久的历史（3000 年青铜文明史、1000 年建县史、百年开发史及工业文明史）、丰富的文化内涵（矿冶文化）与著名的工业品牌（近代汉冶萍公司大冶铁矿、大冶钢铁厂以及大冶水泥厂、大冶源华、利华煤矿闻名中外，现代大冶铁矿、大冶特钢、大冶有色世界闻名）于一体，创建大冶学不仅是保存我国古代矿冶文明、近代工业记忆的需要，也是全面推进资源枯竭城市产业转型和建设武汉城市圈“资源节约型、环境友好型”社会、促进地方文化发展的有益探索，也是促进工业遗产保护及旅游业发展和全面建设小康社会的需要，特别是在全国资源枯竭城市中具有重要的示范意义。[1]

二、大冶学关于工业遗产旅游的实践探索

1. 清末民国时期的汉冶萍铁路旅游

1899 年，湖广总督张之洞陪同德国亲王亨利来大冶游历，乘坐汉冶萍铁

[1] 刘金林，聂亚珍，陆文娟. 资源枯竭城市工业遗产研究——以黄石矿冶工业遗产研究为中心的地方文化学科体系的构建. 北京：光明日报出版社，2014.

路火车参观大冶铁矿，从此大冶成为中国近代工业遗产旅游的发祥地，从清朝末年一直到中华人民共和国成立，中外游客络绎不绝来到大冶游历，大冶成为亚洲近代早期工业文明旅游的示范地。近代大冶工业旅游的历史照片、文章成为近代工业文明乡愁记忆的珍贵资料。

汉冶萍铁路是中国现存近代最早、营运时间最长的城市轨道铁路，在近代早期城市铁路规范化方面进行了有益的探索，制定了中国第一部城市轨道铁路《旅客运输规程》《安全巡视章程》《机车修理章程》等规范化文件，在中国铁路史上占有重要的历史地位。汉冶萍铁路又名大冶铁路、大冶铁矿运矿铁路或者铁山运道，1891 年 4 月，由德国工程师设计的汉冶萍铁路开工兴建，1892 年 8 月竣工。铁路起自老铁山山麓，终于石灰窑江边，1919 年延伸到大冶钢铁厂，1938 年以后延伸到沈家营。

汉冶萍铁路所在的黄石市区，现在遗留下大量近代钢铁工业、水泥工业、煤炭工业及其电力工业遗产，通过汉冶萍铁路相连成为一座规模宏大的工业遗产片区，是亚洲近代重工业引进西方技术的活标本。

从清朝末年开始，大量中外游客乘坐汉冶萍铁路游览大冶工矿区厂矿，写下了许多脍炙人口的游记，成为中国百年工业遗产旅游的宝贵文献资料。

“自石灰窑达矿山约计程六十里，敷有铁道，专司运矿。翌晨即由此附车前进。轨道殊广阔，枕木概以铁制，为久远计固宜若是也。车既启行，瞬息即驰骋野外。湖上烟波（途径牧羊湖），迢遥生姿。……无何而车抵下陆，稍停复行，十一时抵盛洪乡，遥望矿山，近在指顾间。计自九时卅分车发石灰窑，至是盖阅一时三十分钟也。”❶

这段生动的文字，为我们再现了汉冶萍铁路在民国初年的景象。这是 1916 年 10 月 15 日，武昌高等师范学校学生高振雯跟随同学一道，乘坐汉冶萍铁路火车前往大冶游历的所见所得。

武昌高等师范学校学生龚声璜在游记中描述大冶铁矿的运营情况：“工作时间每日上午七时半开工，十二时停工。下午一时起工，六时停工，雨天休止。”从大冶铁矿矿区乘坐汉冶萍铁路火车返回石灰窑的路上，他还参观了下陆机修厂：“离得道湾乘火车向石灰窑进发，至半途下陆处停车，参观修理机件厂。厂内设有大锅炉一、发动机一，各种工作，皆藉其力。”他还参观了汉冶萍公司大冶钢铁厂的建设工地：“正值土木大兴，从事各种建筑，实无足

❶ 高振雯. 大冶铁矿视察记. 科学，1917（8）.

观。第闻畴昔乃烟波渺渺之湖，今则已夷为平地，工程亦颇不小。”❶

充分利用以近代工业史和工业遗产为核心的大冶学的丰富文化内涵和百年实践经验开展工业遗产旅游，是大冶学实践与探索的有效途径。

2. 开辟资源枯竭城市转型之路——汉冶萍铁路工业遗产文化旅游线路

湖北省政府批准设立的黄石工业遗产片区包括铜绿山古铜矿遗址、大冶铁矿东露天采场、汉冶萍煤铁厂矿旧址、华新水泥厂旧址四个部分。黄石工业遗产不仅完整展示了悠久的古代矿冶文明，也充分展现了20世纪早期工业化、近现代化的进程，其完整性、系统性、典型性在全国罕见。

根据世界文化遗产中心的报告，截至2011年列入世界文化遗产名录中的工业遗产共有54项，38项位于欧洲国家，欧洲的工业遗产数量占据了绝对优势。对于我国而言，截至2015年7月，我国共有48项世界遗产，但与工业或技术相关的遗产仅有“青城山都江堰水利灌溉系统”一项，中国近现代工业遗产则是空白。

2012年黄石矿冶工业遗产列入中国世界文化遗产预备名单，黄石工业遗产申遗的优势在于黄石工业遗产时间上的连续性、品类上的多样性、空间上的聚集性。黄石工业遗产片区既有如南美洲古代矿冶遗址如铜绿山古铜矿遗址，又有如欧洲近代大型工业遗产如华新水泥厂旧址；既有近代汉冶萍铁路遗产，又有长江近代港口码头遗产如卸矿机、华记水泥码头等。

黄石工业遗产片区的实际范围比四大工业遗产要大得多，其核心还应包括源华利华煤矿旧址和汉冶萍铁路。这五大工业遗址通过汉冶萍铁路连接起来，形成了一条规模宏大的工业遗产文化旅游线路。

以大冶学及矿冶文化研究为核心，把与黄石矿冶文化有关的工业遗产、遗址、博物馆和公园整合在一起，创建黄石工业遗产旅游片区，进行全面规划，统筹协调，统一宣传及旅游操作。主要包括五大工业遗址、博物馆或公园，即汉冶萍煤铁厂矿旧址、铜绿山古铜矿遗址博物馆、黄石国家矿山公园、华新水泥厂旧址和源华利华煤矿旧址。现在已建成的有新冶钢公司厂区部分的汉冶萍煤铁厂矿旧址及汉冶萍广场、铜绿山古铜矿遗址博物馆、黄石国家矿山公园及大冶铁矿博物馆。

黄石工业遗产片区的五大工业遗址不是各自孤立存在的，可以通过汉冶萍铁路为主线，连接起来，实际上是一条文化线路遗产。1949年前连接了汉

❶ 龚声璜. 大冶旅行四日记. 学生杂志，1918（5）.

冶萍公司大冶钢铁厂（汉冶萍煤铁厂矿旧址）、大冶铁矿（黄石国家矿山公园及大冶铁矿博物馆）、源华煤矿（源华煤矿旧址）、华新水泥厂（华新水泥厂旧址）。中华人民共和国成立后，延伸到铜绿山（铜绿山古铜矿遗址博物馆），完全具有文化线路的遗产价值。文化线路作为文化遗产的重要组成部分，不但具有文化价值和考古价值，还具有很丰富的旅游价值。由于文化线路基本上是呈线状结构，文化线路沿线一般都有很多文化遗产的遗存和古迹。如果将这些遗产资源很好地加以保护和进行合理的开发，将是一份很有价值的旅游资源。以汉冶萍铁路为主线创建的黄石工业遗产保护片区，具有很高的旅游价值，与中国京杭大运河、丝绸之路、茶马古道一样，是重要的文化线路遗产。

经过我们多年的呼吁和努力，汉冶萍铁路最终获得了保护。最近，黄石市政府及市旅游局以五大矿冶工业遗址为核心，以汉冶萍铁路为纽带，形成了以“黄金宝石地，工业文博园”为主题的工业遗产旅游项目，现在正在对外招商。汉冶萍铁路工业遗产文化旅游线路已由研究探索阶段走向实践阶段，这将成为资源枯竭城市的转型路径之一。

三、大冶学指导资源枯竭城市转型的实践案例

1. 大冶学指导下的中国黄石公园创建

以铜绿山古铜矿遗址、汉冶萍煤铁厂矿旧址、华新水泥工业遗址、黄石国家矿山公园和源华利华煤矿旧址为核心、以汉冶萍铁路为主线创建黄石工业遗产旅游片区。再以黄石工业遗产片旅游区为中心，以众多旅游资源整合而成的中国黄石城市公园，简称中国黄石公园，充分利用大冶学研究的核心内容即3000年的矿冶文明成果，吸收世界第一旅游品牌——美国黄石公园的精华，创建“中国黄石公园”品牌，努力建成中国工业遗产旅游目的地。

黄石工业遗产旅游片区与山水名胜、红色旅游景点等相结合组成中国黄石公园。中国黄石公园实际上是一个以大冶学及矿冶文化为核心的文化内涵非常丰富的文化创意产业集群，它可以由众多独立又相互关联的文化创意企业、旅游企业、工矿企业以及相关的机构组成，可以借鉴北京、上海、大庆、景德镇等文化创意产业集群的经验进行组建。

中国黄石公园最核心的部分是黄石工业遗产旅游片区与山水名胜相结合，形成五条工业遗产遗址与山水名胜相结合的旅游线路。主要包括汉冶萍煤铁

厂矿旧址、汉冶萍广场与西塞山风景区相结合；源华利华煤矿遗址与黄荆山风景区相结合；华新水泥厂旧址、中国水泥博物馆、黄石电力博物馆与磁湖风景区相结合；大冶铁矿博物馆、黄石国家矿山公园与东方山风景区相结合；铜绿山古铜矿遗址博物馆、铜绿山考古遗址公园与雷山风景区相结合。这五条线路将工业遗产与山水名胜相连，特别是黄石国家矿山公园与东方山风景区、铜绿山古铜矿遗址与雷山风景区已形成比较成熟的旅游线路。汉冶萍煤铁厂矿旧址与西塞山风景区已交给新冶钢公司统一建设和管理，这些都有利于中国黄石公园的创建。

中国黄石公园的进一步拓展是将工业遗产旅游与工业旅游、山水名胜旅游、红色旅游、古村落旅游等相结合，包括黄石市区、大冶市、阳新县的工业遗产旅游及工业旅游、名胜旅游、红色旅游、古村落旅游、宗教旅游、休闲旅游等公园、旅游景点。

创建中国黄石公园是一个庞大的远景工程，也是一个造福市民的民心工程，需要各级政府机关以及相关单位的统一规划、管理和通力合作。湖北省政府批准设立黄石工业遗产片区已成为关键性的一步。黄石市政府及市旅游局的“黄金宝石地，工业文博园”工业遗产旅游项目已进入实施阶段，再通过与西塞山、黄荆山、磁湖、东方山、雷山风景区相结合，组建一个统一的旅游联合体，即使工业遗产与风景区所归属的单位不统一，只要形成了统一的有一定规模的黄石旅游市场，创建中国黄石公园就是可行的。中国黄石公园既可以是有形的旅游集团公司，也可以是无形的旅游市场，工业遗产旅游是其最大特色。黄石工业遗产旅游在探索中前行，走出一条具有黄石地方特色的资源枯竭城市转型的成功之路。❶

2. 中国黄石公园的工业遗产旅游品牌——大冶学研究的启示

（1）世界品牌旅游胜地

美国黄石国家公园是世界最著名的旅游品牌。中国黄石公园在旅游品牌创建方面要向美国黄石国家公园学习，充分发挥黄石矿冶文化旅游资源的优势。在汉冶萍、铜绿山、华新、黄石国家矿山公园、源华等本地旅游品牌中，要突出重点品牌，要把汉冶萍、铜绿山品牌作为推广重点。当然最终的目的是形成世界性的“中国黄石公园”品牌。

把汉冶萍品牌作为推广重点，是因为汉冶萍公司在世界上的重要地位以

---

❶ 刘金林. 黄石工业遗产开发与利用对策研究. 湖北理工学院学报（人文社会科学版），2016（2）：3.

及对黄石的重大影响。汉冶萍公司的遗址在黄石到处可见，如汉冶萍铁路、港口、车站、矿山、钢铁厂等，计划筹建的汉冶萍旧址博物馆、汉冶萍港口博物馆、汉冶萍铁路博物馆、汉冶萍小红楼博物馆以及黄石电力博物馆都与汉冶萍公司有关。黄石的其他厂矿如华新水泥厂、源华煤矿等企业的创建也是在汉冶萍带动下发展起来的。汉冶萍旅游品牌发展起来，就可以带动黄石市区旅游业的发展。

汉冶萍煤铁厂矿有限公司是中国近代第一家钢铁联合企业，也是当时亚洲最早最大的钢铁联合企业，是中国近代在世界上最有影响的企业。第一次世界大战期间，汉冶萍公司达到空前繁荣。汉冶萍公司创下了多个全国第一：第一家大型钢铁联合企业；第一家大型钢铁股份公司；第一家钢材出口企业；第一家制定国家标准的企业……

汉冶萍的钢铁产品被欧美行家誉为精品。1914 年，在意大利首都罗马举办的世界博览会上，汉冶萍公司的钢铁产品获得最优等奖。1915 年，在美国巴拿马世界博览会上汉冶萍公司生产的钢铁获名誉奖章。

汉冶萍公司成立后，当时的英国驻武汉领事称其为“中华二十世纪雄厂”。1909 年，上海《时报》译《泰晤士报》的文章称：“（汉冶萍公司）生铁一日之间已制成钢，制成钢后又成种种钢货。中国现在诚如日本，为钢铁世界之大竞争家……思之殊无法足阻中国渐进为钢铁大国耳。”

汉冶萍公司生产的钢轨，大量用于中国早期兴建的卢汉、粤汉（今京广铁路）以及津浦（今京沪铁路）等多条铁路，自此结束中国铁路建设之钢轨全部依赖外国进口的历史。汉冶萍公司还向美国、日本和南洋群岛出口钢铁。

把汉冶萍作为黄石旅游龙头，作为旅游业的突破口，有重大意义。汉冶萍煤铁厂矿旧址是我国现存最早的钢铁工业遗址，是中国早期工业化的重要历史文物，是中国近现代发展进程中的重要见证，填补了我国近代早期钢铁工业文物保护的空白，具有典型性、唯一性和不可替代性。汉冶萍有着丰富的内涵，实际上它是一个世界级品牌，在日本影响非常大。20 世纪 40 年代，黄石是中国南方聚集日本技术人员、技术工人最多的城市，汉冶萍旅游在国外吸引日本游客的最大优势还没有开发。汉冶萍铁路游、汉冶萍船队游、汉冶萍缆车游等多种旅游方式有待开发。汉冶萍旅游对于解决就业问题、建设星级宾馆、发展服务性行业有非常重要的现实意义。

铜绿山古铜矿遗址是迄今世界上发现的规模最大、采掘年代最长、冶炼工艺水平最高、文化内涵最丰富的古铜矿遗址，1982 年被列为全国重点文物保护单位。把铜绿山作为推广重点，主要是带动大冶市旅游业的发展，要把铜绿山作为世界旅游品牌，申报世界文化遗产非常重要。

黄石国家矿山公园、华新水泥遗址等品牌，在黄石矿冶文化旅游中也起着非常重要作用。如果把黄石国家矿山公园、华新水泥遗址、汉冶萍煤铁厂矿旧址、源华煤矿遗址、铜绿山古铜矿遗址等整合成中国黄石公园，对于创建世界品牌工业遗产旅游胜地有着重大深远的意义。

（2）资源枯竭转型城市典范

全国资源枯竭转型城市发展旅游业成效最大的是焦作市。焦作地处太行山脉与华北平原的过渡地带，境内有130公里的南太行山脉，沟壑纵横、绝壁险峰、峡长谷幽，形成了独具特色的山水景观。从1999年开始，焦作把目光由地下煤炭资源转向地上山水人文资源，先后投资35亿元，用于景区开发和景观道路建设，开发了云台山、青龙峡等“五大景区”和韩园、焦作影视城等“十大景点”，通过强化服务、宣传促销，短短数年，焦作山水声名鹊起，催生了闻名全国的“焦作现象”。

黄石作为资源枯竭转型城市，旅游资源优势远远大于焦作。最关键的是黄石拥有资源枯竭的大量工业遗产旅游资源，有些是具有世界影响的品牌。黄石可以充分利用枯竭资源发展工业遗产旅游，这是其他城市所不具备的，最关键的是在资源枯竭城市转型中可以起到典范的作用。利用枯竭资源进行城市转型，解决城市就业问题，促进旅游业的发展，必然得到国家的大力支持。黄石可以借鉴焦作的经验，大力发展以大冶学及矿冶文化研究为核心的工业遗产旅游业，建成全国资源枯竭城市转型的典范。

（3）对外宣传和对外开放的窗口

中国黄石公园包含的几乎是与黄石重点企业有关的旅游景点以及工业旅游，是黄石整座资源枯竭转型试点城市的代名词，代表着整个黄石市的形象，在对外宣传和对外交往中发挥重要的作用，是黄石对外宣传和对外开放的窗口。

（4）大冶学及矿冶文化为核心的地方文化学术研究基地

中国黄石公园以大冶学及矿冶文化为核心，创办矿冶文化网、汉冶萍网、地方文化网、工业遗产网以及有关的电子期刊和学术期刊，以大冶学研究、矿冶文化研究、汉冶萍研究、工业遗产研究为中心，以宣传黄石矿冶文化工业遗址、博物馆和公园为核心，充分发挥黄石旅游品牌优势，探索资源枯竭型城市的转型之路，带动黄石经济的发展。中国黄石公园将努力建设成为全国性的以大冶学、工业遗产及汉冶萍研究为中心的地方文化学术研究基地。

（5）人民安居乐业的家园

开展大冶学及矿冶文化研究，建设中国黄石公园的目的是为了黄石人民的生活幸福。黄石公园解决了人们的就业问题，人们工作在公园里，生活在世界品牌的旅游胜地里，物质生活条件丰富了，精神文化生活更上一层楼，特别是以矿冶文化为核心的价值观深入人心，人们通过学习矿冶先辈们的优良品质，体会爱国、爱家乡是矿冶精神的灵魂，“包容、创新、唯实、自强”是黄石精神的内涵。人民生活美满，精神饱满，中国黄石公园成为人民安居乐业家园的目标就达到了。

建设中国黄石公园任重而道远，提高认识是关键，旅游业是黄石经济发展的薄弱环节，黄石的旅游管理、旅游规划、旅游研究以及旅游环境有待进一步提高和改善。建设中国黄石公园贵在坚持不懈，为了黄石人民的幸福，为了让子孙后代生活得更美好，我们要以大冶学及矿冶文化研究为指导，学习先辈们那种“包容、创新、唯实、自强”的矿冶精神，拥有千百年矿冶文明发展史中所凝聚的爱国、爱家乡的矿冶之魂，先辈们的理想“世外桃花源——中国黄石公园”，一定会变成现实。[1]

[1] 刘金林. 永不沉没的汉冶萍探寻黄石工业遗产. 武汉：武汉出版社，2012.

清代地方贤良祠制度初探

——从浙江省贤良祠官员入祀情况出发的考察

郑　旦*

摘　要：清代的地方贤良祠祭祀是国家祭祀体系的重要组成部分。不同于京师贤良祠的持续发展和丰富，各地方贤良祠经历了雍正时确立、乾嘉时发展、嘉庆以后渐趋没落的过程。地方贤良祠相关史料相对零散混乱，但仍可以人物为线索展开探讨。本文从浙江省贤良祠的官员入祀情况出发，引发关于清代地方贤良祠性质、入祀对象、后续发展的讨论，以对地方贤良祠问题形成一定认识。

关键词：地方贤良祠；清代；浙江省贤良祠

Abstract: The sacrifice at provincial Xianliang Temples in Qing dynasty is a crucial part of the national sacrifice system. Different from the sustainable development and gradual abundance of the capital Xianliang Temples, various provincial Xianliang Temple experienced the process of establishment in Yongzheng, development in Qianlong and then decline after Jiaqing. Although relevant historical materials are fragmented and disordered, discussions can spread out using historical figures as links. Starting from the sacrifice behavior of officials in Xianliang Temple of Zhejiang province, this article then discusses the property, target population and later development of provincial Xianliang Temple in Qing dynasty.

Key Words: Provincial Xianliang Temple; Qing Dynasty; Xianliang Temple of Zhejiang Province.

---

* 作者简介：郑旦（1993—），女，江苏常州人，中国人民大学清史研究所硕士在读，主要研究方向为清代政治史。

一、引言

《左传》有言："国之大事，在祀与戎。"中国是个重视礼制的国家。作为礼制重要部分的祭祀制度，发展到明清时期，呈现出日渐强化的国家集权特征。体系性的祭祀在传统国家政治生活中具有尤其重要的意义。对先贤的祭祀是国家教化的策略之一，用这种文化控制的方法也有利于实现国家权力的影响和渗透。[1]

清代在前代的基础上，进一步丰富了先贤祭祀体系的内容。除了先师庙、关帝庙、乡贤祠、名宦祠等或各类专祠之外，又建立了昭忠祠、贤良祠等针对特定团体的祭祀场所。其中，贤良祠的产生与发展，是清代官僚评价体系变迁中的重要内容。清代官僚身后哀荣最可贵的是入祀贤良祠，其次为易名之典。[2]

贤良祠有京师与直省之分。文献中所说的"贤良祠"，通常指的是北京城内的国家性的贤良祠。雍正八年七月上谕内阁："圣祖临御六十余年，其间良臣硕辅，后先相望。据朕所深知者举其一二：如大学士公图海、公赖塔、大学士张英、尚书顾八代、马尔汉、赵申乔、河道总督靳辅、齐苏勒、总督杨宗仁、巡抚陈瑸等，持躬正直，奉职公忠……着于京城内白马关帝庙之旁，选择吉地，特建庙宇，命名贤良祠，春秋以时展祀。"[3] 这是清代贤良祠建立之始，一直延续到清末。

但由于贤良祠主要供奉的是"我朝从前文武大臣，持躬正直、奉职公忠、树绩建勋、完名全节者"，要求较高，且"外任大臣，镇抚封疆、宣猷布化、忠勇効命、威爱宜民、其政绩卓然可纪者"没有机会入祀其中，雍正十年二月，上谕"着直省各于省会之地，建立祠宇"，以达到"永膺祀典，既足慰兵民懿好之公，亦足为后来居官者之劝"的效果。雍正还举了几例："如近日之将军蔡良、提督张起云、总兵苏大有、魏翥国，皆素有贤声，勤劳王事而殁

---

[1] 牛建强. 地方先贤祭祀的展开与明清国家权力的基层渗透. 史学月刊，2013（4）：39-63.

[2] 王彦章. 清代的奖赏制度研究. 杭州：浙江大学，2005.

[3] 《世宗宪皇帝实录》（二）卷九六，雍正八年七月戊寅，《清实录》第八册，中华书局，1985年，页二八七。

于官者，允宜在贤良之列。”❶ 于是从雍正十年开始，各省均在省会建立起了地方性的贤良祠。值得注意的是，地方贤良祠入祀者，也应首先上报皇帝批准。

从《清实录》《清史稿》、朱批奏折等目前可见的官方史料来看，在明确记载入祀地方贤良祠的官员中，以入祀浙江省贤良祠者为最多，且集中于雍正和乾隆时期。而从地方文献看，全国范围内在嘉庆朝以后极少有官员入祀地方贤良祠的明确记载，可考的各地方贤良祠供奉官员数量较少。但从零散的资料中，依然可以发现一些值得关注的问题。基于对资料集中程度的考量，本文选择从浙江省贤良祠出发进行考察，以便引起贤良祠相关制度中存在问题的讨论。

二、浙江省贤良祠可考的入祀官员情况

浙江省贤良祠“在杭州府学内仁和学西首”，是奉雍正十年二月初五日上谕所建，并于雍正十三年建成。建造之初曾在仁和、钱塘二县间选择地点，后“于仁和县学之西如式建造”，“工料等费俱于公项内动支，工完造册，报部查核”，“动支工料银五百九十九两”。“其祠宇正厅三间，厅内正中制造神龛一座。遇有应行入祠之大臣，制造牌位，安设厅前。东立石碑一座，西设燎炉一座，二门楼一间，大门三间，大门内东西值房各一间，大门外栅栏一道，照墙一座。”“每年春秋二祭，照各省名宦祠之例，令该地方官备办，入于祭祀银两内开销。所建祠宇，应请钦题贤良祠匾额，恭摹刊刻悬挂，以光大典，以垂万年。”❷

根据可考资料，浙江省贤良祠在雍乾年间，依照时间顺序，应有以下九名官员确定入祀：李之芳、赵申乔、范承谟、朱轼、嵇曾筠、傅喇塔、潘思榘、徐本、喀尔吉善。

（一）李之芳

李之芳是笔者所见的第一次明确记载由地方督抚请旨后入祀地方贤良祠

❶ 《世宗宪皇帝实录》（二）卷一一五，雍正十年二月辛卯，《清实录》第八册，中华书局，1985 年，页五二六至五二七。

❷ （清）嵇曾筠、李卫等修，沈翼机、傅王露等纂：《雍正浙江通志（五）》卷二百十七·祠祀一，凤凰出版社，2010 年，第 529-530 页。

的官员。雍正十三年七月，“命故大学士浙闽总督谥文襄李之芳，入浙江省贤良祠致祭。从浙江巡抚程元章请也”[1]。

李之芳，字邺园，直隶武定州人。他曾在浙江任巡盐御史，洞悉盐政利弊。康熙十二年，以兵部侍郎总督浙江，后耿精忠反，山贼遥应，他带领诸路将士次第讨平，便进为兵部尚书。此后他疏请蠲恤十六年以前额赋，赈济饥民。康熙二十一年秋回杭州后，又进为文华殿大学士。他去世后，浙人感其功德，各郡多建庙祀。[2] 雍正十年入祀贤良祠。属于京师贤良祠和浙江省贤良祠均供奉的人物。

（二）赵申乔

在李之芳之后，程元章再次推荐赵申乔入祀本省贤良祠。雍正十三年八月，“命故户部尚书原任浙江巡抚谥恭毅赵申乔，入浙江贤良祠致祭。从浙江巡抚程元章请也。”[3] 乾隆四年时，张璨又推荐赵申乔入祀湖南省贤良祠。乾隆又下谕旨：“以原任户部尚书赵申乔，入祀湖南贤良祠。从署巡抚布政使张璨请也。”[4]

赵申乔，字松伍，又字慎旃，江南武进人。康熙庚戌进士，由商邱知县擢刑部主事，后迁员外郎。任浙江布政使期间，受事三日即首革南粮布袋之弊。为人清介拔俗，由于武进距杭州较近，家人会携带米数十斛前来。升浙江巡抚后，躬亲相地，下令易土以石，镕铁贯其中，筑子塘护。他不用幕僚，案牍皆手理，吏役也不会欺瞒。四十一年壬午，由浙江巡抚调任湖南，康熙四十二年任湖南巡抚，平定镇筸红苗，改偏沅巡抚，入为左都御史，历官户部尚书。他去世后，雍正元年，加赠太子太保，雍正十年，入贤良祠致祭。雍正十二年，又于本地专祠赐祭祭文一道。[5]

---

[1] 《世宗宪皇帝实录》（二）卷一五八，雍正十三年七月壬子，《清实录》第八册，中华书局，1985年，页九三七。

[2] 参见（民国）龚嘉儁修、李榕纂：《（民国）杭州府志》卷一百二十一·名宦六，页一、二，民国十一年铅印本。

[3] 《世宗宪皇帝实录》（二）卷一五九，雍正十三年八月丙子，《清实录》第八册，中华书局，1985年，页九五〇。

[4] 《高宗纯皇帝实录》（二）卷九三，乾隆四年五月壬申，《清实录》第十册，中华书局，1985年，页四二八。

[5] 参见（清）嵇曾筠、李卫等修，沈翼机、傅王露等纂：《雍正浙江通志（四）》卷一百四十九·名宦四·总辖，凤凰出版社，2010年，第219页；及（清）赵弘恩监修，黄之隽等编纂：《乾隆江南通志》卷一百三十八·人物志·名贤，广陵书社，2010年，页二二七六。

此外，《苗防备览》中还记载，他去世时“百姓送者，千里不绝。建专祠，刻其奏檄曰《赵公实政录》”[1]。又“祀贤良祠暨湖南各郡县名宦祠”，在乾隆《湖南通志》中记载：“贤良祠，在长沙县中铺，乾隆二年敕建，祀赵恭毅公申乔。”[2] 可见，赵申乔是京师贤良祠、浙江省贤良祠和湖南省贤良祠共同供奉的人物。

（三）范承谟

有关范承谟入祀浙江省贤良祠的史料，可见于《高宗纯皇帝实录》中：“予前任福建总督范承谟，入祀浙省贤良祠。”[3] 虽地方志书中未能找到相关记载，但考虑到《清实录》的可靠性，此事应是存在无虞。[4]

范承谟，字觐公，号螺山，辽东沈阳人，是大学士范文程的次子。他由进士出身，曾任职翰林院，累迁至浙江巡抚，后升任福建总督。三藩之乱时因拒不附逆而被耿精忠囚禁。康熙十五年遇害后，追赠兵部尚书、太子少保，谥号忠贞。然而，范承谟并未入祀京师贤良祠。

（四）朱轼

乾隆四年四月，朱轼和嵇曾筠同一批被要求入祀浙江省贤良祠：“大学士朱轼，向抚浙江，正躬率属，洁己爱民，浙人至今感颂之。大学士嵇曾筠，管浙江督抚事，督修海塘，具有成效，生民受其利益。此二臣者，均应祀于浙省贤良祠，以旌劳绩，以慰舆情。”[5]

朱轼，字若瞻，江西高安人。康熙三十三年进士，由庶吉士改授湖北潜江知县。后先后任陕西学政、奉天府尹等。五十六年，以通政使巡抚浙江。上任后清理胥吏、治厚风俗，幕中不延宾佐，起早贪黑，生活俭朴。五十九

---

[1] （清）严如熤：《苗防备览》卷十六·述往录下，页十六，道光二十三年绍义堂刻本。

[2] （清）陈宏谋修，范咸、欧阳正焕纂：《（乾隆）湖南通志》卷之四十八·秩祀三·祠庙，页四，凤凰出版社，2010年。

[3] 参见《高宗纯皇帝实录》（一）卷一二，乾隆元年二月丙子，《清实录》第九册，中华书局，1985年，页三七一。

[4] 据（民国）赵尔巽等撰：《清史稿》卷二百五十二·列传三十九《范承谟传》（中华书局，1977年，第三十二册，页九七二五），范去世后，“福建民请建祠祀之，御书‘忠贞炳日’扁於楣”，未提及入祀浙江省贤良祠一事，据（清）穆彰阿、潘锡恩等纂修：《（嘉庆）大清一统志》卷二百八十四·杭州府二·祠庙（上海古籍出版社，2008年，第六册，页七〇八），“范公祠在钱塘县孤山麓，祀本朝浙江巡抚范承谟”，亦未提及贤良祠。

[5] 《高宗纯皇帝实录》（二）卷九一，乾隆四年四月辛丑，《清实录》第十册，中华书局，1985年，页四〇二。

年，擢左都御史。雍正时，浙西数百里海塘时筑时圮，他以“水柜法”修筑海塘。修万松书院，躬亲训课。后行取授刑部主事，督学陕西。雍正三年九月，拜文华殿大学士，兼吏部尚书。[1] 乾隆元年去世，赠太傅，谥文端，入祀贤良祠。所以他也是在京师贤良祠和浙江省贤良祠被双重供奉。

（五）嵇曾筠

嵇曾筠与朱轼同时入祀浙江省贤良祠，但去世晚于朱轼，且并未入祀京师贤良祠。

嵇曾筠，字松友，江苏长洲人。本籍无锡，父永仁随范承谟殉福建。康熙四十五年中进士，由编修累擢尚书，授东河总督，署南河总督，拜文华殿大学士。雍正十三年，以江南河道总督总理浙江海塘工程。乾隆元年授浙江巡抚，后改为总督，兼管盐政，建海宁鱼鳞石塘七千四百余丈，加太子太傅。“卒，赠少保，赐祭葬，谥文敏，祀浙江贤良祠。”[2]

嵇曾筠的特殊之处在于，除了入祀浙江省贤良祠，他还得以与靳辅、齐苏勒“一体祠祀”。靳辅、齐苏勒是康雍时期的著名河臣，国家曾为他们建立专祠。乾隆认为嵇曾筠的劳绩可以与前二者媲美，故可与他们一同入祀。[3] 但是这种河道官员的“专祠”，并非“贤良祠”性质。

（六）傅喇塔

傅喇塔是九人中唯一一名在实录中没有提到入祀浙江省贤良祠的人物。但是其他文献中对其记载较为丰富全面。

根据《固山贝子傅喇塔传》，傅喇塔为显祖宣皇帝曾孙、和硕庄亲王舒尔哈齐之孙，是靖定贝勒（追封）芬古（即费扬武）第四子。顺治二年二月封辅国公后，随顺承郡王勒克德浑、郑亲王济尔哈朗征湖广，立下大功，于六年十月晋封固山贝子。十六年二月以朝参失仪降辅国公，十八年三月复封固山贝子。康熙十三年六月授宁海将军，辅助奉命大将军康亲王杰书讨伐耿精

---

[1] 参见（清）穆彰阿、潘锡恩等纂修：《（嘉庆）大清一统志》卷二百八十二·浙江统部二·名宦，上海古籍出版社，2008 年，第六册，页六七一；及（民国）龚嘉儁修、李格纂：《（民国）杭州府志》卷一百二十一·名宦六，页八、九，民国十一年铅印本。

[2] 参见（清）穆彰阿、潘锡恩等纂修：《（嘉庆）大清一统志》卷二百八十二·浙江统部二·名宦，上海古籍出版社，2008 年，第六册，页六七一，（民国）赵尔巽等撰：《清史稿》卷三百十·列传九十七《嵇曾筠传》，中华书局，1977 年，第三十五册，页一〇六二三-一〇六二五；及（民国）龚嘉儁修、李格纂：《（民国）杭州府志》卷一百二十一·名宦六，页九，民国十一年铅印本。

[3] 参见（清）李元度：《国朝先正事略》卷十四·名臣，岳麓书社，2008 年，第 445 页。

忠，立有军功。十五年平乱后卒于军中，年五十有五。谥曰惠献。十七年七月，康熙封其子富善仍为固山贝子，次子福存为镇国公。乾隆五年十二月，入祀浙江贤良祠，六年四月，复入祀福建贤良祠。十五年七月，追封和硕简亲王。[1]

又据《乾隆江南通志》，傅喇塔曾以刑部尚书总督两江，慰荐贤能，惩黜贪墨。他去世后，康熙“特遣官予祭，赠太子太保”，“雍正十二年奉旨崇祀贤良祠”。[2] 可见傅喇塔也被供奉于京师、浙江、福建三处贤良祠中。

（七）潘思榘

乾隆年间，关于潘思榘入祀贤良祠之事，实录中有先后三次记载。乾隆十七年谕令：“潘思榘，简任巡抚，实心黾勉。今患病溘逝，深为轸惜。着照江苏巡抚徐士林之例，入京师贤良祠，以示优恤。其遗折内所请封典貤赠之处，着加恩赏给一品封典。所有应得恤典，亦着加恩照一品之例赏给。寻赐谥敏惠。”[3] 乾隆十八年“予故福建巡抚、前浙江布政使潘思榘，入祀浙省贤良祠”[4]，乾隆十九年又“予原任福建巡抚潘思榘，入祀闽省贤良祠”[5]。潘思榘同样是被三处贤良祠共同供奉的人物。

潘思榘，字絜方，阳湖人。雍正甲辰进士，选庶吉士。六年补刑部主事，累迁郎中。八年，授广东南雄知府，骤雨水溢，亲治筏以济溺者。后迁海南兵备道，深入五指山，化导黎人，又迁浙江布政使。在浙江任上严禁豪强侵湖私凿，致坏堤闸，金衢严等地受水灾后，力请发帑抚恤，赈济灾民，平定民乱，整肃吏治。十一年迁安徽巡抚，提出三策：课农桑、疏沟洫、稽流移。十三年任福建巡抚时，捕乱贼，驱邪教，禁火器，筹常平，兴书院。各州郡频遭水旱，在赈恤之外，潘思榘领导修筑宁德东湖，得良田数万亩。乾隆十七年春，因触海气得疾，卒于位。卒之日，僚吏哭于庭，绅士哭于门，军民

---

[1] 参见《钦定宗室王公功绩表传》卷十・传八・贝子，页十九至二十二，收入《影印文渊阁四库全书》，台湾商务印书馆，1986年。

[2] 参见（清）赵弘恩监修，黄之隽等编纂：《乾隆江南通志》卷一百一十二・职官志・名宦，广陵书社，2010年，页一八一一。

[3] 《高宗纯皇帝实录》（六）卷四一一，乾隆十七年三月戊寅，《清实录》第一四册，中华书局，1985年，页三七七。

[4] 《高宗纯皇帝实录》（六）卷四三八，乾隆十八年五月丙寅，《清实录》第一四册，中华书局，1985年，页七〇九。

[5] 《高宗纯皇帝实录》（六）卷四六〇，乾隆十九年四月庚寅，《清实录》第一四册，中华书局，1985年，页九七九。

哭于道。乾隆特深邺典，照一品例，赐谥敏惠，命入京师贤良祠并浙江、福建二省贤良祠。❶

（八）徐本

徐本，字立人，钱塘人，尚书徐潮之子。康熙戊辰进士，改庶吉士，授编修。雍正五年，提督贵州学政，迁侍读。雍正七年，擢贵州按察使。雍正八年，调江苏，晋湖北布政使。雍正十年，擢安庆巡抚。十一年内迁左都御史，奉命莅浙，平定江山王益善揭竿号众事件。后晋工部尚书、协办大学士兼左都御史，同允礼、鄂尔泰办理苗疆事务，摄刑部尚书。乾隆元年授东阁大学士兼礼部尚书，管刑部事，二年入直南书房，三年授军机大臣，给云骑尉世袭。四年加太子太保，六年管理户部尚书事务，八年以疾乞归。加太子太傅。去世后晋赠少傅，谥文穆。二十二年特命入浙省贤良祠，又于五十一年入京师贤良祠。❷

徐本入祀贤良祠的过程与其他人不同，具有偶然性。乾隆南巡经过浙江，未见礼部奏请遣祭已故大学士徐本，询其故，得知徐本未入贤良祠，依例无须致祭。乾隆认为："徐本历事两朝，宣力多年，勤慎懋著。即如前者过常州时已故之巡抚潘思榘，礼部尚犹奏请，徐本视潘思榘为何如耶?"故谕令："徐本着入本省贤良祠，并着该部奏请遣官致祭。"❸此事可见于二月二十八日的上谕。三月初一日，礼部奉旨着派秦蕙田前往致祭。❹

乾隆南巡时，有遣官祭前代圣贤忠烈祠墓的例行事务。据《清通典》记载，"二十二年、二十七年、三十年圣驾南巡，凡御道所经三十里内先贤忠烈名臣祠墓，均遣祭如例"，"四十五年、四十九年圣驾南巡，御道所经三十里

---

❶ 参见（清）王祖肃、杨宜仑修，虞鸣球、董潮纂，蒋和宁续纂：《（乾隆）武进县志》卷之九·名臣，收入故宫博物院编《故宫珍本丛刊》第090册，海南出版社，2001年，第303页；（清）徐景熹修，鲁曾煜纂：《乾隆福州府志（一）》卷之四十六·名宦一，收入《中国地方志集成·福建府县志辑》，上海书店出版社，2000年，第928-929页；及（清）穆彰阿、潘锡恩等纂修：《（嘉庆）大清一统志》卷二百八十二·浙江统部二·名宦，上海古籍出版社，2008年，第六册，页六七 。

❷ 参见（清）郑沄修，邵晋涵纂：《（乾隆）杭州府志》卷八十二·名臣，页二十、二十一，杭州市方志办编线装影印本，中华书局，2009年；（清）阮元：《两浙辅轩录》卷十一，浙江古籍出版社，2012年，页八四八；及（民国）龚嘉儁修、李格纂：《（民国）杭州府志》卷一百二十五·人物一·名臣三，页二十五至二十七，民国十一年铅印本。

❸ 参见《高宗纯皇帝实录》（七）卷五三三，乾隆二十二年二月庚寅，《清实录》第一五册，中华书局，1985年，页七二七。

❹ 参见（清）郑沄修，邵晋涵纂：《（乾隆）杭州府志》首卷六，页二十九、三十，杭州市方志办编线装影印本，中华书局，2009年。

内圣贤忠烈名臣祠墓，均遣祭如礼”。[1] 致祭的对象，则是“前代名臣以配享帝王庙者为断，先贤以从祀圣庙者为断，本朝勋臣以入祀贤良祠者为断”[2]。每到一处，由当地督抚官员咨报境内先贤名臣祠墓到部，由皇帝议准遣祭，“祭文、祭品、香帛，均照例由各衙门豫备”[3]。前文提到的赵申乔、傅喇塔及徐本之父徐潮等官员，均曾受到过遣祭，确实彰显了皇帝对贤良官员的重视和对百姓的教化之意。

（九）喀尔吉善

乾隆二十四年上谕：“予故闽浙总督喀尔吉善，入祀闽浙贤良祠。”[4] 此处“闽浙贤良祠”，笔者认为应当并非单个一座以“闽浙贤良祠”为名的祠堂，而应是指福建省和浙江省的两处贤良祠。

喀尔吉善是满洲正黄旗人。历任工部郎中、兵部侍郎、山西巡抚、安徽总督等。乾隆十一年迁闽浙总督，弹劾浙江巡抚常安贪婪。在浙江海塘防汛、温台旱灾赈济等方面政绩卓越。十五年加兵部尚书衔，十九年加太子太保，二十二年卒于任，入祀贤良祠，谥庄恪。[5] 喀尔吉善也入祀了京师、福建、浙江三处贤良祠。

三、几个问题的探讨

（一）地方文献中对“入祀贤良祠”的记载

地方志书中，虽有关于地方贤良祠的简单记载，但极少完整地列出贤良祠中祭祀的官员名单。笔者认为，这一方面与地方志编纂本身的不完备有关，另一方面，在乾隆以后的时期，地方性贤良祠的祭祀可能已逐渐不受国家的

---

[1] （清）嵇璜、刘墉等撰：《清朝通典》卷五十礼·吉十·群祀·直省圣贤忠烈名臣祠墓，浙江古籍出版社，1988年，页二三三四。

[2] （清）刘锦藻编纂：《清朝文献通考》卷一百二十二·羣庙考四·特祀，浙江古籍出版社，1988年，页五九二四。

[3] 《钦定大清会典则例》卷八十四·礼部·群祀三，页十七，收入《影印文渊阁四库全书》，台湾商务印书馆，1986年。

[4] 《高宗纯皇帝实录》（八）卷五八六，乾隆二十四年五月壬辰，《清实录》第一六册，中华书局，1985年，页五〇八。

[5] 参见（清）穆彰阿、潘锡恩等纂修：《（嘉庆）大清一统志》卷二百八十二·浙江统部二·名宦，上海古籍出版社，2008年，第六册，页六七一。

重视。

从《清实录》中的“贤良祠”相关内容来看，自嘉庆朝以后，全无任何谕令已故官员入祀直省贤良祠的记载。各地志书中，明确记载的入祀各省贤良祠的官员，均为乾隆朝及以前的官员，且数量稀少。相较而言，浙江省贤良祠中供奉的官员已十分丰富。应有相当一部分省份的贤良祠中只祭祀个别官员。如乾隆年间的《江宁新志》载：“贤良祠在上邑十庙地方，乾隆十一年奉旨建，祀总督河道兵部右侍郎恪勤陈公鹏年、宫保礼部尚书前任江苏巡抚清恪张公伯行”[1]，至同治年间的《续纂江宁府志》，记载“贤良祠，旧在钦天山，雍正十一年奉旨建，同治九年移建县学内。贤良祠为京师祀典，直省无之宪庙褒异，陈恪勤、张清恪德政，特立祠江宁。今祠在县学者，因致仕知县凤池书院山长陈公玉万祠宇之旧祠，即承训楼，为陈公子江苏巡抚桂生立盖私祀也，宜在凤池书院附县学，未合，故改祀二公”[2]，《汪梅村先生集》中还有《贤良祠祀陈恪勤、张清恪二公告文》[3]一文。可见江苏省内的直省贤良祠即江宁贤良祠，自建立以来一直都只供奉了陈鹏年和张伯行二人。又如道光年间的《广东通志》中介绍本省贤良祠，在番禺县东横街，“雍正十一年建，祀镇守广东将军蔡良”[4]。广东将军蔡良是雍正十年建立直省贤良祠谕令中提到的典型人物，但广东贤良祠自从蔡良入祀后，似乎没有加入新人。

地方文献中较多语焉不详的情况，时常仅以一句“入祀贤良祠”作结，令人辨不清人物入祀的是京师还是直省的贤良祠。这样的案例比比皆是，且极容易产生误导作用。单独称“入祀贤良祠”时，一般指的是入祀京师贤良祠。但是地方文献中鲜有区分。若我们将所有的“入祀贤良祠”均看作入祀的京师贤良祠，会发现有些人物在京师贤良祠的祭祀名单中根本不存在，但又因无实据，无法证明这些人物入祀了某省的贤良祠，故而不能判断这些“入祀贤良祠”的含义是特指地方贤良祠还是误记。在浙江省就存在这样令人

---

[1] （清）袁枚纂修：《（乾隆）江宁新志》卷第十·祠祀志，页十三，收入中国科学院图书馆选编《稀见中国地方志汇刊》第11册，中国书店，1992年，此处应是将“雍正十一年奉旨建”误记为了“乾隆十一年奉旨建”。

[2] （清）蒋启勋修，汪士铎纂：《（同治）续纂江宁府志（一）》卷之四·祠祀，收入《中国地方志集成·江苏府县志辑》第2册，1991年，第39页。

[3] 参见（清）汪士铎：《汪梅村先生集》外集，收入沈云龙主编：《近代中国史料丛刊》第十三辑第125种，台北：文海出版社，1966年，第537-538页。

[4] （清）阮元修，陈昌齐纂：《（道光）广东通志》卷一百四十五·建置略二十一·坛庙一·广州府，收入《续修四库全书·史部·地理类》第672册，上海古籍出版社，1996年，页二五〇。

疑惑的案例。如《两浙𬨎轩录》中记胡高望："字希吕……谥文恪，入祀贤良祠"[1]，查京师贤良祠供奉官员并无此人，但也没有别的证据证明他入祀了浙江或其他省的贤良祠中。又如乾隆《杭州府志》中记王际华："字秋瑞……从祀贤良祠，谥文庄"[2]，此处王际华同样未见于京师贤良祠，也无从判断他是否入祀了浙江省贤良祠。不仅在浙江，其他省份这类案例也较多。就笔者所见，上文提到的入祀了江宁贤良祠的陈鹏年[3]、入祀了贵州省贤良祠的贵州古州总兵官苏大有[4]、入祀了福建省贤良祠的福建陆路提督张起云[5]，在地方文献的叙述中均为奉旨或特旨"祀贤良祠"，实际上都不在京师贤良祠的名单内。

笔者在阅读史料过程中，还发现一种模棱两可的表述："赐祭于本籍。"譬如乾隆《江南通志》记载张英"卒于家……赠太子太傅，崇祀京城贤良祠，复赐祭于本籍"[6]。又如雍正《浙江通志》记载徐潮"五十四年，卒于家，赐祭葬如礼。雍正十一年，奉旨建贤良祠于京师，特予入祠致祭，复于本籍赐祭，御制祭文，以示褒宠"[7]，雍正《河南通志》则表述略有不同："奉旨建贤良祠于京师，特予入祠，复于本籍赐祭一坛，御制祭文，以示褒奖。"[8]

此外，地方文献的表述，还可能混淆"贤良祠"与"乡贤祠""名宦祠"及各类专祠等几个概念。上文中被误记为入祀贤良祠的胡高望，实际上就可能入祀的是乡贤祠。

概言之，地方文献中对"入祀贤良祠"记载得不完整、不清晰，为理解和使用相关史料带来了较大的困难，研究者必须较为谨慎地判断和区分史料内容的有效性。

---

[1] （清）阮元：《两浙𬨎轩录》卷三十三，浙江古籍出版社，2012年，页二三七九。

[2] （清）郑沄修，邵晋涵纂：《（乾隆）杭州府志》卷八十二·名臣，页三十六，杭州市方志办编线装影印本，中华书局，2009年。

[3] 参见（清）赵弘恩监修，黄之隽等编纂：《乾隆江南通志》卷一百一十二·职官志·名宦，广陵书社，2010年，页一八一二至一八一三；及（清）陈宏谋修，范咸、欧阳正焕纂：《（乾隆）湖南通志》卷之一百十·人物四·长沙府四，页二十四，凤凰出版社，2010年。

[4] 参见（清）鄂尔泰等修，靖道谟、杜诠纂：《乾隆贵州通志（一）》秩官·卷之十九·名宦，收入《中国地方志集成·贵州府县志辑》第4册，巴蜀书社，2006年，第380页。

[5] 参见（清）郝玉麟修，谢道承纂：《（乾隆）福建通志》卷三十，页三十四，收入《影印文渊阁四库全书》，台湾商务印书馆，1986年。

[6] （清）赵弘恩监修，黄之隽等编纂：《乾隆江南通志》卷一百三十八·人物志·名贤，广陵书社，2010年，页二二七五至二二七六。

[7] （清）嵇曾筠、李卫等修，沈翼机、傅王露等纂：《雍正浙江通志（四）》卷一百五十八·人物一·名臣一·杭州府，凤凰出版社，2010年，第377页。

[8] （清）王士俊：《（雍正）河南通志》卷五十四·名宦上，页八十六，收入《影印文渊阁四库全书》，台湾商务印书馆，1986年。

（二）“入祀贤良祠”的对象的确立

由于贤良祠有京师与直省之分，确定入祀对象的步骤便也略有差别。大体来看，京师贤良祠规格更高，祭祀对象需要由礼部提出，再通过九卿会议决定应否入祀。尤其在贤良祠制度草创之初，需要大批量选择官员入祠崇祀，就要“着内阁会同该部，确查本朝满汉文武大臣才德着闻、完名全节者，详慎开列具奏请旨”[1]。雍正总是持讨论的态度，即便自己已经先提出了意见，也会要求“阿喇衲、冯国相，应否入贤良祠，着九卿会议具奏”[2]。

乾隆初年，也同样较多征求礼部和九卿的意见。如对张英、励杜讷、顾八代、海青“其作何加恩之处，该部察例议奏”[3]，对福善、魏裔介、佛尼勒、莽依图、冯国相、汤斌、徐潮、马尔汉等有恤而无谥的去世官员，“其应否追谥之处，着九卿会议具奏”[4]，乾隆五年欲使李卫入京师贤良祠，也“著九卿会议具奏”[5]。礼部有时也会对皇帝起到建议的作用。譬如嘉庆四年时，礼部就针对嘉庆三年谕令鄂辉入祀贤良祠提出了反对意见，指出鄂辉受贿的事实，为皇帝采纳，最终不准鄂辉入祀贤良祠。

而直省的贤良祠的入祀者，则需要由地方督抚题名请旨：“其入祀之人，即从近年为始。向后凡有应请入祠者，该地方督抚于一人各具一本请旨，不必汇奏。”[6] 前文提到的程元章对李之芳和赵申乔的推荐，这在确立入祀对象的过程中是必不可少的一步。乾隆五年，孙嘉淦请将李卫入祀直隶贤良祠[7]，事后乾隆感慨道：“即如李卫身后，无一人奏请入贤良祠者。惟孙嘉淦素与鄂

---

[1]《世宗宪皇帝实录》（二）卷九六，雍正八年七月戊寅，《清实录》第八册，中华书局，1985年，页二八七。

[2]《世宗宪皇帝实录》（二）卷一二四，雍正十年十月甲子，《清实录》第八册，中华书局，1985年，页六三三。

[3]《高宗纯皇帝实录》（一）卷二，雍正十三年九月辛亥，《清实录》第九册，中华书局，1985年，页一七九。

[4]《高宗纯皇帝实录》（一）卷九，雍正十三年十二月己丑，《清实录》第九册，中华书局，1985年，页三三一。

[5]《高宗纯皇帝实录》（二）卷一一三，乾隆五年三月戊午，《清实录》第十册，中华书局，1985年，页六五七。

[6]《世宗宪皇帝实录》（二）卷一一五，雍正十年二月辛卯，《清实录》第八册，中华书局，1985年，页五二七。

[7]《高宗纯皇帝实录》（二）卷一一三，乾隆五年三月戊午，《清实录》第十册，中华书局，1985年，页六五七。

尔泰、张廷玉不合，故能直摅己意，如此陈奏耳。”❶可见若无地方督抚的请旨，皇帝也不好直接指定入祀直省贤良祠的对象。但是，这样的情形也逐渐被打破，此后的史料中，我们很难再看到地方督抚推荐官员入本地贤良祠。

无论是礼部、九卿会议京师贤良祠入祀人选，还是地方督抚请旨推荐直省贤良祠的入祀人选，都反映了清前期国家对祭祀对象的审核之谨慎。这应是针对明末入祀冒滥问题的调整，国家也在此过程中进一步加强了对基层社会的控制。为防部臣之间、部臣和督抚之间瞻徇作弊，乾隆还发布了上谕，要求“嗣后见任九卿祖父概不得题请入祠”❷。

（三）“入祀贤良祠”者后裔的待遇

“入祀贤良祠”对官员本身及其家族有何意义？除了荣誉，给后裔带来仕途优遇，也是重要内容。清代对“入祀贤良祠”者子孙确有照顾措施，形成了一定程度上的“荫子”现象。

乾隆三年八月，上谕“录用入贤良祠诸臣子孙”：“贤良大臣之子孙，已登仕籍者固多，其中或有不能自振、渐就零落之人，亦属可悯。朕仰体皇考厚待耆旧之盛心，加特恩一次。除现在入祠诸臣之子孙，有文官七品以上、武官五品以上，已经录用无庸查奏外，如子孙并无仕宦，或有品级而甚属卑微者，着该部行文各旗都统及直省督抚，查系嫡裔，择其品行材质可以造就者，给咨送部，带领引见。候朕酌量加恩。”❸

随后，乾隆四年十一月，即有贵州总督张广泗奏请将苏大有之子苏雨万送部引见：“原任古州镇总兵苏大有嫡子苏雨万，系荫监生。本年经臣遵例给咨赴部引见。吏部咨覆：先准礼部开送。已入贤良祠之大臣，并无苏大有名，其子不便带领引见。查苏大有，奋力疆场，殁于王事，蒙世宗宪皇帝特恩褒扬，立祠致祭。今其子雨万，材品可造，曾随效力苗疆。因荫监生，品级卑微，不能自振。可否仍准送部，俾邀录用。”乾隆最终同意了此奏。❹

苏大有在雍正年间曾被特殊褒扬，并入祀贵州省贤良祠。其子不能享受

---

❶《高宗纯皇帝实录》（二）卷一一四，乾隆五年四月甲戌，《清实录》第十册，中华书局，1985年，页六七一。

❷ 牛建强. 地方先贤祭祀的展开与明清国家权力的基层渗透. 史学月刊，2013（4）.

❸《高宗纯皇帝实录》（二）卷七四，乾隆三年八月癸未，《清实录》第十册，中华书局，1985年，页一七五。

❹《高宗纯皇帝实录》（二）卷一〇五，乾隆四年十一月壬申，《清实录》第十册，中华书局，1985年，页五八〇-五八一。

乾隆三年的加恩政策，可见乾隆三年录用贤良祠诸臣子孙只是针对京师贤良祠的入祀官员后裔而言的。张广泗上奏只是行推举之事，但苏雨万的个人情况并不符合制度要求。乾隆同意此奏，应是出于宽容或爱惜人才之心。

嘉庆五年三月，又有一则类似的上谕，“甄录贤良后裔”：“仰见皇考奖励前劳，有加无已。钦惟皇祖建立贤良祠，实为千古旷典。皇考复念其后裔，恩意有加，迄今已阅六十余年。朕钦诵圣谟，缅怀笃棐。凡宣劳佐治之大臣，曾入贤良祠者，其子孙或未登仕籍、或品级卑微，着该部行查八旗都统，及各该督抚等，遵照旧例，详悉查明，送部引见，以示朕念旧加恩至意。”❶

这则上谕与乾隆三年上谕的内容大体相同，加恩的范围也并未拓展。六年十一月，都察院上奏请示张伯行之曾孙张裕孚等能否与在京贤良祠后裔享受同等待遇，“一体查办”。嘉庆拒绝了这一请求，其理由是“经吏部查照定例，将从前曾奉特旨入祀在京贤良祠之子孙，按名查办，其外省题请入祀本处贤良祠者，概未列入。盖因各省名宦乡贤等祠。本与在京贤良祠有间”，另外，“雍正年间特降谕旨，令外省各建贤良祠，将文武大臣，公忠正直、勋节昭著者，地方官具奏入祠，岁时享祀。此实我朝崇奖名臣、恩加无已至意。张伯行在雍正年间居官清正，嗣于乾隆六年，经该省抚臣题请入祀江宁贤良祠，已足表其清节”。因此，“部臣以曾奉特旨入祀在京贤良祠者为断”，张伯行的子孙不具备被带领引见的资格，其他外省入祀本处贤良祠者的子孙也都如此，必须限制。❷

从嘉庆的谕令可以看出，在他的印象中，直省贤良祠与各省名宦乡贤等祠差别不大，比京师贤良祠的地位要低得多。他似乎忽略了建立直省贤良祠主要是为了表彰外任大臣，并不强调高下之别。事实上，很大一部分入祀了各直省贤良祠的官员，也同时入祀了京师贤良祠。但是这也进一步反映出，到嘉庆时期，地方贤良祠的影响力已经极为弱小。那么后代统治者不再提入祀地方贤良祠之事、各地贤良祠逐渐废止或供奉人数极少，就可以理解了。

值得注意的是，享受乾嘉时期加恩政策的京师贤良祠诸臣子孙，到底可以获得多大程度的优待。早在乾隆颁布加恩谕令不久后，就发生了雅尔哈善参奏邱玖华一案。雅尔哈善听说邱玖华避开他人另上奏折，请将贤良祠大臣

---

❶ 《仁宗睿皇帝实录》（一）卷六二，嘉庆五年三月辛巳，《清实录》第二八册，中华书局，1985年，页八三三。

❷ 《仁宗睿皇帝实录》（二）卷九一，嘉庆六年十一月癸巳，《清实录》第二九册，中华书局，1985年，页二〇六。

之子孙录用，实则是为了让身为贤良祠大臣子孙的老师励宗万能得以复用。乾隆最终判断雅尔哈善是诬告，并革职处罚。乾隆在权衡此事时曾有言："朕思加恩贤良祠子孙者，不过因其家现无出仕之人，或给虚衔，或予以微秩。亦视其人才尚可录用，然后酌量加恩，以示优礼耆旧之意。岂有身为侍郎之人，缘事获罪，因其父祖在贤良祠，而即可复用之理？"[1] 这说明，"入祀贤良祠"者的后裔，即便蒙受照顾，一般也只能任低级无权的官员。道光《广东通志》的邱玖华传记中，称邱曾"疏请录用贤良祠大臣子孙为通政使"[2]。通政史虽非核心权位，但亦有收受、奏劾题本的重要职能，遇大政、大狱，可参预九卿会议，属正三品，自然不可能仅蒙荫即得此职位。查雅尔哈善于乾隆三年授通政史[3]，随后发生此案，故若非方志误记，则很可能是邱的上疏引发了雅尔哈善个人的不满，以蒙荫录用的不合理性为由弹劾邱，并不代表邱提出的是贤良祠大臣之子孙可直接被录为实权官员的建议。

清代蒙受祖先"入祀贤良祠"之荫的实例，在此不妨列举一二。[4]

嘉庆四年，赐贤良后裔故大学士朱轼曾孙生员晋麟知县，振声、景华举人。

五年，又赐贤良后裔原任刑部尚书魏象枢六世孙煜、原任礼部尚书杨名时曾孙景曾、江苏巡抚徐士林孙从旭举人，原任工部尚书汤斌四世孙生员念曾为举人，广西巡抚传宏烈六世孙为县丞、徽垄知县，赐故大学士蔡新孙为举人、行达进士，原任大学士李光地元孙维翰为举人。

二十五年十一月，赐贤良后裔原任大学士吴琠四世孙拔贡生沆、福建巡抚潘思榘曾孙监生福为举人。

四、小结

清代的贤良祠，确实是国家祭祀体系的重要组成部分。清代对贤良祠的管理也较为严格。这使得贤良祠可以较好地发挥教化百姓的作用。但清代的

---

[1] 参见《高宗纯皇帝实录》（二）卷七四，乾隆三年八月己丑，《清实录》第十册，中华书局，1985年，页一八二；及卷七五，乾隆三年八月戊戌，《清实录》第十册，中华书局，1985年，页一八九。

[2] （清）阮元修，陈昌齐纂：《（道光）广东通志》，卷三百五·列传三十八·嘉应，收入《续修四库全书·史部·地理类》第675册，上海古籍出版社，1996年，页三三一。

[3] 参见赵尔巽等撰：《清史稿》卷三百十四·列传一百一《雅尔哈善传》，中华书局，1977年，第三十五册，页一〇六九九。

[4] 参见（清）刘锦藻：《清朝续文献通考》卷八十八·选举考五·任子，收入《万有文库·第二集》，商务印书馆，1936年，页八四七九；及（清）王庆云：《石渠余纪》卷二·纪荫子，收入沈云龙主编：《近代中国史料丛刊》第八辑第75种，台北：文海出版社，1966年，第138页。

地方贤良祠，与京师贤良祠之间有着较为严重的不平等关系，因而地方贤良祠始终未能产生其应有的影响力，嘉庆以后渐趋没落。到了晚清，地方贤良祠已少有提及，对功臣的褒扬常常采取入祀京师贤良祠、为其在各地建立“昭忠祠”“专祠”的方式。❶ 在地方祭祀体系中，贤良祠与乡贤祠、名宦祠、昭忠祠及各类专祠的地位变化，依旧值得关注。

此外，以贤良祠为窗口，我们还可以进一步观察清代礼制的基层渗入等问题。可惜的是，学术界目前仍没有贤良祠专题的系统研究成果，加之资料的零散混乱，都为贤良祠的研究带来了很大的困难。笔者因为学力尚浅、精力有限，只能对其中几个问题略做探究。或许蜻蜓点水，或许推测有误，只盼能对此问题稍稍形成一些认识。

参考文献

[1] 世宗宪皇帝实录 [M]. 北京：中华书局，1985.

[2] 高宗纯皇帝实录 [M]. 北京：中华书局，1985.

[3] 仁宗睿皇帝实录 [M]. 北京：中华书局，1985.

[4] （清）朱寿朋（光绪朝）. 东华续录 [M]. 上海：上海古籍出版社，2008.

[5] 钦定大清会典则例 [M] //影印文渊阁四库全书. 第 620-625 册. 台湾：台湾商务印书馆，1986.

[6]（民国）赵尔巽，等. 清史稿 [M]. 北京：中华书局，1977.

---

❶ 据（清）朱寿朋（光绪朝）《东华续录·光绪五十六》页六九月癸巳条（上海古籍出版社，2008 年）记载：“礼部又奏：查会典所列直省功臣专祠，系钦奉列圣特旨勅建，足见旷典本非臣下所敢擅请……议准此后外任文武诸大员，著有贤绩，博采公论，据实奏请钦定，仰见我朝崇奖忠节贤劳诸臣，京师暨直省既均有昭忠祠、贤良祠，府州县又各有名宦祠，祀典已极详备。若复徇专祠之请，必一人专一祠，甚至一人专数祠。即使其人无甚遗议已，未免不符旧制。况稍涉买滥，尤于世道人心大有关系。臣等公同商酌，拟请嗣后专祠旷典，应循照旧章，恭候特旨加恩典，京师贤良祠一体慎重，不准臣下擅请。至直省文武大小官员，如果身后著有贤名遗爱者，应均照旧章，二品以上大吏准其据实题请入祀直省贤良祠，四品以下准其遵照奏定年限题请入祀名宦祠，阵亡殉难人员原系入祀昭忠祠，如不仅以节见身后，实著贤称，应照旧章，仍准其按照品级分别题请入祀直省贤良名宦祠”，可见光绪朝时仍对直省祭祀体系有着严格的管理，以防止祭祀泛滥。此处虽有提及直省贤良祠，但旨在说明管理制度，突出强调了专祠的管理方式。清末在地方常为股肱之臣建立专祠，譬如在安徽、浙江、江苏、上海、江宁、天津均为李鸿章建祠（据《清史稿》列传一百九十八《李鸿章传》），在湖南等省亦均为左宗棠建祠（据《清史稿》列传一百九十九《左宗棠传》）。相关研究可参见王彦章：《清代的奖赏制度研究》，浙江大学博士学位论文，2005 年；李俊领：《中国近代国家祭祀的历史考察》，山东师范大学硕士学位论文，2005 年；傅德元：《李鸿章与淮军昭忠祠》，《安徽史学》，2006 年第 3 期。

[7]（清）嵇璜，刘墉，等. 清朝通典［M］. 杭州：浙江古籍出版社，1988.

[8]（清）刘锦藻. 清朝文献通考［M］. 杭州：浙江古籍出版社，1988.

[9]（清）刘锦藻编纂. 清朝续文献通考［M］//万有文库·第二集. 北京：商务印书馆，1936.

[10]（清）王士俊.（雍正）河南通志［M］//影印文渊阁四库全书. 台湾：台湾商务印书馆，1986：535-538.

[11]（清）雍正浙江通志［M］. 嵇曾筠，李卫等修. 沈翼机，傅王露等纂. 南京：凤凰出版社，2010.

[12]（清）乾隆贵州通志［M］//中国地方志集成·贵州府县志辑. 鄂尔泰等修. 靖道谟，杜诠纂. 成都：巴蜀书社，2006.

[13]（清）（乾隆）福建通志［M］//影印文渊阁四库全书. 郝玉麟修，谢道承纂. 台湾：台湾商务印书馆，1986：527-530.

[14]（清）（乾隆）武进县志［M］//故宫博物院. 故宫珍本丛刊（第090册）. 王祖肃，杨宜仑修. 虞鸣球，董潮纂. 蒋和宁续纂. 海口：海南出版社，2001.

[15]（清）（乾隆）湖南通志［M］. 陈宏谋修. 范咸，欧阳正焕纂. 南京：凤凰出版社，2010.

[16]（清）乾隆福州府志［M］//中国地方志集成·福建府县志辑. 徐景熹修，鲁曾煜纂. 上海：上海书店出版社，2000.

[17]（清）（乾隆）杭州府志（杭州市方志办编线装影印本）［M］. 郑沄修. 邵晋涵纂. 北京：中华书局，2009.

[18]（清）乾隆江南通志［M］. 赵弘恩监修. 黄之隽等编纂. 扬州：广陵书社，2010.

[19]（清）袁枚纂修.（乾隆）江宁新志［M］//中国科学院图书馆. 稀见中国地方志汇刊（第11册）. 北京：中国书店，1992.

[20]（清）穆彰阿，潘锡恩等纂修.（嘉庆）大清一统志［M］. 上海：上海古籍出版社，2008.

[21]（清）蒋启勋修，汪士铎纂.（同治）续纂江宁府志［M］//中国地方志集成·江苏府县志辑. 1991.

[22]（清）阮元修，陈昌齐纂.（道光）广东通志［M］//续修四库全书·史部·地理类》，上海：上海古籍出版社，1996.

[23]（民国）龚嘉儁修，李榕纂.（民国）杭州府志（民国十一年铅印本）.

[24]（清）严如熤. 苗防备览（道光二十三年绍义堂刻本）.

[25]（清）汪士铎.《汪梅村先生集》外集［M］//沈云龙. 近代中国史料丛刊（第十三辑第125种）. 台北：文海出版社，1966.

[26]（清）王庆云. 石渠余纪［M］//沈云龙. 近代中国史料丛刊（第八辑第75种）. 台北：文海出版社，1966.

[27]（清）李元度. 国朝先正事略［M］. 长沙：岳麓书社，2008.

[28]（清）阮元. 两浙輶轩录［M］. 杭州：浙江古籍出版社，2012.

[29] 钦定宗室王公功绩表传［M］//影印文渊阁四库全书（第454册）. 台湾：台湾商务印书馆，1986.

[30] 王彦章. 清代的奖赏制度研究［D］. 杭州：浙江大学，2005.

[31] 李俊领. 中国近代国家祭祀的历史考察［D］. 济南：山东师范大学，2005.

[32] 傅德元. 李鸿章与淮军昭忠祠［J］. 安徽史学，2006（3）.

[33] 牛建强. 地方先贤祭祀的展开与明清国家权力的基层渗透［J］. 史学月刊，2013（4）.

浅论地方学和地方发展的关系

——以韩国江陵学为例

李奎泰*

摘　要：本论文的目的在于讨论地方学和地方发展的相关关系问题，也就是要分析地方学如何为地方发展做贡献的实践应用问题，以韩国江陵市的江陵学研究为例讨论地方学的学术性和实用性结合问题。韩国江陵市在政策安排和专家学术研究的合作之下，把“江陵端午祭”成功申报成为联合国的“人类口头和无形遗产”，并规划了以此为基础建设“端午文化创造城市”的城市发展蓝图。但是，其后十多年江陵市的发展并未获得预期的效果，这促使我们思考类似江陵学的地方学在城市发展上如何展现实用性和学术性的问题。这是本论文主要讨论的观点和内容。

关键词：地方学；地方发展；江陵学；江陵端午祭；韩国江陵市

Abstract: As local studies grow in Korea, a variety of discourses on objectives, scopes, and research methods of local studies have been presented, and ways of their theorization also have been explored. In general, local studies focus on history and culture, but it is also true that local studies should contribute to the local development. For instance, local governments of Korea support local studies at present with the aim to explore the local identity through local studies and to seek local characterization based on the local identity. In other words, local governments support and organize local studies because they expect that studies on the local history and culture would contribute significantly to local development. Still,

* 作者简介：李奎泰（LEE Kyu Tae），男，韩国首尔市立大学行政学学士，政治大学（台湾）法学博士。韩国加图立关东大学中国学系教授，东亚经济文化研究中心主任。

how local studies focusing on history and culture can affect local development is quite controversial. Specifically, the issue of the academic nature and policies of local studies is open to dispute. This study aims to analyze discourses on the correlation between local studies and local development based on the case study of "Gangneung Study," a local study of Gangneung which is a local city in Korea. The major contents are as follows: 1) the correlation between local studies and local development; 2) Korean local governments' supporting policies for local studies; 3) Gangneung Study and Gangneung City's supporting policies; and 4) discourses on the correlation between Gangneung Study and the development of Gangneung City.

Key Words: Local Studies; Local Development; Gangneung Studies; Gangneung Danoje Festival; Gangneung City

一、序言

萌芽于20世纪80年代的韩国地方学研究，经过20世纪90年代的地方自治非常快速形成了其学术的地位。也就是在民选的各级地方政府领导急需寻求符合各地方特色的经济社会文化的发展之中，地方学找到了其角色和发展机遇。韩国地方政府在施政方面编制有关文化政策的机构和预算，还有支援民间法人和地方大学等研究单位或专家，对地方学研究给予支持和激励。如江陵市的地方学就是在这种背景之下形成和发展起来的。

在城市发展上地方政府非常重视文化产业发展，地方自治的江陵政府尤其重视以旅游经济资源和文化产业结合的方式发展城市，于是对地方历史文化的研究和推广更为重视。文化产业具有与其他产业不同的重要特性，它与各个地方独有的历史文化价值有密切关系，而且这种独有的文化价值具有可带动地方文化和地方发展竞争力的潜力。于是，地方学在文化城市或地方文化产业的发展方面具有不可替代的角色和不可估量的分量。地方学对于地方文化和其产业的发展具有如下意义。

（1）给予地方"窗口效果"（Local Window Effect）：以地方文化为基础的文化产业不仅产出地方特色文化商品价值，而且这种文化产品可以作为宣传和传达地方形象和价值的重要"窗口"功能。地方学研究不仅提供地方文化认同的学术理论，还可以提供主要历史文化材料，给予其"窗口"地方特色。

(2) 构筑“网络外部性”(Local Network Externalities):地方文化和产业结合而生产的商品或服务，经过消费者，不仅增加其商品和服务的价值，而且可以为地方创造与其他地方有差别的文化认同和通道。这就是地方文化的“网络外部性”功能，地方学研究不仅提供了学术网络，而且地方学的研究交流平台会提供更丰富的内容。这也可以说是地方学研究的实用性功能之一。

(3) 创造“地方形象”(Local Branding):在世界化和信息化的时代，地方特色文化和地方知识可以创造带有地方特色的文化经济商品，在其发展当中会筑造地方形象。在这个过程当中地方学研究就是带动创造文化认同的理论基础，也给予地方一个非常重要的自身形象。

(4) 提供文化商品的“地方内容”(Local Contents):如果地方学的研究成就与地方文化艺术和信息技术相结合，可以开发更多样的地方文化艺术产业和旅游文化商品，对其地方学研究可以添加“地方内容” (Local Contents)。[1]

在韩国地方城市当中，江陵城市规模虽然不大，但却是一个保存继承传统文化遗产的主要城市之一。江陵市主要利用“端午祭”的传统文化遗产和传承下来的每年举办的节日活动统筹研究和规划为城市文化主题，将“江陵端午祭”和“江陵农乐”成功申报为联合国的“世界无形遗产”，以制造江陵端午祭文化为城市“窗口”“外部网络”，创造“地方形象”和“地方内容”，规划“端午文化创造城市”的发展蓝图。目前，在江陵的主要市区角落和景点都可以看到江陵端午祭活动有关的标识和文化产品。在这个过程中学者和专家对于端午祭和江陵传统文化的研究发挥了关键作用，提供了申报材料和理论支持。虽然，目前江陵的学术界不太常用“江陵学”一词，但是江陵市的这种成就是江陵地方学发展的一个重要指标。

二、韩国江陵市的简介

江陵市，历史悠久，韩国一级地方行政区之一“江源道”的“江”来源于江陵市，现在的江陵市为江原道的第三大城市，在20世纪90年代以前为

[1] 韩国蔚山学研究中心，“区域文化产业政策的推进和地区学的连接”，参见于《第九次韩国区域学论坛论文集》，2016年6月，第55页。

江源道最大城市。❶江陵市位于韩国首都首尔正东方向的东海岸，在韩国半岛主干山脉太白山脉东边的海滨地区，属于连接东海岸和西边的通道“大关岭”东边，于是叫“岭东地方”，或称为“关东地区”。如“关东大学”的名称就是因这个地区的“关东”称号而来的。于是，“岭东”“关东”和“东海岸”，都是与“江陵”有关的地方统称。

江陵市是有山有水的四季绿色海滨旅游城市。目前虽然是人口较少仅有23万人左右的二级地方城市，但过去一直是“岭东地区”的最大城市，也是行政经济中心。令江陵人引以为豪的一点，就是出生于江陵的李朝鲜时期的大学者兼政治家李栗谷和他的母亲“申师任堂”各为目前韩国纸币“五千元”和“五万元”的封面人物，于是李栗谷的出生地——江陵的“乌竹轩”成为江陵最主要的旅游胜地。

因为江陵是过去韩国东海岸的“岭东地区”最大的行政中心城市，遗留下来的传统文化遗产较多，其文化遗产当中最出名的就是“江陵端午祭”。“江陵端午祭”是由中国引进的端午节在江陵演变为与江陵地区传统民俗活动相结合的江陵特有的端午民俗文化，经过千年的演变成为韩国江陵地区具有特色的地方传统民俗经典活动。

2005年成为联合国教科文组织（UNESCO）指定的世界“人类口头和无形遗产”。每年农历五月初五日前后在江陵一带开展一系列“江陵端午祭”的节日活动，这个端午祭节日已经成为韩国最大的地方传统民俗文化活动之一，吸引了很多国内外旅客，其作为江陵地方文化活动，也是江陵地方传统文化旅游产业的核心内容。

三、江陵地区的地方学的发展现况

对江陵历史文化的正式研究始于20世纪60年代考古学领域的历史研究，从20世纪90年代实行地方行政自治制度以后，陆续有地理学者开始了城市研究活动，并在之后也零星发表了一些关于建筑、观光、行政领域的研究成果，逐渐扩大了对江陵地区的研究范畴。❷江陵地区的研究可以说是伴随着对东海岸地区“岭东历史文化”研究发展起来并持续到现在的，所以目前在江

---

❶ 江陵市的有关内容，参见“江陵市厅”网站 http：//kor. gangneung. go. kr/kor/main/view. php?go=symbol）”介绍的内容。

❷ 金兴术．江陵都市变迁史研究．首尔：京仁文化史，2015：7-11.

陵地区已经形成了“岭东学”“江陵学”“栗谷学”等地方学。

（一）岭东学

“岭东学”一词，虽然不常使用，但是其含义较为明白，指的是以江陵市为中心的韩国岭东地方有关的研究。自从江陵乌竹轩市立博物馆和江陵大学人文科学研究所于1992年举办第1届“岭东文化推广学术大会”以来，每年都定期举办以研究岭东地区历史文化学者为中心的岭东地区历史文化主题学术大会，时至2015年已经成功举办了22届学术大会。在此期间的研究讨论主题主要集中在岭东地区范畴内与江陵相关的主题讨论，所以可以认为上述研究工作都是在以岭东地区为对象的“岭东学”范畴内实施，而以往22届学术大会的主题也能充分证明这一点。❶ 学术大会的主题包括：第1届“探寻岭东传统文化”（1992年），第2届“江陵溟州地区文化”（1993年），第3届“岭东文化的昨天与今天”（1994年），第5届“岭东地区表演文化的传统及当前发展”（1996年），第6届“对岭东地区文化遗产的人文考察”（1997年），第7届“对岭东文化现状的审视”（1998年），第8届“传统祭祀仪式与地方文化的认同性”（1999年），第9届“对岭东民俗与文化的重新审视”（2000年），第10届“岭东地区文化研究的新方向”（2001年），第11届“岭东人物探究——许筠的思想与文学”（2003年），第12届“申师任堂的人生与艺术世界”（2004年），第13届“许兰雪轩的人生与艺术世界”（2005年），第14届“关东八景体现在文学作品中的人类生活与自然景观”（2006年），第15届“江陵地区的传统文化活动”（2007年），第16届“古代岭东地区的文化认同性探究”（2008年），第17届“岭东文化的现场性探究”（2009年），第18届“东海地区地方文化的昨天与今天”（2011年），第19届“地区文化推广——人文科学与自然科学的牵手”（2012年），第20届“将2018年平昌冬季奥运会打造成文化奥运会”（2013年），第21届“岭东文化与文化生态奥运会”（2014年），第22届“21世纪人文学的构想与活动‘公共人文学’”等。❷

这些学术大会的主题能够明确表示，目前研究是以岭东地区的历史、语言、民俗、文学、人物等为主题开展的对岭东文化的讨论。这是因为岭东地

---

❶ 参见江陵原州大学校人文学研究所的资料（http：//inmun. gwnu. ac. kr/contents. asp？page = 32）（2016. 04. 20 检索）。

❷ 参见江陵原州大学校人文学研究所资料。

区的中心城市为江陵，所以在对岭东学或岭东文化进行讨论时将江陵作为最重要的研究范畴是非常自然的现象。因为认识到这些研究工作都被局限在地区学观点下，所以江陵原州大学曾于 2005 年举办“如何看待地方学”的主题会议，对“韩国地区史的研究现状及课题”“日本的地区研究动态”等论文进行研究讨论。

（二）江陵学

“江陵学”是由“江陵学会”作为主导展开讨论，因为江陵是岭东（关东）地区的行政中心，也是经济核心城市，所以在对江陵学进行讨论时，对岭东（关东）地区文化问题的研究也自然成了非常重要的主题。自从2000 年 11 月由关东大学人文学研究所和江原日报社共同举办第 1 届“江陵学的确定及江陵文化”主题会议以来，“江陵学”这一术语便和对江原道地区的“江原学”以及地方主要城市的“春天学”“原州学”等一起被使用。在该会议中，从历史、民俗、观光、经济等四个领域分别对江陵地方史研究的成果及课题、江陵学与民俗文化、江陵学与江陵观光文化发展方案、江陵学的地区经济带动效果等主题分别进行讨论，正式明确了“江陵学”的概念，并正式开展了对其发展方案的学术性研究。❶

在成功举办第 1 届江陵学学术大会之后，这些学者决定于 2001 年成立江陵学会并每年举办一次以“江陵学”为主题的学术研讨会。直至 2014 年，已经举办了 15 次会议，包括 2001 年的第 2 届会议“地方（区）研究现状与课题”，2002 年第 3 届会议“亲环境文化的水灾修复方案”，2003 年第 4 届会议“关于江陵方言”，2004 年第 5 届“南大川流域的文化与经济”，2005 年第 6 届“江陵市文学考察”等。此外，还以会议论文为中心刊发了 3 期《江陵学报》论文集。

（三）栗谷学

对地方代表性人物的研究是地方历史文化研究的主要主题之一，也是地方学研究中非常重要的课题。正因为如此，在代表江陵地区的地方学研究范畴内，对李栗谷的研究就显得尤为重要。李栗谷是出生在江陵地区朝鲜时代的大学者兼政治家，对其儒家学术思想以及学术精神进行研究不仅具有江陵地区历史文化研究的重要意义，更是韩国传统思想研究的重要组成部分。对

---

❶ 金兴术．江陵都市变迁史研究．首尔：京仁文化史，2015：3.

李栗谷的研究主要由位于江陵的栗谷研究院来主导，于是可以说栗谷研究院和栗谷协会同是江陵地方学研究的代表性机构之一。[1]

栗谷研究院是1992年成立于江陵市的社团法人，每年举办学术会议，并从1994年开始组织作为栗谷协会的学术论文集每年刊行两期《栗谷思想研究》，从2000年第17期开始合并刊行为《栗谷思想研究》。此外还刊行与栗谷相关的各种书刊和出版物，最具代表性的是从2001年开始发行的《栗谷的故事》，截至2016年6月已共计发行了62期。此外，通过每年举办“大贤栗谷李珥先生祭奠”的活动，以及举办学术讲演会，致力于栗谷思想的传播。栗谷研究院旗下包括栗谷协会和栗谷终身教育院，而栗谷终身教育院下辖有平生大学、师任堂茶道大学、韩国茶道大学江陵分院、师任堂21、师任堂茶友会等各类教学和传播其思想的工作单位。[2]

据栗谷研究院的资料显示，过去的主要研究成果集中在与栗谷思想或其母亲申师任堂相关的内容，并在2002年之后每年都定期举办国内及国际学术大会。此外，目前为止共计刊行了32册《栗谷思想研究》，其中收录了300多篇栗谷思想、韩国传统思想相关主题的各类论文。如果将栗谷研究作为江陵学中的一个范畴，可以说它是在江陵学领域以单一主题获得了最大研究成果的领域。

以上的“岭东学”“江陵学”和“栗谷学”是江陵地区的主要地方学研究，其主题研究区域范围都是以江陵为中心的，所以都可称为“江陵学”。当然“栗谷学”事实上不限于江陵，更是整个韩国的传统思想研究的范畴，“栗谷学”只因为用江陵出身的“李栗谷”名字的关系，而且由江陵的栗谷研究院来主导，于是将其纳入江陵学的范畴，但实际上是韩国思想研究，与“江陵学”有点距离。但岭东学和江陵学从地区的范畴来看，称其为“江陵学”并没有大问题。

（四）江陵地方学研究的成果

整理2006—2015年韩国国会图书馆检索系统的目录资料，并检索“江陵”这一词，江陵有关的研究情况如表1所示。韩国国会图书馆的检索系统不能收录韩国全部的研究成果，除此之外可能也有其他的研究成果，但是从

[1] 参见“栗谷研究院”（http：//www. yulgok. or. kr）网站.

[2] 李栗谷出生于江陵，但长大以后生活在首尔附近的京畿道派州，于是派州市文化院每年举办“栗谷文化祭”，已经举办了28届。参见派州市文化院（http：//korean. visitkorea. or. kr/kor/bz15/where/festival/festival. jsp？cid=572469）（2017. 06. 20检索）.

韩国国会图书馆的检索系统在韩国人文社会学科资料库中的代表性来看，这个数据不会有太大的问题。2006—2015 年，对江陵有关的研究共 1141 件，其中最多的是对江陵出身的李朝鲜时代的大儒学者兼政治人物李栗谷的“栗谷思想”研究，为 531 件，占全部的 46.54%；其次为文化方面的研究，为 126 件，占 11.04%；排第三的为历史部门的研究，为 115 件，占 10.08%。三个部分共占 67.66%之多。其间每年江陵研究的成果为 120 件左右，但除“栗谷思想”外，大概只有 60 件研究成果。

表 1　2006—2015 年江陵有关研究成果

研究内容	研究成果		合计									
	件数	比重（%）	2006	2007	2008	2009	2010	2011	2012	2013	2014	2015
历史	115	10.08	9	14	16	15	9	17	9	10	5	11
文化	126	11.04	22	7	11	11	11	14	13	11	13	14
地理	39	3.42	4	8	1	5	2	4	4	1	6	4
观光	36	3.16	1	1	5	1	1	2	3	5	10	7
经济	37	3.24	4	2	2	2	2	4	8	10	2	1
城市建设	39	3.42	3	5	6	1	1	10	4	4	4	1
地方行政	53	4.65	4	2	9	9	8	12	2	4	1	2
文学	40	3.51	5	7	7	6	1	2	5	0	4	3
语言	16	1.4	1	0	1	2	0	1	2	2	3	3
栗谷思想	531	46.54	63	64	57	39	50	46	51	42	62	57
人物	32	2.8	1	4	2	5	4	1	3	6	6	0
教育	15	1.31	2	1	2	3	0	1	0	2	1	3
科学	28	2.45	4	8	4	3	2	0	4	3	0	0
生态环境	31	2.72	1	3	0	4	1	3	7	7	0	5
体育	3	0.26	0	0	0	0	0	0	0	0	3	0
	1141		124	126	123	106	92	117	115	107	120	111

资料来源：韩国国会图书馆的电子检索系统（http：//dl.nanet.go.kr/SearchList.do），检索词“江陵”和“栗谷思想”，检索年度 2006—2015 年，根据检索的目录重新分类而得到的数据（2016 年 7 月 20 日检索）。

四、江陵的地方学、“江陵端午祭”和城市发展问题

江陵市政府重视地方文化的发掘和研究，特别是以江陵端午祭文化为主题规划了城市发展建设的蓝图。江陵市政府意识到地方研究和文化产业在城市发展中构筑“窗口效果”和“网络效果”的作用，创造“地方形象”以及在文化产业和生产文化商品过程中“地方内容”的重要性，江陵市政府于2005年申报“江陵端午祭”为联合国世界非物质文化遗产成功以后，接着于2008年发表了将端午祭文化和江陵的旅游观光资源相结合建设“江陵端午文化创造城市”的城市发展战略。

韩国曾引进了中国的很多风俗活动，其中代表性的有春节、清明节、端午节和中秋节等，这些节日活动与韩国各个地方的传统习俗和风俗习惯相结合，演变成现在韩国的传统节日。韩国各地的端午节各有不同的内容发展，如有江陵端午祭、全州端午祭、法圣浦端午祭等各地方特色的端午活动。江陵端午在其发展过程中，“端午节”演变成为“端午祭”，是因为汲取了江陵和“岭东地区”的各种传统民俗活动，包括地方“国师城隍庙山神祭”和“祭酒”活动、巫俗祭活动、儒教式祭祀、江陵端午巫祭，还有农乐活动和“官奴假面舞蹈剧”，也引进了叫“乱场”的临时市场交易活动等。江陵端午祭从农历四月初五日酿制神酒开始，到农历五月初三日到初七日之间集中展开活动，活动有神酒谨酿、大关岭山神祭、大关岭国师城隍祭、伐神木、国师城隍起程、邱山城隍祭、鹤山城隍祭、奉安祭、江门丰渔祭、迎神祭、朝奠祭、端午巫术、烧纸、送神祭、烧祭等“指定文化财”的表演活动。❶

江陵市政府大力支持这种把传统文化活动发展成为全体市民参与的历史文化节日，并且组织官民协同的文化活动，由市政府的预算和组织来支持，由江陵文化院等民间组织承办规划执行，江陵市各个地方民俗活动全部都加进来作为参加的节目。整个活动的演出，包括市长、公务员、地方民间文化组织、从小学到大学地方各级学校、市属下“洞”和“村”的行政单位的市民都要参加，并且在活动期间各个宗教组织和传统民间信仰组织都安排活动节目等。节目当中包括祭仪、礼仪活动、喜剧、音乐、舞蹈、唱歌等几乎所有形态的地方传统文化活动，以综合性的表演来形成“江陵端午节日文化”的精髓。安排的节目除上述“指定文化财”活动之外，还有“传统演戏一

❶ 社团法人江陵端午祭委员会（http：//www. danojefestival. or. kr/contents. asp？ page = 350）（2016. 07. 04 检索）.

场”“舞台公演艺术节”“青少年和谐一场”“国外邀请公演”“端午体验馆”“市民参与一场”“民俗游戏活动”“庆祝文化艺术活动”和其他各种展示会及国际民俗学术研讨会等多种多样的活动。❶

江陵市政府希望以江陵端午祭文化活动来提高地方市民的协同团结，期待地方和谐及地方社会经济发展等。江陵端午活动既有传统历史文化的传承功能，也有团结市民和谐关系的功能，还有带动地方社会文化产业和经济发展的功能，当然也有给予市民和学生教育和感受地方传统文化的传承的价值和重要性的功能。而且因为江陵端午活动吸引更多的国内外的观光旅客，于是自然发挥了宣传江陵地方和文化的功能，其本身也成为地方文化观光资源和商品。

在江陵市政府和有关专家学者合作，研究和发掘了江陵端午祭的各类资料，并以此为基础，于 1967 年获得“韩国第 13 号重要无形文化遗产”和“重要无形文物”的资格，并在 2005 年 11 月 25 日获得批准列入联合国世界教科文组织“人类口头和无形遗产（Gangneung Danoje Festival：a Masterpiece of the Oral and Intangible Heritage of Humanity）”的名录。申报成功为“人类口头和无形遗产”以后，江陵端午祭成为韩国地方节日中最具代表性的节日之一，也成为世界性的人类文化遗产和文化节日活动。江陵端午祭不仅在韩国国内而且在世界传统民俗文化的范畴里具有了世界文化遗产的资格，充分体现了江陵市特有的传统文化地方形象，同时借以每年定期举办的端午祭活动为江陵打开了新的“窗口”和“外部网络”，同时江陵市以此为基础规划了“端午文化创造城市”的城市发展战略。

在规划发展江陵端午祭文化节日活动和世界文化遗产申报过程当中，江陵地方学学术界的贡献很大。在江陵和岭东地区的历史文化、旅游文化和节日活动的主题研究当中，除了“栗谷思想”之外，以“江陵端午祭”为主题的研究成果比较多。这与江陵端午祭申报世界教科文组织指定为“人类口头和无形遗产”过程有密切的关系。

❶ “江陵端午祭”，“江陵端午文化综合信息”（http：//www.danoculture.com/home/page/sub01/sub01_ 03_ 01.jsp）（2016.07.04 检索）.

表 2 “江陵端午祭”的研究成果

年度	研究成果（件）
2016 年至今	2
2011—2015	51
2006—2010	75
2001—2005	33
1996—2000	19
1991—1995	2
1986—1990	3
1981—1985	7
1971—1975	1
1966—1970	1

资料来源：韩国国会图书馆电子检索系统，检索词“江陵端午祭”的资料整理

据韩国国会图书馆的电子检索目录数据来看（见表 2），2005 年申报联合国世界教科文组织的“人类口头和无形遗产”前后时期的研究成果很多，如 1996—2000 年为 19 件，2001—2005 年为 33 件，之后的 2006—2010 年为 75 件多。研究方向包括历史、文化、旅游和经济、城市建设等。江陵端午祭和端午节日活动，以及国内国际比较研究等主题也较多。另外，“祝祭”即庆典或节日有关的主题，包括端午祭、咖啡节日、文化节日、地方节日、民俗文化节日等主题的研究也较多，多是与地方经济和文化产业的发展问题一起研究的。❶

2005 年江陵市成功把“江陵端午祭”申报世界教科文组织被指定为“人类口头和无形遗产”之后，规划了以“传统城市，端午城市江陵市”为主题的“端午文化创造城市”发展战略蓝图。计划于 2009—2018 年 10 年之间实施投入韩币 860 亿元用于“端午文化创造城市”建设事业，包括开发“端午文化村”和开设“端午街”等，希望构筑“世界无形遗产的江陵端午祭”名品城市。❷

之后，在 2011 年江陵也获准承办 2018 年冬季奥运的“冰上项目”，于是借此机会更加积极地进行规划，以发挥端午文化城市江陵的潜能，进而借冬季奥运机会规划提升“世界文化城市”的形象。其核心在于“端午文化创造

❶ 韩国国会图书馆的电子检索系统（http：//dl. nanet. go. kr/SearchList. do），检索词“江陵端午祭”，按题目的内容来全数目录的调查（2016. 07. 01 检索）.

❷ “确保了端午文化创造都市造成事业费 20 亿韩币（단오문화창조도시조성탄력시，사업비 20 억확보（2009. 12. 24）” “江源道民日报”（http：//www. kado. net/news/articleView. html？ Idxno = 445349）（2016. 06. 18 检索）.

城市”的战略，希望建设成以江陵端午祭为基础的传统和现代结合的文化城市。❶ 为了“端午文化创造城市”的建设，江陵市政府的行政组织也有所改变，由文化观光局来负责，其下属的文化艺术课来专责管理这方面的建设业务。❷江陵端午是江陵的特色文化遗产，也是每年举办全体市民参与的最重要的文化节日活动，但如今已发展成为“文化化”“产业化”“世界化”，并以此推进开发江陵区域社会的目标。政府希望以此为“窗口”，构筑“外部网络”而创造江陵“城市形象”，进一步发展以端午文化创造的“地方文化经济商品”和城市发展战略。但是以“地方内容”来创造经济商品化还需要时间，还没有实现“产业化”的目标。现在江陵市正在把“端午文化创造城市”的计划与2018年冬季奥运会的准备相结合，以此搭起城市发展的新格局。

但是，从2005年到2016年的十多年间，以端午祭的文化活动来带动城市发展的计划，可能远远不如江陵的咖啡文化和咖啡加工产业的发展速度。可见，用文化来打造经济产业的难度非常之大。从江原道主要城市外来游客的数据变化（见表3）来看，江原道的城市中，到访江陵市的游客人数最多，意味着江陵市是江原道知名度最高的旅游目的地。江陵市希望在这种旅游知名度的优势上加上端午文化城市的形象和绿色生态环境的优势，借2018年冬季奥运会，综合规划发展江陵文化产业带动整个城市经济社会发展。于是，江陵市把端午文化、绿色生态环境和旅游观光相结合规划城市发展战略，在其未来发展战略蓝图上提出了“文化创造城市”“绿色模范城市”“经济据点城市”等目标。

表3　韩国江原道的外来游客数量统计（单位：人次）

年度	2013		2012		2010		2007	
游客来源	国内旅客	外国旅客	国内旅客	外国旅客	国内旅客	外国旅客	国内旅客	外国旅客
江原道合计	100 567	1 918	89 228	1 866	91 715	1 398	83 607	1 192

❶ 김병철（선임연구위원），이영주（연구위원），“韩中日东亚文化城市和江陵”（2013.08.08，제 281 호），江源发展研究院.

❷ “江陵市行政机构设置条例一些改正条例（강릉시행정기구설치조례일부개정조례”（2016-07-18）（江陵市长，江陵市条例第1164号），“江陵市厅”（http：//www.gangneung.go.kr/ Search/front/Search.jsp）（2016.06.19检索）.

续表

春川市	11 194	713	10 320	683	7 370		5 750	
原州市	3 146	98	2 780	92	2 880		1 570	
江陵市	15 013	132	12 830	90	15 760		17 100	
东海市	8 981	29	7 120	10	7 890		7 390	
太白市	1 618	2	1 430	4	1 560		1 530	
束草市	12 324	172	11 800	192	11 810		12 290	

但是，实际上在江原道的三大城市江陵市、原州市和春川市中，原来最大的城市为江陵市，但从2000年以来的数据看，其发展的速度在三个城市当中相对落后，其城市人口的变化即有明显反映。春川市和原州市的人口一直在增长，但江陵市的人口一直在减少（见表4）。

表4　江原道主要城市的人口变化情况（单位：人）

年度	春川市	原州市	江陵市	东海市
2004	254 323	284 628	227 259	100 727
2005	254 999	288 454	224 391	99 230
2006	256 239	294 155	222 016	97 497
2008	261 975	303 975	218 399	95 652
2009	264 849	307 882	217 464	95 271
2010	269 950	314 678	218 503	95 236
2011	272 805	320 536	217 571	95 804
2012	276 131	326 321	217 741	94 440
2013	274 455	324 837	216 806	95 143
2014	275 791	327 292	215 807	94 562
2015	277 997	336 031	214 560	93 895

资料来源：行政区域（市郡区）别总人口（1992-2016.06），韩国行政自治部(http://kosis.kr/statHtml/statHtml.do? orgId = 101&tblId = DT _ 1B040A3&conn _ path = I3)(2016.07.16检索)

此外，相比春川市和原州市，江陵市在区域生产总值的增加幅度上有相当大的落差，比如2000年与2013年相比，整个江原道的区域生产总值的增幅为208.42%，其中春川市为248.41%，原州市为215.82%，但江陵市只有200.40%。江陵市地区生产总值的增幅还不如江原道的平均水平（见表5、表6）。

表5　韩国江原道的主要城市区域生产总值（市场价格：单位100万韩元）

年度	江源道	春川市	原州市	江陵市	东海市
2000	16 964 434	2 191 978	2 962 570	1 991 086	1 189 318
2005	23 014 642	3 279 621	4 258 044	2 718 057	1 794 297
2009	27 348 473	3 976 432	4 870 756	3 099 077	2 034 188
2010	28 828 933	4 330 739	5 161 855	3 302 193	2 102 467
2011	30 218 166	4 552 474	5 551 490	3 441 541	2 153 243
2012	33 853 473	5 266 660	6 094 012	3 884 422	2 367 985
2013	35 357 498	5 445 167	6 393 703	3 990 232	2 362 395

表6　江原道和其主要城市"区域生产总值"年度增幅比较（%）

比较年度	江源道	春川市	原州市	江陵市	东海市
2013/2000	208.42	248.41	215.82	200.4	198.63
2013/2005	153.63	166.03	150.16	146.8	131.66
2013/2009	129.29	136.94	131.27	128.76	116.13

表5、表6的资料来源："经济活动别区域内总生产值"，江原道，市郡单位区域内生产值（GRDP），韩国国家统计门户网站（KOSIS），（http://kosis.kr/statHtml/statHtml.do?orgId=211&tblId=DT_ 211N_ G01000&conn_ path=I3）（2016.07.10检索）

城市的发展不能以单纯的人口变化或生产总值的变化来解释，可能有更多的因素影响城市的发展水平，但是人口和地区生产总值当中会显示其发展趋势，这一点是不能否定的。原州市和春川市在交通网络和特色产业的发展上比江陵更具优势，江陵因地理位置的关系，在交通便利和产业链形成上有着与这两个城市无法相比的限制或弱点。可见，到目前为止，江陵市政府以端午文化来引领城市发展计划，到目前为止并没有取得预期的成效。

江陵市政府在施政目标当中非常重视传统和现代文化结合的"端午文化创造城市"战略，希望以文化产业来带动旅游经济和文化产业。于是，江陵市在发掘研究江陵地方的历史文化传统方面的投入也相对较多，以寻找建立江陵特色的文化认同和内容，将这方面的研究成果与文化经济产业、城市建设相结合来推动江陵市发展。由此看来，在此环节当中江陵学或岭东学的地方研究要承担非常重要的任务。

五、结论

过去 10 多年，在江陵市文化城市的发展规划当中，江陵地方学研究贡献非常大，为江陵端午祭成功申报为联合国“人类口头和无形文化遗产名录”提供了材料和学术理论基础，而且为江陵市政府规划“端午文化创造城市”发展战略提供了理论基础和主要内容。但是，这种以历史文化研究和节日活动来实现江陵市的城市发展目标，到目前为止，从其城市人口和地区生产总值的变化来看，在城市发展和文化产业化等经济旅游产业发展方面没有明显效果。但是，“江陵端午祭”已经成功打造了江陵的“地方文化形象”，也已构筑了江陵的“文化窗口”和“对外网路”，这一点也不能否定，这是江陵地方学研究的最大成果。

但是，从江陵的发展趋势或成果来看，在城市发展战略中以历史文化为主的地方学的实用性如何，其结论还是有待研究的。有一些专家和媒体舆论批评以这种文化题材来谋求城市发展的蓝图，其形式大于实质内容，是为民选市长展示政绩或为了获得市民选票而搞的“选票行政”典型等。

这是地方学研究实用性对地方发展的贡献问题存在争论的一个例子，但因未与国内外类似城市做比较研究，从江陵地方学和江陵目前的城市发展趋势来，难以明确回答以地方历史文化为主题的地方学是否促成地方发展的问题。

江陵已经建立了“江陵端午祭”为基础的传统和现代结合的文化城市形象，而且将此资源作为将文化产业和旅游产业结合来发展经济和规划未来发展。城市的发展当然需要很多因素相结合来推动，而且城市拥有的自然和人文资源都有密切关系，如首尔周边的城市和江陵的发展条件有很大的差异。但是，现在与过去不同的是，通信信息网络和交通的发展可以弥补传统概念的地理环境的限制因素。江陵以“江陵端午祭”文化城市为主题的城市发展规划已推进十余年，效果还有待观察。目前，江陵市政府和市民都非常期待 2018 年冬季奥运会的举办，并认为这是发展文化城市的机遇，2017 年年末将开通首尔到江陵的高速铁路，此举将为江陵接近首尔提供交通便利。

江陵在原来旅游观光城市的名气之上，已经加上了“江陵端午祭”的城市文化内容，如今因 2018 年承办冬季奥运会而带来的宣传城市和其经济效益，以及为此带来的交通便利等，江陵市将拥有更好的发展机会。还有江陵市人民特别期待的，以江陵历史人物当中知名度最高的、也是个韩国纸币封面人物李栗谷和他的母亲申师任堂为主题的连续剧《申师任堂》即将播放，这将带来巨大的宣传效果。江陵市希望以这种“江陵人物”的电视连续剧来表达的“江陵故事”，将把江陵的那种文化和旅游资源加上冬季奥运资源更广为宣传，并以此带来可以突破目前江陵面临发展困局的机会。

地域学研究影响力的扩张：电影中的形象和认同感

金奎元*

摘　要：在韩国忠北省政府的赞助下，忠北学研究所成立于1999年。它全面涵盖了区域研究的主题，如忠北的地理、历史、文化等。最近，忠北学研究所关注了20世纪前王朝的一系列故事。然而，这种方式在吸引人们的注意力方面已经显示出一些限制（由于其庄严的风格和内容）。

考虑到大多数人根据区域的形象评估记住该地区，本文主要研究通过形象普遍传播的方式获得地区认同。我们认为图像需要乐趣，视觉要惹人注目，要跟随潮流。我们认为这项研究也关注区域标识显示、网络的动态和变化的多方面特征等。

本研究发现电影中的实际可能性。我们得出结论，任何地区都有模糊的边界地区、历史和地方，因此，近期的相关研究需要一个新奇且有挑战性的方法来代替传统的刻板的研究方法。

关键词：地域学；电影；形象；认同感

Abstract: Chungbuk Study Institute established in 1999 under the auspice of Chungbukdo Provincial Government, covers comprehensively regional research themes such as Chungbuk geography, history, culture and so on.

Recently, the Research Center for Chungbuk introduces a series of life stories of the great in the pre-modern Korean dynasty before the 20th century. However, this kind of introduction has shown some limits in attracting people's attention owing to the solemnity in styles and contents.

* 作者简介：金奎元，男，韩国忠北学研究所所长。

Considering the most people evaluate and remember the particular regions based on their images, this study focuses on regional identity through making widespread images. We argue that methodology in making images widespread needs fun, visual conspicuousness and bandwagon effects. We think the study should also pay attention to multiple features in regional identity image, developments and changes on the internet, and etc.

This study finds out the practical possibility in the movies, "Mountain Cry" directed by Larry Yang. We conclude that any region has faced the blurred boundaries in respects of region, history and the place. Hence, recent studies need to take a new and challenging approach instead of traditional stereotyped research methodology.

Key Words: Regional Studies; Film; Image; Identity

一、绪论

忠北学研究所是受忠清北道支持于1999年设立的地域学研究机构。❶ 忠北学是以忠清北道这一行政区域为中心，以这里的人的生活为中心，以构成和记忆人们生活的相关历史、文化和价值导向等诸要素为研究对象的调查研究。研究所成立的目的是建立当地人民的自豪感和认同感。主要功能是提供对忠北历史、文化、民俗等认同感的忠北学研究，发掘文化底蕴，研究利用方案，道史编纂及相关资料的收集和整理，忠清北道文化政策发展和资源中心的作用等。主要工作是调查研究，探索忠北的传统，振兴地域的乡土文化，发展区域文化的艺术政策等❷。

到目前为止，忠北学研究所主要以20世纪以前的近代王朝时代的伟人为中心，对他们的生平做了研究和介绍。这些介绍文本内容，由于存在很多严肃的学术性部分，没能引起公众的关注，甚至出现了阅读困难、枯燥、不感兴趣的各类意见。无论是英雄豪杰多么优秀的事迹，也要符合一般人的理解水平才可以广为传播。由于单方面的叙事方式，在内容的传达和展现上受到

❶ 把一定的空间设定为研究对象的基础，设置综合交叉学科的研究，为提高居民生活质量做出贡献的学问。郑贞淑，《有关振兴地域文化的地域学研究方案》，韩国文化观光研究院，2014年第13页。

❷ 参考忠北学研究所网页（www. csi. cri. re. kr）。

了很大的限制。随着互联网及网络媒体的发展，地域居民的生活方式也在不断发生变化。网络具有即时性、并发性和累积性的双向沟通特点。最近，日本任天堂株式会社发布的“精灵宝可梦 GO”相较于 AR（增强现实）技术，可以说它更接近 VR（虚拟现实）技术，即与现实非常地接近，但又不是现实的一种体验技术。玩家们会人山人海地出现在这个游戏安排的特定坐标上，在玩游戏的过程中，玩家们就会对游戏里出现的特定坐标相关地区和文化产生兴趣。他们会通过当地的面貌来做出判断和评价。这种方法可以运用在地域学研究中，有效利用媒体易于传播的特点，让大众对特定区域产生好感。

二、图像、认同感及地域学影响力的扩张

地域形象主要是通过长时间的积累而形成的。与报纸、广播等一些传统的传媒手段相比，近期更倾向于使用 SNS 等社交媒体与公众建立和形成直接的关系。专家把真实性、有用性、效率性和可靠性作为形象管理战略的应用标准。利用有趣的内容、醒目的视觉设计、潮流效应来提升地域形象。对特定区域形象进行相关调查，会发现当地居民的想法和外部视角之间存在着极大的差异。人们较容易通过大众媒体来接触到地域学相关内容，因此最大化利用大众媒体是提升地域形象、增加与地域学相关领域好感的好方法。如何有效利用好这方法？第一，品牌力量是基础，但是大部分的研究所在这方面都比较薄弱，因此，需要依靠公关来提升品牌力量；第二，合适的时间，就是说要抓住时机，旅客尝试访问当地的旅游活动，我们要抓住这一机会进行宣传；第三，口碑；第四，连续更新和补充信息及内容，不断完善信息系统；第五，提供确保初次搜索地域信息的使用者也易于阅读、易于理解的内容。

地域学在通过与地域相关的电影传递内在的地域整体形象时，间接的展现方式比直接暴露式的展现方式能够迎合群众的口味。当然要避免已经被过度使用、让群众感到腻烦的方式。无论多么好的内容，不符合观众的要求，终将面临失败。

通过书籍或者文字的方式可以给地域居民带来自豪感。但是鉴于当下互联网将一切事物连接在一起，人们对互联网更加感到亲切，有时通过一部网络电影就能很好地传达生活的重要性、地域文化和地域人民的生活需求。前面介绍的接触方式大多都是一次性活动，直接的信息，相比趣味更多的是对意义方面的思考。那么，应该选择怎样的方式呢？首先要调查了解地域居民对地域学

相关内容的关心度和好感度。然后在这些调查的基础上制作出让居民产生亲切感的故事情节。此外，需要具备能感受到真实感和产生好感的表现手法，在影像美学上要有价值。同时，这种过程是分阶段构成的。首先要将基本的地域信息和地域居民的日常生活相关的信息结合起来，制作出简单、有趣的内容。接下来要通过高水平的内容来抓住大家的视线。同时要定期组织活动来保持内容的活跃度。电影不仅可以将地域的整体形象强烈有效地传达给大众，也可以与当地居民共享共同体价值。自我认同的问题，即我们质疑和评估自己身份的时候，通常需要借助外部的视角，因为会牵扯各种利益关系的缘故，常见的内部评价常会带有一种自吹自擂的嫌疑，唯有借助与这些利害关系无关的外部视角才能保证研究的客观性。在这一点上比起内部自制的影像，外部的影像更有价值。此外，地域的认同感是长时间一起共享而形成的一种固有的生活方式，然而以网络为中心的现今社会带有多面的、动态的和易变的特征。

介绍一部有助于说明上述介绍利用图像来帮助地域学扩大影响力的电影。以拉里杨（Larry Yang，杨子）导演执导的《喊山》为中心来寻找一下这方面的可能性。电影讲述的是1984年中国山西省西北部的小山村里，男女之间的爱情和痛苦。王紫逸和郎月婷两位主演将痛苦演绎得非常好。电影是当地居民和其他地域的居民很容易接触到的一种媒体，也较容易投入其中，但是电影制作需要大量的资金，并且要引导居民们去电影院观看，还有较大的制作失败可能性，这些都是电影的弱点。获得澳大利亚政府大力支持的2008年由妮可·基德曼和休·杰克曼主演的影片《澳洲乱世情》就因为过分地强调地域营销，而受到电影评论家的批评，市场反响也不好。

《喊山》这部电影让我们看到了中国村民淳朴、温暖的形象，给其他国家的人民展现了与现代化的都市北京、上海截然相反的中国的另一种形象。此外，《澳洲乱世情》这部影片没有让人感到新奇的自然环境，常见的男女爱情故事和对填鸭式价值观的过分强调等因素导致了这部电影的失败。在地域学当中，如果只是一味追求那些显而易见的、让人腻烦的东西的话，就必定不会受到人们的欢迎。

三、结论

地域学是以特定地区为对象的地理、历史、文化等综合研究，即以在这里的人的生活为中心的历史和文化等构成，并且以生活记忆的诸因素为研究对象。认同和价值问题对个体、团体或组织的人生志向方面都存在着重要意义。地域学带领我们寻找我们的地域形象是什么和有着怎样的价值导向的相关答案。

现有的地域学因一部分内容学术性比较强，让很多地域居民感觉很难学，有距离感。地域居民是共享和扩散地域学研究成果的主体对象，要把地域居民从地域学研究中突出出来。这项研究通过电影《喊山》观察了地域形象和地域学的关系，让我们知道了相比地域学而言，地域居民能够更加容易亲切地给其他地域居民传递本地域的形象这一事实，建议可以考虑灵活运用这一方法。结论就是地域认同在地域性、历史性、地方性等方面的界限开始变得模糊，这不仅仅发生在韩国，也正发生在世界的其他地方。技术文化混用和融合的发展趋势，游牧民族特性的兴起，21 世纪人们不固定的生活方式，动态的、不断发生变化的地域认同，面对这样的研究对象，相比固定的研究方法，需要运用更加灵活应变的研究方法。

参考文献

［1］玉贤真. 认同感和知识［J］. 国语教育学会. 国语教育研究，2009（35）.

［2］金奎元. 忠北形象调查［C］. 忠北研究院，2007.

［3］金奎元. 使用 SNS 提高忠清北道形象的方案［C］. 忠北研究院，2014.

［4］金奎元. 这部电影，无言表达［N］. 忠清评论，2016-07-08.

［5］忠北人新闻. http：//www. cbinews. co. kr，2014-10-16.

［6］忠北学研究所网页. http：//www. csi. cri. re. kr.

日帝强占期农业学校选址的场所性

——以京城公立农业学校为例

宋寅豪　孙庸硕*

摘　要：伴随着20世纪第一个10年的土地调查、20世纪20年代和20世纪30年代的水稻产量增加项目的实施、20世纪40年代朝鲜水稻产量增加项目的实施，日本实施了一系列农业政策来增加水稻产量。日本殖民时期建立农业学校，这是日本训练农业劳动力的手段。20世纪第一个10年，只有15所农业学校，但到1943年，数量增加到54所。这是大比例的职业教育。

韩国水原农业和林业学校，原来是京畿道的中等农业学校，其被提升为韩国水原农业技术学院后，中等农业教育就出现了一个缺口。为填补这一缺口，建立了京城公立农业学校。1918年5月，京城公立农业学校投入使用。

京城公立农业学校建立的直接原因是韩国水原农业和林业学校升级后，中等农业教育出现了缺口。同时，为了提供农业教育，符合日本的农业政策，朝鲜的日本政府中心想在农业实验组织等机构附近建立农业学校。因此，把农业学校建在首尔地区，这是最佳区位选择，因为蚕种制品厂位于该地区。此外，首尔地区执行了很强的农业传统，朝鲜君王亲自在该地区耕种也导致了该地区必须建立农业学校。

京城公立农业学校集中培训中层农业技术人员。当养蚕盛行时，京城公立农业学校邀请养蚕教育部门来培训这一领域的人员。20世纪30年代末，首尔农业学校添加了兽药和畜牧业的课程。由于社会需求发展畜牧业，于是学校附近也新建了赛马场，大部分养蚕相关的设施被转移到其他地方。

关键词：农业学校；选址；场所性

---

* 作者简介：宋寅豪（In-Ho Song），教授，首尔市立大学首尔学研究所原所长、首尔市历史博物馆馆长。

Abstract: With land investigation in 1910's, rice production increase programs in 1920's and 1930's and Joseon rice production increase programs in 1940's, the Japanese implemented a number of agricultural policies to increase rice productivity. The agricultural schools founded around the time of Japanese colonization were Japan's means to train for agricultural workforce. In 1910, there were only 15 agricultural schools, but the number increased to 54 by 1943. It was a big portion of the vocational education.

When Suwon Agricultural and Forestry School, a secondary agricultural school in Gyeonggi-do, was promoted to Suwon Agricultural Technical College, there emerged a gap in secondary agricultural education. To fill that gap, establishment of Gyeongseong Agricultural School was promoted. In May 1918, the start of the school was known as they used the nursery located in Sung'in-myeon, Goyang-gun, Gyeonggi-do.

The direct cause of Gyeongseong Agricultural School being situated in Cheongryang-ri was that there emerged a gap in secondary agricultural education when Suwon Agricultural and Forestry School was promoted. Also, in order to provide agricultural education that corresponds with the agricultural policy of Japan, the Japanese Government Center of Korea wanted to build agricultural schools near agricultural institutes such as agricultural experimental organizations. Therefore, it was probably most optimal to have agricultural schools in the Cheongryang-ri region where the silkworm egg manufactory was located. Moreover, the fact that Cheongryang-ri carried a very strong agricultural tradition - demonstrated by dongjeokjeon, a field which the kings of Joseon personally plowed - also must affect the decision to build agricultural schools in the area.

Gyeongseong Agricultural School concentrated on training mid-level agricultural technicians as well as specialists of the area of the school. When sericulture became prevalent in the area, Gyeongseong Agricultural School added Sericulture Department to educate and train experts in that field. In the late 1930's, Gyeongseong Agricultural School added Veterinary Medicine and Animal Husbandry in their curriculum. This was when most facilities pertinent to sericulture were moved to other locations largely due to the social demands in developing animal husbandry and the newly built racetrack nearby the school.

Key Words: Agricultural School; Location; Place Identity

一、20 世纪初农业学校的设立

日帝于1910年8月29日将大韩帝国强制合并后，在设置朝鲜总督府的同时，匆忙构建了统治体制。朝鲜总督府于强制合并后1年即1911年8月公布了第1次朝鲜教育令。朝鲜教育令的目的在于把殖民地的朝鲜人变成忠良的国民。通过朝鲜教育令，教育课程分为普通教育、实业教育、专业教育。

其中，实业教育依据朝鲜教育令第6条，以教授农业、商业、工业相关的知识、技能为目的。1911年制定了《实业学校规则》，同时根据对具体应用方案依据的筹划，设立了农业学校、商业学校、工业学校、简易实业学校。农业学校是经管农业、蚕业、林业、畜牧、水产等范围领域的教育机构。

关于农业学校，强制合并前后朝鲜已经设立了15所。但是，除20世纪第一个10年农业学校的数量有所增加之外，之后农业学校的设立并不积极活跃。

表1　20 世纪初各道农业学校设立现状

	1914年3月前	1919年4月前
江原道	春川农业学校	春川农业学校
京畿道	水原农林学校	水原农林专业学校、京城农业学校
庆尚南道	晋州农业学校	晋州农业学校
庆尚北道	大邱农业学校	大邱农业学校
全罗南道	光州农业学校	光州农业学校
全罗北道	全州农业学校，群山农业学校	全州农业学校，群山农业学校
忠清南道	公州农业学校	公州农业学校
忠清北道	清州农业学校	清州农业学校
平安南道	平壤农业学校	平壤农业学校，安州农业学校
平安北道	义州农业学校，宁边农业学校	义州农业学校，宁边农业学校
咸镜南道	咸兴农业学校，北青农业学校	咸兴农业学校，北青农业学校
咸镜北道		镜城农业学校
黄海道	海州农业学校	海州农业学校

二、京城公立农业学校设立和选址的背景

曾负责京畿道的中等农业教育课程的水原农林学校 1918 年升格为水原农林专业学校，因此导致农业教育的中等课程出现了空白。为了填补这一空白，设立京城公立农业学校。1918 年 5 月京城公立农业学校将位于京畿道高阳郡崇仁面的京畿道苗圃用作临时校舍，宣告了学校的成立。同年 7 月份该校搬迁到清凉里新建的校舍，学校运营步入正轨。

京城公立农业学校之所以选址建在清凉里，其直接原因是因水原农林学校的升格，导致了农业教育的中等课程机构的空缺。而且，日本也非常重视培养农业人才的重要手段之一的教育。特别是，他们把农林教育的根本放在实物教育上，向农民传播日本的农法及种子的优越性。其把农业教育和基于总督府的劝业方针的农业教育的实施视为教育的基本方针。而且，让各地方的农业技术人才兼任农业学校校长及教师，以便把相关地方的教育方针直接反映到教育中。在主导农业学校的教授科目的编排及教科书的编纂的同时实现了与日本农政的农业教育的一致。

由此看来，京城附近的苗圃所在的清凉里一带最适合创办农业学校。在平地方面，清凉里一带比都城的南侧、北侧和西侧更为发达，并包含与汉江邻接地区的低地带湿地，是土质肥沃的地方。从 1921 年制作的朝鲜地形图的水系来看，可以找到现在已经消失的众多水流，从贞陵川和石串川延伸出来的多条支流也从这里经过，并且这些支流全都汇流到清溪川。

如此连接着龙头里 · 祭基里 · 典农里这一带的环境非常适合务农，所以适合安置王室所有的土地籍田。而且，在包含清溪川以南的往十里 · 踏十里 · 马场里 · 杏堂里一带的宽阔的平原地带，即箭串坪的沙斤里和以东侧峨嵯山为界线的长安坪区域（东桥的东南地区）有国立农场。

尤其是，朝鲜时代君王举行祈愿丰年祭祀的先农坛和亲自耕种的东籍田都位于清凉里，清凉里是农业传统深厚的地区。据推测，这种传统背景也对农业学校的设立产生了影响。

三、从养蚕业到畜牧业

京城公立农业学校以培养中间技术员为目标。同时也为培育符合学校所

在地区状况的人才而努力。在京城农业学校建校前的1916年12月，清凉里附近的龙头里设立了京畿道原蚕种制造所。1917年设立京畿道农业试验站，1929年蚕业取缔所接连进入，龙头里一带跃升为京畿道一带的养蚕业的核心地区。京城农业学校于1922年设置了养蚕科，奠定了培育养蚕业专家的基础，也为在校生提供了可以在原蚕种制造所进行实习的机会。

在这种情况下，1938年原蚕种制造所和京畿道农业试验站一起搬迁到京畿道富川郡素砂面，京城女子师范学校也迁到该地。因此，随着原蚕种制作所的搬迁，京城公立农业学校也废除了养蚕科，取而代之的是兽医畜牧科。

从1928年开始，毕业于东京帝国大学兽医学系的野村稔担任京城农业学校校长，他在兽医畜牧学方面的造诣颇深。1938年朝鲜总督府新设了畜牧科，同时致力于畜牧业培育的社会氛围，这些为京城农业学校改善兽医畜牧科发挥了积极的作用。同时，京城公立农业学校还附设了装蹄师培训站作为社会教育机构，进行畜牧业相关指导。装蹄师培训站是京城公立农业学校以专修科附设的教育机构，其教育对象规定为具有国民学校小学及以上学历的19岁以上、25岁以下的男士。培训站的固定人员是20名，修业年限是1年。虽然根据京城公立农业学校提交的计划案，修业年限是6个月，但是总督府为了学员能够充分学习掌握技术，把修业年限定为1年。

京城公立农业学校附设装蹄师培训站是在朝鲜马产计划上开展合作而采取的措施。总督府为了确保军马和供应适合运输及农事的马，制订了马政计划。计划的主要内容是在咸镜南北道及江原道、济州道等适合马的生产的地方养马，长大的马在南方服役。由于马作为运输或生产手段很受关注，所以对装蹄师的需求也势必随之提升。

1932年朝鲜赛马令公布以后，京城、釜山、大邱、群山、平壤、新义州等地设置了“赛马俱乐部”。1933年马票发行额达170万日元，1937年达到500万日元，1939年达到1000万日元，获得了飞跃性发展。由此预计，随着赛马产业的急速发展，对装蹄师的需求也不断提高，学校附近的赛马场也对培训站的设置产生了影响。从20世纪30年代末开始，京城公立农业学校开始通过学生的特别活动奖励骑马。

半岛人对马的获取以“首先从骑马开始”为目标，通过校长先生的特别教导和赛马协会的竭尽全力，畜牧科的学生在3年学习期间，每10名每周轮流换班1次在京城骑马俱乐部接受马术指导。在校内利用闲暇每天练习，确信可以实现预期目标。

以上所述反映了京城公立农业学校以兽医畜牧科学生为对象，奖励骑马的状况。为了让畜牧科学生可以学习、掌握马的相关知识，野村校长奖励骑马，并在该课程上获得了朝鲜赛马协会等的支持，给学生提供了骑马机会。通过设置装蹄师培训站和奖励学生骑马等，可以看出京城公立农业学校在畜牧业中也对与马相关的部分比较关注。

四、神馔库和神田

京城农业学校设施中特别值得一提的是神馔库和神田。日帝强占期位于京城南山的朝鲜神宫是韩半岛上唯一的官幣大社。日帝在筹措最洁净的神馔米的名义下，于 1940 年让全国的农业学校置办了神馔稻田，耕种神馔米。而且，京城农业学校建立了保管全国农业学校筹备的神馔米的神馔库，每月 2 次把保管在神馔库的神馔米奉送到朝鲜神宫。1941 年筹措了水田 600 坪，旱田 900 坪，动产 1200 坪作为朝鲜神宫神田，以栽培用于朝鲜神宫祭典的大米、蔬菜、水果等。这些设施体现了 20 世纪 40 年代皇国臣民化教育对一线农业学校的深入渗透。与此同时，可以推测得出，和此前一样，清凉里一带作为先进的朝鲜时代的先农坛及东籍田所在的地方，其具有的地点场所上的意义在日帝强占期也依然发挥着影响，京城公立农业学校的设施和活动就是实例。

Current Developments and Future Prospects for Jeju Studies

Hyekyung Hyun *

Abstract: This article introduces the development and prospects of Jeju Studies. Jeju Island is the largest island in Korea. Jeju Island is bordered by the obvious geographical characteristics and residents's identity (independence) is distint. Jeju Island has a unique historical experience and linguistic differences that distinguish it from other provinces in Korea. As a result, Jeju studies were established earlier than other local studies.

The academic activities on Jeju studies appeared in the 1960s and accumulated outcomes accelerated the discussion of Jeju studies as an independent academic area in the 1990s. The society for Jeju studies has been important for this development.

In 2006, Jeju Island was restructured administratively as Jeju Special Self-Governing Province. There have been needs for identifying Jeju local identity and culture through a public research institution. Furthermore, it was expected that Jeju studies might provide an engine for Jeju's future industrial development. Hence, the center for Jeju studies was founded in 2011.

The center for Jeju studies has conducted projects for archiving Jeju studies, research projects, research support projects, and Jeju language projects. With a rapid

* Bibliography: Hyekyung Hyun, Senior Staff Researcher, Ph.D/The Centre for Jeju Studies, Jeju Development Institute, She earned her doctorate from Chonman National University. She has lectured on sociology at Chonam National University and Jeju National University. She had various post-doctoral and research professorial positions including a visiting scholar position at the University of Sheffield, UK. Currently she is working as a senior staff research at the center for Jeju studies.

social change in Jeju, researches on Jeju prototypes and identity, and localities will be focused.

Key Words: Jeju Studies; Jeju Studies Center; Jeju

摘　要：文章介绍了济州学目前的发展状况和将来的研究视角。济州岛是韩国最大的岛。济州岛有明显的地理特征和居民的认同。济州岛有区别于韩国其他省份的独特的历史经验和语言。因此，济州学比其他地方学更容易建立。

济州学的学术活动出现在20世纪60年代，学术活动的积累加速了20世纪90年代大家对于济州学作为一门独立的学术领域的讨论。济州学的社会性对它的发展很重要。

2006年，济州岛成为济州特别自治省份，这就需要有一个公共研究机构来加强济州的地方文化认同的研究。此外，该机构有可能成为济州岛的未来工业发展的引擎。因此，济州学研究中心于2011年被建立。

济州学研究中心通过设立项目促进济州学的研究，如研究项目，研究支持项目，济州岛语言项目等。伴随着济州快速的社会变革，对济州岛的历史、认同、地方文化的研究成为急需。

关键词：济州学；济州学研究中心；济州

1. Introduction

1.1 Scope

Jeju Island is the largest island in Korea, located at the end of the Korean peninsula. Jeju Island as a unit of research has clear geographical boundaries. Jeju people have their own identity and highly independent. Jeju island is different from Korean mainland provinces in terms of adminstration, culture, history and language. Hence, Jeju studies started earlier than any other local studies in Korea.

The origin of Jeju studies can be traced back to the 1960s, when research organizations emerged and systematic Jeju studies started. In the 1990s, the feasibility of Jeju studies as a field of study was discussed, based on the accumulated survey data and research studies. It is clearly debatable as to whether studies on one region (e. g., Seoul studies, Jeju studies or Jeonju studies) comprised of an independent academic remit. Nonetheless, there have been efforts to clarify the nature of "locality", and to develop research methods to study locality.

The need for publically funded research institutions for local studies is associated with the establishment of local self-governments in Korea (since 1991). A local government facilitates its own local studies. Local studies are funded by their local governments. Hence, research areas are open determined by local governments. In Jeju, the Center for Jeju studies was established by the 5th elected Governor in 2010. The current 6th Governor strongly supports research on Jeju language and Jeju studies. I would like to introduce you to the past and future of Jeju studies.

1. 2 Jeju's humanistic environment and natural environment

Over time, Jeju was called as Tamora, Seopra, Takga or Tamra. In the 5th centry, Jeju was included as part of Baekje kingdom and later in the 7th century, Kingdom Silla ruled Jeju. In year 1105, it was Tamra local administrative unit. From year 1294, it has been called as Jeju. In Chosun dynasty it was included within Jeola province. In 1895, Jeju local government was established. In 1946, "Do" (meaning province) system was introduced in Korea, and Jeju became Jeju-Do. Jeju received a status of autonomy from July 1st 2006. North Jeju became Jeju-si (city) and south Jeju became Seogwipo-si.

Geographically, Jeju is the largest island in Korea. It is an oval-shaped volcanic island, approximately 73km from east to west coast, and about 31km from north to south coast. Halla mountain is located at the center of Jeju island with a height of 1 950m. Jeju volcanic activity has created a diverse and unique volcanic landscape, and Jeju is considered as "volcano museum". There are 386 parasitic volcanoes formed small uphills. There are more than 160 lava caves across Jeju. Jeju was designated as a biosphere reserve in 2002, and in 2007 World Natural Heritage by the UNESCO. In 2010, Jeju obtained the World Geological Park Authentication. These natural and environmental resources have been recognized as a Korea's national asset. Research on Jeju in natural sciences areas are also conducted.

Jeju Island is in the Kuroshio Current line. Jeju has formed a unique marine life and culture while interacting with neighboring countries. There are unique fishing skills, seamanship, water use, stone use, and sea food culture. Cultural assets include faith, myths, legends, folklore, rituals and female divers. These unique customs and cultural traditions inspire many researches in humanities and social sciences and many world-renowned scholars to visit Jeju each year. Areas of research include anthropology, tourism, folklore, linguistics, history, mythology, sociology and international relations.

Historically, Jeju is in the intersection of world powers, and there have been many notable historical events in world history associated with Jeju. The United Kingdom's navy (Admiralty) explored and marked Jeju as an important area for their sea routes in the 19th century. Just before the end of the Second World War, Japanese imperial army fortified the island against the invasion of US troops. They dug about seven-hundred tunnels as underground military fortresses. About 75 000 Japanese soldiers were assembled in Jeju, including Unit 731 known for conducting cruel experiments in humans. After the Second World War, the island became the first battleground of the Cold War-the Jeju 4 · 3 Incident occurred in 1948. This incident is a very important event in world history. In 1998, some of US secret documents were released to understand some of the events. Currently the island is also very important, as an intersection between world powers such as the US, China, Japan and Russia. One can analyze the dynamics of global powers through Jeju Island.

As such, the major resources for Jeju studies include exceptional natural environment, humanities and social environment.

2. The current situation and development of Jeju studies

2. 1 Current situation of Jeju studies

The center for Jeju studies is a public research organization running a system to register researchers in this field and to support them. The center opened in August 2011, and it organized an archive for Jeju studies in March 2014. Registered researchers were 178 as of June 2015. However, this figure will be significantly increased, if we count for unregistered researchers.

A search with "Jeju" keyword at the Library of Congress, Korea showed 9 030 Masters and Doctoral dissertations (as of 10 March 2015). It is estimated that more than 4 000 researchers are related to Jeju studies, considering the same person who completing both Masters and Doctoral courses.❶ The exact number of Jeju studies researchers are unknown. The center for Jeju studies is currently considering a way to produce a correct figure.

There are 25 humanities and social Sciences institutions, 16 natural science institutions, 9 multi-disciplinary institutions, 9 museums, and 45 small institutions and organizations at Jeju National University. Since 2000, increasing civic organizations are conducting research-type activities.

Institutions for Jeju studies have been distributed all over the field of humanities, social and natural sciences. Humanities and social sciences institutions are primarily operated by the private sector and local societies. Natural sciences institutions are predominantly public institutions. Financially, university or public funded institutions are financially and organizationally stable, whereas private institutions have financial difficulties. Often they are operating with fewer staff dedicated to research.

2.2 A brief history of Jeju studies

A number of survey studies were conducted since the 1960s. "The institute for Jeju-Do issues" was founded within Jeju National University in 1967.❷ Some other institutions appeared at that time. Until the 1970s, local historians and folklorists conducted some basic data collection. In 1978, the Society for Jeju-do studies was founded (renamed as the society for Jeju studies in 2004). This society, in which multi-disciplinary researchers studied Jeju issues, has a major role in establishing practical and theoretical foundations of local studies. In the 1980s, there was a nationwide boom for local studies. A number of institutions for Jeju studies were founded during that time. These included the society for Jeju history research

❶ The keyword search for Tamra produced 242 results (3rd October 2015).

❷ In 1975, renamed as Jeju-do Culture Research Institute. In 1976, renamed as Tamra Culture Research Center. In 2014, renamed as Tamra Culture Research Institute.

(1980), Tamra research society (1985), Jeju-Do history society (1989), and Jeju 4·3 research institution (1989).

In the 1990s, Seogwipo culture center (1995), Jeju history council (1997), Jeju research institute (1997), and Jeju traditional culture research institute (1999) were founded, and researches on Jeju history, mythology, and shamanism were actively conducted. Since 2000, more diverse Jeju research organizations have been emerged.

The society for Jeju studies (originally founded in 1978) took a major role in establishing Jeju studies as a local studies on the 1990s. The society was established to study Jeju's natural environment, human environment, history and social structure, residents lifestyle and spiritual life by multi-disciplinary groups of researchers. They took a leading role in Korean local studies, as other local studies were not firmly established at that time. The society became the authorized legal entity in march 1997. They hold regular national and international academic conferences every year, and published the journal "Jeju-do Research (济州岛研究)". By 2011, there were about 200 members nationwide. The journal publishes on Jeju language, culture, society, economy, lifestyle, nature and marine life. It has been the birthplace of Jeju studies.

The society for Jeju studies has examined the feasibility of Jeju studies becoming an academic discipline from its inception. The society developed the definition and remit of Jeju studies through multi-disciplinary research. In 1996, Chul-in Yoo examined research outcomes on Jeju society and culture, and argued for the establishment of Jeju studies as a local studies. His article, "A Review of Studies on Cheju Society and Culture: From the perspective of Chejuology", published in the 13th volume of Jeju-do Research examined research outcomes from folklore, anthropology, and sociology fields. He investigated Jeju studies within social sciences.

In 1997, the 14th volume of Jeju-do Research published a special section on "Tasks and methods for Jeju studies". "Jeju studies: why and how to do it" by Gyeong-su Ieon, "Jeju studies research methodology in Korean literature" by Kil-un Hyun, and "The identity of Jeju people and life of Jeju people in Japan" by Hang-cheol Shin highlighted Jeju studies and anthropology, Jeju studies and literature, and Jeju studies and Jeju people. "Tasks and methods for Jeju studies?" section in the same journal in 1998 featured "methodology and prospects of Jeju studies as a local studies" by Gyeong-su Jeon, "achievements and challenges in Jeju studies focusing on social sciences" by Sang-cheol Lee and "achievements and challenges in Jeju studies focusing on humanities and history by Chan-sik bak" deepened the discussion on Jeju studies research methodology.

Intense discussions by researchers in social sciences and humanities on the definition of Jeju studies, research subjects, research methodology, interdisciplinary research were assets for the establishment of Jeju studies as an academic area. Furthermore, some graduate programs relating to Jeju studies were established from mid to the late 1990s at Jeju National University, which was important for raising and supporting future generations for Jeju studies.

3. Establishment and operation of the center for Jeju studies

3. 1 Establishment of the center for Jeju studies

Both internal and external needs were based on the foundation of the center for Jeju studies. Externally, new researches on Jeju culture and community were needed upon the crisis of Jeju traditional culture and community in the flow of the neoliberalism and globalization in the 21st century. Furthermore, as the intersection between maritime and continental cultures, and as a strategic base of the Far East Asian sea, Jeju is important. The scholastic and theoretical basis for building a Far East Asian cultural community was needed.

Internally, as Jeju-do was reorganized into Jeju Special Self-Governing Province in 1991, there was a need for the promotion of Jeju studies to research on the identity and cultural characteristics of the residents. Furthermore, through an interdisciplinary research fusion, it was expected that Jeju studies might provide an engine for Jeju's future industrial development. Hence, a public institution for Jeju studies was needed.

The center for Jeju studies as an independent institution was discussed. However, because of financial reasons, the center was established as part of Jeju Development Institute.

The basis of the establishment for the center was the commitment plans by the 5th elected governor (2010. 10). Jeju Special Self-Governing province founded the center within Jeju Development Institute (2011. 08. 12) and produced operation plans for the center (2011. 09. 20). Though this planning stage, a survey of 100 experts was conducted to collect data necessary for the operation plans drawn regarding the direction of the center. The survey of experts revealed that two functions are essential by the center: 1) conducting Jeju studies within the center; 2) supporting researchers and organizations in the field of Jeju studies.

It was proposed that Jeju Special Self-Governing province or the central government provided funding required to operate the center. suggested roles were: 1) conducting Jeju studies in a focused and systematic way; 2) archiving Jeju related literature and materials and providing services for researchers; 3) establishment of Jeju people's identity through research; 4) research Jeju studies in humanities, social sciences, and natural sciences. The following issues were highlighted in each area (See Table below).

Academic areas	Proposed projects
Interdisciplinary	Basic research on Jeju studies (field studies and parametric survey) Jeju studies archives Jeju culture prototype researches conservation & utilization of cultural assets
Humanities	Jeju language research Jeju cultural history research Jeju classic literature research Tamra history research Jeju maritime culture research Jeju myth-narrative research
Social sciences	Jeju people's identity research Jeju women research (inculding women divers) Modern life and cultural studies for Jeju people Jeju regional development research Jeju island city/Residential environment research etc.

续表

Natural sciences	Jeju environmental research Mt. Halla research Jeju geological survey Jeju climate research Jeju marine research Jeju plant research etc.

The 1st operations plan for the center (2012-2016) was drawn in September 2011. Its vision was "Establishing Jeju studies at global level". Establishing scientific and theoretical basis for Jeju identity and future vision was an important operational direction of the center in accordance with "Jeju free international city, special self-governing province, island of world peace, and island of world natural heritage".

The definition of Jeju studies and remit that the center should be focused on as the followings.

1. Definitions

(1) An interdisciplinary subject analyzing Jeju's culture;

(2) A discipline seeking Jeju people's identity to contribute to the current and future directions of Jeju;

(3) A discipline for identifying practical problems and proposing solutions would require an integrative, systematic understanding of Jeju history and culture;

(4) A discipline on the study of Jeju area requires an interdisciplinary approach to Jeju's fast, current and future issues.

2. Remit of Jeju studies

(1) time range: the prehistoric era up to the present time—a diachronic approach to encompassing the present and the future.

(2) spatial extent: there are two directions. One is targeting Jeju Island as their own political, economic, social, cultural community unit. The other one focuses on Jeju and geographical, environmental and culturally associated areas.

The Korean peninsula, Japan and Okinawa, Southeast Asia, Mongolia, China, and China Taiwan are included.

The Center for Jeju Studies started its activities for three main areas: 1) its own research projects; 2) research support; and 3) specific focus: Jeju language. Its own research included 14 projects including Jeju studies archive building, and publishing series of Jeju studies collections. 40 projects have been considered to be supported. Jeju language focus concentrated on establishing a master plan and publicity program. Furthermore, a step-by-step development strategy of the center for Jeju studies was established. This year is the first step of finalizing the operation plan for the center. The center will be operated according to the 2nd operation plan for the center from next year.

Preparation stage (2010)	Center establishment plan finalized Revitalization of local studies in the 21st Century Center founded legitimacy by the Special Self-Governing Province organization and international city
Early stage (2011-2013)	Established as a unit at Jeju Development Institute Jeju Special Self-Governing Province provided support Basic infrastructure research, identification and promotion of research projects Securing of research personnel, expansion and planning of medium-term and long-term human resources
Take off period (2014-2016)	Promotion of systematic Jeju research projects Jeju Studies Archive building Networking with regional and international island research institutions Promoting Jeju Studies, education and publicity programs Securing specialized research personnel, and identifications of experts in each sector
Stabilized period (2017-2020)	Developing as an independent research institutions by securing funding Established as a center place for Jeju studies Staffing and role establishment completed and own research conducted and supported. Jeju studies identity establishment

续表

Independent period (2017→)	

3.2 Currently functioning of the center

The launch of the center for Jeju studies was based on an ordinance (Chapter No. 1020, 2013. 03. 20, Jeju Special Self-Governing Province) for the foundation and support for the center for Jeju studies. The center is undergoing a developmental stage with the head of the center (history expert), 2 senior staff researchers (Korean literature and sociology experts), 1 staff researcher (Jeju language) and 2 research assistants. It has been receiving support contributions from the Jeju Special Self-Governing Province, since its establishment. Until now it has received the support of 2.3 billion Korean wons (about 2 million US dollars). Current ongoing projects included 1) running Jeju studies archive; 2) researches on Jeju; 3) publishing series of Jeju studies collections; and 4) Jeju language. In recent years, the number of educational projects have been increased to promote local studies in citizens.

2015	2016
Jeju studies archive system management and operation Jeju studies funding support and research projects (4+1 projects) Jeju studies international academic symposia and seminars Jeju studies monographs published and publication support projects Jeju language research project	Jeju studies archive system management and operation Jeju studies research funding support Jeju studies conference Jeju studies monographs published and publication support projects Jeju studies policy research Jeju educational projects Jeju language research project

Jeju studies archive was built in 2015 in which 9 943 data were digitalized.

Titles	Contents
Royal collection of Jeju and other palaeographical collections	palaeographical documents: 54 items palaeographical maps: 11 items

续表

Jeju studies research	Books: 351 items Reports: 434 items Papers: 960 items Periodicals: 392 items
Personal donation	Seo jae chol collection: 3 680 items
MBC, KCTV, KTV Videos	Videos: 377 items
Jeju folk songs, legends, etc.	Voice dictation: 640 items
News paper articles	Jeminilbo: 215 items Hallailbo: 535 items
Jeju history articles	Joseon Dynasty Annals articles: 1754 articles Goryeo history articles: 258 articles Records of the Border Defense Council and Sinjungdonggukyeogisungram: 282 items

Jeju studies projects consist of the center's own projects and projects supported by the center. Through the research support program, a number of successful project outcomes were produced including projects on Ear-do (Socotra Rock), Jeju Mokmingwan, Jeju women divers, Jeju studies civic trust, Citizen's movement, village fisheries, women migration, and traditional pottery.

The publication support program enabled the publication of [Jeju folk songs Dictionary], [Jeju Jatseong], [practical life of Kim, Mandeok and Jeju people's mental life], and [understanding of Jeju exercise ritual]. They are important areas to understand the prototypes of Jeju culture.

The Jeju language research project produced a guide for migrants about Jeju language and lectures. This is important to understand Jeju language in a systematic way and increasing the number of people using Jeju language.

4. Conclusion: Prospects for Jeju studies

Jeju Island is currently facing a rapid social change. The population has been increasing about 1 million people a year, and the resulting surge in social problems such as social housing shortage, job shortage, migrants and indigenous conflict, transportation issues, investment and over-development. These have also an impact on Jeju Studies. Recent studies have focused more on Jeju culture prototype and Jeju's identity upon rapid spatial and cultural changes. This trend is also linked with efforts in identifying Jeju locality. This would be helpful in identifying Jeju community identity.

There has been a growing expectation on the role of the center for Jeju studies. As well as researches on cultural prototype, educational activities for migrants to be quickly settled, such as lectures on Jeju language, history, and culture. Jeju is compared to other islands with similar natural environment and historical experiences in order to find solutions Jeju problems. Support for young scholars are needed for Jeju studies.

References

[1] 박찬식.제주학의 과제와 방법Ⅱ : 제주학 연구의 성과와 과제-인문학적 측면에서-제주근현대사 연구를 중심으로[J]. 제주도연구,1998(15): 41-54.

[2] 신행철. 제주학의 과제와 방법: 제주인의 정체성과 일본 속의 제주인의 삶[J]. 제주도연구,1997(14):53-80.

[3] Yeum, Mi-gyeing•Han,Seok-Ji.The Products and Outlook of Area Studies in the Jeju Study-to a Related Grope with other Area Study Sake[J]. Jejudo research Studies, 2007(30):91-123.

[4] Yoo, Chul-In. A Review of Studies on Cheju Society and Culture: From the perspective of Chejuology[J]. Jejudo research, 1996(13): 33-52.

[5] 이상철.제주학의 과제와 방법Ⅱ: 제주 연구의 성과와 과제-사회과학을 중심으로[J]. 제주도연구,1998(15):27-40.

[6] 전경수. 제주학의 과제와 방법: 제주학 왜 어떻게 할 것인가[J]. 제주도연구,1997(14):19-33.

[7] 전경수. 제주학의 과제와 방법Ⅱ: 지역연구로서 제주학의 방법과 전망[J]. 제주도연구,1998(15):7-26.

[8] 제주학연구센터(2011) . 1차 제주학연구센터 운영 기본계획(2012-2016) [R].

[9] 현길언. 제주학의 과제와 방법: 제주학 연구 방법론-문학을 중심으로[J]. 제주도연구,1997(14):35-51.

[10]현혜경·강수경. 제주학 시민신탁과 대중화 프로그램 개발 연구[R]. 제주학연구센터,2015.

Research Topics and Activities of Daegu-Kyungpook Studies

Young Chul Kim *

Abstract: Daegu-Kyungpook Studies Association (DKSA) was inaugurated in 2012 when Daegu and Kyungpook area was at the crest of economic sufferings. Beforehand, people in the region were proud of the historical fact that the region had been the epicenter of the Korean economic development. Scholars and researchers in the region gathered together spontaneously to start an academic movement under the name of DKSA to redefine the regional identity, to enhance social coherence and to set up a new goal for the future of the region. The manifesto adopted by the members of DKSA at the inaugural meeting elucidated its aims: (1) to "reconstitute the memory of the regional history" to cut off from conservative attitudes inherited from the long history of the region, actively embracing new values suitable for the 21st century; (2) to lead the new academic trend to "make the region as an independent unit of research", getting over the nation-centric academism which prevailed during the 20th century in Korea; (3) to "promote interdisciplinary methodology in research activities on regional matters", escaping from the prisons of closed academic disciplines; and (4) to "maintain and continue the spirits of critical intelligentsia" who ever lived in the region and tried to separate them intentionally from its mainstream and establishment.

---

* Bibliography: Young-Chul Kim, Professor, Department of Economics and Finance, Keimyung University; President, Daegu-Kyungpook Studies Association, Ph.D in Economics, University of Illinois at Urbana-Champaign.

The first task that DKSA took was to translate the book, titled "*A City in Transition: Urbanization of Daegu*" which was published in 1968 by SID (Society for International Development)—an UN association. According to the book, Daegu was selected among many other cities across the world as a successful case to transform itself to a modern industrial city and the book explained the successful transition from various perspectives. In 2013, DKSA published "*Daegu, City in Transition*: 1970-2000" in Korean, a continued version of the previous book in time, with a more emphasis on economic stagnation of the city after the 1970s. In 2014, DKSA brought out a book titled "*Daegu, City in Transition: its Future and Vision*", where writers mainly discussed policy suggestions to make the city prosper again. In 2015, "*Dialects in Daegu-Kyungpook Area*s" was issued, motivated by the understanding that regional identity has been deeply rooted in dialects spoken by local people.

To promote Daegu-Kyungpook studies, DKSA continues to expand its ties with other related institutions in the region. DKSA and Daegu-Kyungpook Development Institute (DKDI) jointly publish "*Journal of Daegu-Kyungpook Studies*" quarterly and organize research activities together. DKSA reached MOU with the Academy of Humanities, Kyungpook National University, to cooperate each other on various research activities.

A current focus of DKSA is to include the subject of regional study into regular curriculum on all levels of school. It is necessary, in particular, to stop the continuous trend of youth exit from the region which proves to be the most detrimental effects on its future. Better understanding of the place they are living would make students pay more loyalty to their place and let them decide not to leave.

Key words: Daegu-Kyungpook Studies; topics; activities

摘　要：大邱—庆北学研究会成立于2012年，当时大邱和庆北区域的经济发展处于最低谷。在这之前，该地区人们曾为该地区是朝鲜经济发展的中心而感到骄傲。大邱—庆北学研究会成立后，该地区的学者和研究人员自发地聚集在一起，开始重新定义该区域的形象，加强社会一致性，并设立地区未来的一个新的目标。大邱—庆北学研究会成员在首届会议上通过宣言，阐明其目标是：（1）重建区域历史的记忆，改变历史上继承的保守的态度，积极接受21世纪新的价值观。(2) 领导新的学术趋势，使该地区成为一个独立的研究单元，成为韩国20世纪流行的一个国家级的学术中心。(3) 促进跨学科的方法论，打破单一的封闭学科。(4) 保持并继续拥有该区域学者曾经拥有的批判性知识分子的精神。

大邱—庆北学研究会的第一个任务是翻译1968年出版的《转型中的城市：大邱的城市化》这本书，该书被一个联合国协会—国际开发协会出版。

为促进大邱—庆北学的研究，大邱—庆北学研究会继续扩大它与该区域其他研究机构的关系。大邱—庆北学研究会与大邱—庆北学发展研究所共同印刷了《大邱—庆北学研究杂志》，共同组织了学术活动。它也与庆北国立大学人文学院共同开展研究，共同组织学术活动。

目前大邱—庆北学研究会的焦点是在各级学校常规课程中融入区域研究的主题。这是很必要的，特别是，这会阻止青年离开该地区，因为离开该地区是对地区未来持续发展最不利的影响因素。让学生更好地理解他们生活的地方，会让学生对地方有更忠诚的态度，会让他们决定不离开。

关键词：大邱—庆北学；主题；活动

1. Daegu-Kyungpook Area in a nutshell

Daegu is located in the south eastern Korean Peninsula, sitting in a basin surrounded by mountains extended east and west, and low hills lying north and south. The city is 80km away from Southeast coast and 293km away from Seoul. The Total area is 883.48km^2 and it has the population of 2. 5 million people. Kyungpook surrounds Daegu to the north and is bounded on the east by East Sea, with the population of 2. 7million people. The Daegu-Kyungpook area is located at approximately the same on the latitude as Washington D. C. in USA, Tokyo in Japan and Lanzhou in China.

With its geographically endowed fertile fields near the Nakdong River, the region has been home to a large population since prehistoric times, helping the settlers to create a rich and unique cultural heritage. It was in 757, when Silla was under the rule of its 35th monarch King Gyeongdeok, that the kingdom began to use the name Daegu (大丘), literally "large hill". Then the second Chinese character "丘" of the name was changed to the current one "邱", meaning "land" in 1778. The name of Kyungsang-do (庆尚道) was firstly used in 1314 by the Goryeo dynasty. When the Korean Peninsula was reorganized into 13 provinces in 1896 during the Joseon dynasty, the region of Kyungsang-do was divided into two parts, and the northern part was given the current name of Kyungsangbuk-do (庆尚北道). In 1981 Daegu was promoted to the status of a metropolitan city directly controlled by the government and separated from Kyungsangbuk-do in terms of administration. However, Daegu and Gyeongsangbuk-do have a single regional identity and the scope of research of Daegu-Kyungpook Studies covers both administrative areas, taking both separate administrative areas as a single unit of region.

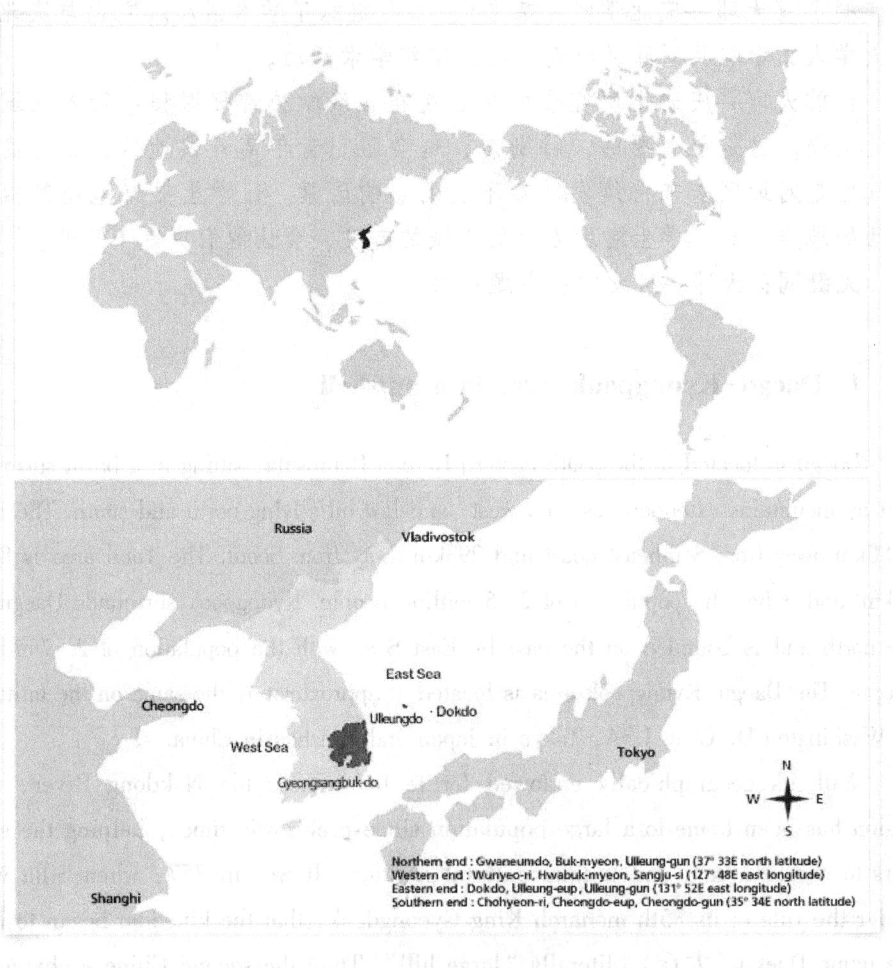

Fig. 1 Geography of Daegu-Kyungpook

In the 1960s and 1970s, under presidency of Mr. Jeong-Hee Park, Daegu-Kyungpook area underwent rapid industrial development to become the most prosperous region in Korea. Daegu grew into one of the country's three largest cities along with Seoul and Busan. The cities of Gumi and Pohang in Kyungpook became global industrial complexes for the electronics and semiconductor, and steel industries, respectively.

Things have changed since the 1980s. The economic and social situations of Daegu-Kyungpook turned into doldrums. After sudden death of President Park in 1979, Korean society showed a sharp break. Some preferential treatment to the region, if any, for being the birthplace of President Park, disappeared. Since then, Seoul and neighboring areas have become the single and the most important place in Korea in almost every aspect. The gap between Seoul metropolitan area and other local areas has become bigger and bigger over time. During this time, the Daegu-Kyungpook area has seen its relative status among regions in Korea free fall.

The most serious problem with this situation is the youth exit from the region. Youngsters frustrated by bad economic conditions and the gloomy future of the region have escaped their hometown to find jobs in Seoul metropolitan area. Accordingly, from 1990 to 2010, the youth population of 15-34 year olds has decreased at the annual rates of 2. 7% in Daegu and 4. 0% in Kyungpook. Compared to 1990, the youth population in 2010 declined by 26. 2% in Daegu and by 36. 0% in Kyungpook. As youngsters are essential for prosperity in the future, Daegu-Kyungpook has mobilized all the possible economic and social policies to keep them home. But all the efforts to keep them in the region have turned out to be in vain.

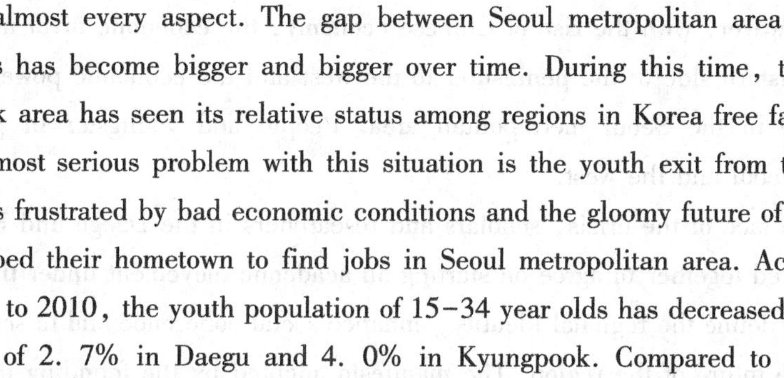

	1990	1995	2000	2005	2010
Daegu	938 213	952 264	875 283	769 023	692 133
Kyungpook	1 023 865	894 305	852 737	717 911	655 610

Fig. 2 Changes in Youth Population in Daegu-Kyungpook

2. Manifesto of DKSA

The Daegu-Kyungpook Studies Association (DKSA) was inaugurated in 2012 when the Daegu and Kyungpook area was at the crest of economic sufferings. Beforehand, people in the region were proud of the historical fact that the region had been the epicenter of the Korean economic development. In the 1960s and 1970s, industrial sites such as Gumi and Pohang were built in the region and a lot of workers had come to find jobs there. Daegu maintained the third largest city in Korea during that period. However, with the rise of Chinese economy, the economic pivot moved from the southeastern side of the peninsular to the west and the economic power began to concentrate in the Seoul metropolitan area. People and youngster in particular, moved to Seoul and the west.

In the face of the crisis, scholars and researchers in the Daegu and Kyungpook area gathered together to agree on starting an academic movement under the name of DKSA to redefine the regional identity, enhance social coherence and to set up a new goal for the future of the region. The manifesto adopted by the founding members of DKSA at the inaugural meeting reads as follows.

Daegu-Kyungpook is the region which has led Korean industrialization and Democracy. Recently, however, the region has been branded as a symbol of backwardness as extreme conservatism, looking only at the past glory, prevails in the region, and, thus, it does not contribute any to Korean society by creating new visions and ideas as it did in the past.

Daegu-Kyungpook has not participated in democratic movement in Korea, making it isolated politically. It has been confined in the old frame of early industrialization, fallen behind at the global trend of knowledge-based economy. It has also shown the lack of tolerance toward provocative attitudes and imagination by artists, becoming a barren waste of art and culture.

Consequently, the youth are leaving the region, without finding any hope for their future careers at their birth place. Moreover, outside youngsters turn away their faces as they believe there would not be given any hopeful opportunity for their future in the region. The door is tightly closed to outsiders and they would not be let in even though they are willing.

Daegu-Kyungpook is now faced with an unprecedented crisis, without material and spiritual dynamism to get through it. To cope with the current crisis and awaken potential capacities, it needs to redefine its identity , and based on that, recover the old glory as an independent and active sender of knowledge and culture to the outer regions.

The region has several prestigious universities and many prominent professors, researchers and other intelligentsias in various fields. But, it is sad to say that they are mostly ignorant of the crisis of the region and do not care about what is happening in the region. Their treason to their community where their both feet stand on and their disengagement in academic interests of regional matters go beyond the limit.

We, as intelligentsias living in the region, feel a sense of shame for the situation and at the same time, have a strong reasonability to solve this problem. So we inaugurate the Daegu-Kyungpook Studies Association to build up Daegu-Kyungpook Studies to redefine the regional identity, provide a new vision to the future of the region, and, by means of these, improve the quality of live for the people living in the Daegu-Kyungpook area.

As we start the Daegu-Kyungpook Studies Association, we make clear our aims: 1) to reconstitute the memory of the regional history, to cut off from conservative attitudes inherited from the long history of the region, actively embracing new values suitable for the 21st century; 2) to lead new academic trends to make the region as an independent center of research, getting over the nation-centric academism which prevailed during the 20th century in Korea; 3) to promote interdisciplinary methodology in research activities on regional matters, escaping from the prisons of closed academic disciplines; and 4) to maintain and continue the spirits of critical intelligentsias who have lived in the region and tried to separate them intentionally from its mainstream and establishment.

3. Research Activities of DKSA

The first task that DKSA took was to translate the book, titled "*A City in Tran-*

sition: Urbanization of Daegu" which was published in 1968 by SID (Society for International Development) which was an affiliate of UN. The book was written in English. According to the book, Daegu was selected among many other cities in the world as a successful case to transform itself to a modern industrial city. It indicates that UN and its affiliate, SID, praised what the city achieved after the ruins of the Korean War in 1950, and intended to introduce the case of Daegu as a successful example to develop from a poor feudal city to an industrial center in Korea.

The reason why DKSA chose the book to translate was that it was written not by insiders but by outsiders and described the change in Daegu from an objective perspective. Actually it made us better understand the path of urbanization of Daegu in detail. The real merit of the book is that it revealed many problems and limitations of the city shown in the process of development and provided policy suggestions and advices to go further ahead.

Just after publishing the translation, DKSA printed another book, named "*Daegu, City in Transition*: 1970-2000" in 2013, a continued version of the English book. The book covered the same issues as the previous book, but in an extended period. An important difference is that the second book took an insider's perspective, with all the authors being the members of DKSA. Its main issue is to figure out why the destiny of the city shifted from that of success to that of failure during the period. One important argument in the book is that Daegu failed in innovating itself to fast changing socio-economic conditions and tended to continue malpractices deeply rooted in the early stage of industrialization.

In 2014, DKSA brought out two books, "*Daegu, City in Transition: its Future and Vision*" and "*Understanding of Daegu-Kyungpook*". The former book discusses policy suggestions to make the city prosper again. The main contents of the book are: Vision and Identity; Politics and Public Administration; Industries and Social Economy, Youth, Female and Welfare; Education and University; Culture and Community; Space and Transportation; and Ecology and Energy. When the book was published, there was an election for mayor of Daegu. The book attracted the candidates and some of policy suggestions in the book was picked up by the newly elected mayor. The latter book is planned to educate college students and general citizen about Daegu. It covers many topics about Daegu, including history, geography, population, language, education, religion, media, politics, economy, gender and family, arts, and hope for future of the city.

Fig. 3 A Series of Books with the title of "*A City in Transition, Daegu*"

In 2015, "*A Study on languages in Daegu-Kyungpook Areas*" was published. DKSA took the issue of language and dialect, in particular, as it reflects an important aspect of history, evolving through the passage of time. Language and dialect represent the way of life, communication method, and sentiment of people who have lived on the soil of the region. The book argues that the study on regional identity should focus on languages as there is nothing comparable to language and dialect that materializes the genuine reality of people's life in a certain region. In addition to that, DKSA proceeded a study on "*Long-lived Old houses and Livelihood in Kyungpook*". It tried to keep the traces of all the remains there before vanishing away completely, by taking pictures, listening to old people about their life stories, and documenting oral histories.

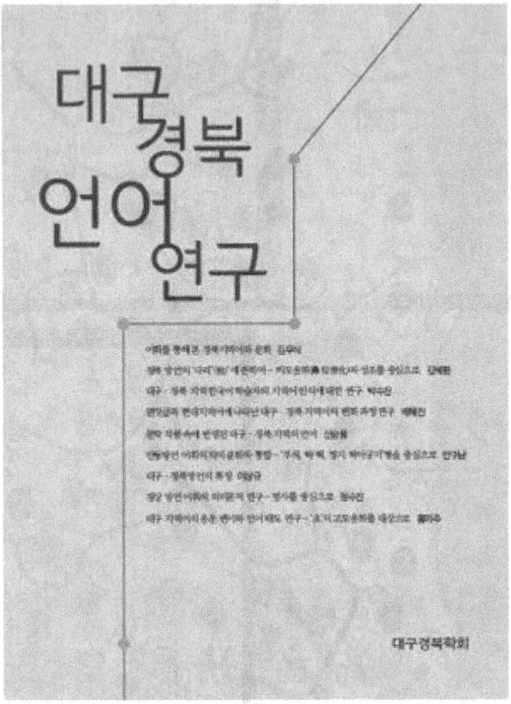

Fig. 4 *A Study on languages in Daegu-Kyungpook Areas*

To promote Daegu-Kyungpook studies, DKSA has a special relationship with local institutions such as Daegu-Kyungpook Development Institute (DGI) and the Academy of Humanities at Kyungpook National University. DKSA and DGI jointly publish "*Journal of Daegu-Kyungpook Studies*" on a quarterly basis, the most recent one of Vol. 15, No. 1 issued on April 2016. There is the Center for Daegu-Kyungpook Studies at DGI. DKSA concluded MOU with the Academy of Humanities at Kyungpook National University, to cooperate with each other on various research topics on Daegu-Kyungpook studies. The Academy of Humanities at Kyungpook National University is one of the biggest institutes at Kyungpook National Univeristy, established in 2013. Under the Academy, it has four related institutions: the Research Center of Human Sciences, the Research Center of Eastern and Western Thought, the Institute of Sino-Korean Interchange, and the Open Humanities Center.

Fig. 5 Journal of Daegu-Kyungpook Studies

4. Ongoing Project

An ongoing project of the DKSA is to include the subject of regional study into regular curriculum on all levels of education. It is necessary, in particular, to stop the continuous trend of youth exit from the region which proves to be the most detrimental effect on its future. Regional governments have mobilized all possible policies to make youngsters stay put, but they have not worked.

A solution the DKSA has to cope with this situation is to make them better understand their place, and pay more loyalty to their place. It would take a longer time, but DKSA believes that that approach would be the basic solution to that matter. The first step for this is to rewrite the textbook, *Life in Daegu*, for the 4th grade in elementary school. The book teaches children about Daegu, but the way of writing the book is directed by the central government. The government sets up a standard and regional educational authorities simply follow it to write the book. There is no significant distinction among the books by region even though they explain different regions.

Fig. 6 *Life in Daegu*

DKSA is now planning to hold a seminar on August 26 in 2016, joining the Daegu education authority and the local government, to discuss rewriting the textbook. Its aim is that the book should be written from the insider's point of view to make the students have the feeling of familiarity and loyalty to the region. With this kind of education, youngsters will consider themselves important members of the local community and have the willingness to serve themselves faithfully to prosperity of Daegu. In the event, this will slow the exit of youth from the region. Furthermore, regional amenities created in this process will also attract outsiders to come to the region to live.

In November 2016, DKSA will convene an international conference to discuss how regional studies contribute to economic prosperity and better quality of life for regions. Kyoto studies are successful in this regard, and DKSA wants to invite Japanese experts to listen to their experience. The DKSA also takes notice of the case of Beijing Studies and kindly invites scholars from Beijing Studies who are interested in that topic to give presentation to the conference.

作为一种城市文化的堺学

任 海*

摘 要：本文概括介绍了日本地方学研究的历史，以立堺学为例，考察了其地方学研究的现状，展望了未来的发展趋势。日本的地方学研究由地方发展中出现的种种问题而引发思考为契机产生，并发展至今。中国的地方学研究正处在类似于日本地方学兴起的时期，为了避免中国的地方学研究陷入瓶颈，日本地方学的发展轨迹及其发展方向可以提供良好的借鉴。

关键词：地方学；地元学；地域学；堺学；日本

Abstract: This article gives an overview of the research history of local studies in Japan. It takes Sakai Studies as an example, examines the status quo of local studies in Japan and points out the trend for its future development. Local studies in Japan has developed from the very reflection upon the miscellaneous problems cropping up in local development. Local studies in China is now in a phase similar to the emerging period of local studies in Japan. To remove the bottleneck for local studies in China, lessons shall be learned from the development track and trend of local studies in Japan.

Key Words: Local Studies; Jimoto-gaku; Area Studies; Sakai Studies; Japan

一、引言

地方学，日本学界称为地元学或者地域学。目前在日本通过对特定地名

---

* 作者简介：任海，男，日本大学文理学部地理系讲师。

命名的方式成立的地方学研究机构数量较多。20世纪70年代在日本就存在很多以“Area Studies”或者“Regional Science”命名的学术团体，80年代在高等教育及社会教育中也出现了地方学的身影，到了90年代后期，地方学不仅仅是在学术界，更是登上经济界以及行政机关等多种舞台。❶ 但是，由于发展的背景不同，地元学和地域学虽然为着同样的目的在日本兴起，其内涵确有一些细微的差别。

地元学几乎是在同一时期由吉本哲郎与结城登美雄在熊本和仙台展开，虽然在日本有本地居住者对自己生活区域展开研究的先例，但是吉本哲郎与结城登美雄最早对地元学提出了系统的理论化的研究方法。民俗研究家结城登美雄将地元解释为由相互思考人与人之间的关系所成立的地点。❷ 具体说就是由自治会、町内会，这种相当于中国居民委员会或者社区，以及风土、历史等所形成的一个生活空间。吉本哲郎将地元学解释为不仅仅是本地居住者，并且还要借助外来者的眼睛和手去调查、思考，从而每天都创造生活文化的连续性行为，并强调地元学与历史学以及乡土学最大的不同，一是由生活在当地的本地人发挥最大的能力直接推进；二是创造生活文化的两个方面❸。其中创造生活文化的含义为熟悉本地资源，以及学习如何利用这些资源的智慧、技术以及哲学，以达到再次建设合作性地方人际关系的目的，从而汇集大家的力量将人们生活的地方改变为一个更宜居的地方。

日本学者的这种想法与其地元学创造的历史背景有关。比如，吉本哲郎开始地元学研究的契机是在熊本发生的由于工业废水排放所引起的水俣病。所以，吉本哲郎的地元学是以水环境为中心思考与生命相关的自然资源为主题。结城登美雄开始地元学的研究是在20世纪80年代的泡沫经济时代。当时因为城市化的推进，土地价格大幅上涨，在日本社会普通发生围绕土地的暴力问题，并逐渐演变为社会问题。与此同时，从经济发展等方面看，日本的农村以及中小城市与大城市的差距增大，产生了人口减少、地域活力衰退等问题。结城登美雄所生活的东北地区虽然还残留了少数传统的工艺技术和生活方式，但是也受到了城市化大潮的波及。结城登美雄为了记录那些已经消失的和正在消失的地方特有的生活方式以及传统工艺，10年间走访了600

❶ 高野岳彦. 自地域学ムーブメントと「地域学」の分類試論. 地理，2008，53（6）：102-111.

❷ 结城登美雄. 地元学をめぐって. 東北学，2006（6）：59-71.

❸ 吉本哲郎. 私の地元学［R］. NECクリェティブ.

多个地区，倾听当地人的讲述，并编辑成书出版，成为与吉本哲郎并驾齐驱的又一位日本地元学创始人。

而地域学更多的是以特定地名命名方式形成的关于地方的大范围学术研究，比如，江户东京学、京都学以及大阪学、堺学等。另外，也有利用历史上曾经存在的割据政权范围，或者行政地区为研究对象所形成的地域学，比如，但马学、美浓学等。虽然大部分地域学有以行政区划命名的倾向，但是也可以看到东北学、东海学等以广域地区命名的地域学。与此同时也出现了从广域地区命名的地域学中又衍生出以行政区划命名的地域学，比如，从东北学中发展出盛冈学和仙台学。这种模式的地方学首先以广域的视角研究整个地区，再以广域地区中的个别地区研究作为补充研究。

地域学与地元学同样是在20世纪80年代到90年代之间在日本诞生的。地域学与地元学同样是因为对于地方的衰退以及空心化的危机感而兴起的。比如，1999年全国地域学学术大会就强调了“地方主权”以及“全球化中的地方化”等概念。对于解决这种危机，传统的地方史、地理、自然等不同领域的研究已经无法掌握地区整体的情况，所以需要一个更加综合以及体系化的跨学科的研究领域。这同时也是地理学领域中地域研究的一个转折点。与地元学所不同的是，地域学更多的是由地方政府、民间团体、大学等机关为主体展开的。

地域学和地元学虽然都是立足于地方展开研究的学术研究领域，但仍然有一些细小的差别。铃木裕范总结了以下地元学和地域学的区别：（1）研究对象的范围不同。相对于地域学广泛地区意义的研究范围，地元学的尺度更加注重当地居民意识中的地方。因此从研究对象的范围来看，地元学小于地域学；（2）研究的方法不同。地元学的研究主体为当地居民，整理研究当地居民的故事以及回忆，重视当地居民的感受与创造理想的生活环境的具体行动。而地域学更注重于综合同一地方各领域研究的成果，通过对于地方有体系跨学科的研究了解地方的特征，了解并且解决地方所面临的问题[1]。因此，从研究的方法上来看，地元学更加强调扎根于地方，地域学则更注重学科间的交流以及对于各学科领域成果的融会贯通；（3）学术研究的展开与研究结果落实到地方的方式不同。地元学更加侧重于科研人员和当地居民通过协作而形成的研究机构与民间共同的学术研究。而地域学更多的是通过大学等研

[1] 铃木裕範. 地元学の理念と実際——地域づくりのための方法論. 経済理論，2009，350：87-106.

究机构进行专门的研究，然后将其研究成果通过市民讲座等向地方居民普及。

这些涉及研究背景以及研究方法的细微差别并不影响地方学在日本的繁荣，并以此为契机出现了将地元学与地域学的研究方法以及对地方的反馈方式进行整合的趋势。其中处于先驱地位的是以日本的象征为研究对象的富士学。富士学是以富士山及其关联地区为研究对象的广义上对于“富士”的研究。从这一点来看，富士学研究范围已经超越了以行政区划命名的狭义上的地方学的研究范围。并且富士学不仅仅是以地元学和地域学所表现出来的以人文研究为主的学科，而是横跨火山、地形、植被等领域的自然科学，历史、宗教、观光、行动等人文科学，以及教育、生活、环境、防灾产业等综合科学的诸研究领域。富士学通过每年 2 次的学术会议定期进行跨学科或者专门领域的交流，并且注重当地居民参与研究，将研究机构以及民间的研究成果通过座谈会等方式反馈给社会。

综上所述，地方学研究在日本主要是以地元学和地域学两种形式存在。虽然两种形式的目的是同样的，但其学科成立背景、兴起的原因、研究对象的范围、研究的方法以及如何将研究成果与地方建设相结合都有些许微小的差别。同时，也出现了富士学等融合了地元学与地域学特点的地方学。本文以植根于大阪府堺市的堺学为例，回顾以城市为主体的地方学研究发展进程，探索地方学在日本的发展新趋势。

二、堺学研究的对象概要

如图 1 所示，堺市位于日本关西地区大阪府大阪市的西部，面积为 149.82 平方公里。根据 2016 年 11 月居民基本台账的统计，堺市现有常住居民为 83.76583 万人，共有 35.2963 万个家庭，为日本 20 个政令指定都市之一。在历史上堺市的地理位置位于日本古代和泉国、摄津国、河内国三国的交界处，得名“境”，之后又由“境”演变为现在的“堺”市，因此如图 2 所示，堺市于 1895 年制定了取意于三国交界的市徽。堺市在编入大阪府之前行政区划包括现在奈良县的行政范围，为一个独立的省级行政单位。现在的堺市作为大阪府管辖下的市级行政区域，由堺区、东区、西区、南区、北区以及美原区构成。

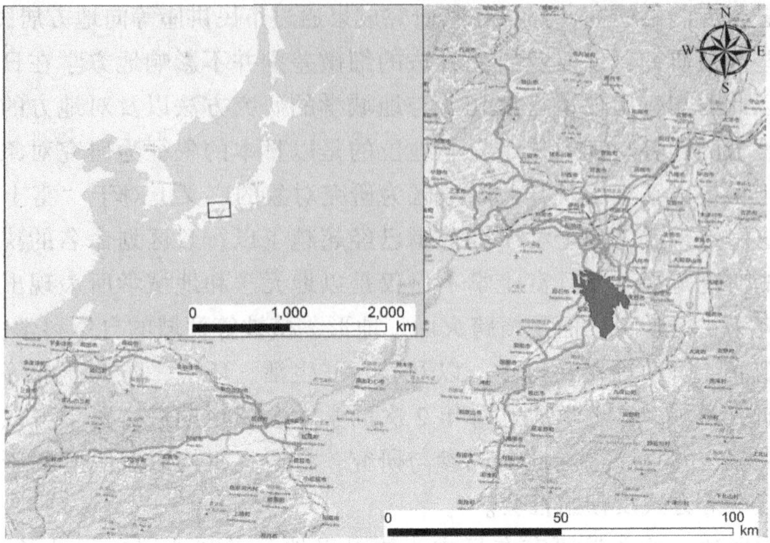

图1　堺市的地理位置

图2　堺市的市徽（堺市主页）

日本著名的经济学家、前任堺市博物馆馆长角山荣在第一次堺学论坛中提到历史上的堺市有三个繁荣期。[1] 第一个繁荣期为公元3世纪到7世纪之间大概400年的古坟时代。在这个时期，分布于日本全国的地方势力首领以及比较有势力的家族会大兴土木建设陵墓，期间日本全国大概建设了20万座以上的古坟。图3所示为日本最大的古坟时代的陵墓群——百舌鸟古坟群。史料记载该陵墓群曾有100座以上的陵墓，但随着历史变迁以及20世纪70年代发生于日本的大规模城市化进程，陵墓的数量有所减少。目前，陵墓群中包括与中国秦始皇陵、埃及胡夫金字塔并称世界三大陵墓的仁德天皇陵（底部面积103 410平方米）在内的三座天皇陵墓以及陪葬陵墓等共44座陵墓。

[1] 角山荣. 外からみた堺. フォーラム堺学. 1995，1：77-98.

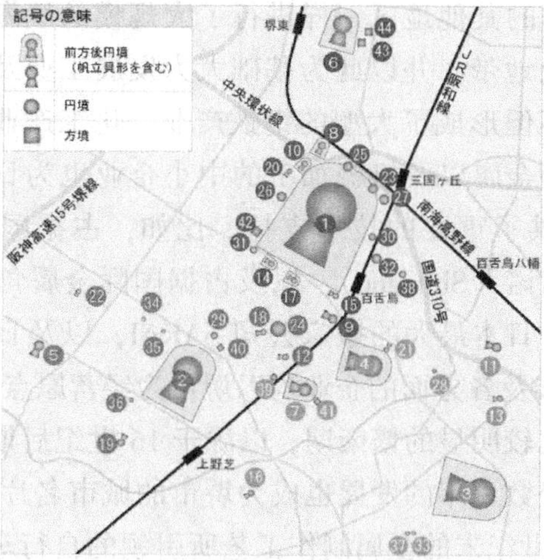

图 3　堺市的古坟分布示意图

堺市的第二个繁荣期为日本的中世时期（平安时代末期至镰仓时代，时间跨度约为公元 8 世纪末至 14 世纪）。堺市在这个时期被称为“黄金都市”“自由都市”“自治都市”“东洋威尼斯”。在比利时地理学家亚伯拉罕奥特柳斯 1595 年绘制的欧洲人看到的最早的日本地图中，除了当时处在诸侯割据中的诸国名以外，只出现了两个城市名，一个是在当时割据形式下的名义上的首都京都，另外一个就是堺市。因此，可以推断在当时前往日本传教的欧洲人眼中，堺市虽然只是一个城市但有和诸侯割据中的国家同样可记载的价值。当时的堺市由 36 名当地富商成立，被称为“会合众”的组织所治理。这种由多人或多种势力所形成的自治形式使当时在日本占有绝对优势的武士力量无法进入堺市，从而形成了与日本当时社会有很大不同的自治政权。

除了相对民主的自治经营方式以外，与明朝的贸易也是当时堺市能够繁荣起来的重要因素。1469 年，由于战乱，原本预定进入兵库港的遣明船入港堺市，由此揭开了以堺市为中心的细川大名与明朝交易的大幕，堺市也逐渐变成了一个国际贸易港口。堺市与明朝通过遣明使与遣明船所进行的贸易持续了 50 余年，直到 1524 年在宁波港与另外一个通过与明朝进行贸易而致富的博多商人的势力发生纠纷为止。当时在日本传教的维列拉（Gaspar Vilela）在其著作《耶稣会士日本通信》中将堺市描写成一个有众多富商，并且和威尼斯一样由执政官治理的大都市。但堺市的繁荣并没有维持多久，之后随着织田信长和丰臣秀吉的巧取豪夺，“东洋威尼斯”逐渐走向了没落。

堺市的第三个繁荣期为 20 世纪 50 年以后的日本经济高速成长时期。在此期间，堺市与日本的其他地区一样进行了大规模的填海工程，形成了以堺市新港为中心的工业地带，并以此为基础大力发展工业及第三产业。在此期间堺市的沿海地区不但形成了大型的钢铁产业、化工产业、电力等能源产业基地，市内主要经营金属以及机械加工的中小企业也为日本的三大工业地带之一阪神工业带提供了重要的技术支持。比如，占据国际自行车配件市场90%以上份额的禧玛诺（Shimano），以及占据国际金属角度调节器近70%市场份额的向阳技研，日本最大的搬家公司SAKAI，以及日本最大的回转寿司连锁店（Kura）等涉及各方面的企业均以堺市为经营原点。

除了以上三个比较明显的繁荣期，以源于16世纪后期的刀具制作工艺为代表的传统工业历经数百年的发展也成为堺市的城市名片。除刀具制作以外，堺市还拥有源于15世纪末的金属制作工艺所引领的自行车及其配件的生产工艺、源于16世纪末期的薰香制作工艺、源于17世纪初江户时代的染色工艺以及和服制作等众多传统制作工艺。

悠久而丰富的历史为堺市创造了独特的城市文化，同时也为堺学提供了大量具有研究价值的素材。

三、堺学的发展

堺学的发展主要是以堺都市政策研究所为主要研究机构展开的。堺都市政策研究所由堺市政府出资5亿日元，堺市农业协同组合出资1000万日元，堺商工会议所出资1000万日元，于1992年成立。堺都市政策研究所的宗旨是，通过支援、交流、启发、诱导自发性地推进堺市及其周边地区的城市建设活动，调查研究关于地区特有城市构造以及城市经营的课题，对城市规划提出有远瞻性的长期计划促进地区的健康发展。该研究所的组织构成，包括研究人员以进行专门的学术研究，包括市长办公室的负责人以便与政府机构沟通，以及民间工商业团体的负责人以便与本地居民进行良好的协作。该研究所不但设置市民研究员制度以促进本地居民更加积极地参加到堺学的研究中来，还通过经费支持等方式吸引地区以外的研究人员参与堺学的研究以达到更换视角重新审视堺市的目的。

该研究所通过出版刊物向社会反馈研究成果，于1993年创刊发行学术性的杂志《Urban》，并于1995年开始将历年举办的座谈会资料编辑成册出版丛书《堺学》。其中《堺学》的创刊目的是，与市民一起重新审视堺市，发掘堺市的文化基因，再次认识堺市的魅力，并以此为基础创造新的堺文化，思考如何将堺市规划为一个更加宜居的城市。《堺学》从1995年创刊至2016年最新一期为止共发行了22册，收录了100个讲座内容。其内容包罗万象，既有介绍刀具制作、薰香制作、自行车、火器等传统工艺以及艺能、节日庆典等传统文化，也有介绍城市结构、自然环境、历史等专门学术的讨论。主讲人的构成也是丰富多彩，其中来自民间的企业、团体以及个人占了二十几年来讲座数量的45%（共45人次），隶属于大学的研究人员占了35%（共35人次），来自于民间研究机构的研究人员为12%（共12人次），而隶属于政府的讲演者为8%（共8人次）。通过这种每年数次的不定期座谈会的方式，堺都市政策研究所与地区内的大阪府立大学、大阪女子大学、羽衣国际大学、桃山学院大学，以及各地区的主管单位和民间团体共同成立了“堺·南大阪地域学会”。

除堺都市政策研究所以外，其余参与到堺学研究的机构，比如堺市政府、堺市博物馆等也通过各种方式宣传并大力推广堺学。堺市政府专门设有针对儿童的入门级堺学的网页以及由市政府提供资金的研究项目成果的公开网页，并且以市长为首的政府管理人员也经常性地参加全国各地召开的关于堺学的座谈会以及论坛。堺市博物馆利用馆藏的历史资料等积极地对堺市的历史、城市构造、传统工艺等展开研究，并定期将研究成果反馈于社会。

综上，堺学是在堺市政府的大力支持下，以堺都市政策研究所为中心，地区内的大学以及民间研究机构积极参与调查研究而得以发展的。在堺学的研究启动以后，通过举办座谈会、积极募集民间研究员等举措促进当地居民参与到堺学的研究中来。与此同时还利用大学、民间研究机构开展学术研究，并通过经济上的支持促进地区以外的研究人员参与其中。最后通过政府网页、座谈会、出版物等方式向社会反馈以及宣传堺学研究。

从堺学开展的形式来看，已经出现了将地元学与地域学融合的趋势。其中政府带头出资成立堺都市政策研究所，以及充分利用地区内大学以及民间的研究机构开展研究为地域学的特征；另外，通过募集民间研究人员，积极与民间企业沟通，及时反馈研究成果，将堺学的壮大着眼于本地居民的意识与参与，对地区外的堺学研究人员提供支持以达到扩大视野的目的则是地元学的主旨。虽然堺学并没有如富士学一般更加广泛以及对自然、防灾、观光等领域展开专门的学术性的研究，但是仍为其他地区的地方学研究提供了一种可持续发展的模式。

四、总结

本文总结了日本地方学研究的发展历史，并以立足于大阪府堺市的堺学为实例，考察了地方学研究的现状并展望了未来的发展趋势。日本的地方学研究是由地元学与地域学构成的。虽然地元学和地域学的发展轨迹以及内在有细微不同，但是无论是地元学还是地域学都是由对地方发展中出现的种种问题，比如环境污染问题、过度城市化问题等，而引发的思考为契机成立的。并且，近年来如同富士学所示，在研究方法、推进方式上也逐渐出现了统一、合并、融合的趋势。

堺学的事例告诉我们，首先，为了避免地方学的研究陷入发展瓶颈，需要注重包括历史、产业等种种地方细节，从传统的宏观研究视点转为微观研究，深挖城市文化。其次，不仅仅是学术研究，更需要听取本地居民、企业等地方学研究范畴内民间的声音，以完善和丰富地方学的内涵。最后，需要建立一个推广地方学的有效机制。除了展开学术层面的论坛、召开研讨会以外，同时也要积极策划面向民间的讲座，夯实地方学研究的民间基础。这些实际层面的研究以及推广工作的大前提是地方政府提供包括资金、政策、行政等方面的大力支持。

目前，中国处在类似于地方学在日本兴起的时期，日本地方学的发展可为中国的地方学发展提供借鉴。过度城市化、日趋严重的环境污染以及逐渐扩大的城乡差距都迫使我们通过地方学这一特殊的舞台对这些伴随经济高速发展所出现的种种问题进行有系统的、深层面的思考。

日本における「地域学」の動向と可能性[❶]

——山口大学教育学部やまぐち学研究会のとりくみから—

荒木一視*

摘　要：日本における「地域学」の取り組みとして，山口県山口市に位置する山口大学における「やまぐち学」プロジェクトを紹介する。このプロジェクトは3名の地理学者を含む山口大学教育学部に所属する12人の分野の異なるメンバーにより2002年に立ち上げられた学際的な取り組みで，それ以降月例会と共に年一回のフォーラムを企画してきた。例えば，2002年にはやまぐちに伝わる伝統芸能である鷺流狂言に着目したシンポジウムを，2003年にはやまぐちで活躍した著名な水墨画家である雪舟に着目したシンポジウムを開催した。同様に2007年には日本酒，2008年には日本刀を取り上げた。双方ともに近世やまぐちの主要な産業であった。2009年以降は台北近郊の淡水にある淡江大学との共同研究として再編成され，双方の研究者が毎年相互訪問する形で研究プロジェクトが進められている。なお，淡江大学側には「淡水学」の取り組みがある。また，「Journal of East Asian Identities」と題した電子ジャーナルの刊行が計画されている。今後の「地域学」の可能性に関わる論点として，自己を描くという視点，発信先，地方大学における意義を上げることができる。

キーワード：山口学；動向；可能性

---

❶　翻译为中文是：日本“地域学”的动向和可能性。

*　作者简介：荒木一視，1964年6月2日和歌山県生まれ，日本国，男，博士（文学），山口大学教授，専門は経済地理学。

摘　要：山口大学坐落在山口市，本文选择山口大学的山口学作为日本地方学研究案例进行研究。山口学成立于2002年，它是一个跨学科的研究小组，由12个初始成员组成，包括山口大学教育学院的3个地理学家。自成立以来，研讨会成员举办每月的会议和年度会议/论坛。例如，2002年研讨会的主题是鹭流狂言（*Sagiryu Kyogen*），这是一种传统的戏剧，2003年的主题是水墨画（Sumie）。2007年主题是日本酒，2008年主题是日本刀，这两种都是山口传统工业的主要产品。自2009年以来，研究会与中国台湾台北附近的淡江大学进行了合作。台北淡江大学也有一个当地的研究项目"淡水学"。我们每年都在推进这两所大学项目成员的互访活动，并在2016年推出了名为"东亚认同期刊"的新期刊。地方大学的自我评价和效能的观点可以作为地方学研究的进一步论证。

关键词：山口学；动向；可能性

Abstract: Yamaguchi University is located in Yamaguchi City, Yamaguchi Prefecture, Japan and I would like to introduce Yamaguchi-Gaku (山口学) project in Yamaguchi University as a case of local studies in Japan. It was set up in 2002 as an interdisciplinary research team by 12 initial members including 3 geographers in the faculty of Education in our university. Since then Yamaguchi-Gaku members had conducted monthly meeting and annual symposium/forum. For example, the theme of symposium in 2002 was Sagiryu Kyogen, a traditional drama like Noh carried on in Yamaguchi and the theme in 2003 was Sumie (ink painting). That in 2007 was Japanese Sake and that in 2008 was Japanese sword, both were major products of traditional industry of Yamaguchi. Since 2009, Yamaguchi-Gaku reorganized as a collaborative project with Tamkang University, near Taipei. Tamkang University also had a local study project named Tamsui Studies (淡水学) and Tamsui is a place-name of the university. We are continuing mutual visit by project members of both universities every year and have launched a new journal named "Journal of East Asian Identities" this year. Local universities' viewpoints of self-evaluation and potency can be identified as further arguments for local studies.

Key Words: Yamaguchi-Gaku; Trend; Possibility

一、序論

本稿では日本の「地域学」の動向を概説した上で，山口大学教育学部やまぐち学研究会の活動を取り上げて，その可能性を論じるものである。まず，ここで取り上げる「地域学」という概念であるが，日本においては「ご当地学」や「地元学」などとも呼ばれ，地域振興などの文脈で語られることが多い。また，学術的な背景が明確でないものも少なくない。さらに，近年は大学の地域貢献の枠組みの中で「地域科学部」や「地域学部」などという名称の学部や学科が数多く設置されるようになり，その名称や使用法に混乱が生じているともいえる。このような文脈があるためここでは「地域学」と括弧を付して使用するものとした。以下では，日本における「地域学」の来歴を振り返り，本研究の対象とする「地域学」の概念を明確にしたい。

「地域学」が日本で注目されるようになったのは1990年代以降であるが，筆者はその前史として1980年代までの「日本学・日本研究・Japanology」の流行があると考えている。例えば，1974年に広島大学教養部が改組され総合科学部が発足し，地域文化コース日本研究講座が作られた。さらに1985年には同教室内に日本研究研究会がおかれ，教室紀要として「日本研究」を創刊した[1]。また，国際日本文化研究センター（日文研）が設立されたのは1987年で[2]，1992年には総合研究大学院大学文化科学研究科日本研究専攻が設置される。同センター紀要である「日本研究」も刊行され，今日に至るまで一つの日本文化に関する研究拠点を形成している。

無論，以上のような動向のはるか以前からいわゆる地域研究・Area Studiesは続けられていたわけであり，オランダのライデン大学の日本学科など古くからの欧米の日本研究，いわゆるJapanologyは存在していた。それらはあるいは19世紀後半におけるヨーロッパのジャポニズムの流行，あるいは植民地研究や敵国に対する情報収集などの文脈で把握することができる。こうした以前からある日本研究と，1980年代の日本研究の流行の決定

---

[1] 村上誠（1985）「巻頭言」日本研究1. および村上誠（1985）「「日本研究」研究室の十年」日本研究1，44-49.

[2] 同センターの詳細はhttp://www.nichibun.ac.jp/ja/.

的な違いは，前者が他者を見る視点であるのに対して，後者が自己を見る視点であるということである。すなわち，前者が欧米人が日本を見る視点としての日本研究であるのに対して，後者は日本人が日本を見る視点としての日本研究であるという点において大きく異なる。こうした視点を獲得したことがその後の「地域学」の流行の背景に存在していると考える。それは同時にそれまでの地域研究・Area Studiesと間には断絶があるということでもある。

同様にしてここでいう「地域学」の大きな特徴は，それが「地元学」や「ご当地学」などと別の呼称を用いられようとも，共通して言えることは，自己を対象にしているということである。他地域のことを論じようとするのではなく，自地域のことを論じようとする「地域学」ということが共通する大きな特徴である。それは決して欧米人が他者である日本を見るという文脈ではなく，日本人が自身である日本を見るという文脈の延長上に位置付けられるものである。このような背景から；ここでいう「地域学」は，従来の地理学で使われてきた地誌や地域研究，あるいはRegional GeographyやArea Studiesという文脈とは連続したものではない。結果として類似した取り組みがなされることはあるかもしれないが，学術的な系譜が繋がっているとは言い難いのである。従来の地域研究やRegional Geography，Area Studiesが他地域をどう理解するか，どう認識するかという方向性を有していたのとは異なるからである。

以上の文脈を踏まえて，日本の「地域学」の幾つかを紹介したい。早くからのものとして横浜学がある。横浜学は1990年代から横浜市の刊行する「調査季報」にその取り組みを見て取ることができる。例えば，1989年の調査季報99/100号では「特集・横浜論」が組まれ，「横浜学を考える」という座談会が企画されているほか，翌年には吉田の論考が掲載されている[1]。横浜学は大学の研究者の取り組みを踏まえて，自治体が積極的に関わったものである。なお，吉田はその論考の中で先行する取り組みとして，「長崎学」「神戸学」「江戸東京学」「掛川学」の4つを取り上げ，目的のみならず大学，行政，民間のそれぞれがどのように関わっているかなどの特徴を検討している。また，いずれも学際的な試みであるが，それぞれ歴史や文化が中心となっていることや，都市研究としての性格を持っていること

[1] 吉田廸矩（1990）「横浜学と横浜学シンポジウム」調査季報107，48-52.

も指摘できる。

一方，都市研究よりも地理的に広範な領域を対象としたものに「東北学」がある。「東北学」は東北芸術工科大学に設立された東北文化研究センター❶が母体となって，1999 年より「別冊東北学」，2004 年より「季刊東北学」などを刊行している。民俗学者の赤坂憲雄が提唱した文化，地理，歴史，経済などの学際的な総合研究の取り組みである。先の「横浜学」などが文化や歴史など人文科学色が濃かったのに対し，社会科学色がより強くうかがえることと，都市に限定しない広範な地域を対象としていることが特徴である❷。また，環境に着目したアプローチとして「水俣学」がある。「水俣学」は1999 年に「負の遺産としての公害，水俣病を未来に活かす」ことを目的に提唱され，2005 年には熊本学園大学水俣学研究センターが設置され，「水俣学研究」や「水俣学通信」を刊行している❸。この他にも，國學院大学渋谷学研究会の「地域・渋谷から発信する共存社会の構築」(渋谷学）プロジェクト❹は2008 年から継続的に研究会を開くとともに，渋谷学シンポジウムも継続している。また，三重大学では環境に重点を置いた「四日市学」が情報発信を続けている❺。なお，ここに取り上げたのは今日の日本で展開されている「地域学」の極めて一部でしかなく，非常に多くの「地域学」の取り組みが存在している。

このような一連の日本における「地域学」の取り組みの特徴として以下をあげることができる。第 1は学際的な枠組みを持つということであり，人文科学が中心的なもの，社会科学に重心があるもの，環境価格に着目するものなど様々な形態があるものの，いずれも既存の学問領域に完結するタイプのものは少ない。第 2は，当該地域の研究機関等が中心になって地域学プロジェクトを実行しており，そのテーマに関する研究者の分布が他地域にまで広がりを持っているわけではなく，必ずしも全国的な広がりを持つというわけではない。これは上記の自らの目で自らを見る（他者の目で見

---

❶ 同センターの詳細はhttp: //blog.tuad.ac.jp/tobunken/.

❷ 吉田（1990）では「地域学」と並行して「都市学」という言葉が用いられているほか，文化や伝統といったキーワードが目立つことと比べて，東北学の取り組みはややスタンスの異なることがうかがえる。

❸ 同センターの詳細は http: //www3.kumagaku.ac.jp/minamata/.

❹ 詳細は http: //www.kokugakuin.ac.jp/oard/suishin_ kenkyuukai_ shibuya.html.

❺ 例えば朴恵淑・上野達彦・山本真吾・妹尾允史（2005）「四日市学——未来をひらく環境学へ」風媒社や朴恵淑編（2007）「四日市学講義」風媒社などがある。

るのではない）ということと同義でもある。以上を日本における「地域学」の特徴として指摘しておきたい。

二、山口大学やまぐち学研究会

本章では山口大学教育学部やまぐち学研究会の活動を中心に論じる。その際，（1）2002年の発足とその背景，（2）その後2008年までの活動，（3）2009年以降の活動に大別した。

（1）発足とその背景

山口大学教育学部やまぐち学研究会は2002年に発足したものであるが，その背景には当時やまぐち大学学長であった広中平祐の取り組みが存在している。広中はフィールズ賞を受賞した著名な数学者であり，コロンビア大学，ハーバード大学，京都大学などの教鞭をとった。また，山口県出身でもあり，1996年から2002年まで山口大学学長を務めた。学長在任時の2000年には山口大学時間学研究所を設立し，現在に至っている。時間学研究所は時間という観点からの学際的な研究を推進し，その社会的な還元を目指すこと，特に文理融合による研究成果を目指すことが謳われてている❶。広中はこれに次ぐ研究所を構想していたと思われ，やまぐち学研究会の活動報告書である「山口大学教育学部「やまぐち学」研究会活動3年間の記録（平成13年12月17日~平成16年3月31日）」によると，2001年の暮れに，発足時のメンバ-3人が弘中学長から「時間学に対抗するテーマ」で企画を依頼されたことが記されている。これを受けて2002年に山口大学「やまぐち学研究所」創設準備プロジェクトがスタートした。その際のメンバーはいずれも教育学部の教員10名であった❷。

なお，やまぐち学研究会は「山口」ではなく「やまぐち」を用いている。その対象とする範囲についても「山口市」あるいは「山口県」などと限定せずに，緩やかな対象としている。行政単位としての山口市は合併を

❶ http://www.rits.yamaguchi-u.ac.jp/?page_ id=6 参照。なお，同研究所の詳細は http://www.rits.yamaguchi-u.ac.jp.

❷ その後，2004年2月にはメンバーは12名となり，それぞれの専門は地理学（3名），文学（2名），情報処理，美術史，音楽史，食物学，芸術学，建築学，被服学（各1名）で，まさに学際的な集団であった。

繰り返しており，その領域は一定ではなく，1929年以前は山口町であった。また，山口県が設置される以前には山口は山口盆地の限定された地域を指す地名で，現在の県域を指す呼称ではなかった。それに対応するのは旧国名の「周防」と「長門」，及び両者を合わせた「防長」という範囲である。それゆえ厳密には江戸時代に山口といった場合，現在の県域を指すことはない。しかしながら，こうした厳密性に拘泥することに積極的な意味が見出せるわけでもない。そこで，それら山口と呼称される地域に関わることを広く対象とするものとした。

(2) 2008年までの活動

2002~2008年まで毎年一回公開シンポジウムや講演会を「やまぐち学フォーラム」として開催した。それぞれ「やまぐち」にかかわる物事がテーマに掲げられている。以下，概略を示したい。第1回やまぐち学フォーラム「山口鷺流狂言再発見」として鷺流狂言がテーマとなっている。鷺流とは狂言の流派の一つで，大蔵流，和泉流とともに江戸時代まで3大流派であった。明治以降は衰退し，能楽協会に所属する流派としては途絶えているが，現在，山口を始め佐渡や佐賀で県の文化財に指定されて存続しているものである。フォーラムでは鷺流狂言の研究者2名による講演と山口鷺流狂言保存会による演目「首引」が演じられた。その後，研究者や演者に弘中学長を交えたパネルディスカッションが行われた。

翌年の「ちいさい都市からの発信」は山口市が県庁所在都市としては日本で人口が最も少ないことを踏まえたものである❶。人口の多寡に一喜一憂せず，あるいは人口の多寡をもって都市を評価せず，地方の小都市の魅力と存在意義を論じることを試みた。また，中四国都市学会との共催シンポジウムの形をとり，研究者のほか，下関市役所職員や地元のミニコミ誌の編集者，地元の文化振興にかかわるNPO関係者らが話題提供をした。

---

❶ 2016年現在，山口市と松江市，鳥取市，甲府市がおよそ人口19~20万人程度で県庁所在都市の人口の最も少ないグループを構成している。ただし，山口市の人口は2005年に小郡町，秋穂町，阿知須町，徳地町と合併，2010年に阿東町を編入した結果であり，シンポジウムのあった2002年時点では最少であった。またこうした合併は他市でも繰り返されており，人口最下位は容易に入れ替わる。特に山口市の場合は広域合併の結果，面積は1，023平方キロで，静岡，富山，札幌について全国で4番目に広い県庁所在都市となっている。このため人口密度では193人/平方キロと全国で最も人口密度の低い県庁所在都市となっている。

2003年のテーマは「水墨画」であり，室町時代の水墨画家である雪舟が山口を活動拠点の一つとしたことにちなむものである。現代中国の山水画家である郭世昌氏による講演および実演と実技指導が行われた。なお，主催者には山口大学と中国工芸美術学会所が専門委員会が並び，後援としてやまぐち学研究会のほか，山口市，武漢市美術家協会，湖北工芸美術協会，武漢書画院などが連なった。

以上が当初の予算年度の主要な活動である。また，これ以外にもほぼ月に一度のペースで打ち合わせや例会を重ねている。ここまでの活動は「山口大学教育学部「やまぐち学」研究会活動3年間の記録（平成13年12月17日~平成16年3月31日）」として報告書がまとめられている。

これ以降は第2期の2年間となり，第4回やまぐち学フォーラムは現代美術に焦点を当てた美術展の形態をとった。対馬海峡を隔てて山口と蔚山は向かい合うという位置にあり双方の大学（蔚山大学と山口大学）で教鞭をとる現代美術の作家が中心となって，1週間にわたって山口市内の「クリエィティブスペース赤れんが」と「菜香亭」を会場として美術展を開催した。韓国側から25名，日本側からも10名が作品を出展したほか，韓国側からは教員のほか学生15名も来山した。期間中の展示に加えて，「地方都市とアート/文化」と題した講演と討論会が持たれたほか，世界最初の電子楽器といわれるテルミンの演奏会も開かれた。また同年9月には韓国蔚山市の「ヒュンダイアートギャラリー」を会場として「蔚山×山口日韓交流現代美術展」を開催し，同様の企画を両都市で開催した。また，これに似た企画として「エジンバラ×山口」も2004年10月1日から3日のスケジュールで開催した。これは山口大学人文学部美学美術史研究室，エジンバラ芸術大学，NPO法人山口現代芸術研究所との共催企画で，エジンバラと山口の国際文化交流を目指したもので，パトリック・ゲディス（ゲデス）に着目して都市，大学，芸術を一体的にとらえる試みを展開した。

第5回やまぐち学フォーラムは「捕鯨」がキーワードで，「鯨文化を考える」と題して，下関くじら食文化を守る会会長の和仁皓明氏の講演会を企画し，鯨料理の試食会も合わせて開催した。鯨をテーマにしたのは山口県下関市が日本の捕鯨基地の一つであったことによる。このほかに山口街なか大学からの依頼を受けて，「やまぐち修学旅行」，山口大学の共通教育科目として「やまぐち学」を開講したほか，メンバーがオムニバスで担当し，

15 回の授業を行った。また，2005 年 10 月にブルガリアのシュメン市で開催された国際カルスト会議にもメンバーが参加した。これは山口県に日本有数のカルスト台地である秋吉台があることにちなむものである。ここまでの活動は「山口大学教育学部「やまぐち学」研究会活動の記録 II（平成 16 年 4 月 1 日~平成 18 年 3 月 31 日）」として報告書がまとめられている。

第 6 回フォーラムは「日本酒」をテーマにしたものであるが，これは江戸時代までの山口は米の一大産地であり，それを原料として数多くの日本酒が作られていたことにちなむものである。研究者に加えて，居酒屋店主，酒店店主，酒造業者などがパネラーになった第 1 部のあと，第 2 部として実際に山口県内の日本酒の試飲会を行った。試飲会では山口県酒造組合および地元の蔵元の支援を得て約 35 銘柄を並べた。翌年の第 7 回フォーラムは「山口の刀剣と鐔」と題して，日本刀を取り上げ，講演会と刀剣と鐔の展示を行った。講演会では県内在住の刀匠，刀剣保存協会の顧問や東京国立博物館の研究員らが話題提供を行った。これは山口が中世の大内氏以降武家の文化が根付いている，また，長州鐔が長州藩の産業ともなっていたという理解に立ったものである。実際に18 振りの日本刀と約 50の鐔が展示された。第 8 回フォーラムは「中華書法　書・その美と魅力」と題し，台湾の書家である馬銘浩氏による講演と書道の実演を行った。これも先の雪舟と水墨画と同様に墨の芸術に着目した企画であった。その際，馬氏が淡江大学の教授であったことが，後述の翌年以降の活動に変化していく契機となる。以上の年一回のフォーラムの開催以外にも，従来通り毎月例会を開催するとともに「共通教育総合科目　やまぐち学」として一般学生のための授業を開講した。このように2008 年までは山口にまつわるテーマに着目したフォーラムを展開してきた。

（3）2009 年以降の活動

2009 年以降はそれまでの山口にちなむテーマで年一回のやまぐち学フォーラムを開催するという形には終止符を打ち，台湾の淡江大学との交流に重点を移していく。既に述べたが，第 8 回フォーラムで招いた淡江大学の教授との交流を軸に，2009 年の企画として台湾・淡江大学を訪問して，そこでやまぐち学メンバーが講演などを行うという形態を模索した。実際に「やまぐち学　台湾学術シンポジウム（第 9 回やまぐち学フォーラム・やまぐち学・淡水学交流検討会）」という形で2010年2月4~7日までメンバー4名が淡江大学を訪れた。なお，淡江大学は大学の所在地である淡水（台湾北部，淡水河の河口北部）の地名にちなんだ「淡水学」のプロジェクトを持っており，この訪問を契機に台湾側のメンバーとやまぐち側のメンバーが相互に行き来して，お互いの研究成果の交流を図るという枠組みが形成される。

これに続いて2011年11月26日には台湾側から2名の研究者を山口に招き，「日台交流水墨画シンポジウム」を開くとともに，書道と水墨画の展覧会も開催した，さらに，翌2012年3月8日には「中日交流水墨画検討会」と題してやまぐち学のメンバー2人が台湾を訪れて講演会を行った。さらに2013年7月には台湾側から5名を招いてシンポジウムが開催された。あわせて，この時に山口大学教育学部と淡江大学文学院の学術交流協定が締結された[1]。このほか，2010年度も引き続きメンバーが主体となった共通教育の授業を実施するなどの活動を続けた。概ねここまでの企画では水墨画をキーワードとしており，先に示した雪舟と山口の関係性に立脚したものであったといえる。

翌年からはこの交流協定を踏まえて重点連携大学研究プロジェクト（相手大学：淡江大学，研究プロジェクト名「東アジア的文化アイデンティティ構築におけるメカニズムの解明に向けて」）が始まる。重点連携とは山口大学が2013年から開始した研究プロジェクトで，大学全体のレベルアップと世界大学ランキングの順位上昇を目指し，山口大学の学術交流協定校の中から，研究力向上につながると期待できる海外の大学を選定し，連携強化を推進しようとするものである。この時選定された7つのプロジェクトの1つが淡江大学との重点連携プロジェクトである。このプロジェクトには山口大学からはそれまでのやまぐち学のメンバーを中心に7名（7名の専門は地理学，古典文学，芸術，情報など），淡江大学からは5名が参加した。このメンバーで「地理・歴史」「古典の意義」「伝統の継承」「近現代芸術の創造」「メディア・アート」の5つのテーマを設定しそれぞれのテーマに双方のメンバーが参画する形で，プロジェクトを実施することになった。

各テーマの概要は以下の通りである。「古典の意義」においては、中国大陸から受けた文化が日台でどのように変容していったかということを具体

---

[1] シンポジウムは「学部間交流協定結記念シンポジウム」として開催された。

的な検討対象とし，一例として日本で現代でも年中行事として行われる「七夕」に着目し，その受容と変容を文献を通して究明することに取り組んでいる。「伝統の継承」においては，東アジアにおける音楽的伝統の継承に関する考察と具体的内容の吟味をおこない，それに基づいてインターネットを通じての東アジア的音楽の伝統の普及を具体的に検討することに取り組んでいる。「地理・歴史」においては，2つの観点を提起した。第1は日台における近代食文化であり，山口大学東亜経済研究所所蔵の資料や台湾で収集・収集予定の資料に基づき，当時の台湾で日本食がどのように受け入れられたのかを把握するとともにその食材のどの程度が日本からの貿易に依存していたのかを解明する。他方は日台における自然観の変容であり，両国の人々がどのような場所に集落を形成し，住居や建造物，土地利用等にどのような工夫をこらしてきたのかを地図や写真から明らかにする。さらに歴史資料を用いながら景観の形成と変化の要因について時代を追って明らかにする。「近現代芸術の創造」においては，日本統治時代に台湾から留学した黄土水に大きな影響を与えた高村光太郎の足跡をたどり，両者の文学的内容と美術表現がどのように取り込まれているのかを把握する。また，近現代における日台の芸術交流の調査研究として，戦前の台湾美術展の日本人審査員の調査，日台の現代における水墨表現の交流について研究については，学生の交流展覧会や日台の若手気鋭画家の選抜展の開催などを調査する。以上が，現在進行しているプロジェクトである。また，これに沿った山口大学重点連携プロジェクトのシンポジウムとして，2015 年 11 月 14 日に「山口大学がつなぐ世界と山口」（第 1 部　東アジア人を知ろう　台湾，そして日台の関係　第 2 部パネルディスカッション）を開催し，あわせて2017 年 11 月には淡江大学にてシンポジウムの開催を予定している。

これに加え，重点連携プロジクトの一環として目下電子ジャーナルの構築を進めている。ジャーナルの名称は「Journal of East Asian Identities」で，2016 年 3 月に紙媒体として第 1 巻を刊行した。文学や歴史，芸術などを中心に7 本の論文を掲載した。なお，論文の内訳は日本語論文 2 編，中国語論文 4 編，英語論文 1 編である。第 2 巻以降は電子ジャーナル化を目指して作業が進行している。以上が，2009 年度以降取り組んでいるプロジェクトである。従前のやまぐち学研究会の取り組みが，学内あるいは学部内の枠組みで展開していたことと比べると，海外の大学との学部間交流協定や大学間の重点連携プロジェクトとして位置づけられたことは，より大きな枠組みを持つに至ったと見ることができる一方，やまぐちにかかわる事象に着目するというローカル性は後退したと見ることもできる。

三、結論

以上に示した山口大学教育学部やまぐち学研究会の活動である様々な「やまぐち学」のプロジェクトの事例❶を通じて，日本における「地域学」の動向の一端を検討したい。先に挙げた日本における「地域学」の2つの特徴の1つの学際性については，「やまぐち学」もよく当てはまり，教育学部に所属する様々の分野の教員が関わってきた。水墨画をはじめとして，とくに芸術系の取り組みの比重が大きいことが特徴であったともいえるが，日本刀や日本酒，捕鯨など伝統産業などへの関心も認められた。次に，2つ目の当該地域の大学や研究者による取り組みという点においてもその枠組みに当てはまる。2008年までに毎年開催してきたフォーラムもその参加者の多くは山口大学学生を含めた地元住民であり，地元民を対象にした発信であったということができる。一方，2009年以降の活動は発信先がカウンターパートの台湾側となり，淡江大学の研究者や学生に向けた「やまぐち学」の発信ということになる。同様に，淡江大学の研究者が来日した場合は，「淡水学」の山口大学の研究者や学生に向けた発信として理解できる。

それでは以上のような山口大学やまぐち学研究会の「やまぐち学」の取り組み，および日本の「地域学」特徴を踏まえて，今後の「地域学」に関わる論点や可能性に言及したい。第1は対象を見る視点であり，「やまぐち学」の場合においても山口から山口を見るという自己を見る視点が特徴であった。これは従来の地域研究・Area Studiesが他者を対象としていたのとは好対照をなす。地域研究・Area Studiesの背景として欧米諸国が非欧米諸

❶ 2016年1月に山口大学山口学研究センターキックオフシンポジウムが開催され，県内の歴史や文化、産業など全ての分野に関して文理融合の視点で研究を推進することが期待されている。本稿で取り上げてきた山口大学教育学部やまぐち学研究会とこの新たに開設されたセンターは，数人のメンバーが重複しているものの，基本的には別の組織であり，直接的な関係はない。「山口学」を名乗る研究グループは本稿で取り上げた教育学部のもの以外にも，人文学部にも類似のものがあり，大学としてはそれらをまとめる形でセンターの発足につなげようとしたものである。

国を「発見」し，それを植民地として支配し，経営していくための様々な情報の収集とその体系化を必要としたことがある。かつての「商人地理」「商業地理」（Kaufmanns-geographie）や地誌学もその範疇に含めることもできる。何れにしても，自分たちの世界ではない，未知のものを対象とする学問であった。その文脈において，西洋世界に発見されつづけてきた我々東洋世界は常に未知なる対象として地域研究・Area Studiesに描かれる対象であり，決して描く主体ではなかったといえる。これに対して，「地域学」は自らを対象として自らが描く主体となる取り組みであるといえる。また，他者を対象として描くとき，つねに中核から周辺を描く，あるいは上位から下位を描くというような視線の高低や優劣，貴賎のような価値観が存在していると考えられる。常に描く方の価値基準で対象を判断するからである。かつての西洋社会の描いた世界地誌や植民地研究にそれを顕著に見てとることができ，決して描かれる対象と描く主体は対等ではなかった。それは国家の中央から国家の周辺を描こうとする際にも同様のことが起こる。しかしながら，自己を描く上ではこうした視線の上下は起こり得ない。このことが「地域学」の特徴であり，今日の日本で広く受け入れられている理由の一つであるとも考える。それは日本で展開されてきた「地域学」の特徴として評価できることの一つでもある。

次に，以上を踏まえた上で今後議論されるべきは誰に対して発信するのかということである。描き出した自己をどこに発信するのかということである。言い換えれば，自地域に対して発信する「地域学」なのか，他地域に対して発信する「地域学」なのかということでもある。さらに別の観点からは，他地域の研究者を巻き込んだ「地域学」，あるいは他地域の研究者に発信する「地域学」になりうるのかということである。こうした方向性については現状ではどのように展開していくのかを見通すことは難しい。自地域向けの発信そのものは重要なことである。日本人による日本研究を日本人に向けて発信することは，十分に意義のあることであり，それは一定の評価を得ていることは事実である。しかし，同様の枠組みだけで「地域学」を判断しても良いかというと簡単には判断できない。「地域学」そのものが本来的に限定された範囲を対象とするものであり，その成果の発信先を域内に限定することが果たして効果的かという点において疑問が残る。自地域に自地域の研究成果を開陳することは重要なことであるが，それに止まってしまうことで「地域学」の可能性を矮小化してしまいかねないのではないか。

最後に「地域学」の地方大学における意義についても触れておきたい。地方，あるいは地方の大学における研究者の集積は首都圏や大都市圏と比べて貧弱である。たとえば，筆者の在籍する山口大学に地理学者は自然地理学，人文地理学それぞれ1人で，合計2人のみである。こうした状況で研究チームを構成して地理学のプロジェクトを推進していくことは極めて困難である。無論，地理学のみならず，他の学問分野においても研究者の集積が薄いのは同様であり，地方大学における学際的なプロジェクトは，こうした状況下で優秀な研究者をつなぐプラットフォームとして評価することができる。地域学の取り組みは地域貢献などの文脈で評価されることが多いが，地方の大学における研究の促進においても効果的であると考えられる。

都市計画による土地利用の変化と都市農業の保全[1]

Ena Konno（今野絵奈）*

摘　要：日本の農業問題の議論は、食料生産基地として位置づけられている中山間地域を事例としていることが多く、都市的地域ではあまり着目されてこなかった。都市農業は、都市計画の影響を受けやすく、工業化、人口流動による非農家との混住化、地域住民との共存等の都市的環境問題に対する対応も農業経営の継続において求められるようになった。本研究では、日本の都市計画の変遷、都市農業の役割等を明記するとともに、地域性を活かした都市農業のあり方を検討した。都市農業を継続するうえで最も重要なことは、生産地と消費地が非常に近いため、生産者が消費者に歩み寄ることにより農業の実態をより深く理解してもらうことができる。特に、地域住民にどのような作物をどのような方法で作っているのかということを理解してもらうこと、顔の見える・話せる関係を作り出すことで、より信頼感が生まれ、ひいては地域コミュニティの形成にもつながる。

キーワード：都市計画；都市農業；農業振興法；土地利用

摘　要：在有关日本农业问题的讨论中，日本中部山间地带作为粮食生产基地常常作为典型案例被讨论，而都市地区则几乎没有太多人关注。都市

---

❶　翻译为中文是：城市规划中所见土地利用的变化与都市农业的保护。

*　作者简介：今野 絵奈，1984年2月25日生、日本国，女性、博士（農業経済学）、公益社団法人中央畜産会経営支援部（支援・調査）、日本神奈川県（主たるフィールド）及び日本国内の農村部。

农业是一种极易受到城市建设规划影响的农业形态，而且在都市农业的运营中还需要解决这些问题，即因工业化、人口流动等因素常常与城市非农业元素交叉混合，以及与地区居民共生等城市环境问题。本研究希望在厘清日本的城市规划变迁和都市农业的角色定位的同时，探讨能够充分发挥地区活力的都市农业发展方式。在保护都市农业存续中有一个最重要的问题，就是如何深入理解如下都市农业现状，即生产区与消费区接近以及生产者与消费者之间不断接触。尤其是要了解地区居民用怎样的方法生产了什么样的作物等问题，通过见面、对话等方式，让彼此产生信任感，并进而促进地区社群的形成。

关键词：城市规划；都市农业；农业振兴法；土地利用

Abstract: Amid discussions on agricultural issues in Japan, the mountain belt in Central Japan as cereal production base is often cited as a typical example, whereas urban areas are almost overlooked. Urban agriculture is an agricultural form easily affected by urban construction and planning. Besides, environmental problems arising from industrialization, population mobility and the intermingling effect between urban agriculture and non-agricultural elements need to be addressed in the running of urban agriculture. This article aims to identify changes in Japan's urban planning and to clarify the role of urban agriculture so as to find an urban agriculture development mode which can tap the full potential of local areas. While sustaining the development of urban agriculture, a crucial question needs to be kept in mind: How to get an in-depth understanding the status quo of urban agriculture: the close distance between production and consumption areas and the constant interactions between producers and consumers. In particular, it shall be examined how people in a particular area produce what kind of agricultural produce. Face-to-face interviews, dialogues can be initiated to nurture mutual trust and thus promote the formation of social groups in local areas.

Key Words: Urban Planning; Urban Agriculture; Agricultural Revitalization Code; Land Use

一、はじめに

日本の農業問題の議論は、食料生産基地として位置づけられている中山間地域を事例としていることが多く、都市的地域ではあまり着目されてこなかった。

日本の農業地域類型には、都市的地域、平地農業地域、中間農業地域、山間農業地域と4つにわけられる。都市的地域で行われる農業は、市街化区域で行われるものを都市農業、市街化調整区域で行われるものを都市近郊農業と区別することもあるが、近年では区別が難しく、都市農業と位置づけていることが多い。都市農業は、都市計画の影響を受けやすく、工業化、人口流動による非農家との混住化、地域住民との共存等の都市的環境問題に対する対応も農業経営の継続において求められるようになった。

都市的地域においても、都市計画に基づき優先的に都市化を進めていく地域、農業を振興していく地域と区分されており、生産者は都市計画に翻弄されることもある。2011年3月の東日本大震災をはじめ、大雪被害や豪雨被害により都市部への食料流通網の弱点が浮き彫りとなり、都市計画と並行して都市農業の振興の見直しが進んできている。農産物供給機能の向上、地産地消の促進、食育の充実等を基本施策とした「都市農業振興基本法」が2015年4月に制定・施行され、都市農業の安定的な継続、良好な都市環境の形成が重要視されるようになった。本研究では、日本の都市計画の変遷、都市農業の役割等を明記するとともに、地域性を活かした都市農業のあり方を検討する。

二、都市計画の変遷に伴う土地利用の変化

(1) 都市農地制度の変遷

「都市計画法」は1919年に大都市での人口急増に対応するために制定された。その後、戦後の高度経済成長期に伴う都市部への人口流動と都市近郊におけるスプロール現象の発生により、土地利用計画制度に基づき、1968年に「都市計画法」が制定された（表1)。これに伴い、都市的土地利

用区分は、都市計画に基づき、優先的に都市化を進めていく市街化区域と農業振興、農地保全を優先的に進めていく市街化調整区域を明確に区分することとなった。

表1　都市農地制度の変遷

	制度名等 Instituition of urban agriculture
1968	新都市計画法 City Planning law
1970	宅地並み課税(農地税制の強化) Consolidation of tax system of agriclutural land
1974	生産緑地法の制定 Act concerning agricultural land
1975	大都市計画法 Metroplis Planning law
1975	農地等についての相続税納税猶予制度 Extensive system of inheritance tax payment for agricultural field
1982	長期営農継続農地制度 Ongoing farming system
1987	宅地並み課税 Consolidation of tax system of agricultural land
1991	生産緑地法の改正 Revision of act concerning agricultural Land
2015	都市農業振興基本法 Promoting to urban agriculture development

市街化区域の農地は10年以内に非農業的に転用されるものと位置づけられており、宅地並み課税されることとなった。1974年には、「生産緑地法」が制定され、市街化区域に立地する農地であっても、農地として利用していくことを前提に生産緑地としての指定を受ければ、保全すべき農地として都市計画上で位置づけられた。そのため、30年間は農地として利用することが義務付けられた。翌1975年には、「農地等についての相続税納税猶予制度」を制定し、相続により取得した農地等を農業用として利用する場合には、農業投資価格を超える部分の相続税の納税を猶予し、20年間農業を継続した場合等には納税を免除することを定めた。

1982年には、都市計画法における線引きの見直しが実施され、市街化区域内の農地の線引きが見直され、それと同時に「長期営農継続農地制度」が設けられた。長期営農継続農地として認定された場合、固定資産税の宅地並み課税を免れることができるようになった。1991年には「生産緑地法」が改正され、「宅地化農地」と「生産緑地指定農地」が確定され、保全する農地を明確にした。それに伴い、長期営農継続農地制度が廃止され、生産緑地へは固定資産税の農地課税、相続税納税猶予制度の適用、宅地化農地へは宅地並み課税が適用されることとなった。

2015年には、農産物供給機能の向上、地産地消の促進、食育の充実等を基本施策とした「都市農業振興基本法」が制定され、都市農業の安定的な継続、良好な都市環境の形成が重要視されるようになった。

(2) 都市計画と農業振興計画

都市計画とは、人口、土地利用、主要施設等近未来を想定し、そのために必要な規制や整備を実施し、都市を適正に発展させようとする方法のことである。都市の健全な発展と秩序ある運営を目的とするものであり、農業との調和という考え方は盛り込まれていない。都市部への人口流動による住宅地の確保、交通網の発達等が計画に盛り込まれ、都市部にある農地等は早期に宅地へ転用し、地域住民との都市づくりを優先し、生活環境の向上を目指すものである。

一方、農業振興計画とは、地理的条件を考慮して総合的に農業振興を図るために必要な整備や施策を計画的に講ずることにより農業の発展を目的としている。農村整備を長期的、総合的かつ計画的に推進することにより、農業生産基盤の整備、地域農業の発展、景観保全等を遂行するものである。

都市農業地域、いわゆる非農家との混住地域では、両計画が対立状態にあり、かつ土地利用区分においても混在している（図1）。新たな都市計画では、都市と農業の調和を重要視するようになった。

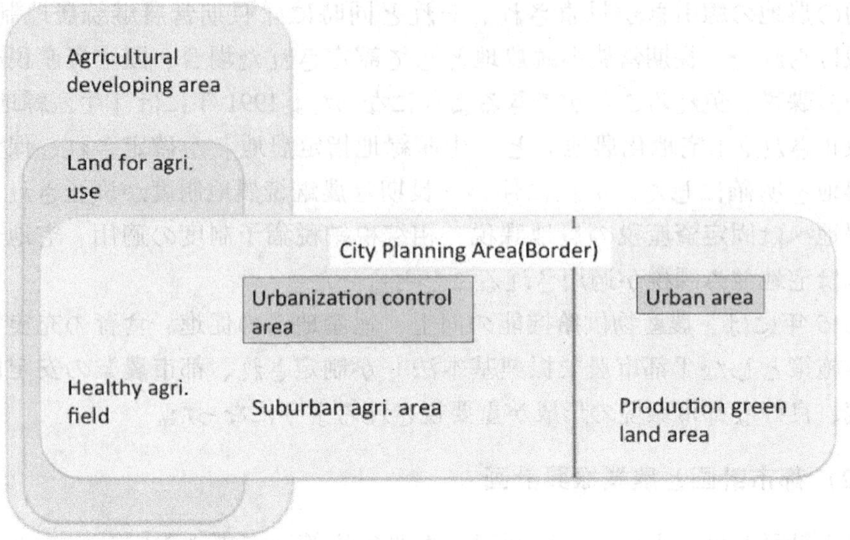

図１　都市計画法および農業振興法による土地利用区分

出典：蔦谷栄一（2005）「日本農業における都市農業——都市農業を考える——」『農林金融』より作成

三、都市農業の実態と役割

（1）都市農業の実態

かつて、政治経済の中心である東京23区内でも37種類の野菜等が栽培されていたが、都市計画法による土地利用の変化、1990年前後まで続いた混住化進行による苦情処理や都市農業批判により廃業した農家も多かった。1990年代になり、生産緑地の保護や地産地消の推進、食育の観点から都市農業の存立が見直されるようになった。生産者と消費者との距離が近いことから、消費者ニーズに合わせた農産物生産ができ、また大量の消費者がいることから販路確保が容易である。大型の直売所を設置することで地域住民だけではなく、観光客誘致にもつながり、農業の活性化にもつながる。また、レクリエーションの観点から、市民農園やクラインガルテンも増えてきており、近年ではビルの屋上を利用した都市型農業の展開も増加しつつある。

都市的地域の農業産出額は、全体の29%となっており、農地面積では全体の23%を占めている。狭小ながらも高度な技術を用いた野菜や果樹、花き生産に特化しており、稲作や畜産業は低い傾向にある。

都市農業従事者の年齢階層は、中山間地域の農業従事者と同様に約8割は50歳以上の中高年層が占めている（図2）。また、全体の半数以上は高齢者と呼ばれる65歳以上が従事しており、都市農業においても担い手問題の解消が求められる。直売所や契約取引等で新たな販路先が確保でき、生産量の増加が見込まれる地域では、Uターンや新規で若手が農業従事してケースが多く、地域で対応策を考える必要性がある。

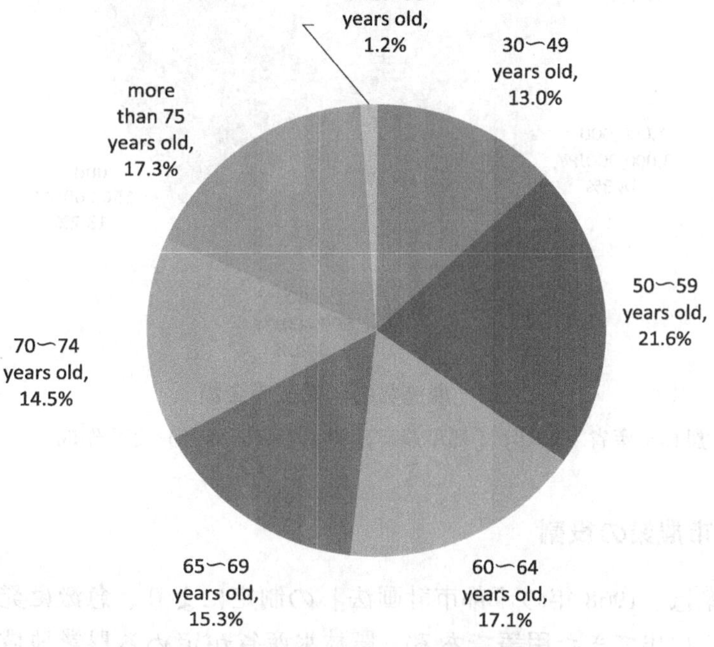

図2　都市農業従事者の年齢階層

出典：農林水産省（2010）『都市農業に関する実態調査』より作成

農産物の年間販売金額をみると、約2割は自家用として生産消費しているが、年間農業所得の平均額は270万円となっており、専業農家として経営を維持することは非常に難しくなっている（図3）。非農家との混住化による土地の分散、零細経営により、少量少品種生産をしている生産者が多い。なかには専業農家として経営しているところもあるが、経営を維持するためには、年間1，000万円以上の収益が必要であり、少量多品種生産や加工品の製造といった6次産業化をする必要性がある。また、6割以上の都市部の生産者は、不動産経営で収益を維持している。

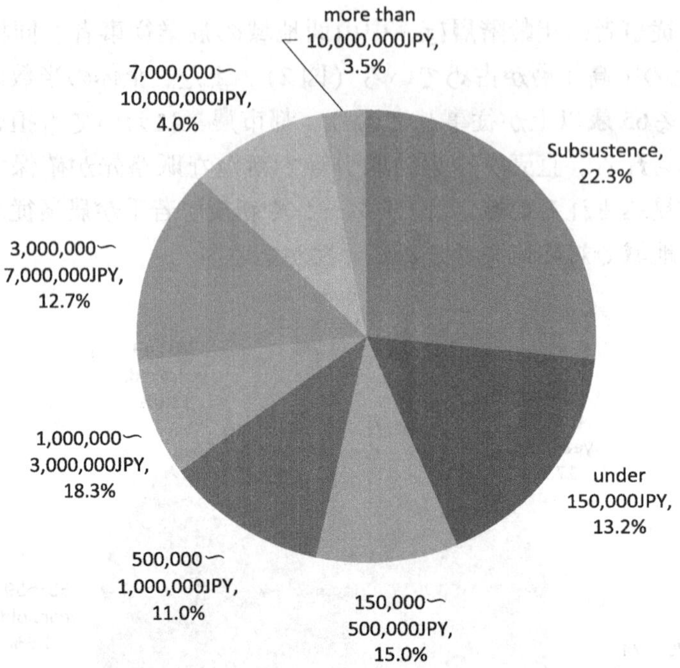

図3　農産物の年間販売金額

出典：農林水産省（2010）『都市農業に関する実態調査』より作成

(2) 都市農業の役割

都市農業は、1968年の「都市計画法」の制定により、急激に発展した都市化とともに出てきた用語である。農林水産省が定める農業地域類型区分においては、「都市的地域」に位置づけられる場所での農業のことをさす。「都市的地域」は、可住地に占める人口集中地区（DID）の面積が5%以上で、人口密度が500人以上、または人口集中地区の人口が2万人以上の市町村とされている。また、「都市計画法」で示される市街化区域や市街化調整区域での農業のことを示すこともある。

都市農業は、農畜産物の供給機能のほかに、国土の保全、水源涵養、文化の伝承等の多面的機能を有している。また、4つの役割がある。1つ目は、新鮮かつ安全な農産物の提供をすることである。生産地と消費地が近いため、地産地消を推進しやすい環境にあり、また生産者の顔が見えることから、安心して食材を購入することができるという利点がある。2003年のBSEを発端とし、食品偽装問題や輸入農産物の残留農薬問題等、食の安全性を揺るがすことが起こり、消費者はより新鮮さのほか、農畜産物の生産地、生産環境等も重視するようになり、地元食材を調達するようになりつつある。

2つ目は、農業体験、交流活動の場の提供である。収穫体験や調理実習といったイベントを開催し、子供たちへ農業や食料に興味をもってもらうことで食農教育へつながる。子供を通して、親と農家との交流の場にもなり、地域農業への理解醸成へとつながる。

3つ目は、災害時の防災空間の確保である。緑地は、食料基地でもある一方で、災害時の避難場所や仮設住宅の設置場所としての役割ももっており、大規模災害が起きた場合は、危険物の少ない広大な土地は都市部において最終避難場所として重要な役割を果たすことになる。2011年の東日本大震災をはじめ、その後の大雪被害、豪雨被害により食材流通網が遮断された経験から、より都市農業の重要性が見直されるようになった。

4つ目は、緑地空間の提供である。農地や緑地として保全することにより、環境教育の役割も果たしている。また、都会の喧騒を離れ、自然と触れ合うことにより、リラクゼーション効果があり、精神的安らぎを与えるという役割ももっている。

都市農業は、需要適応型農業とも呼ばれ、非農家との混住化が進行している地域であるため、地域住民との交流による共生関係を創造することが重要である。そのために、体験型イベントによる食農教育、農産物直売所や農業観光等の交流施設を設置する等して、地域住民への啓蒙活動が大切になりつつある。

四、生産者と地域住民との関わり

(1) 地域の概要

2006年に「神奈川県都市農業推進条例」を施行し、国よりも早く都市農業の保全に取り組んでいる神奈川県藤沢市を事例として取り上げる。神奈川県藤沢市は、東京から約50km圏内に位置し、都心から電車で1時間程度の通勤圏である。

藤沢市内の32．6%にあたる2，265haが市街化調整区域にあたり、そのうち1，794haが農業振興地域に指定されている（図4）。市街化区域と市街化調整区域が点在しており、また農家と非農家との混住化、農業と都市化の調和を目指している町である。

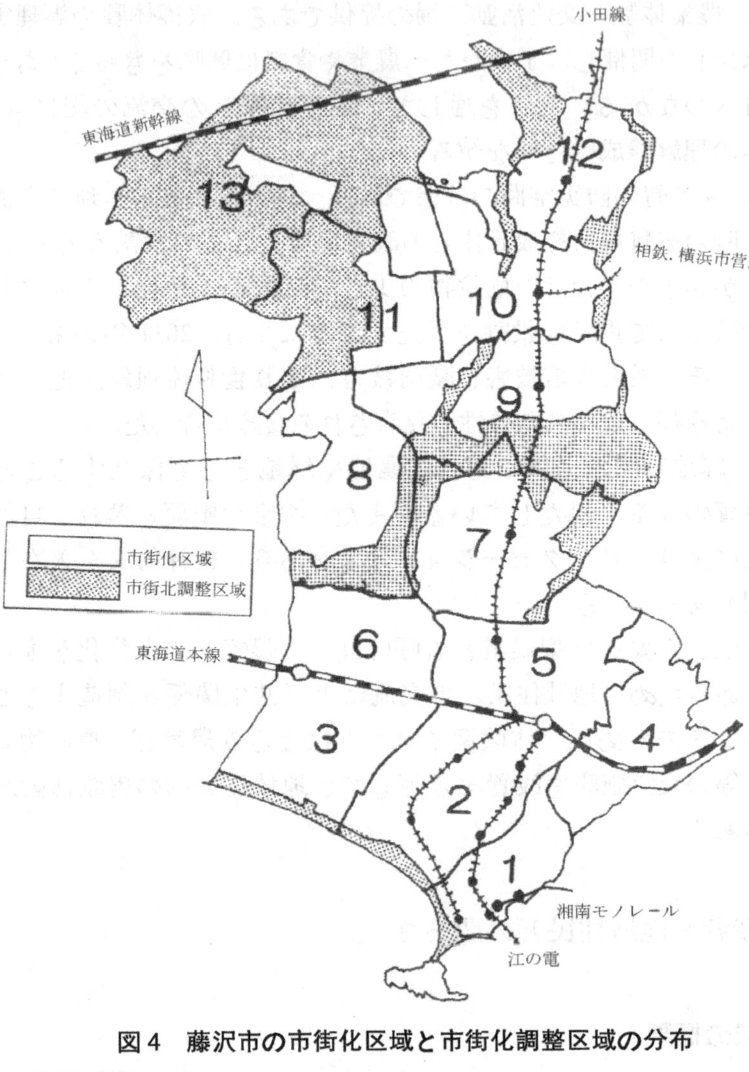

図4　藤沢市の市街化区域と市街化調整区域の分布

出典：藤沢市資料より

藤沢市は、林業を除くすべての農業部門を実施しており、稲作16.5%、園芸66.8%、花き16.7%となっている。稲作は自家消費用が多いが、学校給食へも提供されている。また、園芸には野菜と果樹が含まれており、野菜は春キャベツ、冬春トマトについては国の指定産地となっている。果樹はナシ、ブドウ、カキ等を栽培している。海沿いは、観光地や海水浴場としても有名であるが、漁場としても発展しており、シラスやアカモク等が主流であり、観光業にも寄与している。

(2) 直売所と地域住民の役割

生産者と消費者の仲介役として直売所は大きな役割を果たしている。直売の方法として、生産者の庭先（自販機・無人販売を含む）、大型直売所等があり、経営規模や形態がさまざまである。生産者にとって消費者へ直接販売することは、農産物生産に対する意識の向上、消費者ニーズを知る役割を果たしている。特に、農協が運営する大型直売所では、規格外や試作した少量青果物の販路としての役割も担っている。そのため、生産者は珍しい品種や栽培の難しい品種の栽培に積極的に取り組むことができ、少量多品種販売の実現にもつながっている。直売所で販売する際、売れ残り商品はすべて出品者が持ち帰ること、店頭ポップ（商品広告）を自ら作成すること等のルールを定めることで、生産者はより消費者目線に立った販売方法を身につけることができる。

大型直売所では、青果物や畜産物のほか、草木、加工品等、多量多品種のものを容易に手に入れることができるという消費者の利点だけではなく、近隣企業や大学とのコラボレーション企画の一役も担っている。例えば、栄養学科の学生主催の収穫体験や「旬」を知る野菜の勉強会、栄養バランスを考えた「旬」のレシピ紹介等の親子向けの食育イベントの場や大学ブランドの加工品販売先の拠点となっており、生産者と地域住民をつなぐ重要な場所となっている。さらに、大型直売所は駐車場を兼ね備えており、街道沿いに立地している場合、道の駅のような役割も果たし、観光客誘致の一役も担っている。

(3) 都市農業におけるNIMBY 問題

都市近郊で畜産業を営む場合、悪臭、害虫、騒音等が苦情の原因となりうる。特に、家畜排せつ物処理を含む衛生管理は人体に影響を及ぼすため、他地域よりも早く適正な対策が講じられた。しかし、民家が密集している地域に畜舎等が立地し、経営実態がわからない場合、苦情の標的とされ、風評被害を受けやすくなる。

都市部で牛や豚等の家畜を見られるということは、子供たちにとって非日常であり、生き物に対する情操教育になる。さらにジェラート等が食べられるとなると食育につながり、畜産業の理解醸成にもなりうる。また、6次産業化においてリピーター顧客の獲得は新規顧客の開拓以上に重要である。近隣の園芸農家との連携により、季節のジェラートを製造したり、種類を増やしたりすることも重要になる。

また、集客施設を畜舎に隣接する場所に設置することで、生産者は畜舎を清潔に保つ努力をする。さらには、農場HACCPという家畜の飼養衛生管理の認証を受けることにより、生産者の努力を公に認められるようにもなる。競争力強化や他農場との差別化を図るために認証制度を活用することは重要であり、近年では、食品残さからタンパク質源を抽出し、家畜の飼料にするエコフィード利用といった取組みも活発になりつつある。家畜公衆衛生の面から、畜舎内への出入りは容易にできないが、畜舎等を見せるだけではなく、酪農教育ファームや観光牧場のように実際に乳搾り体験や実習等を受け入れることにより、地域住民とのつながりをより強化することができる。

五、おわりに

消費者は農産物の栽培方法や流通形態を学ぶ機会が少ないため、農と食が乖離しやすい状態がある。また、農業は「キツい・汚い・危険（3K）産業」という悪いイメージに加え、「儲からない」という負の面だけが着目され、不透明な産業という認識が生じると健全な農地であっても迷惑施設になりうる。

都市農業を継続するうえで最も重要なことは、生産地と消費地が非常に近いため、生産者が消費者に歩み寄ることにより農業の実態をより深く理解してもらうことができる。特に、地域住民にどのような作物をどのような方法で作っているのかということを理解してもらうこと、顔の見える・話せる関係を作り出すことで、より信頼感が生まれ、ひいては地域コミュニティの再形成にもつながる。

文化缅怀空间与人文北京

——受伤城市到后殖民的文化医治

梁燕城*

摘　要：中国古都北京，近代曾承受过被侵略、内斗及发展改变带来的创伤。但中国在当前已发展成功，有能力改变困境，故可将伤痛转成幸福，那就是建立文化缅怀的城市历史空间，以历史文化建造不同地标空间，建立人文北京。

关键词：受伤城市；文化缅怀；公众空间；人文北京

Abstract: China's ancient capital of Beijing has suffered a lot of cultural trauma from invasion, political infighting and breakneck development. However, as China has successfully developed, it now has the ability to remedy this situation, and the solution is to construct a public space for cultural memory of the city of Beijing. This will create a new space for remembrance and healing of this cultural trauma, leading to a humane, cultured space for the residents of Beijing.

Key Words: Wounded City; Cultural Memory; Public Space; Humane and Cultured Beijing

* 作者简介：梁燕城，男，加拿大文化更新研究中心院长，加拿大三一大学客座教授，主要从事城市文化更新方面的研究。

一、"受伤城市"的思考

当前分析城市的思想中，有一些学者提出"受伤城市"的分析框架，纽约城市大学学者 Ida Susser 与 Jane Schneider 指出"受伤城市"的理念，是在城市研究中，提供一个分析城市内涵的架构，"从两个相反而又不可能化约的观点去将城市概念化。一方面视城市是一个政治全体，可以集体地受伤及响应这创伤。另一方面城市是强大外力所交叉影响的地方，故此会加速城市群体的差异和冲突"❶。

综合各方研究，受伤城市有以下四个维度。

1. 战争冲突的历史创伤

自从 2001 年 9・11 事件发生后，纽约市严重受伤，随之引起的战争，如喀布尔、巴格达及被恐怖袭击的城市如马德里、伦敦、巴黎、新德里等城市，亦纷纷受伤。"受伤城市"（Wounded City）就成为一个研究课题，如专题研究《Wounded City，The Social Impact of 9/11》❷ 出现，深入探讨灾难对社群整体经验的影响，了解社会数据后面的心灵呼声，及重建时如何通过城市空间的新设计来医治群体的创伤。

2. 发展时的创造性破坏

"受伤城市"的理念，不单来自表面的恐怖袭击，且是因大都会的发展，及全球化带来的外国冲击，形成原本处境的巨变，产生不公义及不公平的事件，使城市不同的群体无法适应新转变。如 Ida Susser 与 Jane Schneider 分析全球化时代新自由主义的经济政策，全球性的大投资转眼改变城市的原本样貌，将很多原住在该处的劳工阶层赶离。商品化的发展又要雇用大批廉价劳工。这一切都涉及城市的全体政策，亦即城市社会学家 David Harvey 所谓的全体政治（body politic），因着政策无法适应全球化新时代，超大城市无规划地发展；很多人民在此受苦，生活水平降低，罪案增加，环境污染等问题。David Harvey 指出，"近期全世界城市超常地增长，无视灾难、损失、无尊严及伤害"，"因着资本主义的形式，已成为过度活跃的'创造性破

❶ JANE SCHNEIDER, IDA SUSSER, E.d..Wounded Cities, Destruction and Reconstruction in a Globalized World.Oxford: Berg Publishers, 2003: 1.

❷ NANCY FONER, etc. Wounded City: The Social Impact 9/11.Journal of Urban Affairs, 2007(5).

坏'（creative destruction）地方"[1]。这转换过程使很多原居民被迫改变生活方式，使整体受到不少伤害。

3. 西方城市规划模式的恶果

当代城市发展带来的困境，也是来自西方现代化城市规划带来的恶果。爱尔兰地理学家嘉芙莲迪奥（Karen Till）指出，当代很多后殖民研究学者，挑战西方所定的城市现代化标准，认为西方有其盲目的偏见，"多数西方为本的城市转化模式，是惧怕不同的他者（fear of the other），而渴求秩序（desire of order）……相信只要有一套理性规划的权力，去解决所有问题，就是将空间秩序化，通过铲平、分割及划界，去处理生活中复杂的城市空间、时间及潜能"[2]。迪尔引述城市与地理学大师 Lefebvre 之说，城市是 oeuvre[3]，oeuvre 指艺术作品，不只是物质的建构，城市是居民所构成，是由其居民持续活动所逐步建构的空间，她综合指出城市"是人与其他生物共同生活，彼此互动，共同交往所走出，在复杂时空中形成的道路。他们所造成的符号象征或物质空间，形成人的'身体—自我—环境'"[4]。早期西方的大城市发展，因西方的规划模式，将空间秩序化，将原本的城市大规模拆迁改建，摧毁居民原来的环境，破坏其符号象征与物质空间，迪尔认为是居民承受了国家的强暴要求，产生了"受伤的城市"。迪尔说："我定义受伤城市，是本地密集的居民被伤害，因着物质拆毁，流离失所的特殊历史，结构成个人与社会的创伤。"[5]

4. 精神文化的衰败

更严重的问题涉及文化精神的衰败，城市使人和文化失去灵魂，著名灵修学者 Kenneth Leech 指出："在腐烂的内城（inner city）的荒原，诉说着各种凄寂与绝望的阴郁故事，显示一个精神上的荒原也在诉说同样的内容。"[6] Leech 在牛津大学毕业，在伦敦东区与苏豪区的吸毒者中工作，他深切了解到，城市已成为一个"精神上的荒原"（Wasteland of spirit），他又引用 Koester 的一个名词：精神上的冰河期（Spiritual ice age）。

整体来说，城市受伤，因着历史发生的战乱，因着全球化与新自由主义

---

[1] DAVID HARVEY.The City as Body Politic.Journal of Urban Affairs, 2007(5).

[2] KAREN TILL.Wounded City: Memory -Work And A Place-Based Ethic of Care.Political Geography, 2012, 31(3-14): 5.

[3] HENRY LEFEBVRE.The Writings on the City.Oxford: Blackwell, 1996: 101.

[4][5] KAREN TILL. Wounded City: Memory - Work And A Place - Based Ethic of Care. Political Geography, 2012, 31(3-14): 6.

[6] KENNETH LEECH.True God, an Exploration in spiritual Theology. London: Sheldon Press, 1985: 1.

经济带来城市人口与建筑重大变迁，形成创造性的破坏。因着西方城市规划使人与环境的互动被摧毁，因着精神文化的衰败，导致居民感情受伤，这是全球城市化的共同问题。

二、北京城经历的历史创伤

中国古都北京，近代曾承受过被侵略、内斗及发展改变带来的创伤。

1. 外国欺凌入侵

英法联军入北京，焚毁圆明园，其后八国联军入京，操控一年，全城破坏，再后日本在城外卢沟桥发动侵略中国战争，侵略军占据北京八年。这期间北京居民被屠戮压迫。

2. 中华人民共和国成立后的拆城与“文革”

解放革命成功，全国欢腾，但初期发展时，用苏联规划的模式，拆去城墙及不少城楼，1953 年，左安门被拆；1954 年，庆寿寺双塔被拆；1956 年，中华门被拆；1957 年，永定门、广渠门、广安门、朝阳门被拆；1958 年，右安门被拆；1965—1969 年，东直门、宣武门、崇文门、安定门、阜成门、西直门、元城墙被拆。东单和西单的牌楼也消失了踪迹。这是一新创造，但同时破坏了城墙及很多古建筑，且工厂更成为污染的根源。“文革”时红卫兵破坏很多有历史价值的商店及民间建筑。北京居民被十年浩劫所凌辱与伤害。

3. 改革后的西方模式规划

改革使中国发展高度成功，但在北京城发展现代化时，也受了西方规划的影响，将空间秩序化，铲平了很多胡同、老街、四合院，只剩下一小部分被保留。可以说是全城面目一新，但是 600 年保存下来的历史文化，经李自成、满清、八国联军、日军都均能存活的老北京，估计 40% 在 1990—2002 年被市场经济与商业利益所取代了。幸好 20 世纪 90 年代也开始有保存地景计划，旧城有 25 个历史遗迹被保护，260 个胡同，约 2000 间四合院被保存，大约有 2565 亩地景得到保存，约占 17%。

北京的规划并未产生西方那种城中心周边的贫民窟，外来贫困农民工都聚在大城边缘的城中村，这广大的城市贫困区虽远离中心，但如何安定其居所、交通与感情的稳定是一大挑战。另外，对北京原居民来讲，现代化建设过程中居民面对巨大转变与迁拆，原居民的感情受到伤害。

4. 精神文化重振未落民间

中国30多年改革成功，市场经济成为主流，容易产生贪婪自私及自我炫耀的文化，改革后中国学界很努力重建中国传统儒道文化的价值，但中国精神文化仍未生根在民间普及文化当中。

在近代历史的发展中，北京经历过被外国欺凌，又经内战与内斗的破坏，到当代成功发展时，带来的变迁与拆毁，均对居民形成不同的冲击。但中国在当前已发展成功，有能力改变困境，故可将伤痛转成幸福，那就是建立文化缅怀的城市历史空间，以历史文化建造不同地标空间，建立人文北京。

三、文化缅怀空间的意义

纽约大学文化与传媒学者玛丽塔·史特肯（Marita Sturken）在其《纠缠的回忆》（Tangled Memories, The Vietnam War, the AIDS Epidemic, and the Politics of Remembering）❶中，描述美国经过越战与艾滋病传染的伤痛，用一种文化缅怀的方式来医治和重建。

她开宗明义就说："缅怀（Memory）构成人生的交织结构（fabrie），影响着一切，从简单日常生活作业的表现能力，到了解自我。缅怀建立生命的连续性，赋予现在意义，因现在是由过去所构成。缅怀作为一回忆的方式，使我们知自己是谁，从而产生自我认同的核心。"❷

史特肯又说，"缅怀对正确了解文化具决定性，因其指出了集体的渴望、需要与自我定义。我们并不需要去问回忆是否真实，而是要从其所述去揭示过去如何影响现在"❸，由此而提出"文化缅怀"（cultural memory）的探讨。她认为文化缅怀不同于正规历史讨论，"却是与文化产品（cultural product）纠缠一起，而具有文化意义"❹。

她所讲的文化产品，就是普及文化（popurlar culture），如美国对越战的文化缅怀，不在真实的越战历史，却在电影与电视中的越战形象。这文化缅怀创造了一种文化上的集体回忆，是一文化上的创造，而非历史事实的回忆或个人的回忆。文化缅怀构成普及的文化与普及的历史。

---

❶ MARITA STURKEN.Tangled Memories, The Vietnam War, the AIDS Epidemic, and the Politics of Remembering.Berkeley: University of California Press, 1997.

❷❸❹ MARITA STURKEN.Tangled Memories, The Vietnam War, the AIDS Epidemic, and the Politics of Remembering.Berkeley: University of California Press, 1997: 1, 2, 3.

迪尔指出，史特肯的文化缅怀，并不限于传媒所传播的普及文化，且也可成城市建设的空间。她指出，当前学界研究认为，作为一种“缅怀政治”(politic of memory)，对过去历史的故事，必纠缠在“现已存在的城市地形图(topographies)及民族历史中”❶。她又说：“政治的、后殖民的与历史的地理学家们，写到缅怀政治时，都考查过政治解释的实践及可缅怀的地标，包括雕像、街景、牌坊、纪念碑、印记、旅游胜地，城市新发展计划，居民群体建设，及仍在争议的地标等，作为民族认同的标记。”❷

“当不同的社会群体用其特殊观点与故事去解释过去，铭刻在公众空间，其后果将会继续下去。例如通过建造环境，使被压迫的故事变得更可触摸，个人或群体可以在产生文化创伤的历史地方建立值得记忆的场所，去重寻民族的过去，想象一个更正义的未来。”❸

在后殖民的年代，中国城市已走出了近代外国欺凌与自身内斗的文化创伤，在新发展中，也需转化城市由西方模式规划形成的创造性破坏，而建造新城市的文化缅怀空间，找寻更多可缅怀的地标，包括雕像、街景、牌坊、纪念碑、印记、旅游胜地、城市新发展计划、居民群体建设等，作为民族文化认同的标记，医治过去的创伤，建立未来幸福的盼望。

四、人文北京的建造

建立一个人文城市，将是城市文化的出路。

城市中有很多文化与历史资源，也有一些具有仁爱情怀的人或组织，但若只放在边缘，不被重视，则无法建立城市的文化缅怀。人文价值之所以被忽视，原因是当代市场经济以贸易为本，贸易是利益交换的世界，交换中可以相互得益。现代商业社会是依工具理性组合，也有一分工制度及机械的行政程序。分工作业，使人性难以完整发挥，形成“异化”的非人性社会。

市场经济的城市生活，人工作时陷在分工及行政程序中，人的个人创造性受到亏损，形成个人迷失在大体制中的问题，产生人成为工具、人际关系隔离及家庭破坏等问题。此外，整个社会的重心陷在利益交换中，很易产生欺骗及贪污，形成互利及感情关系的破坏。

为了克服现代城市带来的这种“异化”，设计一个后殖民的城市，必须考

❶❷❸ KAREN TILL. Wounded City: Memory-Work And A Place-Based Ethic of Care.Political Geography, 2012, 31(3-14): 5, 6.

虑一个文化的空间，让城市的景观设计，可以有文化气息与仁义精神，使之能孕育文化价值的人格。故城市发展不能只是唯利是图的地产项目，不能只讲经济效益，也需投资文化与精神文明。

城市本质上是空间设计，计划周详的好城市，必有一个好的空间设计。首先在思想文化框架上，通古今中外的大氛围，城市空间需“缅怀过往历史之创伤，关爱当今弱势之艰困，思念宇宙人生之浩瀚深沉，梦想未来民族之和谐幸福”，可考虑建立“公众互动对话空间”“心灵静思空间”及“关爱弱势群体空间”等。建议如下：

（1）公众互动对话空间。借鉴希腊的廊厅，在城市中心，建立两层长柱廊的开放空间，可有遮阴或避雨和交流的作用，人在其中散步、集会和交流，并进行艺术展览、文学、历史及哲学讨论等。附近可有半圆且能遮阴的开放式戏场，供舞蹈表演、音乐演奏、戏剧演出等活动使用。

（2）心灵静思空间。借鉴欧洲大教堂，在几个风景重点及中心广场上建钟楼高塔，旁有一高宽建筑，内部高深而庄严，两旁有彩窗设计，配合大油画及雕像，主题是中西历史上有崇高人格的道德圣哲及其事迹、重要文学、哲学、宗教及科学家及其事迹。正面则有电脑控制打出巨大图片或影片，表达中国及全球各地的壮伟山河，配合低声浪的和谐优美背景音乐。中间放着多行设计美好舒适的长椅，供人静思和休息。此外也可在河边和海边建开放式的类似静思空间。

（3）关爱弱势群体空间。在市中心广场的某个空间，建一些救弱扶贫者的雕像，如卜式、盖恣、德兰修女等，旁有开放式且遮阴的公开展览墙，展示当前祖国及世界灾难地区及贫困地区的需要，并呼吁人们支持政府及扶贫救灾工作的需要。

城市设计时，若能配合建造这样一个缅怀历史、推展仁义的文化维度，再配套绿色精神的大树与公园、多元宗教和谐并存的建筑及各小区发展的关爱与辅导中心，就可抵消世俗化带来的“异化”危机，建立城市的精神品格，不陷入平面化肤浅的“千城一面”状况，更不会成为“精神荒原”。

五、人文北京的活水泉源

北京原就是一个人文城市，春秋时蓟国（公元前770至前476年）于现在北京城区西南建城市，燕国灭蓟而定都于此，历代均为北方重镇，至金朝完颜亮于贞元元年（1153年）建为中都，之后元、明、清八百多年，都是京都。中华人民共和国建都北京后，北京成为现代化都市，2008年举办奥运会，重整全城为一座后现代的绿色与人文城市。

北京在明清两代已建立了一种精神品格，如明成祖时方孝孺为气节而牺牲，明末东林党邹元标与冯应京在北京创首善书院，在宣武门内东墙下，建立士人风骨，并在此展开中国历史上最早的中西文化对话与交流，1605年利玛窦在宣武门建天主教南堂，后首善书院建成与之呼应，信徒知识分子如徐光启、李之藻等，均出入两边。知识分子论政与信徒论西学，互相补充，成为知识分子运动。这是中国历史第一次中西思想文化的深入交流，就在北京举行。由此可归纳，明代人文北京之特质，一是士人风骨，一是中西文化和平交流。

清代北京城整体甚有文化特性，李鸿章推行洋务运动，康有为推动维新，六君子为改革而牺牲，均在北京。五四运动从北京开始，《新青年》在北京发行，著名作家和知识分子如鲁迅、沈从文、老舍、蔡元培、胡适、李大钊、冯友兰、梁漱溟、熊十力等均在北京发展其思想与作品。此中孕育着对改革或革命的渴求、对人间苦难的关怀、对西方民主与科学的消化、对中国传统价值的思考及对中国前途的反思等。这是从古文化中展开对现代文明的吸收，也成为知识分子推行改革与革命的发源地，构成了北京城市特有的品格与精神。

中华人民共和国成立以后，天安门宫廷的广场改建为人民的广场，使北京具有现代化的城市特征，并发展工业。邓小平在北京首推改革开放，影响至巨的"实事求是"精神、"经济特区"及"一国两制"亦由北京开始。改革后，多条环城路及高速公路建成，商业与新科技发展，古宫殿、城墙、城门、胡同与现代具有中国特色的高楼大厦交替，城市具有中西新旧交融的特色。"三个代表""和谐社会""以人为本""科学发展观""中国梦"等新时代方向，均由北京推向全国。

2008年举办奥运，城市重整一新，大力保育环境，改善污染，并建设后现代的鸟巢与水立方建筑，使北京走上后现代化之路。奥运会高度成功，全世界已对北京留下深刻好感，北京的使命，将是要建立一种超越西方后现代文化的文化灵魂，走向一个后后现代的义人城市。

奥运会后的北京，正值中国崛起成世界GDP第二的强国，全球各国均关注中国的成功是否会对世界产生示范作用。北京作为全国首府，须面对全球多元的文化，建立全球不同文明互相交流对话的空间，寻索互相尊重欣赏、和谐并存之道，因而可以化解文明冲突，建立互信互重的全球网络，创造和平的条件。这将使北京成为世界文化对话的全球公众空间。

北京不但要做好中国的榜样，还需带有全球使命，发展“后后现代文化”，不陷入西方后现代的虚无主义及自我中心主义中，须建立有真、善、美灵魂的中国城市。

将文化缅怀落实在京城，可考虑在有意义内涵的地标，通过城市美学的设计，用有艺术与创作心思的人，穿插在地标中，以舞蹈、哑剧等艺术创作，表述美学的参与，增强目标文化缅怀美感。这是由艺术参与创造的“动感美学”。可考虑以下各点：

（1）首先以天坛为中心，代表自古中国对宇宙终极真理的尊敬。以地坛代表保育大地的绿色理想。这是心灵静思的空间，是北京的灵魂所在。可每天有两次请人用舞蹈或动感艺术表达，穿古服在天坛、地坛去表现古人对天地的敬畏，以及对宇宙的报恩精神。

（2）以天安门与故宫代表数千年历史，以四合院代表民间古代文化。这是历史的文化缅怀空间。可有定时的动感艺术表演，有人穿古服重演皇帝的皇宫生活，或大婚队伍等。

（3）以圆明园及卢沟桥代表近代的挣扎，以党校中的耶稣会士墓碑代表中西文明的交汇。以北大清华代表现代文化的吸收，以鸟巢与奥运村代表后现代的北京。这是近代历史的文化缅怀空间。其中动感艺术可请真人用舞蹈或各造型，重演八国联军、日本侵华、耶稣会士与知识分子对话等，表达近代历史的苦难及文化和平对话，构成文化缅怀。

（4）以天安门广场代表后殖民的多元和谐，建立城市中的公众互动对话空间，使古今中外交融，成为中西文明融会的未来指向。

此外，建议北京有更多对文化创伤及历史伟人的纪念场所：

（1）外国欺凌的历史，形成文化创伤，可在圆明园建英法联军侵略及清末西方侵略博物馆，在故宫或历史博物馆旁，建八国联军侵华博物馆。

（2）在故宫内建中国历代圣贤学者纪念碑及纪念馆，包括孔孟老庄、朱熹王阳明、利玛窦、梁启超冯友兰、陈寅恪唐君毅等。

（3）在天安门广场或附近，建历代伟人纪念碑及纪念馆，与人民英雄纪念碑相辉映，特别为国牺牲者与为人民贡献者，前者如岳飞、文天祥、谭嗣同、张自忠等，后者如卜式、孙中山、詹天佑等。

（4）在清华大学或附近，建立西方人及海外华人贡献中国的纪念碑，西人如南京大屠杀时的贝拉、魏特琳，华侨如加拿大省督林思齐、南洋陈嘉庚、回国的辜鸿铭等。这是一个关爱人民的空间。

由文化缅怀发展“后后现代及后殖民的文化”，需培养一批有文化、有理想、有仁爱与公义的市民，担负全力建设人文北京的全球使命，继承北京自古特有的精神文化，建设有灵性和道德的义人城市。